すり減る毎日が変わるシンプルな考え方

働くのがつらいのは君のせいじゃない。

佐々木常夫

ビジネス社

はじめに

昨今、若い人々の痛ましい過労死が相次いでいます。

悲痛なつぶやきを残して命を絶った電通の女子新入社員。

「身も心も限界……」という遺書を残して逝った23歳の建設現場監督。

携帯電話を握ったまま心不全で亡くなった31歳のＮＨＫ女性記者。

優秀で、真面目で、やる気にあふれ、前途洋々のはずだった彼・彼女たちが、なぜ仕事のせいで命を落とさなければならなかったのか。

考えるだけで、胸が痛みます。

いったいなぜ、こんな不幸な出来事が起きるのでしょうか。

人を死に追いやる「仕事」とは、いったい何なのでしょうか。

私は、長年のビジネスマン人生を通じて、「働くことの何たるか」を学んできました。

サラリーマンとして会社に勤めていた頃は、自閉症の長男をはじめとする3人の子どもたちの世話をし、病気の妻の看病をしながら、いかに効率的に働き、いかに成果を上げるかに知恵を絞りました。

さまざまな上司に仕え、多くの部下を育てるなかで、組織においていかに人間関係を構築すべきか、思案してきました。

退職した後は、執筆や講演などの活動を通じて、働く人々の現状や問題に数多く接し、ワーク・ライフ・バランスや働き方改革のあり方を考えながら、働く意味や目的をとことん追求してきました。

その結果、私は次のような確信を得るに至りました。

「働くとは、自らを磨き、成長させ、達成感や充足感を得ること」
「人は、仕事を通して人や社会に貢献することによって、金銭や地位のみならず、信頼ややりがいを得て、幸せな人生を送ることができる」

つまり、私たちは本来、「幸せになるために」働いているはずなのです。

ところが、現実には「幸せ」はおろか、仕事のために命を落とすという、とんでもない不幸が起きています。

幸せになるための「仕事」が、人々を「過労死」という不幸に追いやっています。

このような矛盾が起きるのは、そもそも「働く」ということに対して、多くの人が誤解を抱いているからにほかなりません。

会社や組織というものに対する、漠然とした「思い込み」や「先入観」が、働く人々をもがき苦しませているのです。

こうした誤解や思い込みに気づき、上司との関係や仕事への向き合い方における〝正しい知識〟を身につければ、「幸せになるために働く」という本来の働き方が、可能になるのではないでしょうか。

本書では、このような視点から、「パワハラ」をはじめとするみなさんを苦しめるものの正体を探り、それにどう向き合えばよいか、どう対処していけばよいかを提案します。

みなさんの悩みにできるだけ寄り添い、実践的な解決方法を見出せるよう、身近なケーススタディを取り入れながら考えてみます。

そして、私の長いビジネスマン人生から得た経験をもとに、上司の対応を変えるコツや、仕事の負担を軽くする知恵、ものの見方、考え方などをお伝えします。

みなさんの苦しみを少しでも軽くし、働くことへの希望を取り戻す一助となれば、これほどうれしいことはありません。
祈るような気持ちで、本書を働くことに悩んでいるあなたに捧げたいと思います。

２０１７年12月吉日

佐々木常夫

目次

第1章

自分を責めるのは、もうやめよう。

～「人は人、私は私」へのシフトチェンジ～

第2章

余計な「思い込み」にサヨナラしよう。

~ムリせず、ありのままでいればいい~

第3章

働き方をシンプルに変えていこう。

~人間関係が楽になる「がんばりすぎない」仕事のコツ~

第4章

人生の時間割をリセットしよう。

～「会社以外」の世界のほうが、あまりにも広い～

終　章

家族を失いかけて初めてわかったこと

～自分自身を愛することが、幸せへの第一歩～

※本文中のケーススタディは、プライバシーに配慮し、創作が加えられていることをご承知置きください

第1章

自分を責めるのは、もうやめよう。

～「人は人、私は私」へのシフトチェンジ～

1

「暴言」は、どんな場合も絶対に許されることではない

私は長い会社勤めや、その後の講演活動などを通じて、働く人たちのさまざまな悩みに耳を傾けてきました。

大半は、人間関係に関するものですが、とくに深刻だと感じられるのは、上司から受ける「パワハラ」関連の悩みです。大声で怒鳴られる、人格を否定される、人前で延々と説教をされるなど、上下関係の優位性を利用した「イジメ」に傷つけられている人が、近年、とても目立ちます。

言うまでもありませんが、子どもであれ大人であれ「イジメ」なんて許されることではありません。上下の優位性を利用して人を怒鳴りつけたり、恥をかかせるなど、

やっていいはずがない。そんなこと、小学生だって知っています。

でも、**実際の悩みを聞くと、パワハラをしている本人はもちろん、受けている本人すら「やってはいけないこと」だと気づいていないケースが少なくありません。**「つらい」「しんどい」と感じてはいるものの、**「ひたすら耐えなければ」と思ってしまっている**のです。

営業販売の仕事をしているK君の話です。

K君は入社当時、事務系の仕事に配属されましたが、3年を経て営業に異動。新たな部署で経験を積もうとがんばっていましたが、最近になって体調を崩し、眠れない日が続くようになったと言います。

「眠れないというのは、ちょっと心配だね。食事はきちんととってるの？」

「食べてはいるんですけど、不規則です。毎日忙しくて、食べたり食べなかったり」

「睡眠も食事もろくにとってないとなると、けっこうしんどいんじゃない？　仕事は体力が第一だからね」

「そのせいでしょうか。営業に移ってから、上司に怒られることが多くて……。何かしらやらかしては、毎日のように怒鳴られてます」

「怒鳴られるって、どんなことを言われるの？」

「『バカ野郎！』とか『このカス！』って。『トロトロやってんじゃねえよ、タコ』ってイスを蹴られたこともありました。まあ、実際に仕事ができないボクが悪いんでしょうけど、けっこうキツいです……」

「そりゃひどい。自分の期待通りに仕事ができないからって、暴言を吐いてもいいなんてことは絶対にない。そもそも、そんな目にあっていたら、仕事に対する意欲も削がれてしまうでしょう？」

「そうですね。でも、営業部ではそれが普通みたいです。怒鳴られて、責められて、一人前になるみたいな。ボクなりに一生懸命やっているつもりなんですが、それについていけない自分がダメだってことなんですよね、きっと」

「いやいや、それは違う。君がダメだとか悪いなんてことは、まったくない。私に言わせれば、その上司のふるまいのほうが問題だよ。だって、現に君は体力も気力も削がれて、能力を発揮できずにいるわけでしょう。上司の役目は部下の能力を引き出すこと。それなのに、結果的にやる気を下げているとなると、組織としても大問題……、ということになるよね」

2
「パワハラ上司」は100％リーダー不適格

上司の仕事は、ひと言で言えば「部下を育てること」です。

「部下を育てる」とは、その人の能力を見出し、伸ばし、組織の成果に貢献させること。個々の能力を最大限に引き揚げて結果を出すのが、上司に求められるマネジメント力です。

ところが、前項で登場したK君の上司は能力を伸ばすどころか、暴言を繰り返すことで、彼の能力を奪ってしまっている。これは明らかに、上司のマネジメント力の欠如と言わざるを得ません。

会社とは、利益の追求を目的とする戦闘集団です。目的めがけて突き進む以上、厳しいことや理不尽なことがあるのもたしか。

しかしながら、戦闘集団として勝ち残るには、部下を励まし、やる気を起こさせ、モチベーションを高めるよう働きかけることが不可欠なのです。

経営的な観点からみれば、暴言を繰り返した挙げ句、生きる力を奪いかねないような上司は、リーダー不適格と言うしかありません。

「ボクの上司はすごく仕事のできる人なんです。ずっとトップ営業マンで来た人で、上からも一目置かれてて。だから、ボクみたいな仕事のできないのを見ると、反射的にイラッとするんでしょうね」

「優秀な営業マンが管理職になって、目標を達成できない部下につい、キツく当たってしまうというのはよくあること。でも、いくら営業マンとして優秀でも、管理職になった以上は、部下を育てることに注力しなきゃいけない。部下をこき下ろすなんて、言語道断だよ」

「そういうものなんですか。できる上司ができない部下をこき下ろすなんて、当たり前のことだと思ってました」

「できないって言っても、K君はまだ配属されたばかりでしょう。失敗もある程度はしかたがないと思うよ。きちんとした指導もしないで『バカ』だの『辞めちまえ』だの言っているとしたら、上司以前に、人としてどうなのかな」

パワハラの加害者となる上司のなかには、はっきり言ってモラルが欠如している人もいます。

上司だろうと部下だろうと、人としては平等であるはず。ところが、「上司＝人間として上位者」だと勘違いし、感情にまかせて暴言を吐いてしまうのです。

こういう人には、倫理観の再教育が必要ですが、それは本来、幼少期に家庭や学校などで育むもの。大人になってから矯正するのはむずかしいと言わざるを得ないかもしれません。

パワハラと言えば、少し前に豊田真由子（元）議員の秘書への暴言が話題になりましたが、彼女のようにエリート街道をひた走ってきた人のなかには、自分のことを競争社会の勝者と思い込んで、部下を精神的に屈服させ、物事を強引に押し進める人も少なくありません。

周知のように、豊田氏の場合、選挙で有権者から厳しい判断が下されました。

パワハラのような、卑劣な行為をする人間は、最終的には墓穴を掘って、大事なものを失う。それが〝社会の掟〟というものではないでしょうか。

3 「耐えられない自分がダメ」と思う必要などない

残念ながら、世の中には前項のK君に暴言を投げかけたような、高圧的な上司はたくさん存在します。

「部下を育てるため」を建前にしては、感情的な言葉を平気で投げつける。「理不尽に耐えるのも社員教育のひとつ」と考え、横暴なもの言いやふるまいを繰り返す……。

日本社会では長らく、そんな理不尽に耐えた人たちがトップの座についてきました。これは極論すれば、「トップの位置に上りつめた人は、とくに忍耐強い人たちばかりだった」ということもできます。

上昇志向が強く、何を言われても、出世のためなら気にしない。そんな図太い人にとっては、暴言など痛くもかゆくもないのかもしれませんが、すべての人がこうでなければならないなんてことは絶対にありません。

物事への感じ方は人それぞれ。がまんの限度も人それぞれ。

世間では「忍耐強い」性格が、あたかもよいことのように思われがちですが、**忍耐はよい悪いではなく、あくまで個人差の問題**です。

K君は、「怒鳴られたり、責められたりするのが普通だ」「耐えられない自分がダメだ」と言っていましたが、個人差の問題と考えれば、「耐えられないからダメ」とはまちがいなくならないはずです。

「耐えられない自分がダメ」なのではなく、「自分はこういうことには耐えられない」と判断するのも、場合によっては重要だということ。周囲に合わせて耐えるのではなく、自分自身に焦点をあてて、自分の限界を知ることが大切なのだと思います。

心理学者のアドラーは、その人の持っている性格や気質のことを「ライフスタイル」と呼び、「ライフスタイルは自分で選び取れる。いつからでも変えられる」と言っています。

大事なのは、自分自身のライフスタイルを知って、どこまで耐えられるのかをきちんと把握すること。それをしないまま、「がんばるぞ！」と猪突猛進してしまうと、メンタルがやられてしまう危険があるということなのです。

4
上司の怒りは、「上司自身の問題」にすぎない

上司のなかには、「オマエのせいで、オレの貴重な時間が潰れた」「オレの足を引っ張るな」など、自分の怒りを部下のせいだと押しつけてくる人もいます。

こういうセリフを言われると、思わず罪悪感を覚えてしまうものです。「自分が悪い」「迷惑をかけている」と自分を責めたくなることもあるでしょう。

でも、何を言われても、自分を責める必要なんてありません。なぜなら、**「時間が潰れた」「足を引っ張られた」と感じて怒っているのは、ほかならぬ上司本人**だからです。

「でも、怒っている原因は自分にあるのだから、やっぱり至らない自分が悪いんじゃ

ないでしょうか」

そう思うかもしれませんが、何によって怒るのかは、あくまでその人自身の問題です。「**私のせいで」と思うのは、他人の問題に首を突っ込むこと。**

他人の問題に首を突っ込んで、自分で何とかしようとしても、どうにもなりませんよね？

同じように、「**給料ドロボウ！」とか「役立たず！」などと言われても、言葉通り、まともに受けとめる必要はありません。**

「給料ドロボウ」も「役立たず」も、言っている本人が勝手に騒ぎ立てているだけですから、受けとめて考えるだけ時間のムダです。

何を言われても、

「あなたはそう思っているんですか、私はちゃんとやっていますよ」

と心の中で思っていればいいのです。

そして、あとで振り返って、「ここはもっとこうすればよかったかな」と思うところが見つかったら、そこで初めて自分の問題として引き受けて、次に生かせばいいでしょう。

上司からイヤなことを言われたり、感情をぶつけられたりすると、相手の顔色が気になったり、その存在自体がプレッシャーになったりし、心が折れてしまいそうになるかもしれません。その気持ちは、とてもよくわかります。

そんなときこそ気を取り直して、心の中で「自分は自分、人は人」と言ってみる。

何か言われたときは、「上司の問題」と「自分の問題」とを分けて考えるのが大事なのです。

5
「リスペクト」のあるなしが、「パワハラ」かどうかの分かれ道

ものすごく怒る上司といえば、私の場合、かつて仕えた社長を思い出します。

ブチ切れて感情的に怒ることもある人でしたが、彼の怒りの大半には、部下に対する期待が込められていました。

モノになりそうな人には本気で怒鳴り、そうでもない人には怒鳴らない……。

みんなそのことを知っていましたから、怒鳴られた人は

「自分は期待されている！」

と喜んでさえいたほどです。

このように、怒鳴るにしても、上司が部下を評価し、なおかつそのことがきちんと

部下に伝わっていれば、彼らが傷つき、メンタルをやられてしまうということはありません。

つまり、厳しい言葉のなかに、「あなたをリスペクトしています」という気持ちが、しっかりと込められているかどうか。これが、パワハラかそうでないかを決める分かれ道になっていくわけです。

この社長には、私もしばしばこっぴどく怒鳴られたものですが、まったく気にならなかったのは、彼が私をリスペクトしてくれているとわかっていたからです。

忘れもしない、社外の関係者を呼んで食事会を行ったときのこと。

ふだんは厳しいばかりで、褒めることなどほとんどしない社長が、私のことを、みんなの前でこう紹介したのです。

「こいつはできる男です。将来は会社を背負って立つ人材になる。私が成功したのも、佐々木のおかげです」

これには、正直私もびっくりしてしまいました。人前で褒めてみせるという、社長なりのテクニックだったのかもしれませんが、これによって私ががぜんやる気を出したのは言うまでもありません。

このように、できる上司は感情にまかせて怒鳴るばかりではなく、部下に「君を頼りにしているよ」と言動で示すものなのです。

あなたの場合はどうでしょう。

上司の言葉のなかに、あなたに対するリスペクトが感じられますか？

日々のやりとりのなかで、あなたを尊重していることを伝えてくれていますか？

「そんなの、まったく感じられない」としたら、それは上司として問題があると言わざるを得ません。

毎日のように怒鳴られていると、心が萎縮し、正常な判断ができなくなり、「自分が悪い」「人間として弱い」などと自分を追い込んでしまいがちです。

でも、あなたは決して悪くも弱くもありません。リスペクトのかけらもない、心ない言動に傷つくのは、人として当然のことなのです。

6
「無茶な要求」には、きちんと意見してかまわない

もちろんパワハラは、暴言だけではありません。

「こんなこともできないのか。オマエはバカか」

「オマエのようなできないヤツはウチにはいらん」

などといったような、人格を否定する言葉も、人を傷つけるあからさまな〝暴力〟です。

もっとも、こういう上司は何も「いじめてやろう」と思っているわけではありません。自分の考え方ややり方を押しつけようとした結果、それがパワハラになっているというケースがほとんどなのです。

ある講演会で、こんな相談をしてきた人がいました。大手資材メーカー会社に勤め

ているという男性・Sさんの話です。

「私の部署では、顧客をとるために1週間に2000本の電話をかけるよう命令されています。でも、はっきり言って、苦痛でしかたありません。どうしたらいいのでしょうか?」

「2000本の電話ですか。それはたいへんですね」

「そうなんです。外回りやほかの電話対応など別の業務もあるのに、2000本もの電話もかけまくるなんて、正直しんどいです」

「そうですよね。**むやみに電話だけかけまくるなんて現実的じゃない。私に言わせれば、それは上司の指示ミス**ですね」

「指示ミスですか?」

「だって、2000本の電話をかけたからって、顧客を獲得できるとは限りませんよね。断られてしまったら、ムダに時間を浪費するだけで、何の結果も得られないということだってあるわけじゃないですか」

「たしかに……。ただ、上司は『とにかくやれ！』の一点張りなんです。『それだけやれば、必ず顧客がとれる。オレはそうやってきたんだ』って」

「なるほど。そういうやり方もあるのかもしれませんが、やっぱり時間のムダだという気がします。『1週間に○○件のお客をとりなさい』と言うのならわかりますけれどね。それなら、必ずしも2000本の電話をかけなくても、ほかにやり方があるでしょうし」

「そうですね。電話よりメールのほうがいい場合もあるし、顧客を効率的にとる別のやり方があるかもしれない。そこに知恵を絞ることに時間をかけたほうが、限られた時間で効率的に、たくさんの顧客を獲得できるかもしれないですよね」

「その通り。仕事は動き出す前によく考える。どうすれば最短コースでいけるかを考えることが重要なんです」

「……でも、こんな話、上司にしてもいいのでしょうか。上司に逆らうことになりませんか？」

「職場では上司の指示に従うのが基本ですが、どう考えてもおかしいということには、はっきり意見を言っていいと思います。組織の問題でもあるわけですし。自分なりに考えたことを、わかりやすく上司に伝えてみてはどうですか」

Sさんの上司のように、自分のやり方を部下に強いる上司は少なくありません。部下の考えなどおかまいなしに、自分が正しいと信じているやり方をガンガン押しつけまくるのです。

そして、自分と同じようにできないと、なぜできないのかという理由を聞きもせず、「オマエがおかしい」「君のやり方が悪い」と責めなじる。はっきり言って、こんな指導の仕方では結果など出せるわけありません。

自分のやり方に従ってもらいたいのなら、部下が納得するよう、結果を出すための道筋をきちんと説明するのが上司の義務です。

世間には、「度胸をつけさせるためだ」と言って、**無意味な飛び込み営業や電話営業をさせる会社もあるようですが、こんなことをさせても、度胸がつくどころか、消耗してストレスがたまるだけ**です。

「上司からの命令は何が何でも絶対だ！」という風土の会社もあるかもしれませんが、仕事の効率も考えず部下に無理難題を強いるような会社は、人がどんどん離れて、先細りの運命をたどっていってもしかたないと思います。

7

「苦しい」と感じたら、自分を守ることを最優先に

会社とは理不尽なもの。多少のことは忍耐で乗り切らなければならない。私は常にそう考えてきました。

でも、場合によっては、「職場を変える」という選択肢が正しいこともあります。

矛盾することを言うようですが、「がんばってきたけれど、もう限界だ」という事態も当然あり得るわけです。

このように「もう耐えられない」「辞めたい」と心のなかで叫んでいる自分に気づいたら、それ以上ムリをせず、別の道を考えるというのも大切なことです。

かつての私の部下の友人で、秘書としてある会社に勤務しているMさん。

誰からも愛される、明るく朗らかな性格の女性ですが、職場の先輩のことで悩んでいて、「最近、会社に行くのが苦しい」と言います。

「私のオフィスは5階建てビルの4階にあるのですが、最近3階くらいまで上ると、足がずしっと重たくなるんです。『今日もまたあの人に会わなきゃいけないのか』と思うと、体が思うように動かなくなるみたいで」

「体が言うことをきかなくなるって、相当だね。でも、人当たりがよくてポジティブな君が悩まされるって、いったいどんな人なの？」

「私より15歳以上年上の大ベテランです。尊敬できるところもあるんですけれど、とにかく細かくて、こだわりの強い人で、私に対するダメ出しがものすごく厳しいんですよ」

「厳しいって、どんなふうに厳しいの？」

「コピーのとり方から資料のとじ方、お茶のいれ方、出し方まで、彼女のやり方に合わせないと、とことんお説教をされます。『あなたのここがダメ、あそこがダメ』って。で、気に入らないと私から取り上げて、自分で全部やり直して、『あなたのせいで仕事が増えちゃったわよ』ってイヤミを言うんです」

「それはやっかいだね。上司に相談して、何とかしてもらうことはできないの？」

「その人、私の上司にも食ってかかるんですよ。何しろ大ベテランなものだから、『秘書のふるまいについては自分のほうが上、あなたはわかっていない』って、上司のほうが説教されちゃって」

「そうなると、もしかして人事部もお手上げ？」

「残念ながら、そうかもしれません。上の人も手を焼いているって聞いたことがあります。私が来る前に、すでに3人ほど辞めているらしいですし」

「3人も!?　みんな同じように、資料やお茶のことであれこれ責められたのが原因だったのかなぁ」

「それだけでなく、服装や髪型のことでも叱られてたみたいです。スカートが短めだと、『何、そのスカート。会社を何だと思ってるの』って。私も言われたことがありますよ。カーディガンを袖を通さずに羽織っていたら、『そういう着方は品がない。そういうのは不良がすることよ』って言われちゃって」

「学校の風紀委員みたいだな。でも、毎日そこまでうるさく言われたら、仕事にならないでしょう。精神的にまいっちゃうよね」

「『え？　そうなんですか？』って言ったら、『わかってないの？　あなた、何年社会人やってるのよ！』って社内中に聞える大声で怒鳴られちゃって。あれはさすがに落ち込みました……」

「うーん、それはもはや打つ手がないかもしれないな。上司も人事も手がつけられないとなると、むずかしいかもしれないね」

「なんとか仲よくやっていこうと思って、彼女の気に入るように努力してみたつもりなんですけどね。自分ならうまくやれるって考えていた自分が、ちょっと甘かったのかもしれません」

Mさんは結局、この会社を辞めることになりましたが、その判断は賢明だったと私は思います。

仕事の効率より自分のやり方を最優先にし、身に着けているものにまで文句をつけるなど、指導の域を超えているのは明らかだからです。

上司や人事に訴えて改善してもらったり、異動によって部署を変えられるのなら、辞める必要もないでしょう。しかし、それが期待できない場合は、職場を変えるという選択肢を現実的に考えたほうがいいかもしれません。

職場を変えるという決断は、簡単に下すべきではありませんが、「苦しくてもうダメだ」と感じたときは、自分を守ることを最優先にすべきなのです。

8

「やたらCC、ムダに長文メール」に注意しよう

連絡手段の主流は言うまでもなくメールですが、それがパワハラやケンカの原因となることもめずらしくありません。

いつでもどこでも連絡できるメールは、便利である反面、精神的苦痛を与えかねない道具にもなり得るのです。

ある教育機関に勤めているFさんは、先輩から送られる、神経質な長文メールのせいで、メールを開くのが怖くなってしまったそうです。

「本当に心が休まるヒマがないんです。深夜だろうと休日だろうと、長々とメールが

送られてくるものですから。見なければいいんでしょうけれど、メールチェックしないわけにもいかないですし……」

「どんなメールなの？　あなたに対して、何か攻撃的なことを言ってくるの？」

「私に対してだけでなく、関係者全員にCCで送られてくるのですが、内容がとにかく長くて、否定的なことばかり書き連ねてくるんだ』『あれについては大丈夫なのか』とか。業務の伝達というよりは、心配事を感情的にバクハツさせている感じです」

「メールというのは、本来業務連絡に使うものなんだけどね。ビジネスメールで大事なのは正確さと簡潔さ。やたらとCCを入れたり、ムダに長いメールなんて、仕事では当然NGだよ」

「本人はわかっていないみたいです。一見ていねいで、理路整然としているのですが、よく読むと感情的なんです。『仕事のホウレンソウができていなくて困る』とか『私は懸念しています、なぜなら……』と書きながら、前向きな提案が何もなくて」

「その人、ふだんはどんな感じの人なの？」

「いつもイライラしてて、神経質な感じですね。以前、思い当たるフシもないのに、メールで『あなたのせいでみんなが迷惑しています』って、個人攻撃されたことがあります。ところが、実際に顔を合わせると、口をつぐんで何も言わない。気に入らないことがあるなら、直接言ってくれればいいのに」

「メールというのは、書いているうちに、必要以上に感情的になることがあるからね。その人にしてみれば、それほど怒っているわけではなかったのかもしれない。でも、いざ文字にされたものを読むと、心が折れることもあるよね」

「しかも長文……。いったいどうしたらいいんでしょう」

「しんどいと思うけど、まずは話半分で受けとめるようにしてみたらどうかな。場合によっては、上長に相談したほうがいいかもしれないけれど、メールに関していうなら、感情的な言葉は無視するに限るよ」

9

〝感情むきだしメール〟は、「話半分」で受けてとめていい

メールで叱責されたり、注意されたりするのは、口頭で言われる以上に、きつく感じられるものです。

ですから、部下に対する叱責や注意など、きわどい内容を伝えるときは、メールより口頭で言うべきでしょう。ところが、昨今は「忙しい」を理由に、何でもかんでもメールでという職場も少なくありません。

そのため、言われた内容を必要以上に深刻に受けとめてしまい、「上司からのメールが怖い」という人も増えていると聞きます。文字として残されるため、口頭で言われる以上にじわじわと傷ついてしまうのも、メールの特徴といえるでしょう。

また、前項でも触れたように書いているうちに感情がエスカレートしやすいのも、メールの厄介な点です。少し注意するつもりが、ものすごい攻撃になってしまい、知らぬ間に相手をやりこめる「ハラスメント」になってしまうのです。

パワハラではありませんが、かつての私の職場でも、メールが原因で、他部署の上司と大ゲンカになってしまった人がいました。

勉強会での講師をある人にお願いしたところ、他部署の上司が「なぜ自分に黙ってその人に頼んだのか」と返事をよこし、「あなたには関係ないことです」と言い返したことをきっかけに、メールでのバトルに発展してしまったのです。

お互いに顔を合わせて「自分にもひと言連絡を入れてほしかった」「ああ、そうなんですね、すみませんでした」と言えば済んだ話が、メールだけでやりとりしてしまったがために、いらぬ争いを生んだというわけです。

メールでのやりとりが、ムダに人を疲弊させてしまうこともあるということが、この出来事からもよくわかるのではないでしょうか。

無論、**相手を傷つける危険も理解せず、メールで感情をむき出しにする上司など、言語道断と言わざるを得ません。**ですが、このような**メール攻撃を受けたときは、とりあえず「話半分で聞く」**を心がけてみて下さい。

他人の感情を真正面から受けとめない、真正直に反応しない。上司の感情を推し測るよりも、まずは、自分のメンタルを守るほうが大事なのです。

10
困ったときは、「社内の応援団」に助けを求める

職場での問題は、「誰かの力を借りる」ことで改善されることもあります。

たとえば、人事部に相談してみるのも一案です。

人事部というのは、たいていどの会社でも、強い力を持っています。人の配置や昇格を決める部署だけに、優秀な人材で固めているのが一般的です。

昨今はパワハラに関する問題に真剣に取り組んでいるところも多いですから、まずは話をしてみれば、何らかのアドバイスを得られることでしょう。

「人事部に相談なんて大それたこと、若手がしてもいいのでしょうか？」

「迷惑だと思われるだけで、聞き入れてくれないのでは？」

そう考えている人もいるかもしれませんが、人事部は社員に関するさまざまな情報を欲しがっています。どこで何が起きているのかを把握し、取り返しのつかない問題に発展する前に、何らかの手を打つべきだと考えているはずです。

パワハラなどの悩みは個人的な悩みだと思われがちですが、社内で起きているトラブルのひとつでもあるわけですから、会社全体の問題ともいえます。つまり、仕事の悩みを訴えることは、会社にとって決して迷惑などではないのです。

ただし、訴えるにしても、「イヤなことをされたから言いつけてやった」というやり方だと、かえって問題を深刻にしてしまうこともあります。子どものイジメといっしょで、訴えたせいでパワハラがひどくなることもあるからです。

では、どのように相談すればよいのでしょうか。そのコツは、自分に被害が及ばないよう、言い方を工夫してもらうことです。

たとえば、**「自分の名前を決して出さないようにしてほしい」「訴えがあったことを伏せて、人事からの注意喚起という形にしてほしい」など、自分の立場を守ってもら**

うようお願いするのです。

できる担当者なら、こちらから言わずとも、配慮してうまく事を進めてくれるはず。でも、万が一に備え、自分の立場が悪くならないよう、お願いの仕方には細心の注意を払うのがおすすめです。

それでも心配がある場合は、次のように相談してみてはどうでしょうか。

「パワハラがこれ以上エスカレートするのは困るので、積極的に仲介してもらうのは望みません。ただ、こういう事実があることを、知っておいてください」

「職場でこういう問題が起きているということを、まずは理解してほしいので、今回お話しいたしました」

このような（控えめな）言い方も、パワハラ被害を訴える方法としては、一定の効果があると思います。

会社の規模が小さいので、人事部がないという人もいるでしょう。その場合、直属の上司の上司、つまり2段上の上司に訴えるのも手です。あるいは、他部署の上司な

ど、影響力のありそうな人に助けを求めるというやり方もあります。

こういう手を打つには、ある程度その人（相談先）と仲よくなっておく必要があります。ただ、いずれにしても、**自分ひとりで抱え込まず、助けてくれそうな人を探し出し、応援団になってもらうのが重要**なのです。

困っているあなたを助けてくれそうな人はいないか。まずは、周囲をもう一度、よく見渡してみてはどうでしょうか。

11

「途中で仕事を投げ出す」も選択肢のひとつ

前の項で、周囲の人に助けを求めるのも重要だと言いましたが、なかには項目「7」でみた「人事に訴えてもどうにもならない」という、Mさんのようなケースもあります。相談する人もいない、助けてくれそうな人もいない……。自分はそういう環境でひたすら耐えているという人も、少なくないかもしれません。

このような場合は、思い切って会社に居続けること自体を見直す必要があると思います。

自分の心に耳を澄まし、

「つらい、もうこれ以上がんばれない」

という声が聞こえたら、それを最優先にするのです。

「途中で仕事を投げ出すのは、ダメなヤツのすることだ」

「みんながんばっているのに、自分だけ逃げ出すなんて卑怯だ」

「ここを辞めたら、ほかに就職先なんてないかもしれない」

会社を辞めるとなると、こんな考えが頭をグルグルめぐるかもしれません。

あるいは、**「辞める＝悪いこと」という固定観念にとらわれて、「つらい、でも途中で仕事を投げ出すわけにはいかない」と、自分自身をがんじがらめにしている**人もいることでしょう。

しかし、物事は「よい・悪い」の判断だけで割り切れるわけではありません。

「よい・悪い」「正しい・正しくない」といった〝二項対立〟で物事を考えてしまうと、頭のなかが煮詰まってしまい、客観的な状況判断ができなくなってしまうおそれもあります。

悩んだときは、まず、こうした考えを取っ払うこと。

そして、

「人生にはいろいろな選択肢がある」

「どうしようもなくなったら、別の道だってたくさんある」

ということを考えてみるのが、とても大事なことなのです。

第2章

余計な「思い込み」にサヨナラしよう。

～ムリせず、ありのままでいればいい～

12

「努力する」と「ムリする」は、まったくの別モノ

「働く」とは、自らを磨き、「成長」させること。がんばって働いて成長すれば、信頼や尊敬が得られ、地位や収入も上がり、幸せになることができる。

私は課長になった頃から、ずっとそう考えてきました。

でも、こんな話をすると、

「幸せになるには、どんなに仕事がつらくてもがまんして、努力を重ねて成長しなくてはならないのでしょうか？」

「自分を成長させるには、自分らしさを押し殺して、奴隷のように働かなくてはいけないということ？」

というように受けとめてしまう人も少なくありません。

けれども、私が言いたいのは「自分を殺しなさい」でもなければ、「がまんして成長しなさい」でもありません。

「目標に向かって、自分なりに精一杯努力してごらん」

ということなのです。

ところが「努力」というと、どうしても「ムリをすること」ととらえてしまう人もいます。

地域情報誌の会社に営業として勤務するI君もそのひとり。成長するには〝努力＝ムリして耐えること〟が大事だと思い込み、上司のイヤミや説教に、来る日も来る日も耐えていると言います。

「ボクの会社は20人前後の小所帯で、社長の力がとにかく強いんです。彼の気に入るようにやらないと、怒鳴られて、イヤミを言われて、さらには社長の前に立たされて、最低1時間は説教を食らいます。これがもう、つらくってつらくって……」

「1時間も立たされるの？　説教だけのために？」

「ええ。ぼくがいかにダメな営業マンか、どれだけ会社にとって役立たずか、延々と言われるんです。『スミマセン』って言うのが精一杯で、あとは何も言えずにいると、『何とか言ってみろ！』『ものも言えないのか！』って」

「大きな声でまくしたてられると、言いたいことも言えなくなるよね。社長はいったい何をそんなに怒っているの？」

「営業成績が上がらないと、理由も聞かずにキレるんです。『仕事は結果がすべてだ』『結果を出せないのは努力が足りないからだ』って」

「でも、仕事はちゃんとしてるんでしょ？」

「ええ、もちろん。頭を下げて、歩いて回って、ボク的には必死に努力しているのですが、社長にとってはまだまだ足りないみたいで……。やっぱり成長するには、こういうことにも耐えなきゃいけないんですよね？」

「いやいや、それは誤解だよ。私が言う〝成長〟というのは、あくまで実力を上げるという意味。実力を上げるには、ムリすることもあるかもしれないけれど、つらくてもがまんしなさいということじゃない。そもそも、つらくてしんどい状態では、成長なんてできないでしょう」

13

「自分らしさ」を殺してまで、がんばる必要などない

前項のI君、私の言葉である程度納得してくれたようですが、それでもやはり「成長する」「努力する」ということについて、すべての疑問が解けたわけではありませんでした。

思わぬことを、私に問いかけてきたのです。

「どこまでムリをしていいのかが、自分でもわからないときがあるんです。実力を上げるには、自分らしさを殺してでもがんばらなきゃいけないのかなって思うこともあるし……。『自分を超えろ』とか、よく言うじゃないですか」

「たしかに、I君くらいの頃はガムシャラに働くのも大事だよね。私も若い頃はムダにがんばりすぎていたな。よく知りもしないのに知ったかぶりしたり、怒鳴られて落ち込んでいるのに、ムリに笑い飛ばそうとしたり」

「先生にも、そんな時代があったんですか!?」

「あったあった。でも、私の場合、ムリして自分を大きく見せようとしても意味がないって気づいて、それからは自然体で働くようになったよ。**できないのにできるフリをしたり、つらいのにつらくないフリをしたところで、実力が上がるわけではないからね**」

「自然体ですか。ボクの場合、自然体だと『押しが弱い』とか『気合いが足りない』と言われそうです。そんな自分でも、実力って上げられるのでしょうか」

「君は『押しが弱い』ことを欠点だと思っているのかもしれないけれど、そんなの欠点でも何でもないよ。遅刻するとか忘れ物をするとか、そういう欠点は直すべきだが、押しが弱いのを直そう、隠そうとする必要なんてない。押しが弱いというのは、物腰がやわらかいということ。そのまま素直にがんばれば、実力というのは自然とついてくるものだよ」

このように、「成長するには自分らしさを捨てなければいけない」と思い込んでいる人は、少なくありません。周囲に合わせて、自分らしくないふるまいをしている人のほうが、むしろ多いと思います。

しかし、自分らしくない不自然なふるまいをしても、気が張って疲れるだけです。おまけに、周囲からもチグハグな人間だと見られてしまい、信頼関係を築くこともむずかしくなってしまいます。

たしかに「オマエのような暗いヤツなんかいらない!」とか「仕事なんて強く出てナンボだ!」と豪語する人もいますが、「暗い、明るい」「押しが弱い、強い」などの個性は人それぞれ。暗い、押しが弱いから結果が出せない、なんてことはまったくありません。

たとえば、野球監督だった野村克也氏は、「ぼやきのノムさん」のニックネームそのまま、自他ともに認める〝暗い〟タイプの監督です。

明るかったジャイアンツの長嶋茂雄監督と自身を比較し、「長嶋はヒマワリなら、オレは月見草」という〝名言〟を残したほど。しかし、選手を育て、チームを優勝に導く手腕については、実績をみればわかる通り「文句なし」のひと言です。

つまり、

「成長するには、ムリせずありのまま、自分らしくあることが大事」

「でも、ときには少しだけ、ムリすることも必要」

このくらいのさじ加減で、いいのではないでしょうか。

14
「あきらめ」と「方向転換」は分けて考える

一度何かをやり始めたら、つらかろうと苦しかろうと、何が何でもやり切らなくてはいけない……。

かたくなにそう思い込んでしまうのも、がんばりすぎてしまう人の特徴です。**「物事をあきらめるのは悪いことだ」と信じるあまり、別の選択肢が見えなくなってしまう**のです。

むろん、大した努力もせず放り出したり、「どうせダメだ」とはなからあきらめてかかるのはよくありません。物事を成し遂げるには、「決してあきらめない」という強い気持ちを持つことも大事です。

しかし、**物事には「これ以上、どうしようもない」「このままでは立ち行かない」ということもあります。**そういう場合は、目の前のことにいったん見切りをつけ、別の方法を考える必要がありますが、これは、決して「あきらめ」ではありません。「今のままではとてもムリだ。別のやり方を考えよう」というのであれば、それは**「あきらめ」ではなく「方向転換」ととらえるべき**なのです。

たとえば、上司から何らかの指示を受けたものの、「そんなの、とてもできない」と思ったとします。

限られた時間のなかで、こんなにたくさんの仕事をやるなんて、自分にはムリに決まってる……。この時点で「どうせダメだ」と思ってしまうのは、「あきらめ」になってしまうかもしれません。

でも、**とりあえず引き受け、改めて依頼内容を考えてみて、「これはとてもできない」「ムリだから別の方法を考えよう」となったのなら、それは決して「あきらめ」ではない**のです。

根拠と意思をもって、自分自身で選び取っているなら、それは「方向転換」になります。

「仕事がつらい」と感じたときは、「あきらめ」と「方向転換」とを分けて考える。

そのうえで、本当にムダながんばりをしていないかどうか問いかけてみることが、自分の心と体を守るうえで、とても大切なことなのです。

15 「思い込み」ではなく、「信念」に沿って行動しよう

「あきらめ」と「方向転換」と同じように、「思い込み」と「信念」についても、分けて考える必要があります。

たとえば、あなたが「上司に口答えするのは許されない。上司は怖い」と思っていたとします。周囲の人もみなそう思っているようだし、実際に口答えすれば、いやおうなしに怒鳴り飛ばされる……。

そんな状態にあれば、あなたが「口答えは許されない」と思うのも、いたしかたないことかもしれません。

でも、考えてみてください。

上司は、もしかしたら「口答えは許さない」けれど、「別の意見を提案する」なら、案外受け入れてくれるのではないでしょうか。

生意気な態度で言い返したり、言い訳のような答弁をすれば、「口答え」と見なされるかもしれません。しかし、**わけを話して、別の意見ややり方を提案するのなら、必ずしも「口答え」にはならない**と思います。

「上司の考えを尊重しつつ、自分の考えを伝えれば、受け入れてもらえなくとも、気を悪くするようなことはないはず」

だとすれば、

「上司は口答えは許さないけれど、意見を言うのは許してくれる」

ということになります。

さらに考えを広げてみれば、

「上司にきちんと考えて意見を言うのは、まちがっているわけではない」

と、確信することもできますよね。

このように、**物事というのは、いったん立ち止まって、よく考えてみることが不可欠**なのです。

私たちは、目の前の物事を表面的にとらえて、「これはこうだ」と思い込んでしまいがちです。しかしながら、そうした「思い込み」のみで物事を考えてしまうと、視野が狭まり、「○○しなければならない」「○○にちがいない」と自分を苦しめることになりかねません。

今の考え方、やり方が正しいかどうか自問自答して、ときには反省し、「思い込み」を修正しつつ、自分自身の「信念」を見つけていくことが重要なのです。

真剣に考え、行動し、試行錯誤を重ねて得た「信念」であれば、あなたを過った方向に導くことなど決してありません。

悲観的な「思い込み」ではなく、積極的に見出した「信念」にのっとって判断し、行動する。そんな習慣を、ぜひ身につけてほしいと思います。

16

「残業当たり前体質」からは、〝逃げる〟が勝ち

いわゆる「働き方改革」の一環として、長時間労働の改善に取り組む企業が増えつつあります。

とはいえ、依然として「残業当たり前」という会社のほうが多いのが現実です。

夫婦共働きだから、早く帰って家のことをやりたい。でも、今の会社の風土だとなかなかできない。そんな悩みを抱えているTさんの例をみてみましょう。

「ワーク・ライフ・バランスと言いつつ、私の勤めている会社はものすごく残業が多いんです。月の残業50時間を超えても、みんなノリノリで残業していまして……」

「なるほど。そういう会社、まだまだ多いですよね。私も先日、ある会社で働き方改革の講演をして、『残業はなくしたほうがいい』という話をしてきたのですが、『自分は仕事が楽しくてしかたがない。残業など気にせずに働きたいんだ』と本音を言っていた年配の社員の方もいました」

「まるで私の会社のようですね。私も決して仕事が嫌いというわけではないのですが、共働きということもあって、できれば早く帰りたい。でも、上司は残業が当たり前というタイプで、それに合わせてみんな残業していて、『お先に失礼』というわけにはいかない雰囲気なんです」

「それはよろしくないですね。ワーク・ライフ・バランスというのは多様性が大事なんです。働き方は人それぞれですから、**残業したいならしたいでかまわないと思いますが、帰りたい人が帰れない雰囲気というのはいけません**ね」

「それを聞いて、ちょっと安心しました。でも、こういう会社の体質って、なかなか変わらないものですよね？」

「そうですね。残業するにはそれなりの理由があるのでしょうから、周囲の事情を客観的にトレースしてみるのも必要と言えば必要です。何も考えずに〝自分流〟を押し通すと、上司との間にあつれきが生まれてしまうこともありますからね」

「みんなノリノリ残業のまっただなかで、自分だけ逆らうのは勇気がいりますし……。とはいえ、これに合わせて働き続けるのもつらいなあ」

「たしかに、『自分だけお先』というのはやりにくいものですよね。ただ、どうしてもそれが自分のライフスタイルに合わないのであれば、転職という道を考えるのもひとつかもしれませんね」

17

「残業代」よりも、もっと大切なものがある

前項で紹介したTさんの会社のように、残業を減らしたりなくしたりというのは、正直なところ、たいへんむずかしいことのようです。

私が課長だった頃、残業をなくすために、仕事は「計画的に」「デッドラインを決めて」「最短コース」でやるよう部下を指導していましたが、このような〝効率化〟はなかなか浸透しませんでした。

なぜなら、「仕事はのんびりやりたい」「夕方以降のほうが調子が出る」「家に帰ってもやることもない」などと考えている人のほうが多かったからです。

また「残業をすれば残業代がもらえる」「残業手当がなければ生活が苦しい」とい

った理由から、残業に積極的な人も少なくありません。残業代が生活の基盤になっているとなると、「残業がなくなるのは困る」と考えるのもわからないではありません。

しかし、**毎日のように長時間労働を続ければ、食事も睡眠も不規則になり、健康を害する**危険性があります。家族と過ごす時間が減り、食事をともにする習慣もほとんどないとなれば、健全な家庭生活が営めず、ひいては仕事に支障を来さないとも限りません。

忘れてはならないのは、**〝仕事の成果〟は心身ともに健やかな生活を送ってこそ上げられる**ということ。

それを踏まえ、長時間労働はなるべく減らし、ノーマルな働き方をするよう指導することが、組織には求められているのです。

最近では、**残業を減らす取り組みとして、残業代を廃止し、代わりにボーナスとして還元するという企業も登場**しました。このアイディアを取り入れたところ、**みな早く帰れるよう仕事の効率化に励み、長時間労働が改善されたばかりでなく、売上も上**

がるという結果が得られたそうです。

残業が当たり前の会社で働いていると、そういうものだと思い込まされてしまうかもしれませんが、仕事は本来、ムダを省いてさっさと終わらせるのが基本。ダラダラ働かせる体質は、百害あって一利なしです。

18

目先だけの「大企業信仰」は、今すぐ考え直そう

つらいけれど、会社を辞められない人のなかには、大企業や有名企業に勤めている人も少なくないでしょう。

「苦労して入った有名企業なのに、簡単に辞めるわけにはいかない」

「小さな企業では、給料も少なく待遇もよくないに決まっている」

このように企業の規模や知名度に執着するあまり、死ぬほどつらいのにがまんして、会社にしがみついてしまうのです。

せっかく入った大企業を、おいそれとは辞められないという気持ちは、わからなくはありません。苦労して内定をもらった会社なのに、投げ出してしまうのはもったい

ないと思うのも人情でしょう。

しかし、**大きな企業や有名企業というのは、得てして多くの理不尽がつきまとう**ものです。

日々の理不尽も、安定や収入の見返りと思えばまったく気にならない。そう割り切って、のほほんとやり過ごせるならいいのですが、そんなふうに思えない人にとっては、**大企業も有名企業も、自分をすり減らすつらい場所にしかなりません。**

つらいことのほうが多い職場で、すり減らすだけの毎日を送るくらいなら、小さくても自分に合った会社に勤めたほうが、ずっといいに決まっています。

大企業や有名企業は、「辞めるのがもったいないいい会社」ではなく、「理不尽を強いられるつらい場所」にしかならないこともある。そんなふうに、自分のなかで価値観を変えることも大切なのです。

そもそも、大企業でなくとも、いい会社はたくさんあります。世間的には無名でも、社風も人間関係も待遇もよい、働きやすい会社はいくらでも存在します。

たとえば、島根県に「長岡塗装店」という会社があります。

建物の外壁塗装や改修を請け負う、従業員30名ほどの小さな会社ですが、ワーク・ライフ・バランス大賞のほか、雇用、経営面で数々の表彰を受けるなど、優良企業として大きな注目を集めています。

この会社では、子どもが生まれると10万円の見舞金を支給し、介護や保育にかかるお金の3分の1を会社が負担するといいます。

育休期間も、その人の事情に合わせて好きなだけ取得でき、従業員のスキルアップに必要な研修会・講演会への参加費用も会社が負担するなど、社員教育にも積極的に取り組んでいます。

その結果、長岡塗装店ではこの10年辞める人がひとりもなく、それどころか評判を聞きつけた人が転職してきたために、社員数が3倍近くに増加。仕事の質が上がって増収増益となり、事業拡大につながったのだそうです。

どうでしょう?

人に寄り添う経営を徹底することで業績をアップさせ、規模や知名度を上げていく会社……。小さくとも、やりがいがあって、安心して気持ちよく働けるなら、つらい大企業で働くより、ずっと幸せかもしれませんよね？

私は働き方改革について考えていくなかで、こうした会社をたくさん見てきました。その結果、利益を順調に上げ、健全な成長が期待できるのは、社員の個性や能力を生かし、ひとりひとりのモチベーションを上げられる会社だと確信しています。

あなたの大事な時間と能力をすり減らさないためにも、目先だけの「大企業信仰」は、今すぐ考え直してほしいと思います。

19

「能力がない」なんて悩むのは10年早い

自分には能力がない。会社に必要とされていない。周囲の足を引っ張るだけで、会社のお荷物でしかない……。

こんなふうに、ちょっと自虐的に悩んでいる人も多いと思います。

映像関係の会社で、カメラアシスタントとして働き始めたというE君。学生の頃からカメラが得意で、念願かなって入社しましたが、師匠に怒鳴られてばかりで自信を失い、働くのがつらくなってきたと言います。

「働くのがつらいって、E君は師匠についてまだ1年も経っていないじゃない。いったいなぜ、そんなに思いつめちゃったの？」

「ボク、入社するとき、やる気満々で、『カメラのことはそれなりにわかってるつもりです』みたいな大口をたたいちゃったんです。なので、少しは使い物になるだろうって師匠も期待してくれてたみたいなんですけど、実際に現場でやり始めたら、全然ダメで、怒られてばっかりで……」

「怒られてばかりか。でも、まだ新人なんだから、役に立てなくても当然だよ。師匠だって、わかってくれていると思うけどね」

「いや、昨日も『オマエ、やる気あるのか！』『使えねえな！』って怒鳴られました。がんばってはいるつもりなんですが、期待に応えよう応えようとするほど、空回りしちゃって……。もう半年以上たつのに、何の役にも立てない自分が情けなくって」

「現実と理想のギャップを思い知らされるのは、たしかにつらいよね。だけど、「能力がない」なんて考えるのは、はっきり言って10年早いよ。能力というのは、そう簡単に伸ばせるもんじゃない。目の前のことを、ひとつひとつ、考えたり工夫したりしながらやっていくうちに高まるものだよ」

「でも、入社半年でいまだに怒鳴られまくりって、仕事できない感丸出しですよね。こんなペースでやってたら、一人前になんて一生なれないかも……」

「ペースが遅くても、きちんとやるべきことをやっていれば、必ず能力は伸びる。若いうちは、苦手なことやつまらないないこともたくさんやらされると思うけれど、やっているうちに、だんだんおもしろくなってくる。それが仕事というものだよ」

20

最初はうまくやれない、それが「当たり前」

若いうちは、仕事に対するやりがいや手ごたえなど、さして感じられないものです。前項のE君のように、**やりたい仕事に就いたとしても、最初のうちは「つまらない」「ろくなことができない」のが普通**です。

私も20代の頃は、

「毎日つまらない仕事ばかりやらされて、たまったもんじゃない。サラリーマン生活っていうのは、こんなにもおもしろくないものなのか」

などと、生意気にも考えていました。

その挙げ句、失敗を繰り返しては上司にこっぴどく叱られ、けちょんけちょんにけなされては、落ち込んでお酒を飲んではグチばかり。20代の多くは、そんな日々を送っていたのです。

でも、つまらないと思いながらもやり続けるうちに、だんだん仕事のおもしろさがわかるようになっていきます。そして30代になると、20代の頃の働くことに対する無力感がウソのようになくなって、仕事が楽しくてしかたないと感じるようになっていきました。

このように、**20代のうちは、まだまだうまくやれなくて当たり前**なのです。

おもしろさがわからないうちは、「使えないヤツだ」などと怒鳴られても、「自分は仕事ができない」「何の能力もない」なんて気にする必要はありません。

ただし、だからといって**何の努力もしないのでは、仕事の本当のおもしろさは感じられません。**

どうすればうまくいくか、失敗を振り返って、次に生かす。それを繰り返せば、小さなやりがいが芽生え、それが徐々に大きくなっていき、やがて仕事のおもしろみが

実感できるようになるのです。

そういう努力をしているにもかかわらず、「無能だ」だの「給料ドロボウだ」だのと容赦ない叱責を浴びせ、まるで認めようとしない上司がいたとすれば、それは、この本の最初の項目「1」で書いた通り。

明らかに上司として「無能」な人間だとしか言いようがありません。

21

ときには「他人の判断」に身を任せてみる

またまた、E君にご登場願いましょう。

よくよく話を聞いてみると、そもそも自分のやりたい路線と師匠の得意ジャンルが、まったく違うようです。

このやりたいことと、実際にやっている仕事との食い違いをどう考えるべきなのか。

E君との会話を引き続きみてみましょう。

「ボクの師匠は、広告や雑誌業界ではけっこう有名な人なのですが、どちらかと言えば、スタジオ撮影が中心です。でも、ボクが撮りたいのは風景や自然なので、そんな自分がここにいても、迷惑をかけるし意味がないのかなって気もしていて……」

「すごい人のもとにつくことができたんだね。それは、非常にラッキーなことじゃない。君がやりたいジャンルとは違うかもしれないけれど、だからこそ、とても勉強になるんじゃないかな。もちろん、わけもなく暴言をはくような人だとしたら、問題だと思うけど」

「わけもなく……ということはないです。言葉はキツいですけど」

「お互いの相性もあるから、そこは何とも言えないが、厳しいタイプの人は多いかもしれないね。私もある著名なカメラマンに撮影してもらったことがあるけれど、その人にも君くらいの年頃のアシスタントがついていて、ガンガン怒鳴り飛ばされていた。ただ、素人目にもわかるくらい、彼の撮り方のテクニックがすごい。しかも、彼はそのアシスタントを怒鳴っていた反面、すべてを教えたいと考えているように私には見えたよ」

「そういう話を聞くと、ちょっとうらやましいですね。スタジオは向いていないと思っていたけれど、学んでおいてソンはないかもしれないなあ」

「そうそう。向いているか向いていないかにとらわれすぎると、せっかくのチャンスを逃すこともある。私も新人の頃『自分は営業向きだ』と思っていたから、管理に配属されたときは、正直『何で？』と思ったこともあった。でも、結果的に管理に配属されたことで実力が伸びた気がする。自分より他人のほうが、その人の適性を理解しているということも多いんだよね」

22

「会社員に向いていない人」なんて、実はほとんどいない

人は「自分はこういうことに向いている」、あるいは「こういうのは苦手だな」といったように自らの能力を限定してしまいがちです。

でも、「できない」「苦手だ」と思っていたことが、周囲のすすめでやってみたら、想像以上にうまくこなせたということも少なくありません。

得意なことを伸ばすのももちろん大事ですが、「人は案外、自分自身のことをよくわかっていない」ということも考えに入れて、苦手意識を極力減らしていったほうが、仕事はずっと楽しいものになると思います。

ただ、とりわけ若いうちは「これがやりたい」「これはムリ」と決めつけてしまい

がちです。

そして、与えられた仕事に対して意欲的になれず、上司に叱られ、ますますやる気を失い、さらに叱られるという悪循環にハマってしまうこともあるでしょう。

先ほどのカメラマン志望のE君のように、やりたいことがはっきりしている人は、かえって仕事に対するモチベーションがどんどん低下し、叱られてばかりいる自分を責めるなど、自分自身を追い込んでしまうこともあるかもしれません。

そんなときは、「向いていない」「能力がない」という考え方はいったん横に置き、どんな小さなことでもかまわないから、失敗を繰り返さない方法を考えるなど、やる気を高める作業から始めてみてはどうでしょうか。

よく仕事につまずくと、「自分は会社員には向いていない」などとグチる人もいますが、私に言わせれば**「会社員に向いていない」人なんて、ほとんどいません。**

会社には、いろいろな仕事があるものです。

人間関係が苦手なら、人とあまりつき合わずに済む職種もありますし、人前に出るのが得意でないなら、縁の下の力持ちに徹する仕事だってあります。

会社組織では一定のルールがありますし、それに従うのが会社員の務めであるのはたしかです。しかし、**自分の役目を果たし、結果を出すという意味では、会社員もフリーも何ら変わりありません。**

会社を辞めて独立しても、仕事のたいへんさは常について回ります。ですから、**今の仕事に「向いていない」からといって、会社のすべてに絶望してしまうのは早計だ**ということも、どうか頭に入れておいてください。

23

上司の「君のためだ」は、余計なお世話

上司は部下を指導し、育てるものだと言いましたが、それはあくまで上司の仕事であり、上司がクリアすべき課題です。

ところが上司のなかには、ここを勘違いし、

「厳しくするのもすべて部下のためだ」

と思い込んでいる人がいます。

指導は上司自身の課題、つまり自分のために行うべきものなのに、「お前のためにしてやっている」という態度で、部下に物事を教えようとするのです。

若い部下にしてみれば、「オマエのためだから」とか「君のためになるから」など

と言われると、どんな指示だろうと、マジメに受けとめざるを得ない気持ちになります。イヤミな説教も、無用な長時間労働も、「自分のためなんだ」となると、どれほどつらくてもやらなくてはいけないと思い込んでしまうかもしれません。

しかし、こういうのは、はっきり言って「指導」でも何でもありません。**部下のためと言いながら、かえって部下を疲弊させるような指導は、価値観の押しつけ。「君のためだ」などというのは、部下にとっては大きなお世話以外の何ものでもありません。**

私は課長時代、すべての部下と必ず面談をするようにしていました。

この会社が、どうなればいいと思っているか。

会社に対して何か不満はないか。

差し障りのない範囲で、プライベートなことも真剣に聞くようにしていたので、かなり踏み込んだ悩みを打ち明けてくれる部下もいました。

でも、私は何も「部下のため」だけを思って、面談を行っていたわけではありません。悩みに対しては真摯に耳を傾け、場合によっては手助けも惜しみませんでしたが、基本は私自身のため、課長の職務をスムーズに果たすためにやっていたことなのです。

これによって、私を慕ってくれる部下が増え、部下との絆は強まりました。ただし、それはあくまで職務を果たすなかで授けられた「ご褒美」のようなものなのです。

上司のなかには、「オマエのため」だけでなく、「会社のため」という一見もっともらしい建前まで持ち出す人もいますが、これも会社のためでも何でもなく、個人の価値観にすぎません。

いくら会社に雇われているといっても、会社が長時間労働を強いたり、無理難題を押しつけていいわけありません。

上司の「指導」が、果たして本当にあなたのためなのか。そうではなく単なる押しつけではないのかどうか。

今一度、その言葉にしっかり耳を傾けてみるのが、大事なことだと思います。

24

まだ見ぬ「未来」より、「今」の自分を大切に

私は基本的に「会社とは基本的に理不尽なもの。ちょっと人間関係が悪いくらいで、辞めるのはもったいない」と思っていますが、その一方で、

「今いる会社は最後の職場ではない」

「どうしてもイヤなら辞めればいい。会社にしがみつくことはない」

とも考えています。

幸い、私が勤めていた会社は、厳しい社風のなかにも、多様性を認めてくれる価値観があったため、転職、離職はしませんでしたが、同時に「**会社はいくらでもある。辞めるという選択肢もあるのだ**」という考えも、常に持ち続けていました。

同じことを部下にもアドバイスしたところ、人事の耳に入って「君は転職をすすめるのか」とクレームが来たこともありましたが、私が言いたかったのは、**「やむを得ず会社を辞めることもある。そのときのために、どこへ行っても通用するスキルを磨いておきなさい」**ということ。

「辞めたくても辞められない」事態に陥らないためにも、経験や実力を磨く心がけが大事だということを伝えたかったのです。

ただ、みなさんのなかには、精神的に切羽詰まっていて、

「経験や実力をつけるまで待てそうにない」

「とてもじゃないがしんどくて、スキルを上げるどころではない」

という人もいることでしょう。

もし、そう感じているとしたら、迷わず会社を辞めてもいいと思います。

「ここを辞めたら、食べていけないのではないか」

「転職先もブラック企業だったらどうしよう」

そんな不安もよぎるかもしれませんが、どうにもつらいときは、先のことを心配するより、たいへんな状況を脱するほうが先決です。

会社を辞めたせいで死んでしまったという人はいませんが、会社を辞めなかったせいで大事な命を失ったというケースは枚挙にいとまがありません。

「辞めたって、何とかなる！」

自分自身にそう言い聞かせ、**まだ見ぬ未来より、今を生きることを最優先**にしてほしいと思います。

25

「親の期待」に応える義務なんてない

「つらくても会社を辞められない……」という人のなかには、親御さんからの「期待」をいたく気にしている人も少なくありません。

高い学費を払って大学を出してもらい、それなりの会社にも就職できたのだから、つらくて辞めたいなんてとても言えない。親をがっかりさせるようなことなんて、絶対にしたくない……。

親不孝なことをするくらいなら、自分ががまんしたほうがいいと考え、自分自身のつらい状況の解決を後回しにしてしまうのです。

でも、多くの親は、つらくてもがんばることなど期待していません。むしろつらい

ならムリなんかしないで、いつでも辞めてかまわないと思っています。

あなたの力を評価して、「がんばれ」と期待をかける親もいるかもしれませんが、それはあくまで前向きに努力している場合の話。**子どもが苦しい思いをしているのであれば、「がんばらなくていい」というのが親の本心**なのです。

もっとも、子どもに過剰な期待をかける親御さんもいなくはありません。わが子の状況を考えもせず、「そんなことで辞めてどうする」「何のために大学を出してやったと思っている」などと、子どもを追いつめるようなことを言う人もいると思います。

でも、学費を出したのは、あくまで親が自分自身の義務として引き受けたこと。子どもに負い目を感じさせるのはまちがっています。

教育のためにお金を出してくれたことには感謝すべきですが、責任を感じたり、期待に応えられない自分がダメだなどと思う必要はまったくないのです。

世の中では、大学を卒業すると当たり前のように社会に出て、誰もが社会に適応して働くものと思われています。けれども、社会に出て働くというのは、これまでにたどったことのない道に、おそるおそる一歩踏み出すことでもあります。

経験したこともない道を進むのは、決して簡単なことではありません。どうすればうまく歩いていけるか、誰かに教えてもらったり、自ら学んだりしながら、社会とはどういうものかを理解していく。それが、本当の〝社会人〟になるということではないでしょうか。

親の役目とは、社会人になっていく子どもをサポートすることであり、期待をかけることではありません。「親の期待を裏切れない」などと考えず、つらいときこそ本音を打ち明け、親を頼っていいのです。

第3章

働き方をシンプルに変えていこう。

～人間関係が楽になる「がんばりすぎない」仕事のコツ～

26
「迎合」と「おうかがい」で、上司の態度を変える

会社がつらい。仕事がしんどい……。

その原因の大半はおそらく、人間関係にあるのではないかと思います。とくに上司との関係に、多くのみなさんが悩まされているのではないでしょうか。

そこで本章では、「上司とうまくいかなくてつらい」という人のために役立ちそうな知恵をお伝えします。

ただし、誤解のないよう改めて言っておきますが、私は「つらくてどうしようもない」という場合は、もうこれ以上がんばらず、自分を守ることを優先すべきだと思っています。

食事もおいしくない、ゆっくり眠れない……。そんなギリギリの精神状態ならば、「人間関係を何とかしよう」などと考えず、すぐにでも仕事を休む（辞める）ことを考えるべきです。

本当につらいと感じているみなさんに、「もっとやれることがあるからがんばれ」などと酷なことを言うのは、当然、私の本意ではありません。

ですから、ここで紹介するのは、あくまで「あと少しならやれそうだ」「やれることがあるならやってみたい」という、余力のある人へのアドバイスだと受け取ってください。

しんどいけれど、状況を打開する手があるならやってみよう。ギリギリかもしれないけれど、まだそう思える状態なら、これからお伝えする方法を、ぜひ生かしていただきたいと思います。

みなさんは、「上司とうまくやれないのは、自分が不器用だからだ」と思っているのではないでしょうか。あるいは、「自分以外はみなうまく人間関係を築いているのに、なぜ自分だけができないのか」と悩んでいるかもしれません。

でも、人間関係でつまずくことは、誰にでもあります。実際、私も性格の合わない上司のもとで、「イヤだなあ」「どうすりゃいいんだよ」と困ってしまった経験がありました。

その上司は神経質で、感情的で、自分の気に入るように事が進まないと不機嫌になり、部下に難クセをつけてくるタイプ。そんな彼のやり方に腹が立った私は、批判的な姿勢をしばしばあらわにしました。

彼はそんな私の態度が気に入らず、他愛のないことをきっかけとして、ネチネチとイヤミを言ったり、どうでもいいような細かいことまで指摘するなど、ことあるごとに私を攻撃するようになったのです。

控えめに考えても、上司に非があるのは明らかでしたが、彼に嫌われたままでは思うように仕事ができません。そこで、私は内心「チクショー」と思いながらも、関係を改善すべく、どうすれば上司が喜ぶかを考えるようにしました。

当時の私は、人の機嫌をとるのも、人間関係をうわべだけ要領よくやるのも、どちらかと言えば苦手でしたが、困った状況をしのぐため、上司に対して「迎合する」という作戦をとったのです。

「迎合」というと、イヤなことをしなければならない感じがしますが、要は上司の求めるものを正しくつかみ、すれ違いをなくせばいいということ。私はそう切り替えて、積極的に上司のもとに出向き、「おうかがい」を立てるようにしたのです。

「あなたの要求しているのは、こういうことですね？」

「こういうことをやろうと思っていますが、どうでしょうか？」

こうして数カ月もすると、上司は次第に態度をやわらげ、１年もたつ頃には私を信頼してくれるようになりました。イヤイヤながらも、「おうかがい」で尽くしたことによって、私を嫌っていた上司の気持ちを変えることができたのです。

27

報告は「定期的」「手短」「わかりやすく」がポイント

前項でみたように、すすんで「おうかがい」を立てると、相手の要求がつかみやすくなり、すれちがいも最小限にとどめられます。

そのうえ、上司に

「こいつは自分を立てている」

「自分を理解しようとしている」

と思わせ、上司の自分に対する対応を変えさせることもできます。まさに「一石二鳥」ですね。

人間は、最初は「合わない」「嫌いだ」と思っていたとしても、相手が自分を理解し、自分に合わせようとしてくれているとわかれば、態度をコロリと変え、「かわいいヤツだ」と思うようになるものなのです。

おうかがいを立てるときは、相手が忙しくなさそうなタイミングをねらうのが基本です。目安としては、２週間に一度、30分程度の時間をもらって報告や相談をするといいでしょう。

口頭だとわかりにくかったり、誤解を招きやすいこともあるので、Ａ４用紙に内容を箇条書きにして手渡すのがおすすめです。

このように、「おうかがい」は、とにかく「定期的に、手短に、わかりやすく」と覚えておいてください。

前述の苦手な上司との話には後日談があります。

彼は、その後、異動になるたび、私を同じ部署に呼び寄せるほど、私のことを気に入ってくれました。

私自身その上司のことを心から好きになったわけではないので、

「そこまで気に入られるとは予想外だった。本当にまいったなあ」

と思ったものでしたが、彼はのちに副社長にまで昇進します。そして、その上司の存在があったからこそ、私は取締役になれたのです。

苦手な上司に迎合するのも、おうかがいを立てるのも、最初は抵抗があると思いますが、ものはためしでやってみて、決してソンはありません。

人生を変えるかもしれない「おうかがい」を、みなさんもぜひ、実行してみてはいかがでしょうか。

28
上司からの指示は、顧客からの「注文」として聞いてみる

おうかがいのほかにもうひとつ、上司の対応を変えさせるコツがあります。

それは、上司からの指示を「注文」として聞くということ。

仕事を指示されると、何となく受け身で、漫然と聞いてしまいがちです。ところが受け身で聞くと、相手の要求を的確につかめず自己流でやってしまい、「誰がそんなことやれと言った！」「自己流でやるな！」などということになりかねません。

そこで、上司から指示されたことを、受け身の「指示」ではなく、主体的に請け負う「注文」として聞くのです。

注文を聞くポイントは、次の3つ。

①その仕事がどれくらい重要なのか
②締め切りはいつなのか
③どの程度の品質で仕上げればいいのか

たとえば、「○○について調べてくれ」と言われたら、どのくらい時間が必要かを考え、「3日かけてやります」などと伝えます。

このとき、「3日もかけるな。1日でやれ」と言われたら、1日で仕上げればよい程度の品質だということになります。逆に「3日じゃムリ。1週間はかかるだろう」と言われたら、自分が考えている以上にていねいにやるべきものだということです。

このように上司に確認すれば、どの程度の品質が求められている仕事なのかがわかります。

また、途中までできたところで「ここまでやりました」「こんなふうに進めています」「こういう方向性でいいですか」と、必ず確認すること。すると、「これでいい」「こんなんじゃダメだ」「もっとここをこういうふうに」といったように、求められている到達点がより具体的にわかります。

「誰がそんなことをやれと言った！」とならないためには、仕上げる前に、途中で経過を報告することが重要なのです。

上司にいちいち聞いたり確認したりするのは、一見手間のように思えますが、やり直しやよけいな作業をせずに済むのでよっぽど効率的です。

しかも、ミスを未然に防げるので、仕事の精度も高まります。こんなやり方を、上司が喜ばないわけがありません。

ちなみに、途中でミスに気づいたり、失敗しそうだと思うことがあれば、ごまかさずにすぐ報告するのも大事です。

ごまかしたり隠したりしても、ミスは結局はバレるもの。わかった時点で報告したほうが、信頼を損なわずに済むのです。

29

仕事の資料は、「3枚」もあれば十分

みなさんは得てして、「与えられた仕事をきっちりこなすこと」＝「時間をかけてていねいにやること」と考えがちではないでしょうか。

「資料を作れ」などと言われたら、グラフや表などできるだけたくさんの要素を盛り込み、分量を多くしたほうが、「がんばってます」アピールができるはずだと考える人も少なくないと思います。

でも、実はこれは大きな勘違い。

企画書にしても中期計画書にしても、資料や書類というのは、できるだけ少なくしたほうがいいのです。

たとえば、私は会議で使う設備投資の資料作成を命じられたとき、人が10枚、20枚と準備するところを、わずか3枚でまとめました。**必要なことを、わかりやすくまとめるには、3枚もあれば十分**だったからです。

自分の手元にある大量の資料を見た他部署の上司が、ウンザリした様子で私にこう言ったことがあります。

「何で、こんなにたくさんの資料を説明しなきゃならないんだ。こんなにダラダラ長いのを作られても困るんだよ。佐々木はいいよな、たった3枚しかないんだから」

この気持ち、みなさんも何となく共感できませんか？

大量の書類を手渡されると、やる気が出るどころか、「こんなに膨大な内容を頭に入れなきゃいけないのかぁ……」と、重い気分になってしまいます。

これは、上司にとっても同じこと。大量の資料を歓迎する人もいなくはありませんが、**たいていの上司は、分量が少なく簡潔にまとめられた資料を見るとホッとする**ものなのです。

仕事に対して、マジメに、ていねいに取り組もうとするのは、決してまちがいではありません。ただ、その**マジメさやていねいさが、ときに不要な作業を生む要因となってしまっている**可能性もあります。

真摯な心がけは大事にしつつ、相手の気持ちを考えながら効率的に作業を仕上げる。そうすれば、労働時間も減らせ、より質の高い仕事ができるはずです。

30
「ほんの一手間」だけで、仕事の評価はグッと上がる

資料は少なく簡潔にまとめるほうがいいと言いましたが、具体的なデータや数字といった補足資料があったほうがいい場合もあります。要点にプラスアルファがあれば、説得力が増し、より資料が使いやすくなることもあるわけです。

では、簡潔さとプラスアルファをどう両立させればいいのか。私は作成した資料に、ちょっとしたコメントを書き添えるようにしていました。

たとえば、前項でお話しした設備投資の資料では、「事業を取り巻く環境」の説明のところに、どう環境が変化したのかがわかるコメントを、「競合他社の状況」のところでは、コストの差を示す具体的な数字を書き添えて、上司に手渡しました。

すると、資料の枚数は少ないのに、コメントや数字が書き入れられているので、「これは充実している」と上司に満足感を与えることができたのです。

しかも、コメントや数字は上司の資料にしか書き込まなかったため、上司が会議で詳しい説明をしてみせると、参加者一同が「詳しい数字まで言えるなんてすごい」となり、上司の評価を上げることにもつながりました。

こうした資料をもらったら、上司はうれしいに決まっています。「わかりやすいし、自分の株も上がる」となれば、上司からの評価もおのずと高まるというわけです（手書きのコメントを添えるより、具体的な事例などがあったほうがいい場合は、別紙にまとめておいてもいいかもしれません）。

このように、**仕事は「わかりやすく簡潔に」に加え、相手に役立つような一工夫を入れるのがポイント**となります。

会社では、「結果を出せ」とか「仕事のできる人間になれ」などと言われことがよくありますよね。

こう言われると、営業成績や売上数を伸ばすことばかり考えてしまいがちですが、資料作りや、会議の段取りにちょっとした一手間を加えるだけでも、みなさんに対する評価が違ってきます。

仕事というのは、数字だけではなく、さまざまな局面で評価されるもの。資料ひとつにも、評価につながる可能性があるということを頭に入れておきましょう。

31
仕事は「捨てる」「省く」「略す」の〝手抜き〟が大事

上司からふられる仕事を断り切れない。そのせいで、いつも仕事が時間内に終わらず、残業もしたうえに土日も出社して……。

こんな悪循環に悩まされている人も、きっとたくさんいますよね。

こういう場合、本当は理由を言って断って、ムリに仕事を引き受けないのがベストなのですが、「なかなかできない」「そうもいかない」というのであれば、「引き受けた仕事はできるだけ〝捨てる〟」という方向で考えてみたらどうでしょう。

そもそも仕事とは、自然と「たまっていく」という性質があります。どんどんたまっていくものを、さらに引き受けたりすれば、キャパシティを超えてクラッシュしてしまうのも当然です。

ですから、仕事はできるだけ捨てる、省く、略す。

つまり、上手に手を抜くことを考えてみるといいのです。

ただし、「捨てる」と言っても、重要なことをなおざりにしたり、やるべきことをやらないというのでは当然いけません。単に手抜きをしたのでは、みなさんの評価が下がってしまうだけです。

では、上手に手抜きするにはどうすればいいか。

仕事のゴールを決めて、いちばん早く到着する方法を考えるのです。

ゴールを決めるには、何が重要で何が重要でないのか、つまり「事の軽重」をまず確認します。事の軽重によってゴールを決めたら、そこにできるだけ早くたどり着くにはどうすればいいかを考えます。

たとえば、上司から「○○について、調べてくれ」と言われたとしましょう。

項目「27」でお話ししたように、指示内容や締め切りから、どの程度で仕上げればよいかをまず確認します。そのうえで、自分でゼロから調べる前に、前例となる資料が残されていないか、それについて詳しい人はいないか、確かめてみるのです。

資料もない、詳しい人もいないとなれば、ゼロからやるしかありませんが、「それについては資料があるよ」「あの人が詳しいよ」などと教えてもらえれば、ゼロから調べなくても済みます。

このように、前の資料や、誰かのアドバイスを下敷きにして調査すれば、より早く、しかも確実に、仕事を仕上げることができますよね？

繰り返しになりますが、仕事は放っておくとどんどんたまります。

これ以上ため込まないようにするには、今手元にある仕事も、

「何とか減らせないか」

「誰かに頼むことはできないか」

「やらないで済ませられるか」

と考えてみるのが重要です。

つまり、仕事は、何もかも、すべて自分で一からやろうとせず、合理的に取捨選択することが必要なのです。

こんな私のやり方を見て、「オマエは手抜きだなあ」「手抜きの佐々木だ」などと言う上司もいましたが、「何かご不満ですか？」と聞くと、

「それでいい。ほかのヤツはトゥーマッチ（やりすぎ）なんだよ」

という言葉が返ってきました。

「合理的取捨選択」、言い換えるなら「うまい手抜き」というのは、実は上司にとっても喜ばしいことなのです。

32

「何でもかんでもマジメ」から抜け出してみよう

ここで誤解のないように言っておきますが、私はがむしゃらに努力したり、一生懸命にがんばる人を否定するつもりは、これっぽっちもありません。最初から手を抜いたり、適当に要領よくやろうとする人より、むしろ全力で励む人のほうが好ましいと思っています。

実際、寝る間も惜しんで働くという経験は、自分の限界を知り、ムリをしない働き方を見つけ出すためにも、とても大切なことです。

「効率的にやれ」「うまく手を抜け」などと言われると、

「努力なんて必要ないってこと？」

「これまでのがんばりはムダだったの？」

と思ってしまうかもしれませんが、そんなことは決してありません。

マジメにがんばってきたみなさんだからこそ、効率的にやる意味を深く理解できるということなのです。

実は私も、20代の頃はムダなことばかりしていました。効率も要領もまったく考えずに、与えられた仕事を片っ端から引き受けまくっていたのです。

32歳のときのこと。私は負債総額１６００億円を抱える、つぶれかかった関連企業の再建メンバーに選ばれます。

自分が勤めている会社の屋台骨をゆるがしかねない重要事件ということもあり、最年少だった私は、選りすぐりの先輩メンバーたちに負けまいと、１００時間を超える残業も必死でこなしていました。

でも、今振り返ると、何とムダな作業が多かったことか。こんなことをやってもしょうがないという仕事まで、頼まれるまま次々に引き受けた結果、高熱を出して倒れてしまいました。

「手抜きの佐々木」も、生まれつき要領がよかったわけではなく、はじめは無茶してがんばりすぎてしまっていたのです。

しかし、私はこの経験をきっかけに、自分の限界というものについて改めて考えることができました。


体を壊すような働き方をするのは、もうやめよう。

何でもかんでもマジメにやるという働き方を見直そう。

与えられた仕事は重点化して、できるだけムダを省くようにしよう。


こうして私は、「効率化」を意識するようになったのです。

仕事をがんばりすぎると、私のようにぶっ倒れる人もいるでしょうし、

「体が重くて起き上がれない」

「気分がふさいで物事が楽しめない」

「誰かと話をするのもおっくうだ」

となる人もいます。頭がぼーっとしたり、わけもなく落ち込むこともあるかもしれません。

このような症状が出たら、限界を示すサインだと受けとめること。そして、「もっとがんばらなきゃ」ではなく、ムダを探して省いていく〝がんばらない働き方〟を、自分なりに試行錯誤しながら、見つけ出してほしいと思います。

33

とりあえず「わかりました」と返してから考える

上司から求められる仕事のなかには、「ちょっとムリだ」「どう考えてもむずかしい」と感じるものもあると思います。

そんなとき、「え？」という顔をしたり、「できません」と答えたくなってしまうかもしれませんが、そこをぐっとこらえて、まずは「わかりました。やってみます」と返すようにしてみましょう。

そして、その仕事のどのあたりがどうムリなのかを確認してから、翌日か翌々日あたりに、「検討したのですが、こういう理由でむずかしいとわかりました」と報告します。もちろん、別のやり方も考えてみて、「これならできます」とつけ加えるのもならなおいいでしょう。

こういうかたちで返すなら、結果的に同じ「できません」でも、上司が気を悪くすることはありません。**「できない」と言うにしても、まずはいったん引き受けて、あとで「できない」と言ったほうが、相手も理性的に受けとめられる**からです。

実際、みなさんも誰かに何かをお願いしたとき、すぐに「ムリです、できません」とダメ出しされたら、ちょっとムカっときたりするのではないでしょうか。「少しくらい考えてみてくれたっていいのに」と思いますよね？

上司にとっても、その気持ちは同じことです。

もっとも、だからといって、**明らかにできもしないことをムリに引き受けるのはいけません。うわべだけ取り繕って、あたかもできたかのようにふるまうのも、もってのほか。**できないならできないと、根拠をつけてハッキリと伝えるのも大事なことです。

上司に「ノー」を伝えるには、タイミングと言い方をうまく見計らう必要があるということを、ぜひ覚えておいてほしいと思います。

34

相手の怒りは、「しおらしいフリ」でかわす

会社では、基本的に上司とぶつかるのはNGです。

性格の悪い上司や、価値観がまるで合わない上司もいると思いますが、上司とぶつかったら、職場のストレスはまちがいなく強まります。上司とは、ぶつからないに越したことはありません。

でも、人間である以上、思わずぶつかってしまうこともあると思います。

ぶつかるつもりなどなくても、相手に「ここが悪い」「あそこがダメ」などと難クセをつけられて、一方的に責められることもあるかもしれません。

そういうときは、とりあえず、**素直に相手の指摘を理解したフリ、聞いて直します**

というフリをします。

もちろん、よくよく聞いてみて、上司の指摘もあながちまちがっていないと気づいたなら、素直に耳を傾けるべきです。しかし、まるで建設的ではない、身勝手な物言いをしてくる場合は、マジメに聞き入れる必要などありません。

あくまで、聞き入れるのはうわべだけのこと。**余計なストレスを減らすためだと割り切って、「はい」と聞いたフリ、「わかりました」と直すフリ、つまり演技をしてみてほしい**のです。

上司が感情的になるときというのは、得てして「相手に受け入れさせたい」「言うことを聞かせたい」と思っているものです。

たとえ部下が正しいことを言っていたとしても、絶対にそれを認めず、「自分が優位に立ちたい」「相手をやり込めたい」と強く望んでいます。

これを何とかするには、**とりあえず「まいりました」というフリをして、「しょんぼり」した雰囲気を作って、その場をやり過ごす**に限ります。

感情的に来られると、思わず感情的に返したくなるかもしれませんが、そんなことをしたら、火に油を注ぐ結果になりかねません。ヤケドをせずに済ますには、少しばかり「しおらしい」フリをするのが賢いやり方なのです。

一方で、上司に強く言われると、パニックになったり、「次も何か言われたらどうしよう」とビクビクしてしまう人もいるかもしれません。

そういう人は、「ぶつかってしまったけれど、これでいい」といったん自分を認めましょう。項目「4」でも述べたように、**「怒っているのは上司の問題」「私は私。何を言われたってこれでいい」と、各々の問題を分けて考えればいい**のです。

「何やら怒っているけれど、それは上司の勝手。私には関係ない」

心のなかでそう言い聞かせて、上司と自分を切り離して考えるようにしましょう(もちろん、ミスをして叱られているような場合は別ですが)。

ただ、前述したように、こういう考えが顔に出てしまうと、かえって〝炎上〟してしています。**本音は隠して、表面だけ「しおらしく」**と心得ておきましょう。

35

上司もあなたも、しょせん同じ「人間同士」

しんどい原因が上司との関係にある人にしてみれば、上司は〝耐えがたい存在〟にちがいありません。「いなくなってくれればいいのに」とか、「上司は敵、人として見るのもイヤだ」という人もいると思います。

でも、そこを百歩譲って、こう考えてみることはできないでしょうか。

上司も自分と同じ人間。

人間なら過ちも犯すし、感情的にもなる。

人間誰しも完ぺきではないのだから、許せる部分は許してみる。

つまり、「上司と自分は人として対等である」という考えにのっとって、上司の立場に理解を寄せてみるのです。

『7つの習慣』の著者スティーブン・コヴィー氏は、「信頼関係を築くには互いを理解することが必要であり、そのためには、自分を理解してもらう前に、相手のことを理解しようとする習慣が必要である」と述べています。

上司とよい関係を築くには、自分を認めてもらう前にまず、ひとりの人間として上司を理解してみよう。たとえ上司がどんな人間であろうと、「一対一の人間同士」として見るようにしよう、というわけです。

いかがでしょう？

そう考えてみると、〝親の仇〟のようにさえ感じていた上司が、少しは人間らしく思えて、気持ちが楽になりませんか？

人間として上司を理解する試み。「そんなのできっこない」と言う前に、もう少し具体的に、私といっしょに考えてみましょう。

たとえば、上司が部下に対して、人として何を望んでいるか、わかりますか？

指示通りに動くこと？　あるいは実績を出すこと？

いいえ。実は、**上司が部下にもっとも望んでいるのは、部下に慕われること**です。能力は優秀だが自分のことをあまり慕わない部下より、実績はイマイチだけれど心底自分を慕ってくる部下に目をかける。それが上司というものであり、人間の気持ちというものなのです。

「本当に？」と思うなら、ためしに上司に言ってみるといいと思います。

「あなたはさすがですね」「私はまだまだです」などなど……。

長年の経験からいって、こう言われて気を悪くする上司はいません。

それどころか、自分を褒める＝慕っていると考えて、たいていの上司は気をよくするはずです。人は自分を3割増でよいほうにとらえるものですから、突然慕われても、お世辞だと思うどころか、それを好意だとストレートに受けとめるのです。

慕うこと（フリでもかまいません）くらいで関係が改善されるなら、ちょっとしたところからでも、やってみる価値があるのではないでしょうか。

もちろん、上司との関係に悩んで、この本を手にしたみなさんにとって、上司に理解を寄せろというのは酷な提案かもしれません。

「そんなことできない、だからしんどいのだ」

と思う人もいるでしょう。

そんなみなさんの気持ちは、よく理解できます。

ただ、**上司と部下、「タテ・ヨコ」の関係を取り払って考えると、別の世界が見える可能性も否めない**と思うのです。

上司との関係を断絶する、会社を辞める決断をするのは、こうしたことをためしたあとでも、決して遅くはないのではないでしょうか。

36

あえて「会社は家族」と考えてみる

一般的に、仕事とプライベートは分けて考えるべきだといわれます。仕事に家族的な情を持ち込むのは「クールじゃない」、あるいは「暑苦しい」と感じる人も多いことでしょう。

しかし現実的には、ほぼ毎日、同僚や上司と朝から晩まで同じ時間を過ごします。それを〝仕事だけの関係〟だと割り切るのは、かえって不自然ではないでしょうか。

私は、自分の課の部下たちに対し、家族のように接してきました。悩みがあれば、仕事以外のことでも相談に乗る。過った行動をすれば、時間をかけて諭して聞かせる。そうすることで、信頼関係を深め、個々のモチベーションを高め、強いチームを作ることができたと自負しています。

心理学者のアドラーも、

「人間が生きていくには共同体感覚、つまり他人を仲間と見なし、自分の居場所があると感じられることが必要である。対人関係の軸に〈競争〉があるうちは、世界のすべてを敵と見なすことになるが、みんな自分の仲間だと思えれば、世界の見え方はまったく異なるものになる」

と語っています。

つまり、会社での人間関係を、他人行儀、あるいは敵対的に考えるより、「家族＝仲間」だと考えたほうが、職場はより気楽な環境になり得るということなのです。

たとえば、苦手な上司を、苦手な兄（姉）だとイメージしてみると、敵意や息苦しさが、いくぶん和らぐような気がしませんか？

そうしていくうちに、皆さんが毎日働く場から自然と「敵意」がなくなるのなら、会社を家族だと考えてみるのも、決して悪いことではないのではないでしょうか。

37
軽いひと声から始まる、「頼れる仲間」の作り方

会社での人間関係がつらいときは、誰かに話をするのも大事なことです。

胸のうちを聞いてもらい、「たいへんだね」と共感してくれる人がいれば、しんどい思いは半減すると言っても過言ではありません。

たとえ具体的なアドバイスをもらえなくても、話を聞いてもらうだけで、気持ちの整理がつき、おのずと解決策が見出せることもあるでしょう。悩みを抱え込まないためには、職場に誰かひとりでも、相談できる友がいるのがベストだと思います。

ただ職場では、信頼できる相談相手など、なかなか見つけられないのかもしれません。

職場は仕事をして、お金をもらう場所。友人を作るなんて考えたこともないし、ざ

つくばらんに胸の内を話すなんてとてもできない。そんな気持ちから、職場で孤独な思いをしている人もいるかもしれません。

でも、よくよく考えてみてください。

人は、そもそも群れる動物です。集団のなかで誰かとつながろうとするのも、ひとりぼっちを避けて仲間を作ろうと思うのも、人間の自然な本能です。

ですから、「会社では友人を作るべきではない」などと思わず、むしろ積極的に友を求めてみてはどうでしょうか。

「でも、今さら友だちを作ると言っても、何をすればいいのか。話してみたい人はいるけど、どう声をかければいいのか、よくわからないし……」

もし、このように思っているのであれば、たとえばこんなやり方はどうでしょうか。

お昼どきや休憩時間など忙しくなさそうなときに、その話してみたい人に対して、自分がいいと思っている部分を、それとなく褒めてみるのです。

「いつも元気がいいですよね。何か秘けつでもあるのですか」とか、「テキパキしてて、毎回、会議の段取りも素晴らしいです。今度、そのやり方を教えてくれませんか」といった感じです。あるいは、本当にいいなと思ったなら、「その服、素敵ですよね。どこで買ったのですか?」と聞いてみるのもいいかもしれません。

要は、「あなたに注目しています、関心があります」ということを、さりげなく伝えてみるのです。

心にもないことを言えば、相手は違和感を覚えるでしょうが、本気で思っていることを素直に言えば、人は悪いようには受けとめません。いいところを言ってもらえれば、むしろ「評価されている」と感じ、仲よくなるきっかけになるはずです。

また、なかには

「親しくはないけれど、何となく頼ってみたい人がいる。でも、友だちでもないのに相談したら、ヘンな人だと思われるのではないか」

と思う人もいるかもしれません。

このようなときは思いきって、

「すみません、ちょっと聞いてもらいたいのですが」

と、話しかけてしまってもいいと思います。

「この人は信頼できそうだ。思いきって悩みを打ち明けてみよう」と感じたなら、その真剣さは必ず相手にも伝わります。

真剣な相談をされて「何この人、ヘンな人」なんて迷惑に感じる人はめったにいませんし、よっぽど忙しいときでなければ、「頼られても困るんだけど……」と思う人もいないでしょう。

困ったときは、人に頼り、力を貸してもらう。その代わり、自分も、誰かに頼られたら、力を貸す。こうして、仕事の悩みを通じて得られた友情は、きっと人生におけるかけがえのない宝物になるはずです。

38

家族はいちばん近くにいるグチの「聞き役」

悩みの相談相手は友だちでなく、家族でももちろんかまいません。

「家族に仕事の話なんてしても、理解してもらえるわけない」と思うかもしれませんが、たとえ理解してもらえなくても、話すだけで楽になれることもあるのは、前項でお話しした通りです。

両親でも兄弟でも、家族の誰かをつかまえて、「とりあえず、私の話を聞いてくれる？」と頼んでみてはどうでしょうか。

聞いてほしいと頼まれれば、家族はうっとうしがるどころか、むしろ真剣に耳を傾けようとするはずです。

私の場合、親に悩みを相談することはありませんでしたが、逆に母親から「ちょっと聞いてくれる？」と頼まれることは、しばしばありました。

母は私が6歳のときに夫を亡くし、女手ひとつで苦労しながら、私を含む4人の息子を育て上げました。私はそんな母を、母親である前にひとりの女性として考えていたので、「いい人がいたら、また結婚したら」とすすめ、実際に再婚話が出たときもいの一番に賛成しました。

そんな私を、母はある意味頼りにしてくれていたのか、他人にはとても話せない、初恋の人との思い出話までしてくれたこともあります。

高校時代の初恋の相手が、久しぶりに地元に戻り、自分に会いに来てくれた。その人は、実は私のことを好きだったと言ってくれた。別れが名残惜しくて、見送る列車に思わず飛び乗って、県境まで行って帰ってきた……。

こんな話をうれしそうにしながら、その人のことを詠んだ短歌まで、私に披露してみせたのです。

「親の恋愛話を聞かされるなんて、そんなの普通じゃない！」と思われるかもしれませんが、不倫などではありませんし、聞いてあげればいいだけ。私としては迷惑でも何でもありません。

それどころか、聞くだけで幸せになるなら、いくらだって聞いてあげる。私でなくとも、家族なら誰だって、そう思うのではないでしょうか。

悩みを抱えていると知ったら、親や兄弟に心配をかける……。そんな気遣いから、なかなか相談できない人もいることでしょう。そういう**思いやりや優しさは、とても大切なもの**に、違いありません。

でも、家族は本来支え合うもの。たいへんなことがあったとき、しゃべって、グチって、悪いものを吐き出して、元気を取り戻す手助けをするのも、家族の大事な役割ではないでしょうか。

そもそも人が夫婦になり、家庭を営むのは、子孫を残すためだけではなく、ひとりでは乗り越えられない問題を集団の力で乗り越えるためなのです。

家族は、悩みやグチを聞かせるために存在する。

そのくらいの気持ちで、家族を思いきり頼って心の支えにするのも、しんどさの解決方法のひとつだと思います。

第4章

人生の時間割をリセットしよう。

～「会社以外」の世界のほうが、あまりにも広い～

39

「会社への思い入れ」は、捨ててしまうに限る

好きなことを仕事にすることができた人、あるいは、第一希望の会社に入社できた人たちは、苦しい思いをしていても、

「憧れて入った会社なのだから、たやすく辞められない」

「好きな仕事をしているのだから、文句を言うのはわがままだ」

と考えてしまいがちではないでしょうか。

会社や仕事に対する思い入れの強さから、苦しい思いにフタをしてしまい、自分を押し殺してしまうのです。

でも、はっきり言いますが、**このような思い入れは無意味**です。

自分を殺してがまんするほど、特別な価値のある仕事などありません。

毎日の業務を、よく振り返ってみてください。

資料を作る、調査する、段取りをする、連絡をする……。**会社の仕事というのは、実はすべて「雑用のかたまり」**です。

また、職種が変わっても、取り扱う内容やモノが違うだけで、やっていることは案外似通っています。

そう考えてみると、苦しい思いをしてまで会社や職種に固執するのは、意味がないと思えてくるのではないでしょうか。

その会社（職業）が大好きで、

「多少キツくてもイキイキ働くことができる」

というのなら話は別ですが、

「苦しくてしかたないのに、それでもがまんしている」

という状態なら、会社に対する思い入れは捨ててしまうに限ると思います。

実は、私が東レに入ったのもたまたまです。

「こういう業界、会社で働きたい」

なんて考えたこともなく、

「会社なんて、そこそこ気に入ればどこだっていいや」

という、きわめて〝テキトー〟な気持ちで就職活動をしていたのです。

実を言うと、東レに決まる前、すでに面接だけで決まる大手銀行から内定をもらっていました。

でも「せっかくの就職活動を面接だけで決めるのもなあ」との思いつきから、「よし、試験のある会社も受けてみよう」ということにしたのです。

受けてみたのは、鉄鋼業、ガラスメーカー、航空会社、そして繊維業。「テキトーでいい」と思っていましたから、業界も見事にバラバラです。

そのなかの繊維会社の試験に受かって面接に行き、ひと通り話したあとに「質問は？」と聞かれたので、面接官のひとりに「なぜ、この会社に入社されたのですか？」

と尋ねました。すると、「東レに落ちたからここに入社した」という返事が返ってきたのです。

それを聞いた私は、さらにこう考えました。

「そうか。この会社より東レのほうが上なのか。だったらためしに東レも受けるか」

こうして慌てて東レの試験を受けたところ、試験、面接、内定とトントン拍子に進みます。

それでもまだ迷って、どうしようかサークルの先輩に相談すると、

「おれは東レの人事部なんだ。お前も絶対に東レに来いよ」

「先輩がそう言うなら、ま、いっか……」

こんな調子で、**計画性も主体性もまるでないまま、ほぼ行き当たりばったりで入社を決めた**のです。

ずっと同じ職場に勤め、取締役にまでなったと聞くと、私がどれだけ会社に対して強い思い入れを持っているのか、と思われるかもしれません。ところが、最初の10年

くらいは、恥ずかしいくらい〝ちゃらんぽらん〟だったのです。

働くうちに仕事がおもしろくなり、愛社精神が芽生えたのもたしかですが、今でも「どんな会社だってそれほど違いはない」という考えに変わりはありません。

仕事に対して真摯に向き合うのは、もちろん大事です。しかし、ときには肩の力を抜いて、「会社も仕事もテキトーに選んでいい」と考えてみるのも、また同じくらい大事なことではないかと思います。

40 しんどいからこそ、「有休」くらい好きにとろう

仕事がしんどいときは、できるだけ休みをとることが大事です。

周りの同僚も働きまくりで、有休をとりづらいという人も多いと思いますが、**有給休暇をとるのは社員として当たり前の権利。**「いい仕事をするためにも、きちんと休もう」という方向に、考えを切り替えてはどうでしょうか。

私は入社当時から、有休をとって、ゴルフの日本シリーズ観戦に行っていました。日本シリーズは土日にも行われますが、休日はたいへん混むので、ウィークデーに休みをとって観に行くことにしていたのです。

平日に堂々と有休をとると、上司からも職場の人たちからも当然ヒンシュクを買い

ましたが、やるべきこともやらずに遊んでいるのではありませんから、誰にも文句を言われる筋合いはありません。

「自分にとって日本シリーズは大事なイベント。会社に遠慮して行かないなんて、こんなバカな話あるか」

これが私の持論だったのです。

ちなみに、私が有休をとって日本シリーズを観に行き出すと、「自分も行きたい」と言い出す人があらわれ始め、やがて何人かで有休をとって、いっしょに観に行くようになりました。

このように、誰かが率先して有休をとると、別の人があとに続き、やがて有休がよりとりやすい環境になるということもあるのではないでしょうか。

私はゴルフと同じくらい、高校野球にも夢中でした。

あるとき、母校の秋田高校が出場することもあり、またもや有休をとって甲子園に観戦に行きました。

試合は8回裏で1対0。母校は劣勢を余儀なくされていましたが、9回表に逆転し、大接戦の末、見事勝利をもぎ取ったのです。

この試合の白熱ぶりに、我を忘れて大騒ぎしていた私は、何とテレビカメラに捕まってインタビューされてしまいます。

そして、その夜の『熱闘甲子園』という番組で「会社をサボって応援に来ていたOBがいました」と紹介されてしまいました（もちろんサボっていたのではありません、有休です）。

翌日、番組を見ていた上司から、

「オマエ！　昨日サボって甲子園に行っていただろう！」

「（サボっていたのではありません、有休ですが……）観ていたんですか!?　おかげさまで勝ちました」

「いいよな。オレの母校は甲子園にも出てこない。勝ってヨカッタな」

上司の怒りは、半分は本気、半分は冗談といったところだと思いますが、私にとって、甲子園観戦は人生の喜びを満喫する一大イベント。上司に何を言われようが、いい仕事をするために欠かせない、〝人生の活力源〟だったのです。

周りばかりを気にしていたら、リフレッシュひとつなかなかできません。仕事の成果を上げるためにも、有休くらい、好きにとっていいのではないでしょうか。テレビカメラに映らないように注意は必要ですが……。

41

大事な「プライベート」まで、会社に差し出さない

会社では、プライベートなことについても、何らかの縛りや決まり事が往々にしてあります。

たとえば、冠婚葬祭。

「結婚式はこういう人を呼んで、こういうふうにやるんだ」といったように、本人の事情などおかまいなしに、慣習を押しつけられることもあると思います。

もちろん私の時代に比べれば、だいぶ自由になったかもしれませんが、いずれにしても、

「仕事以外の私事まで〝常識〟に従う必要などない」

というのが私の変わらぬ考えです。

私が結婚したときのことです。

結婚したのは入社2年目で、まだろくに貯金もありませんでしたが、「せっかくの機会だから、ぜひとも新婚旅行はヨーロッパに行きたい」と考え、結婚式も披露宴もなしにして、ローンを組んで2週間の新婚旅行に行きました（とはいえ、妻が「ウェディングドレスを着て式を挙げたい」というので、衣装を持参し、宿泊先ホテルのレセプションルームでふたりだけで挙式しましたが）。

結婚式も披露宴もしないというのは、当時はたいへんめずらしいことでしたが、これが自分たちらしいかたちなのだから、それで十分だと考えていたのです。

ところが会社のほうは、私たちのやり方について、おかんむりです。当時東レでは、高卒の社員は課長が、大卒の社員は部長が仲人をするという掟があったのに、私たちがそれを守らなかったからです。

「部長が怒ってるぞ。ちゃんとあいさつして謝っておけよ」と課長から言われ、しぶしぶあいさつに行きましたが、どうして私の結婚式なのに部長のご機嫌をとらなくてはいけないのか、まったく意味がわかりません。

両家の顔合わせのため、友人と親戚だけを呼んで、会費制で結婚パーティーは行いましたが、会社の人間まで呼ぶ必要がどこにあるのでしょうか。

みな、一流ホテルで上司を呼び、長々と祝辞を賜り……というのをやっていましたが、「あんなもの、誰がやるか！」と思っていたものです。

もちろん、上司の機嫌は損ねないに越したことはありません。ですが、**機嫌をとるのは、プライベートではなく仕事で十分。プライベートまで差し出す必要などどこにもない**のです。

42
「ヒンシュク」を買ってでも、言うべきは言ってみる

前項の結婚式のほかにもうひとつ、会社の決まり事に物申したことがあります。

母が再婚した際、その結婚式に出席するための休暇申請です。

私の会社では当時、「自分の子どもの結婚式では3日間の休暇がとれる」という社内規定がありました。そこで、

「親も子も同じ一親等なのだから、親の結婚式でも同じように休暇がとれるだろう」と考え、3日間の休暇を申し出たのです。

ところが、親の結婚式では休暇申請は認められないと突っぱねられてしまいます。

「子どもの結婚式なら規定はあるが、親については規定がない。だからそんなものは

認められない。何を考えているんだ、君は」

と言うのです。

これを聞いた私は、

「それはおかしい。親も子も、結婚するなら同じではないか。親の結婚式は子の結婚式に次いで認められるべきだ。せめて2日の休暇がほしい」

と食い下がりました。

その結果、2日間の休暇をとることができたのです。「親の結婚式で休ませろというヘンなヤツ」とウワサされ、上司の評判は下がりましたが、休暇が認められたということは、まちがったことはしていないという証しです。

当時の私はまだ若く、出世も昇進も考えない恐れ知らずの身だったからできたのかもしれませんが、今でもこの行動がまちがっていたとは思いません。

仕事では理不尽に耐えることが不可欠だと言いましたが、**何でもかんでも耐えればいいという話でもありません。**

感情的にやり合ってはいけませんが、仕事以外の部分で「これはおかしい」と思ったことについては、遠慮せず、論理的に主張すべきです。

それが原因で働きにくくなり、精神的なダメージを与えるような会社なら、しょせんそれまでの会社……。

このように考えるべきではないでしょうか。

43

ときには〝非日常〟で、心をスカッとさせてみよう

つらい思いをしているときは、心がふさぎ込みがちになります。

そのため、ボーッとテレビを観たり、ネットにかじりついてしまうことも多いかもしれません。

でも、流れされる情報を漫然と眺めていても、ふさいだ心はどうにもなりません。むしろネガティブな気持ちで見ていると、よくない情報を拾ってしまい、ますます落ち込んでしまうかもしれないでしょう。

こういうときは、ネットに身を任せるのはやめにして、スカッとする映画やドラマを観るのがおすすめです。スカッとするものを観ると、おのずと心が前向きになるか

らです。

私の場合、スカッとするものとして、西部劇やスパイもの、ヤクザ映画をよく観ました。理性も常識も吹っ飛ばし、激しいドンパチを繰り広げる映像を観ていると、何となく気分が高揚し、「怖いものなんて何もない」と思えてきます。

「会社がなんだ！　上司がなんだ！」

というように、ちょっと上がる気持ちにもさせられます。

こうして気分がスカッとすれば、やがて心が晴れ晴れし、ネガティブな感情も自然と忘れられることでしょう。

「ふだんは映画やドラマなんて観ない」「アクション映画や暴力シーンは好みじゃない」という人もいると思いますが、そういう人ほど、あえて刺激的なストーリーを観るのをおすすめします。日常のことでの悩みを忘れるには、非日常的な状況に身を置くのがピッタリだからです。

だまされたと思って、「映画でスカッと」をためしてみてください。

44 「くだらない」ものほど、「息抜き」に役立つ

映像だけでなく、マンガを読むのも、ストレス解消にはうってつけです。

私は学生の頃からマンガが大好きで、『マガジン』や『サンデー』といった雑誌や、『ゴルゴ13』や『カムイ外伝』などのマンガ本を、友人たちの間でよく回し読みしていました。

そんな私を横目で見て、「マンガばかり読んで、ろくなものにならないぞ」と言った友人もいましたが、マンガのひとつも楽しめないなんて、私に言わせればそのほうが「ろくなもの」ではありません。

「マンガを読むなんて、時間のムダだ」と考える人もいるかもしれませんが、仕事に全力で取り組むには、仕事を離れて一息つける、マンガのような手軽な「息抜き」が

不可欠なのです。

ちなみに、私はマンガだけでなく、『週刊文春』『週刊新潮』などの週刊誌もよく読みます。

面白そうなのを5～6誌選び、電車に乗っているときなどに、適当に目を通し、読み終わったらポイッと捨ててしまいます。

別に深い情報を得たいと思って読むわけではなく、何となく気になる話題を見てみようという程度ですから、読むというよりは「ながめる」くらいでちょうどいいかもしれません。

このように、頭に入れずながめるだけで、適度な「息抜き」になるのが週刊誌のよさです。

深読みせず、あえて読み捨てするというやり方で目を通す。

ぜひ、マンガや週刊誌をこのように有効利用してみてはどうでしょうか。

45 「お酒」と「サボリ」は、バランスに要注意

仕事でイヤなことがあったとき、誰かを誘ってお酒を飲むのが一番の息抜きかもしれません。私も若い頃は、

「サラリーマンの最大の楽しみは、上司の悪口を言うことだ」

と言っては、同僚とお酒を飲んでストレスを発散させていました。

「悪口なんていけないこと」なんて考えず、ときにはたっぷりとグチを吐き出すのも、決していけないことではありません。「これも息抜きだ」と考えて、大いに盛り上がっていいと思います。

ただし、こういう酒の場での息抜きは、仲のよい同僚（友人）と、こっそり内輪で

盛り上がるようにしましょう。まちがっても、社内の飲み会などではやらないようにしてください。

飲んだ勢いで思わず出た悪口が、上司の耳に入ったりしたら、やっかいなことになりかねません。

お酒で息抜きするときは、「酒の失敗は高くつく」ということも、頭の片隅に入れておきましょう。

ところで、仕事中のちょっとした息抜きとして、たとえば外回りのときなどに、エステやパチンコに行ったり、カフェでお茶を飲みながらスマホをするという人もいると思います。いわゆる「サボリ」というヤツです。

こういう息抜きの仕方も、悪いとは言いません。

でも、**同じ息抜きをするなら、さっさと仕事を終えて家に帰ったほうがよほど有益**だと思います。あるいは、友人と会って話をしたり、ジムで体を動かすのもいいでしょう。

打ち合わせ後に一息つくために、コーヒーを飲むくらいはいいかもしれませんが、サボったせいで残業に追い込まれ、疲れて帰るのでは、何のための息抜きかわかりません。

いずれにしても、息抜きのはずが、かえってストレスにならないように、「お酒」や「サボリ」の仕方には、くれぐれも注意してください。

46

「体」を少しでも動かすと、「心」が自然と休まる

映画、マンガ、週刊誌と、気軽にできる「息抜き」をご紹介しましたが、何よりおすすめしたいのは、実はスポーツです。

テニス、ゴルフ、卓球、体操……。あるいは、ヨガやダンスでもかまいません。要は、何も考えず、体を動かすことを習慣にしてほしいのです。

かく言う私も運動が大好きです。30代はテニス、管理職になってからはゴルフに夢中になりました。今でも定期的にゴルフを楽しみ、毎朝のウォーキングを習慣にしています。

健康のためというのもありますが、体を動かしていると心がイキイキし、どんなこ

とに対してもポジティブに考えられるようになります。仕事と家族の世話で、多忙をきわめたにもかかわらず、私が心身をこわさなかったのは、スポーツの習慣があったからと言っても過言ではありません。

ですから、みなさんも「忙しくて、スポーツをやる時間もとれない」と言わず、**現状を変える大事な手段だと思って、すきま時間を使ってでも、ぜひスポーツを始めてみてはどうでしょうか。**

私も30代でゴルフを始めたときは、忙しい真っ盛りでした。

ただでさえ時間がないうえに、ゴルフは練習するにもお金がかかります。そこで、私はゴルフの腕を上げるため、毎朝5時に起きて、近所の大学のグラウンドで練習を重ねました。

「そんなに忙しいのに、早起きまでしてスポーツなんかムリ……」

と思うかもしれませんが、むしろ**忙しいときほど、できるだけ体を動かすのが大切**です。

体を動かすと、自然と頭が空っぽになり、くよくよ余計なことを考えなくなります。当然、ストレスも発散できます。

つまりスポーツは、心を休ませるのにたいへん役立つというわけです。

ふだん健康な人ほど、「自分は大丈夫」という過信に陥りがち。しかし、体と心は密接に関係しています。「健康な体は、よい仕事をするのに欠かせない資本」ということを肝に命じ、体を動かすことを習慣化するよう、心がけてほしいと思います。

47

仕事以外の「何か」に、目を向けてみる

忙しいと、仕事以外のことがなおざりになりがちです。

仕事に時間をとられるあまり、趣味もない、体も動かさない、友人や恋人とも会わない、美味しいものも食べない……。そして、気づけば心も体もズタズタになっているという人も少なくありません。

このような状態になっては、もはや仕事どころではありませんよね？

心身を回復させるには、思いきって仕事を離れ、仕事以外の時間を充実させる必要があるのです。

心を休ませるには、趣味を持つのも大事です。

趣味は、仕事から自分を引き離し、疲れた心をリセットしてくれるからです。

これといった趣味がないという場合は、関心のあることを何か見つけて、少しずつ掘り下げてみるといいと思います。

簡単な料理をしてみる。植物を育ててみる。気になった場所に足を運んでみる……。心から楽しめるなら、何かを集めてみたり、音楽やラジオを聴いたりするだけでもいいかもしれません。

私もゴルフをたしなむと言いましたが、始めたきっかけは会社で行われたコンペに参加したことでした。とくに興味があったわけでもなかったのに、つき合いでやり始めたら楽しくなり、気づけばすっかりハマってしまったのです。

このように、最初は好きでも何でもなかったのに、ちょっとやってみたらハマってしまい、趣味に発展するということもよくあります。

短い時間でもかまいません。

疲れた心を休めるためにも、ぜひ仕事以外の〝何か〟に目を向けてみましょう。

48
「1冊の本」が、人生を大きく変えることもある

体を動かす気にもなれないし、好きなことをやってみようという気持ちもわいてこない……。

そんな人は、**体を動かす必要のない読書に、心が休まるヒントを求めてみてはどうでしょうか。**

「自分はどん底だ」と思っている人に、ぜひ読んでみてほしい本があります。

『夜と霧』。ユダヤ人医師のヴィクトール・フランクルが書いた、ナチス強制収容所における過酷な体験の記録です。収容所に収監され、地獄のような日々を強いられたフランクルは、自らの絶望的な状況を冷静に書き記すなかで、「生きる意味」「人が生

きるとはどういうことか」を考えます。

そして、そのような環境にありながら、周囲の人々を励まし、**たとえどんな運命にあろうと、前向きに努力することが生きる力になる**と説きます。

長男の自閉症と妻のうつ病に悩まされ、わが身の不幸を嘆いていた私は、この本を読んで目を開かされました。

「極限状態にあっても、人は希望を見出だし、幸せになることができる。この状況を乗り切って幸せを見出だすには、与えられた運命に毅然と向き合い、この一瞬一瞬を大切に生きることが重要なのだ」

こうして、私は「運命を受け入れて全力を尽くす」ことの意味を理解し、つらい現実を乗り越えるすべを見出したのです。

少しむずかしいかもしれませんが、この『夜と霧』を読めば、必ず何らかのヒントが得られると思います。「彼らにくらべれば、自分の悩みなんて全然マシ。いくらでも打つ手はきっとある」と勇気をもらえることでしょう。

実は、私がこの本に心打たれたのは再読したときのことです。

30代の頃に、「世界的なベストセラーだというから、読んでみるか」という軽い気持ちで読んだときは、何ら感動も発見もなく、ほとんど心に刺さりませんでした。

ところが、家族のことでつらい状況に置かれた際に改めて読むと、かつては読み取れなかった「生きる意味」「運命を受け入れる」という言葉の意味が痛いくらい突き刺さり、本の伝えんとすることが、目からウロコが落ちるように理解できたのです。

このように、**同じ本でも、自分がどういう状態であるかによって、その意味はがらりと変わります。**

こむずかしいと思っていた本を改めて読み直してみると、大事なものを発見したり、それが生きる拠り所になってくれることもあるわけです。

難解な本でなければダメだということでは決してありません。みなさんもぜひ、生きる哲学を著した名著名作から、自分自身を救う1冊に出会ってほしい。心からそう思います。

49

世界には、あなたを救う「偉大なもの」があふれている

最後に、苦しみに負けそうなみなさんに、ぜひためしてみていただきたいことをお伝えしましょう。

それは、「大いなるもの」を体験すること。

たとえば、富士山のような絶景、歴史的価値のある神社仏閣、世界的名画と呼ばれる美術作品など、圧倒的存在感を放つ「すごいもの」を実際に見て、身震いするような感動を体験してほしいのです。

私の場合、「大いなるもの」は山形の湯殿山にある「即神仏」です。

きっかけは、かつて仕えた社長から、次のようにすすめられたことでした。

「世界中を回って感動したものが3つある。エジプトのピラミッド、ネパールのヒマラヤ山脈、そして山形湯殿山の即神仏。こうした感動を体験すると、無条件に頭が下がる。人間はこういうものを見るべきだ」

この話を聞いた私は、さっそく湯殿山の即神仏を見に行きました。

即神仏とは、善行を積み世のため人のために尽くしてきた僧侶が、山にこもって厳しい修行を重ね、最後は土中の石室に入って祈りながら、坐禅を組んで死を迎えるというものです。

生きながらにして土中に入るなんて、こんなすさまじいことはありませんが、その姿は神々しく、人智を超える大きな力を感じずにはいられませんでした。

命を捧げるという偉業の重みもさることながら、即神仏の放つものすごいエネルギーに圧倒され、言葉では言い表せない大いなる「気」のようなものに包まれてしまったのです。

こういう体験をすると、理屈抜きに手を合わせたい気持ちになります。無条件に崇めたくなります。**「人間なんてちっぽけな存在だ」と、おのずと謙虚な気持ちにさせられます。**

謙虚な気持ちが芽生えると、人は不思議なもので、心に安定感が生まれます。「自分」に対する執着が薄れ、抱えている問題や悩みに対して、穏やかに、客観的に見られるようになります。

自分を悩ませている不安や焦りが客観的に見られるようになれば、物事に前向きに取り組む力がつき、仕事や会社にどう向き合えばいいかも、おのずとつかめるようになるでしょう。

このように、**「大いなるもの」に触れることは、こわばった心をほぐし、明日を生きる勇気をくれる**のです。

「大いなるものに手を合わせる」なんて言うと、「何だかアヤシイ」「そんなの気休めだ」と思うかもしれませんが、もちろん、おかしな宗教をすすめるつもりはありませんし、信心深い人間になれと言っているのでもありません（私も無宗教ですから）。

ただ、切羽詰まったときは、心の中で「神様！」と手を合わせるのはとても大事なことだと思います。

実際、私の家族も、問題が深刻になっていくなかで、生きるか死ぬかの瀬戸際にまで陥るような出来事もありました。しかし、誰ひとり命を落とすことなく、今こうして元気に生きていられるのは、何かが私の祈りを聞いていて、私と家族を守ってくれたからではないかと思えるのです。

どんなに苦しいときも、必ず「おてんとうさま」は見守ってくれている。どんな絶望の淵にあっても、何か、誰かが生きる力を必ず与えてくれる。

苦しみで頭がいっぱいになったときは、どうかこのことを思い出し、かけがえのないあなたの命を守ってください。

終　章

家族を失いかけて初めてわかったこと

～自分自身を愛することが、幸せへの第一歩～

「はじめに」でも触れましたが、若い人たちの過労死報道を聞くたび、私は忸怩(じくじ)たる思いにとらわれます。

その思いとは、

「周囲の人たちは何をしていたのか」

「どうして周囲に助けを求めなかったのか」

ということです。

自らの命を絶つ道を選んだご本人や、それを止められなかったご家族のみなさんを責めようなどというつもりは毛頭ありません。彼らが死を選ばざるを得なかった原因が、過労死を強いるような企業体質にあることも、重々承知しています。

しかし、それを承知してもなお、私は悔やまずにはいられません。

なぜ、誰かひとりでも頼らなかったのか。

なぜ、そばにいる誰かが、ひと声かけてやらなかったのか。

その「一歩」さえあれば、死の魔手から逃れることもできたはずなのにと、深く悔やまれてならないのです。

とはいえ、その「一歩」がきわめてむずかしいことは、私自身、よくわかります。私も長年、妻の深刻なうつ病と、度重なる自殺未遂に悩まされてきたからです。

妻のうつ病が深刻化した要因は、さまざまです。

長男の自閉症、そして自身の肝臓病による入院のせいで「妻としての役割を果たせない」という自責の念……。

当時はまだ、心の病など一般的でなかったため、誰にも相談できずそうした思いを抱え込んでしまったことも、病に拍車をかけたのかもしれません。

妻は、私に内緒で1年ほど、精神科に通っていました。親にも友人にも相談せず、たったひとりで不安と闘っていました。

「情けない」と思われるかもしれませんが、いっしょに暮らしていたにもかかわらず、私は妻の変調に気づくことができなかったのです。

異変に気づいたのは、私に対する風当たりが急激に激しくなってきてからです。親族間のいざこざや、私の部下の面倒の見方などをめぐって、妻が私に対して批判や不満をぶちまけるようになったのです。

ただ、「何だかおかしい」と気づいたときにはあとの祭りでした。妻の病状は悪化し、昼夜逆転の不規則な生活を送るようになり、帰宅した私をつかまえては、何らかの理由をつけて責めなじるという日々が続いたのです。

薬を変え、医者を変えたものの、つらさのあまり自殺をこころみる……。その対処に追われることも、いくたびかありました。

また、ときには会社に電話をかけてくることもあり、弱ったなと思うこともありましたが、

「すべては病のせい。妻を責めてもしかたがない」

とあきらめて、来る日も来る日も、妻の不満を反論もせずに聞き続け、子どもたちの面倒を見ながら、会社では仕事に悪戦苦闘する多忙な毎日を送りました。

ただ幸いなことに、私自身、仕事が生きがいだったため、職場にいれば悩むことはほとんどありません。

「いろいろ言われて自分もつらい。治らなかったらたいへんだ。でも、あれこれ考えてもしょうがない」

生来の楽天的性格にも助けられ、私は妻の病気を何とか受けとめていました。

しかし今思えば、そういう私の性格も仇になっていたのかもしれません。当時の私は、〝マイウェイ〟で突き進む自分のやり方が妻を苦しめていたことなど、知る由もなかったのです。

そのことに気づいたのは、何度目かの自殺未遂で妻が手首を切り、生死の境をさまよう大手術をしたときでした。

さすがの私も、これには愕然とし、「なぜこんなことになるのか」「自分の人生はめちゃくちゃだ」と自暴自棄になりかけました。

しかしこのとき、わが身の不幸を嘆く私に、一命を取り留めた妻は、か細い声でこう言ったのです。

「ごめんね、お父さん。迷惑ばかりかけて」

これを聞いた私は、目が覚める思いでした。

妻は私を責めながらも、私に申し訳ないという思いを抱えて、たったひとり、孤独に病と闘ってきたのだ。

どんな不満もだまって受けとめてきたつもりだったが、私は一度たりとも、そんな妻の心中を慮(おもんぱか)ろうとはしなかった。

出世競争に血まなこにならず、妻に寄り添うことを優先していたら、こんなことにはならなかったはず……。

私はここに至って初めて、手を差し伸べられなかった自らの過ちに気づき、人に寄り添う大切さと、「どんな運命も引き受けて生きていく」という覚悟を学んだのです。

その後、私は取締役にまで昇進できたものの、ほどなく解任され、出世街道を外れることになりました。しかしながら、これをきっかけに互いに向き合う時間が増えると、妻は回復に向かい、私を責めることも自殺未遂を起こすこともなくなっていったのです。

そして私が妻を理解し、寄り添うことを学んだように、妻もまた私を理解し、心のうちを素直に明かすすべを知るようになっていきました。

こうして、私たちは病との闘いという長いトンネルを抜けて、新たな人生を歩み出すことができたのです。

このように私も妻も、すんでのところで「死」を免れることができた身です。「死」のがけっぷちに来るまで、手を打つことができなかった立場です。

そんな私たちが、「自死を止められたはずだ」などと言えるわけがありません。

そのような状況に至るたいへんさを、わからないわけがありません。
やむことのない過労死事件に対し、私が「誰かに相談できなかったのか」「聞いてやる人はいなかったのか」と、無念の思いを抱かずにはいられないのは、ほかでもない、私自身の反省と強い自戒があるからなのです。

改めて言います。

願わくば、つらいときは誰かを頼って、口に出して相談してください。
つらそうな人を見たら、ひと声かけてみてください。

たったひとりで、あるいは家族だけで囲い込まず、話をする、話を聞いてあげるという習慣を、ひとりでも多くの人に身につけてほしい……。

私がワーク・ライフ・バランスを勧めるのは、このような習慣を広めるためでもあります。

効率的に仕事をすれば、時間が生まれ、心の余裕が生まれる。

そうすれば、自分と向き合い、あるいは誰かと話し合い、悩みを解決していく方法も見出せる。方法が見出せれば、心を強く持つこともできる。

ワーク・ライフ・バランスの本来の目的は、みなさんのつらさを少しでも軽くし、イキイキと自分らしく働けるようになること。ワーク・ライフ・バランスとは、単なる効率化ではなく、働く人の人生を守る「救命策」でもあるのです。

つらい思いを誰にも言えず、つい自分ひとりで抱え込んでしまう。

こういう考え方をするのは、決して特殊なことではありません。

そもそも日本人というのは、真面目で協調性が強く、自分より他人を優先しがちな気質です。迷惑をかけない、つらくてもがまんする。それを美徳と考える国に私たちは生きています。

こういう社会で生きていると、「仕事はつらいのが当たり前」「イヤなこともがまんするのが普通だ」と思い込んでしまいがちです。

それが高じて「誰も助けてはくれない」「自分ひとりでがんばるしかない」と思い込めば、心が疲れ果てて、正常な判断が下せなくなるのも当然です。

その結果、「死ねば楽になる」となってしまうのも、あながちおかしなことではないのかもしれません。

でも、広く世界を見渡してみてください。

もっと別の価値観で生きている人がいくらでもいます。

たとえばイタリア人。

彼らの気質は「何でも楽しむこと」。人生で大事なのは「マンジャーレ（食べること）」「カンターレ（歌うこと）」「アモーレ（恋をすること）」だとし、そのために働いていると言っても過言ではない人々です。

仕事がつらくて死にたいなんて、想像もつかない人がほとんどです。

そうした性質が幸いしてか、自殺率は日本の3分の1以下。

私も、かつてイタリアの企業と仕事をともにしたことがありますが、食事の席で上がるのは楽しい話題がほとんど。問題に対する取り組み方も非常に楽天的で、私たち日本人からするとうらやましい限りだと思わされました。

このように、国や環境がちがうだけで、同じ働くということでも、その内容はがらりと変わります。苦しいと思っていた環境を一歩抜ければ、新たな地平が開け、別の道や考え方を見出せることも少なくありません。

だから、**つらくてしょうがないと思ったときこそ、常識だと思っている価値観を思いきって捨ててください。**「この仕事じゃなきゃダメ」「自分がダメ」という思い込みを、いったん手放してみてください。

「何とかなる！」という勢いで会社を辞めたっていい。

苦手な上司に「言いなりにばかりならないぞ！」という姿勢を示したっていい。

この会社を離れることになったって、人生には、別の場所や別の価値観、必ず「セ

カンド」が待っている。

そのことを、どうか忘れないでほしいのです。

最後に、月並みな言い方かもしれませんが、心の底から自分を大切にしてあげてください。

「人は幸せになるために生まれてくる」ということを、今一度自分自身に言い聞かせ、自分で自分を幸せするという気持ちを強く持ってみてください。

私もずっと、「自分を幸せにすること」を軸に生きてきました。

他者を理解し、他者に寄り添うことを心がけたのも、心の真ん中につねに「自己愛」があったから。上司であろうと家族であろうと、他人をまず優先的に考慮することが、結果的に自分を幸せにするのです。

ですから、他者を優先した結果、自分が不幸になったとしたら、それはどこかに誤りがあるということ。何がまちがっているのか、立ち止まってよく考えて、自分の行動を修正していく必要があります。

そのためには、落ち込んだり、くよくよする気持ちに区切りをつけ、冷静な心で、目の前の物事を見つめ直してみる必要もあります。

こうした試行錯誤や工夫の積み重ねが、やがてあなた自身に、幸せをもたらしてくれるのです。

試行錯誤や工夫などというと、「そんな力は自分にはない」「そんな余裕などなく、自分はもう限界だ」と思う人もいるかもしれません。でも、多くの人は自分の本来持っている能力＝脳力のわずか6％しか使っていないという話を聞いたことがあります。

つまり、**94％もの力が残されているのに、それを使わないまま、やるべきことをやらないまま、物事や人生に悲観している人がとても多い**のです。

こんなもったいないことはないと思いませんか？

9割もの力が眠っているのに、自分を卑下し、命を落とすことを考えるなんて、こんな悲しいことはない……。私はそう思います。

せっかく幸せになるために生まれてきたんです。

「自分はこの程度だ」なんて考えず、「自分はもっと幸せになれる」と考えを切り替えてみてはどうでしょうか。そして**幸せになるために、ほんの少しだけ高い目標に向かって、歩んでみてはどうでしょうか。**

「自分を幸せにする」という自己愛を心の真ん中に置き、幸せに向けた努力を地道に重ねれば、自分なりの正解が、幸せになる道筋が、きっと見えてくるはずです。

ときに人は、残酷なくらい命をないがしろにします。

これだけ文明が発達しているにもかかわらず、依然として戦争や内紛がなくならないのも、その証しといえるでしょう。

場合によっては、自分の親兄弟も殺す。そして自分の命さえも奪ってしまう。

人間は本当におろかで、弱い生き物なのかもしれません。

でも、だからこそ、自らのなかに強い「自己愛」を築き、「自分で自分を幸せにするのだ」と日々念じることが大切なのです。


私は幸せになるために生まれてきた。

仕事のせいで命を削るために生まれてきたんじゃない。


本書を読み終えたら、そのことを今一度、自分に向かって、言い聞かせてあげてください。

私からの最後のお願いです。

[略歴]

佐々木常夫（ささき・つねお）

1944年秋田市生まれ。69年、東京大学経済学部卒業後、東レ入社。自閉症の長男、年子の次男、長女の3人の子どもを授かる。課長に昇格した84年、妻が肝臓病を発症、さらに、うつ病を併発したうえ、長男の症状も悪化。その一方で、大阪と東京への6度にわたる転勤など業務も多忙をきわめる。そこで、毎日6時に退社し子育て、家事、看病を行う独自のタイムマネジメント術、そして幸せを軸とする仕事術を確立。数々の大事業を成功させ、2001年、同期トップで東レの取締役に就任する。03年、東レ経営研究所社長に就任し、10年、株式会社佐々木常夫リサーチマネージメントを設立、サラリーマン生活に終止符を打つ。内閣府の男女共同参画会議議員、大阪大学客員教授などを歴任。「ワーク・ライフ・バランス」「働き方改革」の第一人者として、現在も執筆、講演など多方面で活躍中。
『君が会社で幸せになれる 一生使える仕事力』（ビジネス社）、『完全版 ビッグツリー』『そうか、君は課長になったのか。』（ともにWAVE出版）、『40歳を過ぎたら、働き方を変えなさい』（文響社）、『上司力×部下力』（宝島社）など著書多数。

編集協力：藤原千尋
イラスト：亀丘桃花

働くのがつらいのは君のせいじゃない。

2018年1月22日　　第1刷発行

著　者　佐々木 常夫
発行者　唐津 隆
発行所　株式会社ビジネス社
〒162-0805　東京都新宿区矢来町114番地 神楽坂高橋ビル5F
電話　03(5227)1602　FAX　03(5227)1603
http://www.business-sha.co.jp

〈カバーデザイン〉尾形忍（Sparrow Design）
〈本文組版〉野中賢（システムタンク）
〈印刷・製本〉中央精版印刷株式会社
〈編集担当〉大森勇輝　〈営業担当〉山口健志

ISBN978-4-8284-2003-5

宗教改革から明日へ

近代・民族の誕生とプロテスタンティズム

Od reformace k zítřku

ヨゼフ・ルクル・フロマートカ＝編著
Josef Lukl Hromádka

平野清美＝訳
Hirano Kiyomi

佐藤優＝監訳
Satō Masaru

平凡社

宗教改革から明日へ

Josef L. Hromádka, A. Molnár, J. B. Souček, L. Brož, B. Pospíšil
Od reformace k zítřku
1956
Kalich / Praha

監訳者まえがき

佐藤優

一五一七年十月三十一日にドイツ・ウィッテンベルクの教会の門に修道士マルティン・ルター（一四八三～一五四六）が贖宥状（いわゆる免罪符）を批判する「九十五箇条のテーゼ」を貼り付けたのが宗教改革の始まりとされている。最近の実証研究では、ルターがこの文書を扉に貼り付けたというのはどうも事実ではないようだ。この年、ルターが関係者に送ったラテン語で書かれた書簡が「九十五箇条のテーゼ」と呼ばれるようになったようだ。プロテスタント教会では、十月三十一日を宗教改革記念日としている。二〇一七年は、宗教改革五百周年にあたるので、ドイツを中心にプロテスタンティズムの影響が強い諸国では、記念行事が盛大に行われた。

ルターが「九十五箇条のテーゼ」を、一般の民衆には理解できないラテン語で発表したということが興味深い。ルターの意図は、専門家の間での神学論争で、広く民衆を巻き込んだ改革運動を考えていたのではないようだ。しかし、本件はルターの思惑をはずれ、大きな社会的激動をもたらす。この過程について、同志社大学神学部で長年教鞭を執った歴史神学者の藤代泰三氏（一九一七～二〇〇八）はこう記す。

〈彼（引用者註：ルター）は六ヵ月後一五一七年一〇月三一日に「九五箇条提題」（正確には「免償の効力に関する論議」）を城教会の扉に公告した。彼はこのなかで免償の誤用と乱用を批判し、このことが実に福音と信仰を侵害するものであることを指摘した。エック（一四八六—一五四三）はルターに強く反対し、『オベリスク』というパンフレットによって彼を異端者であると批判した。ルターは『免償と恩恵についての説教』によって応答した。アルブレヒトとドミニコ修道会はルターをローマに告訴した。一五一八年七月にレオ一〇世は、ローマへの出頭命令をルターに伝達した。ルターはフリードリヒ賢侯の援助をえてローマにいく代わりに、アウグスブルク国会で教皇使節カエターヌス（一四六九—一五三四）に対して弁明することになった。当時の著名な神学者であるカエターヌスは、ルターに免償に関する教皇の完全な権限への批判の撤回を求めたが、彼は拒絶した。一五一八年八月に彼は、『免償の効力に関する論議の解説』を公にしたが、これは「九五箇条提題」の解説であった。これよりさき同年五月にヴィッテンベルク大学の彼の同僚カールシュタット（一四八〇ころ—一五四一）がエックと論争を始め、聖書の権威は教会の権威より優先すると主張した。エックが要求した公開討論に彼が応じたので、ルターもこれに加わることになった。一五一九年七月ライプツィヒ論争で、ルターは教皇の首位権は聖書的にも歴史的にも論証されないと主張した。彼はある点でフスの立場に立っており、フスを異端としたことによってコンスタンツ教会会議は誤謬を犯したといった。エックは教会会議の無謬性を否定する者は異端であると宣言した。今やルターは教皇の首位権と教会会議の無謬性を否定した。エックは教皇にルターは異端者であると報告し、一五二〇年六月に六〇日間の猶予期間づきの放逐状が発せられた。〉（藤代泰三『キリスト教史』講談

社学術文庫、二〇一七年)

その後、ルターはカトリック教会から破門されることになるが、彼を庇護する領主がいたため、異端の烙印を押されても、殺されることにはならなかった。ルターは、ローマ教皇の統制に服さない教会を形成する。この新しい教会が、カトリック教会と別のプロテスタント教会を生み出すことになる。

ルター自身は、中世的な枠組みで思考していた。しかし、彼の信仰的良心に基づく行動には、中世的世界観を根底から覆すエネルギーがあった。ドイツのルター、それに続くスイスのツヴィングリ、カルヴァンによる宗教改革がなければ、近代は生まれず、資本主義が生まれることもなかった。

二十一世紀になって、資本主義を含む近代的なシステムが機能不全を起こしている。その一例が、北朝鮮による核兵器と弾道ミサイルの開発だ。ハンドリングを誤ると北東アジアで核戦争が起き、数百万人の犠牲者を出す危険がある。こういうときには、表面的な政治的事象を追うだけでは、問題の本質を捉えることはできない。近代の終わりにわれわれが立っているということを冷静に認識しなくてはならない。そのためには近代の起源を知ることが重要だ。一五一九年七月のライプツィヒ論争でルターは、ヤン・フス(一三六九頃~一四一五)の立場を認めたが故に異端の嫌疑をかけられた。実は、ローマ教皇がキリスト教世界のトップであるという教皇首位権を否定し、教皇によるヒエラルキーに基づかない目に見えない教会が存在することを堂々とフスが主張したことが、宗教改革の起源なのである。

チェコの神学者は、宗教改革を二期に分ける。

第一期は、十五世紀に起きたフスを中心とするチェコ（ボヘミア）宗教改革だ。第二期は、十六世紀に起きたルター、ツヴィングリ、カルヴァンらを起源とするドイツ、スイス、フランス、オランダなどの宗教改革なのである。

本書は、チェコの傑出したプロテスタント神学者ヨゼフ・ルクル・フロマートカ（一八八九〜一九六九）が中心となって、一九五六年に社会主義体制のチェコスロヴァキアで刊行された論文集だ。フロマートカの他に、アメデオ・モルナール（歴史神学者）、ヨゼフ・B・ソウチェク（新約聖書神学者）、ルジェック・ブロッシュ（組織神学者）、ボフスラフ・プロピーシル（実践神学者）というチェコを代表するプロテスタント神学者の優れた論攷が収録されている。

フロマートカは、本書において、

〈私たちが信じている神は、現在とともに過去をも司る支配者である。過去における主の行い、預言者および証人を観察すれば、現在における主の至高性と慈悲深さをより完全に理解できる。従って私たちが理解するところの教会は、旧・新約の証人が汲み出していた生きた水源から変わらず汲み出しているが、主の過去の出来事についての各言葉は、同時に主の現在の行為についての言葉なのである。

「神は死んだ者の神ではなく、生きている者の神である」（マタイによる福音書22章32節）

キリストの勝利は死、時、空間に対する勝利である。キリストの十字架は現在の事実であり、その勝利はキリストの力を保証するだけのものではなく、人の生への絶えざる勝利の介入であり、死、運命、暗い悪の力、罪、悪意の絶えざる克服なのである〉（本書三九三頁）

と指摘する。

宗教改革者が命を賭けて主張したのは、われわれの救いはイエス・キリストであるという出発点に立ち返ることだ。その力は、外部（それをキリスト教徒は神と呼ぶ）からの力によって起きる。絶望的な状況においてこそ、神の愛がリアリティをもって迫ってくるというチェコ宗教改革の思想は、二十一世紀の危機的状況でわれわれが生き残るための指針を示してくれる。

宗教改革から明日へ ✣ 目次

一、本書は Josef L. Hromádka, *Od reformace k zítřku*, Kalich, 1956 の全訳である。ただし、日本語訳にあたり、小見出しを新たに付した。

二、原著では、A・モルナール執筆の章のみ、一部の人物名を太字に表記し、典拠を示す注が付されている。日本語訳にあたり、太字の人物名、典拠を示す表記の一部に注を付した。またすべての章に関し、チェコ史、チェコ宗教史に関する人名、語句への注を新たに付し、各章ごとに本文末尾に記載した。

三、原著のラテン語表記は日本語訳をし、（　）内にそのまま表記した。

四、原文の斜体部分は、訳文中では傍点を付した。

五、監訳者、訳者による補足は訳文中に〔　〕によって示した。

六、聖書の引用は、原書で使用しているクラリッツェ聖書から訳した。

序文

激動の時代、人は自らについて、先祖から受け継いだ遺産について、自らに課された課題について、特に責任を持って考える。平時にはしばしば思いつきもしない問題について考える。それは民族単位でも大陸単位でも同じである。歴史的な震撼やカタストロフィは自己認識を早めさせる。個人にしても民族にしても、嵐や変化や変動の際はより早く成長する。必ずしも道徳的に成長するとか、心の力がより強くなったりより純粋になったりするというのではない。嵐やカタストロフィ、ふいの変容や逆転が基本的に心の力や道徳の力を使いきってしまうのでもない。そうでなく、自らのことをより正確に認識するよう導き、個人にしても集団全体にしても、自己を振り返り、自らの使命をより適切に、より自覚を持って理解するよう強いるのである。

キリストの教会は常に――穏やかな日であれ震撼するような日であれ――主が居合わせる嵐の中で生きている。生ける神は、昔から教会に語り続けてきたように、そして教会が聖書の使信で知っているように、自らの民を動揺させる。彼らを揺さぶる。民の良心の扉をどんどん叩き、高慢さを殴りつけ、自己正義の慢心をへし折る。悔い改めを呼びかけ、より深く自らを知るように強いる。

常にこのようになされ、あるいは少なくともなされるはずである。それでも私たちは、地上の教会が、キリストの教会の道具であるべきにもかかわらず、すぐに怠けてねぼけまなこになり、自らの義務や課題に対する明確な視線を失うのを知っている。主の言葉は人の利益によってかき消されている。磔(はりつけ)にされた勝利のキリストのそばに集う神の民はたやすく、考えることをしない因習的な「礼拝者」の群衆と化してしまう。地上の教会の周縁では、日ごとに、生ける神の言葉に耳を傾けることをなくした教会人、また、かつては磔にされ、復活した子羊のそばで心を燃やしていた教会人たちが去っていく。冷淡さと無関心が広がっていく。このため天と地の主は、地上と民族たちを揺さぶり、民がナザレのイエスにおける神の臨在についての厳しく、しかし喜ばしい使信を新たに聞くように、民を目覚めさせる。そしてこのような審判の時代に、目覚め、元へ戻るための新しい機会を与えている。

今日も私たちは主の大きな審判と果てしない恵みの日々を生きている。私たちはそれを理解しているだろうか。それらに揺さぶられただろうか。信仰の遺産および務めの義務として託されたことについて私たちは思案しただろうか。今日の震撼は、私たちが自身をより適切に知るように、また私たちが神の命令と課題の従順な担い手になるように、私たちを導いているだろうか。読者が手にした本書は、これらの疑問に答えるための、不完全で乏しくはあるが、率直な試みである。執筆陣は自分自身を代弁しているが、大勢の兄弟や姉妹の意見、不安、渇望、希望を表現していると信じている。執筆陣は自国の宗教改革の基本的な遺産をうまく表現するように努めた。つまり、最近百七十年の自らの教会史について考察した。そして、近年で最も重要な特徴と思う出来事を取り上げ

た。いかに生きた教会が嵐の中で闘っているか、自らの前の道をどのように見ているか、意見を述べた。本書の執筆陣は、キリストの教会が人の理想や利益で生きているのではなく、常に神の言葉によって形成され、また勝利の、磔にされ、復活したキリストの周囲に常に新しく集(つど)っていることを信じている点で一致している。天と地の主が自分の民を解放し、赦し、新しい生に甦らせるために、その慈悲から人の弱さ、罪、死へ降り、降り続けていることを信じている点で一致している。したがってまた、キリストの教会が地上の人の出来事の中に形成され、世界を歩むのは、主の足跡をたどって、信者にも非信者にも、公正な人にもそうでない人にも、強者にも弱者にも、幸せな者にも不幸な者にも、生者にも死にかけている者にも、仕えるためであるという意見でも一致している。本書では、イエス・キリストへの信仰の展望から、自らがどこに立ち、自らの時代の問題をどのように眺めているかの解説を試みた。地上で決断する際には、常に多くのあらゆる人間的な動機が頭をもたげ、自らの信仰心は決して弱さと堕落から逃れられないのを知っている。それでも自身の人生と思想が聖書の使信と私たちの宗教改革の遺産によって形成され、方向づけられることを、望み、望んできた。本書もまたより深い教会の自己認識に役立つことを、より成熟した喜ばしい奉仕への道において言葉となることを望んでいる。

同時にしかし一同の願いであるのは、他の教会や、——近い、遠い、非常に遠い——他の国の兄弟姉妹たちが、私たちの精神的な闘いを理解することである。私たちはほんとうに皆がひとつの舟に乗っているのであり、この共同の舟は、荒れ狂う海を泳ぎ、これからも長く泳いでいくことになる。私たちは互いに耳をすまし、互いに学び合い、互いに助け合い、互いの間柄で信頼と愛の空気

を広めていかなければならない、これがなければ信者の交流は崩壊し、死滅してしまうだろう。私たちが言いたいのは、私たちの今日の仕事は私たちの各信徒団の過去、宗教改革の成果につなぎとめられていて、真剣な神学と責任を伴う信仰によって定められているということである。私たち自身、絶えず外国や大海の向こうの兄弟から学んでおり、本書の証言を彼らが感謝と真の愛の表現として受け入れてくれることを願う。私たちは賛成の言葉も不賛成の言葉も、好意的な批評も批判的な批評も大いに歓迎する。私たちにとっては、本書が議論を呼び覚ますこと、まさにこの方法によって私たちの兄弟精神の結びつきを強めることが重要なのである。

主が私たち皆に恵み深くあらんことを！

J・L・フロマートカ

第1章　ボヘミア宗教改革の終末論的希望

A・モルナール

フス派革命以前の改革者ミリチ・ス・クロムニェジージェ

ボヘミアの宗教改革者の主な原動力のひとつは、自分たちは極めて切迫した歴史の瞬間に決意も行動も起こさなければならないのであるという自覚だった。宗教改革者にのしかかった一瞬一瞬の重みは、教会と世界の最終的な未来が決まる時代に生きているという認識からもたらされていた。当時の神学者および説教師たちは、キリスト教者たちの現状を聖書に照らし合わせた結果により、この認識に至った。この光に照らして観察された封建社会の崩壊の始まりのプロセスは、終末論的な特徴を鋭く帯びていた。キリストと反キリストの闘いは頂点に向かっていた。人がほんとうはキリストと反キリストのどちら側に立っているのかということが明らかになるまでの時間はもはや残り少ない。そのため抵抗、そう、革命を決意するほどの教会改革が急務になった。終末論的に理由づけされ、終末論的な筋道で認識された信条を明白に持って公けに告白する要求、精神的ならびに肉体的な闘いへの呼びかけを含む要求は、程度こそさまざまだが、ミリチ・ス・クロムニェジージェ[*1]からヤン・アーモス・コメンスキー[*2]までのボヘミア宗教改革者の生き方にとって、常に起点となった。つまり、終末論はボヘミアの宗教改革の最も基本的な特徴であり、ボヘミアの宗教改革が単独で、また公同の教会のために有益に保護し通した動機であった。

ボヘミアの宗教改革は、何よりもまず、すべての審判者であり、神の家、教会からその審判を始めるキリストの再臨を希望するゆえに中世キリスト教の伝統的な形式と敵対することになった。ス

コラ学の公式的な視点は、聖書の預言にある終末論的な最後が危機的に差し迫っているということをプログラムとして無効とするものだった。教会は全体として、今、最後の審判の前に立っているという意識に欠け、審判が近い今、悔い改めと修正を呼びかけられていることを意識せず、自分たちの秩序や制度は前座的なものであり、一時的であることを自覚しようとしていなかった。戻ってくる主の命令に備えて準備すべきであるのに、教会内に最後の事（eschat）を取り込むこと、時期尚早にも教会を神の国と同一視してしまうことと取り違えていた。教会にとって、終末論が歴史的時間における教会の存続の性質を定めるというのは、未知の考えであった。知られているように、トマス・アクィナス[*3]は、フィオーレのヨアキム[*4]の歴史の風変わりな動的理解だけでなく、この世の条件での教会の安住ぶりに対するヨアキムの正当な批判まで否定し、逆に教会と歴史の不変で静的な特徴を強調した。十六世紀の宗教改革のボヘミアの指導者、さらに後のヨーロッパの先導者たちの、生きた主が教会に臨在することの信仰は、この伝統的な概念を、最終的な権威への不服従、また聖書の基本的証言の無理解だとして、排除するものだった。彼らには、「新しい天国と新しい地上の両方を見つめる、聖書の終末論の現実的な歴史的視点への回帰」[*5]を見ることができる。

「キリスト教史上の終末論的な見方や姿勢における主な違いは、集団的で現実的で時間的に固定された概念と、もっと個人的で霊的で時間を超えた捉え方の間の緊張にあった。この終末論の二つの面、よりよく言えば二つの概念は、もちろん実際には常に厳密に分離したものではない。この動機と想像は、あらゆる点で絡み合い、完全に純粋な形ではおそらくどこにも現れなかった。論点はむしろ、各方向性の力点の違いだった[*6]」

ここで適切に示されたキリスト教終末論の両概念、普遍的な概念と個人的な概念は、両方ともボヘミアの宗教改革に生きていた。教会としての人類と世界のための希望、そして個々の信者の永遠の生への希望は、指導者の動機が普遍的な希望であった場合は、互いに補い合い、強め合った。しかし指導者の動機が個人的な希望であった場合は、互いにすれ違い、弱め合った。ボヘミアの宗教改革の運動が、教義の発展においても、社会の進歩の力としてでも、前進した時には常に、神が教会と被造物に告げた約束を与えてくれるというキリスト教の希望の印において進んだことは、強調しておくのがよいだろう。ボヘミアの宗教改革の信仰告白の衝動となっているのは、勝利のキリストの最終的な到来の信仰と同じである。普遍的、ある意味、歴史的な終末論の度合いとは、ボヘミアの宗教改革運動の個々の潮流と個々の担い手による神学的および実際の決意の度合いなのである。

私たちは早くも十四世紀後半に、ボヘミアの宗教改革の父であるミリチ・ス・クロムニェジージェとともに、終末論という起爆薬の詰まった環境に引きずりこまれた。一三六七年にミリチが教皇に提出した、全キリスト教徒に対する説教の尽力という大胆な計画における著しい切迫感は、反キリストがすでに来ているという前提によるものだった。同年にローマの異端審問の牢獄から記された反キリストについての文書で、[*7]ミリチは、新約聖書の預言に基づいて、福音の説教、反キリストの到来、栄光に包まれた主の到来の間には密接な関係があることを認識し、教会に指摘した。忠実な説教師たちの働きによって、罪の中で老いつつある教会が若返り、浄化されることをミリチは願った。説教師に求められるのは、忠実な麦を教会の倉庫に集めることによって、諸民族がすべて救われ、全イスラエルが救われるようにすることである。列挙された各終末論者の因果関係について

のミリチの説明にはぶれが見られるが、ミリチは常に彼らの相互関係について考えていた。正しい聖書解釈的推測によって、ミリチは大半の中世の終末論者の理論を克服し、無意識のうちにアンティオキア学派の偉大な聖書解釈学者モプスエスティアのテオドロスの解説に近づいていった。

もしミリチの推測通り、一三六五年にすでに最大の反キリストが出現していたとすると、教会が預言者としての使命を早急に果たすために残された時間はほんとうに多くなかった。ミリチは最後の出来事が訪れる時期がいつになるかを計算していたが、その計算にこだわることはなかった。大切なのは、審判が間近に迫っていることであった。反キリストはもう現れているという確信が、もちろん現在の教会の究極の危機における、新約に基づく説教の必要性を高めた。この危機的状況は、一刻も早く従順な行動を取るよう、ミリチに呼びかけた。またミリチは当初は皇帝、後には修道士、司祭層の中に反キリストを探ったが、最終的には同時代の歴史上の人物と同一視しようとはしなかった。

一三七二年、ミリチはヨアキムの精神主義のあらゆる色彩を帯びた、聖霊の新しい時代を待ち望む思いから、プラハの中心に、悔い改める女性、元売春婦が共同生活する施設「エルサレム」と説教師の学校を設立した。こうして皇帝の居住する町に、呼びかけかつ警告となるべき、そして現実にそうなった施設が生まれた。それは当時の教会を、預言者を殺し、神に遣わされた者を石で打ち殺す汚れたイスラエル（マタイによる福音書23章37節）に見立て、さらにプラハを神の訪れを知らないでいた町（ルカによる福音書19章44節）と見立てるものだった。しかしこのミリチのエルサレムは、聖書の最後の書の新しいエルサレムの絵を目指して建てられたもので、希望であった。人間が台無

しにした基盤を神がつくり直すという未来への希望を、目に見える形にしたものであった。そしてキリストに従う孤独な道に再び足を踏み出してみるよう、教会に呼びかけるものであった。世俗化した教会は、早急に将来のエルサレムの絵図に倣い、義（ミリチは社会的な正義も考えた）が存在する秩序に適応しなければ、バビロンの崩壊は避けられないと指摘するものであった。

プラハのエルサレムが到来する新たなものの原型の役目を、また禁欲的なミリチが祈禱所のために個人的にこのエルサレムを考え出すことになった使命を担うことができるように、プラハのエルサレムの住人および友人たちは、すでに今から未来に向けて働いている力と結びつかなければならなかった。むろん、その力とはキリストの力である。このためミリチは聖餐に、終末論的意味を再び加えた。ミリチの集団の者たちは、牧師ミリチと同様、「しばしば主の聖餐の席につく者は、永遠の生を与えられ、滅多につかない者は、生よりもむしろ死を与えられる」[*8]と考え、毎日、あるいは少なくとも週に二度、聖餐を頂いた。マチェイ・ズ・ヤノヴァ[*9]、ヤコウベク・ゼ・ストシーブラ[*10]を経て、その少し後のフス派運動は、主の晩餐、もちろん杯によって急進化した晩餐を繰り返し行うという要求を、旗印にするという要求に高めた。フス派運動から、再臨するキリストの国に忠実な者の晩餐に参加するというミリチの掲げた希望との関連性を取り除いたら、私たちはフス派運動の神学を完全に理解することはできないだろう。聖霊の国での復活した者との晩餐は、聖餐式において、今や分け隔てなく全員に勧められることになった。この勧めによって、社会的格差が取り払われる、そう、虐げられた人々が高められるのである。

「単純で愚かで教養のない人々が立ち上がる、（このようにミリチはもう新しい時代が来ているという

喜ばしい調子で説教した）[11] これらの人々が立ち上がり、単純な真理を話し、古くなった網を再び繕い、新たな方法で福音の漁師の生活を追いながら、信者をキリストの方に手繰り寄せる。かつてこれをキリストと弟子たちが行ったとき、ユダヤ人たちはイエスにこう言った。

「権威ある新しい教だ」（マルコによる福音書1章27節）

もちろん今も新しいのである、というのも、大きな聖職禄、高位聖職を得るために、大きな事柄について考えを巡らし、毎年新しい論理を考え出してはすぐに破棄してしまう神学教授、修道士、哲学者や論理学者たちを前にして、教養のない者が立ち上がり、「新しい」言葉で話し、師たちが自らの教養とともに地獄に足を突っ込んでいるのを尻目に、天を奪取するからである」

ミリチの活動は、支配層（ヒエラルキー）や聖職者たちから執拗な反発に遭った。ミリチはローマ教皇庁のあらゆる告発に対し、自ら二度弁明したが、それはもちろん、影響力のある支援者の援助なしにはなしえなかった。ミリチは一三七四年六月、尋問のためにグレゴリウス十一世に呼び出された先のアヴィニョンで亡くなった。彼はローマ教皇庁の支配層と和解してこの世を去ったものの、ミリチの人生と説教の動機は、すでにフス革命の方向を示していた。そして彼の死後にプラハのエルサレムで爆発した憎しみは、十字軍の戦争によってボヘミアに充満した憎しみに先行するものだった。繰り返す。ミリチにおいて重要なのは、彼の象徴的な預言者的活動の終末論的な枠組みである。到来する聖霊の時代の予兆としての彼の清貧と説教の強調、救済（終末論的な困難からの救い）の条件として頻繁に聖餐式を行う要求、初代教会のメッセージの上に人間が建てた有害な上部構造である教養、学校の論理に対する反感は、そこに当てはめ、そこから説明しなければならない。

ミリチの弟子、マチェイ・ズ・ヤノヴァ

ミリチの弟子であり、パリ大学の教授であったマチェイ・ズ・ヤノヴァは文字通り聖書神学者であった。彼はミリチの終末論に、自分の急進的な改革思想、そして少し遡った時代からの勇敢な思想家の急進的な改革思想を付け加えた。彼が一三八八年から執筆を始めた大著『旧約および新約聖書の規則 *Regulae veteris et novi testamenti*』について、歴史家のパラツキーは、いみじくも、真のキリスト教と奇妙なキリスト教についての書と呼んだ。同書が宗教改革の時代および近代の神学者たちに注目されたのは当然であった。

聖書の預言の主な路線および規則を制定、研究、解釈する中で、マチェイは、自分の計画を実現するための手立てを見出した。それは、余計なものを排除した、使徒の原初の教義および生活へ回帰することだった。

「キリスト教徒全体の平穏と統一を更新できるように、生えている茂みを根こそぎ引き抜き、言葉をすみやかに地上になしとげ、イエス・キリストの教会を、重要な実質を持つ健全な原始に戻すことが必要であり、その際にできるだけ規定を減らすこと、最低限の使徒の規定だけにすることが必要だと私は確信している」

この集中的で還元的な計画の理由をマチェイは終末論的に説明している。余計なものを排除した

基本への回帰、核となる聖書のケリュグマへの回帰、教会の簡潔な始源体（primordia compendiosa ecclesiae）と呼ばれるもの全般への回帰を、教会の終末論的な役割、とりわけ教会の説教との本質的な結びつきの中で捉えた。上述の引用部分には、新約の終末論的内容が明快に示されている。特に、「言葉をすみやかに地上になしとげる（abbreviare iterum verbum super terram）」（ローマの信徒への手紙9章28節）ことが必要だという指摘は、教会を一気に、端的で中身の濃い預言の本質を含んだ説教の義務の前に、そして、時間的に制約された教会運営の現実の前に立たせる。マチェイは自著を通して、キリスト教の説教の両方の意味、還元的な意味と終末論的な意味について考えている。つまり、ミリチのように、マチェイも、神を前にした教会と世界の終末論的状況のために、時効のない、切迫した説教の改革の必要性をますます強く認識していたということである。

マチェイは、終末が近いというミリチの概念を継承しつつ、この観点を、もっと広い神学史的思考によって捉え、ためらうことなくボヘミアの環境に当てはめた。マチェイにとって転換期となったのは、十四世紀の五〇年代だった。教会が直面していた悲劇的状況を明らかにすることが許されなかった恐ろしい反キリスト的な沈黙が、この五〇年代に破られたと彼は考えた。十三世紀に入ってスコラ哲学が隆盛を誇っていた頃、神秘的な反キリストがキリスト教世界を徘徊し始めていたが、一方でキリストは自らエノクとエリヤら預言者を世界に送り込み、聖霊の力によって反キリストの手先と闘い、神の言葉の力によって彼らを打ち破ろうとした。マチェイは、このヨアキム的な希望はすでに部分的に実現していると見た。彼は、パリの神学者やボヘミアのコンラート・ヴァルトハウゼル[12]、そして何より説教者ミリチ（抜群に立派な預言者ミリチウス　eximius ac gloriosus predicator

Milicius）が、この強いられた沈黙を力ずくで破ったと確信していた。ミリチは神の扇動活動の重要な担い手であり、闘う教会の終末論的な範囲を明らかにする者であった。キリストの到来について、さらにそれに先立つ反キリスト本人の出現についての沈黙は、その時に破られた。少しずつしかし確実に反キリストが暴かれる時、反キリストに対する効果的な闘いの時が到来した。

ミリチは反キリストを当時の人物と同一視すべきではないかとためらったが、マチェイは基本的に反キリストを当時の人物に当てはめようとはしなかった。マチェイにとって反キリストとは、ある歴史的時代における教会の差し迫った危機に対する包括的な概念であり想像であった。従って、マチェイによれば、若い教会にとっての反キリストは、ユダヤおよび異端の反教会的反応全体であった。時代が下ると、反キリストは異端者的な学者ぶった狡猾さで教会を脅かすようになった。しかし当時のはるかに危険な反キリスト主義とは、キリスト教徒の上層部ならびに末端における分裂による崩壊に表れていた。このように描写される反キリストと教会の「歴史上」の関係には、外から内へのアプローチが観察できる。反キリストは自らの闘いの前線を、徐々に外側から内面へ移し、教会と自らを表面的には同一視させようとした。修道士制度の反対者として著名なギョーム・ド・サンタムールに倣い、マチェイは、反キリストについて、上辺はキリスト教徒のように見えて、実は中身のない、偽のキリスト教徒、偽善者、偽りの教会のことである、というテーゼを述べている。*13

マチェイは教会のヒエラルキー構造について語る時でも、教会の秘跡（サクラメント）的、および社会的生活について語る時でも、当時の教会を常に偽善（ypocrisis）であると特徴づけた。偽善の動機は、自己愛、自己保存の偽りの本能である。マチェイは自分の道徳哲学の終末論的視点にお

いて、教会の奉仕姿勢を脅かすこの自己愛（amor sui ipsius）を、黙示録の獣の徴（しるし）と同一視した。自己愛は、教会における最も有害な偽善の形である、人間の多くの発明の実質的な源である。この数世紀の教会の理論と実践の教義および習慣の結果である発明（adinvenciones）は、使徒の預言に照らし合わせると、余分なものであり、中身の面でも、年代的にも、二次的な性質のものである。これらの発明を教会に広めようとする誤った絶対化は、まさに反キリスト的である。その最も有害な結末は、信者がこれを満たすことによって、神の前の正義、またこの世およびあの世における安全を得たと勘違いすることである。こうしてキリストの十字架は曇らされ、骨抜きにされる。これに立ち向かったのが以下のマチェイの希望である。

「人間のあらゆる行為、儀式、伝統が根こそぎ破壊され、神の言葉のみが永遠に残ることを望む。そしてその時が来たのである」[*14]

マチェイの特徴は、人の発明を減らし、聖書の基本的な法則だけにしようとしたことであろう。このため、たとえばマチェイは托鉢制度、修道士を神の言葉の説教者にすることの廃止を説く。

ミリチの弟子として、またもちろん当時盛んであった神秘主義的な聖餐への信仰の影響を受けたマチェイは、血と肉の聖餐にあずかる必要性をしばしば重点的に説いた。マチェイにとって主の晩餐は、巡礼する教会に必須の支えである。この聖餐の終末論的な理由づけは、一見遠回しに、つまり、教会論的に信徒団形成の効果を説くことによってなされた。つまり、キリストと一体化することで、教会の手足たちを互いに一体化させ、そして終末の困難な時代に立ち向かえるようにするということである。従って聖餐式から偶然性を排除しなければならず、また階層性を排除して、使徒

の初代教会が担っていた役割に戻さなければならなかった。

「最初から、そして常に、主のテーブル、つまり共通の神の共同のテーブルに、キリスト教徒の共同体が集まった。そしてともに、共同で、共通のパンと飲み物を頂いた」*15

教会全体の務めとしての主の晩餐には、信徒全員が参加しなければならない。しかしマチェイ自身がすでにこの両種による聖餐を実践していたかどうかは証明できない。しかしマチェイが神学領域においてこのパンと葡萄酒の両種（dualitas bine speciei）陪餐を強調したことは、マチェイの著書に関心を抱いた読者に、この一体化させる聖餐において、杯が不可欠な要素であることを確信させた。

マチェイの改革努力には明らかに終末論的な傾向が見られるが、いくつかの方向性においては、より静的で個人主義的に物事を把握しがちな神秘主義によってブレーキをかけられた。マチェイの改革の傾向が、個人的な、主に感情的な信仰心を育むために集う閉ざされた輪の空しいものにならなかったのは、フス没後のフス派の革命的運動のおかげだった（ミリチの運動がこのような努力に行きつく可能性があった証拠には、プラハ滞在中にボヘミアの改革の流れに影響を受けたオランダ人、デーフェンテルのゲールト・グロートや、プラハ大学の師であったグロートの友人、フロレンス・ラデウィンが挙げられる）。後のフス派世代は、マチェイの遺産を一般的にし、民主的にした。特徴的なのは、これがまさにマチェイの言う待ち望む者の希望との関連で起きたことである。教会にて再生するキリストの力の台頭を思う喜びに満ちた、よく考え抜かれたマチェイの教会史理論は、ボヘミアの宗教改革に、神学における時代を画する肯定的な評価を残した。私たちの改革の過程において、これは幾度も感謝の念を込めて思い出されることなのである。

ヤン・フスにおける終末思想

ここまで私たちは、ミリチの運動が、説教師の尽力、神の言葉の力への信頼、聖餐（頻繁に主の晩餐にあずかること）、社会的関係のシンボル（プラハのエルサレム）によって、救済される未来を先取りしたことを見てきた。反キリストがすでに出現したという確信によって、とりわけまた聖霊のキリストの時代が早く到来することを願う希望によって、教会機関の社会的な要求や学問は、明らかに相対的なものになった。けれども、ひとつには一般大衆、とりわけ農村部に十分に浸透しなかったこと、ひとつには預言が実現していないことへの落胆、そしてもちろんまた強いられた沈黙のために、ミリチの運動は革命を導くところまでには至らなかった。時期尚早だった。けれどもミリチは、フス以前の時代に、神の声を自由に聞くことへの生き生きとした憧れを遺産として残した。そしてその憧れは、しばしば終末論的な説教の緊急の役割についての考えによって活性化されていた。

一三九一年五月のプラハのベツレム礼拝堂設立文書の冒頭には、それがかなり明白である。「神の言葉が制限されないように、この業が他と比べて最も自由であり、教会およびその手足にとって最も役立てられるように」という要求である。このアピールは、再び、説教の務めの時間的な概念から強調される。主の復活後、これほど急を要する課題はなかった。なぜなら、神の言葉の種のみが、世界をソドムとゴモラのような滅亡から食い止めるからである。しかし、ベツレム礼拝堂設立

文書の起草者とみられるヤン・シュチェクナ*[16]は、この時代の大半の改革派説教者と同様、ミリチ学派で優勢であった神学史的な三つの年代の歴史スキームから、世界の歴史を七つの年代に分類する、フスにも支持されたより伝統的なスキームに戻った。反キリストの到来は、このようにして霊的なものと捉えられるか、時間的に遠ざけられ、巡礼者の教会の改革の切迫性が弱められるかのどちらかだった。

ミリチを従順に受け継いだトマーシュ・ゼ・シュチートネーホは、ボヘミアの礼拝用語の考案者であり、終末論全体を、死、審判、地獄の炎という個人の問題にし、さらに、この悪い時代に「未来のことを語った」スウェーデンの神秘主義者ブリギット*[17]の言葉を翻訳した。しかし終末論的な危機と転換に対するトマーシュの期待は、ヨフリーン・ズ・ヴォドニャン*[18]ら同時代の人物と同様、明確なものではなかった。

ヤン・フス師*[19]自身による大学での教鞭やベツレム礼拝堂の説教においてさえ、終末思想は、優先的な位置にはなかった。ここには、ウィクリフ*[20]の教えの冷静な実念論の影響を見なければならないだろう。フスはもちろんスコラ主義的教義の終末の見解を共有していたが、フスにとって主の再臨の思想は、ミリチやマチェイにおけるほど思想の中核を占めていなかったように見える。フスの書物や発言において、主の再臨は、イエスの最初の到来に匹敵する、ただそれだけのことであった。改革者フスは、キリストの復活よりも受肉の業をより強調した。フスは著作『教会論 *De ecclesia*』において反キリスト思想について記したが、反キリストを各教皇と同一視するのではなく、キリストに反抗する邪悪な教皇と同一視した。また決して時間的、一時的にではなく、もっぱら道徳的に

同一視した。フスの終末的な響きがより顕著になるのは、ようやく、勇敢にもボヘミアから出発することになる前の最も重大な決断の瞬間、それから、コンスタンツ公会議を前にした信仰告白者としての姿勢の時期である。獄中からのフスの書簡は、フスが反キリスト的であると特徴づけた敵からのあらゆる攻撃や企みにもかかわらず、認識した福音の真理の永続性の呼びかけに満ちている。獄中のフスにとって、苦しみはキリストへの忠実さにつながり、真理の側に立つ者を識別する徴になった。そこに今や、最後の日々にはキリストと反キリストの闘いが社会を分断するという終末的理由も加わった。この反キリストの闘いの序曲は、間違いなく、やがて来る最後の審判に向かうものだった。従って、それまで単に神の言葉の説教者の従順を示す伝統的な表現であった、「修道士であり、我々のイエス・キリストの希望ある僕（しもべ）であるヤン・フス師」という決まり文句は、フス師の死の前の数カ月間に、新しくより効果的な意味合いを得た。フスはすでに一四一三年十一月末にプラハ市民に向けて、この予兆となる文をしたためている。

「主の再臨、さらにその後の審判が近づいている。あなたの大切な人たちの心の慈悲、忍耐、美徳を強めてください。なぜなら、最も賢明で、最も公正で、最も凄まじい審判者による審判が近づいている。そして何かに苦しんでいるなら、そのことに目を向けて、頭を上げなさい、そのことを思いなさい、なぜなら救済が近づいているのだから……」[*21]

そして一年後にはもうコンスタンツからこう書いている。

「審判の日は近い」[*22]

しかしこう言いながらも、フスは終末の年号の算出はしなかった。直接的に「最後」の意識をし

なかった。それどころか、ジャン・ジェルソンの告訴に対して面と向かって決意を示している。「パリの総長の記事に対しては、もし私が生きているならば、答えよう。もし私が死ぬならば」、そして一四一五年三月五日に、従順に付け加えている。

「神が審判の日に明白に答えるだろう」[*23]

フスの黙示録的でない終末論は、ボヘミアの古い韻文の祈禱文の修正に特徴的である。祈禱文の元の第一連は以下であった。

我らのもとに来たり給え、待望の、
全世界の万能のキリストよ、
我らの心にあなたのことを知らせ給え
罪なく待つことができるように

この連をフスは以下のように手を加えた。

我らのもとに来たり給え、待望のキリストよ、
世界の万能の主よ、
我らの心にあなたのことを知らせ給え
恐れることなく待つことができるように

「祈禱文の中で、私たちがキリストを『罪なく待つことができるように』と語られているところを、フスは『恐れることなく』と変えている。これは明らかに、最後の審判の際のキリストの再臨によって、人々の中の愛と喜びを強め、死の際にも平静でいられるようにするためである。これに反して元の連は、人々に不可能を押しつけ、彼らを不安に陥れる」[*24]

しかしフスは、一四一五年七月六日のその殉教によって、ようやくフス派の終末的感情に最も効果的な衝動を与えたのであった。教会に対するキリストの至上性を信仰告白する者が火刑に処されたことは、フスに傾倒するチェコ人にとって、ミリチたちが予言したように教会がほんとうに終末的状況に陥った、はるかに可視的な徴であった。フス、そして盟友のイエロニーム・プラシュスキー[*25]の死後、ボヘミアにおいては、より急進的に思索する者、そして教会および教会秩序の姿勢の変化をより一貫して求める者は、より徹底して聖書の終末論の「集団主義的」路線のカテゴリーおよび図式の中で語ることになった。以降ずっと、私たちは終末論の物差しで、革命が勃発する前からすでに分派し始めていたフス運動の各派の革命性を測ることができる。

フスの後継者ヤコウベク・ゼ・ストシーブラ

フスの後継者のヤコウベク・ゼ・ストシーブラの周りに理念的に集まったフス派の中心は、集団的な終末論と個人の終末論の両方の均衡を保とうとした。同時にしかし、急進的なフス派左派が、

プラハ、そしてまた農村部にも生まれていた。こうした左派による、キリストがもうすぐ王国を築くことへの強い期待は、一四一九年から二〇年にピークに達し、ターボル派[*26]が誕生する。一方、最終的に教皇への恭順に戻ることになるフス派右派は、終末論全般に対して反発するか、あるいは終末論を裏返して反キリスト的動機を群衆の反乱の中に捉えようとした。

フスの戦友であり、フスの亡き後を継いで改革運動の先頭に立ち、聖書による両種（sub utraque specie）陪餐の正当性を見出したストシーブラは、観察力の鋭い神学者だった。マチェイ・ズ・ヤノヴァ、そしてジョン・ウィクリフの聖書の思想を意識的に継承した。まだフスの生前の一四一二年に、大学での討論において、人類の歴史の斜陽の時代のキリスト教徒、特に聖職者たちに権力を振るい、富と栄光を享受し、キリストと張り合う者の中に反キリストを探さなければならない、と大胆に発言した。ヤコウベクの言う反キリストのポジション（Posio de Antichristo）が、前年の九月にローマ教皇庁の世俗的要求を守るための戦費にするために贖宥状を出した教皇ヨハネス二十三世を指していたのは明らかである。明示的にミリチとマチェイ、暗黙的にウィクリフに通じつつも、それを新たに更新したヤコウベクの反キリストについての解釈は、終末論の議論を呼ぶ否定的な面を、「時が満ちてキリストは来た。そしてその終わりに帰ることを聖書は明確に教えている」という肯定的なテーゼを想定して解決した。ミリチ派の意義に沿って、ヤコウベクも、自分の使命において、教会の悪弊と裏切りを神の言葉の改革する力によって修正することを期待した。エリヤの精神を持つ説教者たちが、まさに「主キリストの再臨の前の」時代に立ち上がり、人々の心を模範的な使徒教会に向けるだろう。そうした説教者だったのがヤン・フス師であり、「彼は、二人目のエ

リヤとして、反キリストのはびこる不正とその聖職売買を行う聖職者を強く攻撃した」。*[27] フス焚刑における薪(たきぎ)の山については、終末論的な徴として理解しなければならない。フス師の死後、終末論的な不安が増大するのではないか、地平線が闇に覆われるのではないかというキリスト信者の不安が倍増したのは不思議ではない。

しかしそうは言っても、私たちはヤコウベクを何か終末論的なカタストロフィの神学者と断定することはできない。本文で引用してきた、ヤコウベクによるボヘミアの殉教者についての追悼的な説教は、最後の審判の時期の試算からきたのでも、神のない状況が来るという恐怖の幻覚からくるのでもない。逆に、死と向き合って生きる、苦しみに耐える人生のアピールとして説教を締めくくっている。*[28] ヤコウベクは個人の終末の動機によって、キリスト教の希望が宇宙、少なくとも社会的規模へ走り出すのを定期的に抑えた。この思想的バランスにおいても、ヤコウベクはフス派の中庸に位置する表現者であった。この中庸とは、農村や都市の貧困部の革命的な群衆というより、むしろ決意の固い、反ローマ的なフス派市民である。

フスの思想よりヤコウベクの思想に終末論が深く刻まれていたとすれば、それはミリチの伝統へ信仰告白する傾向の結果であろう。しかしミリチの伝統と異なり、この教養ある大学講師は、台頭する新時代が前の時代にある意味革命的に取って代わるような、三つの時代の動的な歴史神学には執着しなかった。ヤコウベクは逆に、フス派以前の改革派説教師たちのように、教会の歴史を六期に分け、第七期に土曜日の休息的な安らぎに行きつくという、中世により一般的に信じられていた考えに傾いた。この七期の構図は、中世全体にわたって、社会および世界の歴史が最後に転換する

という希望を定期的に萎えさせた。これはよく幼年から老年までの個人の生涯になぞらえられたので、個人の死をむしろ終末論的な出来事として待ち望むことにつながった。教会の七時代を、ヤコウベクは、『標準注釈 *Glossae Ordinariae*』〔ローマ法大全の注釈書〕の著者〔ボローニャの法学教授アックルシウス〕と一致した区分で紹介する。興味深い形で多少手を加えているが。ヤコウベクは最初の年代——使徒の初代教会の時代、キリストが父の右の座についたすぐ後の時代を、すべての時代の忠実な教会にとっての模範として評価する。第二の時代は、教会がキリストの名前を信仰告白したために「専制君主および権力者」からの不正に耐える時代であり、ヤコウベクはやはり、そこに天の祖地に向けてこの世を歩く教会の原型（プロトタイプ）を見る。教会の第三の時代は異端が社会で勢いを増した時代であり、第四の時代はおそらく一〇〇〇年頃に始まったと思われるが、偽善者の支配の年であり、間接的ながらすでに「反キリストの欺瞞的な光に照らされていた」。第五の時代には反キリストに先行する者たちによる忠実な者への罠が増加し、第六の時代は、恐ろしくも歴史を世界の終わりへ動くように仕向ける、反キリストの最大の力を直接目撃する時代になった。その時代には忠実な説教者たちの意義ももちろん高まったのだが。この世に教会が存在する期間全体に及ぶ闘争は、「最後である」第七の時代、「危険な反キリストたちの後の時代の」はざま、「最後の審判の前」にピークを迎える。このはざまの時点に、忠実な者たちの邪悪な者たちに対する勝利へ、信仰告白者と勝利した神の子羊との最後の晩餐である「大きな饗宴」が最も顕著な徴である休息へ行きつくのである。けれどもこうした饗宴はまだ、時間、世界、その法則性からの教会の解脱を意味するものではない。饗宴の後もまだ苦しみ、悲嘆、痛み、死がある。キリストの王国は、まだ神の最終的

な王国、質的に「異なる日」に対して譲歩しなければならない。[*29]

教会史のこのような時代区分には、間違いなく終末論的な方向性が見られるが、ヤコウベクはこの時代区分を具体的な歴史に当てはめることには非常に慎重であった。彼は、最後の審判とキリストの再臨の日を算定しようとする努力には、基本的に反対であった。終末的な最後に先立って起きると予測される出来事の時期が大雑把に把握できることは認めたけれども。このようにヤコウベクが冷静なのは、神である父の「時期や場合」を知ることはできないとする、新約聖書の預言（使徒言行録1章7節）を正しく理解しているからである。審判の日は永遠に私たちから隠され、「その日、その時は、誰も知らない。天にいる御使たちも、また子も知らない、ただ父だけが知っておられる」（マルコによる福音書13章32節）のである。ただ一般的に「戦争や貧困」、そしてまさにフス派のボヘミアに降りかかったそうした出来事だけが、「キリストの再臨が近づいている事を知らせる」のであり、従って私たちは、忠実な説教者フス、才能あるエリヤ的な精神とともに、教会の第六の時代から第七の時代に足を踏み入れた「最後のキリスト教徒たち」であるという意識を持たねばならない。ここで、すでに少し言及したが、エリヤとエノクの先行者としての役目に対するヤコウベクの関心について説明しよう。ヤコウベクはこの役目をもちろんユダヤの黙示録の意味で理解しようとしたのではない。ヒエロニムスに学んだ[*30]ヤコウベクは、この二人の証人を精神的に理解しなければならない、つまり、この二人を、神の教会が反キリストの妄想に抑えつけられるであろう時代の殉教者と結びついた説教者の役目の特別な象徴として理解しなければならない、と強調した。これはもちろんすでにミリチやマチェイ・ズ・ヤノヴァにも見られた思想だが、ヤコウベクの概念は、

二人の証人を具体的な人物と完全に同一視しなかった点で、より一般的であった。ヤコウベクは第七の時代に入ったと確信はしたが、待ちきれずにキリストの千年王国というパラダイスの迷妄的な改革を目指す権利を誰かに与えたりはしなかった。

他方で、終末の出来事に対する、ヤコウベクの聖書に基づく実質的で冷静な見方は、聖書解釈的にはあまり適切でないのだが、聖書の記述全般、特にヨハネの黙示録のかなり踏み込んだ霊化（スピリチュアライズ）と個人化に条件づけられていることも述べなければならない。つまりヤコウベクは「天と地」を魂と体の関係の図式で理解し、彼にとって神の王国は、何より「聖人たちの良心の中での」現実であり、キリストと反キリストのあらゆる闘いが「今」現在行われているのだとすれば、それは必然的に信者の内面だけで行われていると考えた。ヤコウベクは、ミリチと同様、プラハの共同体に新しいエルサレムの前兆を見出そうとしたが、「新しい心がエルサレムのようにあれ！」と呼びかけ、新しい生活環境というより新しい思考の中に、それを探し求めた。「キリストとともに心の中に閉じこもれ！」と神秘的にさえ聞こえるアピールによって、ヤコウベクは終末論的意識が社会的に影響を与えるのを止めようとした。ヤコウベクはそうした表面的な社会的影響よりも、むしろ「私たちの心の王」の要求を前に、個人的、そう、内面的なキリスト教徒の責任を重視しようとしたのである。ここから、時間的に予測不能な人間の生命の境界、死への大きな関心につながった。

これまで見てきたように、ヤコウベクは、教会と世界の第七の時代を、忠実な者たちと主の聖餐の考えと結びつけた。当然ここから——これまで指摘されることはなかったが——聖杯を俗人にも

与えよという有名なヤコウベクの闘いと、彼の終末思想との関連を見ることができるだろう。

救済には、主の晩餐のパンのほかに杯が不可欠であるという発見は、一四一四年の春に啓示を受けたヤコウベク自身をも驚かしたが、もちろんボヘミアの改革環境においては、長い間、聖書、初代教会の規範、教父および教会法の文書の研究によって、準備されてきたことであった。とはいえおそらく、最終的に説得力のあるきっかけをボヘミアにもたらしたのは、フスの友人のイエロニーム・プラシュスキーであった。ジョン・ウィクリフの論文を読んでいたイエロニームは、すでに以前から東方教会の教義を頭に入れていた。その後ポーランドとリトアニアに滞在し、直に正教会に接したイエロニームは、プラハに戻った後の一四一四年初頭、フスの友人たちが敬意をもって思い返したこの教会は、「杯を俗人たちにも与えること、これを使徒的な規則であるとみなしている」[*31]と知らせた。こうして形式的な面において、両種陪餐が使徒的で古くからあることだけでなく、西欧教会における一種（sub una）陪餐の儀式が比較的新しく導入されたことが確認された。もちろん杯が不可欠であることを聖餐の神学によって物質的、実質的に証明することが必要であった。一種陪餐は福音に反し、新しい時代のものであると否定的に突き止めるだけでは、フス派の杯への熱意を説明するには十分でない。また、秘跡の要素の並存および聖変化の理論を拒絶したのは、単に信者の生活のために、杯そのものを先立って高く評価していた結果であるかもしれない。杯を求める闘いにおいて、信者が自らのキリスト教の権利を求めて闘ったことは間違いない。この時代に耳をすませば次のような声が聞こえてくる。

「今日まで聖職者は皆、盗人であった。なぜなら、私たちにイエス・キリストの血を与えてくれ

なかったからである」

杯はフス派の時代のシンボルとして、重要な社会的役割を得た。聖餐式に参加すること、とりわけ杯を頂くことに大衆が何を期待していたかも、問わなければならないだろう。同時代の大衆の望みの動機についてはもちろんヤコウベクも承知していた。ヤコウベクは必ずしも常に彼らの望み通りにではなかったものの、敏感に大衆の考えと望みに応えた（たとえば、千年王国論の問題において）。

ボヘミアのミリチ派による頻繁な聖餐式の要求は、主の再臨の希望と、来たる反キリストとの終末の闘いにおける精神的な武装の必要性からきた。杯の要求は、再臨の希望もさることながら、この武装の必要性が大きかったと私は確信する。ヤコウベクには、マチェイ・ズ・ヤノヴァによる聖餐の共同体的概念、そしてこのキリスト再臨前の時代へ組み入れ、適応するだけでなく、また炎の視線で勝利の主を見つめつつ聖餐を行うことによる、闘う教会のキリストへの所属の強調だけでなく、率直に杯の使用に対する終末論的な理由づけが認められる。キュプリアーヌスの思想に通じるが、ヤコウベクにとって秘跡の杯は、反キリストの時代における世界の滅亡に瀕して、神の兵士のまさに唯一の特別な援軍であった。「イエス・キリストの血は、反キリストとの闘いにおいて、これらの共同体を最も団結させる。そしてこの時代のこの世の反キリストを、彼らは打ち破ったのである」[*32]とヤコウベクは、第一回十字軍をはねのけたフスの戦士たちについて、また、ボヘミア側の聖杯派の計画の団結効果について、言及している。しかしこの問題におけるヤコウベクの慎重さがよくわかるのは、主の血の終末論的に闘う面の意味を、さほど訴えていない点である。ヤコウベクは、血を人の魂、そしてパンを人の体に結びつける解釈、つまり杯を前面に位置づけるものの、心

の内面の領域での位置づけの解釈で満足した。しかし、主の聖餐に完全に参加できる、終末の宴にあずかることができるという俗人の熱狂は、急速に高まり、いかなる精神的思想によっても、抑えつけ、制御することはできなくなった。

分裂するフス派――ターボル派、ピカルディー派、アダム派

ヤコウベク・ゼ・ストシーブラが形式化した、すべての人に秘跡の杯を与えよという要求は、フス派の運動全体に説得力のある共通のスローガンを与えたが、農村と都市の大衆に支えられた本来の革命の動きは、この計画を終末的に評価される出来事との関連で捉えてさらに急進化させることになった。十四世紀末以降、特に一四一〇年代になると、ボヘミアでは終末的な感覚がますます社会の最多層である底辺の庶民に浸透した証拠が増える。この時代、ワルドー派[*33]は、王国において反キリストに立ち向かう説教活動を改革し、エノクとエリヤが姿を変えてキリスト教徒のもとに現れることを期待した。終末論の集団主義路線への関心は、すでに一三五六年〔一三六六年説が有力〕にローマで獄死したジャン・ド・ロックタイヤードの著書の『便覧 *Vade Mecum*』でも言及されている。このフランシスコ会修道士は、聖書、また天文学に基づいて、歴史上の転換期の算出に取り組んだ。一四一〇年以降にボヘミアで出た『便覧』の編纂では、終末の時期の出来事における庶民の重要な役割についての記述が優れている。そこには、抑圧された村人たちの正義が奮起し、暴君、裏切り者、貴族の抑圧者を鋭い剣で払い倒すと記されている。また、偽りの教会の高位聖職者と学

者に対し、撤退を厳しく迫っている。古い世界と袂（たもと）を分かつ、このように勇敢で革命的な勇気は、神の計画によれば神の王の意志が最終的に実現する前に、恐ろしい新しいこと（novitates horrendae）が起きるという確信から生じた。聖書の預言から呼び覚まされた希望は、最もみじめな者に寄り添い、彼らを日の光と歴史の光の中に誘い出した。このキリスト教徒の民の望みのすべての表現が、千年王国論的であるわけではないが、いずれも鋭く終末論的であった。彼らの宣伝拠点はしばらくの間はプラハであったが、より長く歴史の担い手となったのはターボル派であり、ターボル派の運動であった。

終末論の教義の歴史を描く場合は常に、新約の希望と、千年王国論において陥りやすい終末論の歪曲した現在化との本質的な違いを見失うと、容易に迷路に迷い込んでしまう。キリストによる千年にわたる地上の現実支配が間近であると確信する千年王国論は、主の再来の時期を特定可能とする信念が特徴である。つまり、新たな創造の業における、キリストの最後の仲介を信じるキリスト教信仰を、物質的および時間的、ときには霊的にその時代に当てはめようとする解釈である。すでに新約の時代から、終末論の信仰告白をその時代に当てはめて、儀式的な聖餐時に嬉々として大食いしたり、アナーキズム的な扇動を起こしたり、霊的な狂乱状態に陥ることが起きた。ある程度、こうした特徴は、千年王国論的な、フス派の革命の初期のいわゆるピカルディー運動にとっても好都合だった。歴史家ヨゼフ・マツェクが指摘しているように、ピカルディー派[*34]には、「世界の公平な秩序のために実に熱心で、無階級社会のヴィジョンを望む人々、自分の目的の勝利のために頑固に闘ったにもかかわらず、社会的発展の法則性によって一掃されなければならなかった」人々が集

まった。[*35] ピカルディー派の運動については、偏見のない情報がない。しかもこの運動には統一したイデオロギーがなかったように見える。これは例外だらけで、実質的に教義として存在しない、としたズデニェク・ネイェドリーの鋭い指摘は、まさに的を射ている。いずれにせよ、この運動は、そのアナーキズムが何かしら結果を出す前に、ターボル派の軍将ヤン・ジシュカ[*36]により滅ぼされた。

群衆が大挙して山への巡礼に押し寄せるようになったのは、聖書的な見方、聖書の言葉、聖書的な絵や呼びかけ、裁き、喜びが大いに行き渡っていた状況があったからにほかならない。一四一九年春以降、ボヘミアの土地はこうした示威的な活動に揺るがされ、同年七月にはターボル派運動が生まれた。最初の山、ベヒニェ近郊のターボル〔南ボヘミアのベヒニェ近郊のブルコヴァークをターボル山と呼んだ。名前は士師記に出てくるナザレ近くのタボル山に由来する〕で行われた記念すべき大集会は、断片的なものも含めて当時の人たちが伝える情報によると、再来する王、キリストの支配の下であらゆる秩序と関係が新たに築かれるという大きな希望に沸き返ったという。

当時、この「広大な（平地が広がる）山」に集い、その後もしばしば山に集まった者たちは、聖書の終末論のモチーフの完全な虜になっていた。将来の永遠の土曜日を期待して（ヘブライ人への手紙4章9節）、基本的に（九月十七日日曜日のブジー山、九月三十日土曜日のベネショフ近郊クシーシュキのように）別の場で行われた土曜日と日曜日の巡礼を例外とするならば、山で巡礼の集会を行うこと自体、明らかに終末論主義を象徴していた。言うまでもないが、聖書には主な啓示の舞台になった山々が登場する。山上では十戒がもたらされ、イエスが祈り（ルカによる福音書6章12節、マルコによる福音書6章46節）、説教し（マタイによる福音書5章1節、マルコによる福音書13章3節）、奇跡を行い

（マタイによる福音書15章29節、ヨハネによる福音書6章3節）、弟子を召命し（マルコによる福音書3章13節、ルカによる福音書6章12節）、説教するために弟子を登らせた（マタイによる福音書28章16節）。山は、聖書の最後の書にて、シオン山に立つ子羊の周りに選ばれた者たちが集まったときに、救世主の栄光が現れた出来事の舞台となった（ヨハネの黙示録14章6節、ヘブライ人への手紙12章22節を参照）。預言者の見立てによれば、最後の、終末論的な話は、山の上で実現する（イザヤ書2章2節、25章6節、エゼキエル書34章13－15節、ミカ書4章1節）。山に集まった人々が、「これらの山々をそれぞれオレブ山や、子羊、またターボル、オリベトなどと新しいあだ名で呼んだ[*37]」背景には、単に新しい名前を付ける以上の意味があった。自分たちの集会場所をターボル山と呼んだ者たちは、山だけでなく自分らの運動にも、聖書に基づく豊かで明らかに終末論的な意味を持つこの名を付けたのである。彼らの頭には、ひとつに、イエスが弟子の目の前で姿を変えた、ということがあった（マタイによる福音書17章2節）。これはターボル山で起きたというのが定説で、「明日、つまり世界の終わりの日に、あらゆる目がキリストを見つめる時」とヤコウベクが記しているように、これが再び起きることを彼らは期待したのである。彼らの頭にはまた、復活した教会の主がガリラヤに現れた啓示のことがあった（マタイによる福音書28章16節以降）。このガリラヤの出来事について、ヤン・ジェリフスキー[*38]は一四一九年四月二十一日、プラハの貧困層の前で、これはターボル山（啓示の山）で行われたと説教した。しかし同時に彼らは次のことも予期していた。

「神の法をめぐって王と血なまぐさい大きな闘いをする時がやってくる。王の手に、主は彼らを差し出すだろう。かつてカナンの王の手にイスラエルを売り渡したように（士師記4章6節以降）。

そして預言者バラクとデボラの時代のように、王の軍勢はその山で敗れ、彼らは山の上で解放されるだろう」[*39]

そしてターボル派の神学者たちは、山の上に新しいエルサレムを建設するために、いつの日かシナイとターボルとカルメルの山々がひとつの山になるというユダヤの民間伝説のことを少なくとも何かしら知っていたと仮定できる。いずれにしても、ほぼ偶然であるが、一四二一年、マインツのラビ、ヤコブ・レフ・モルン・マハリルは、フス派をターボル山の住人と特徴づけた。ヤコブはそこにフス派によるユダヤの終末論の支持を見たのである。ターボル派の者たちは次のようにキリストの言葉を自分たちの側から繰り返した。

「ユダヤにいる人々は山へ逃げよ」（ルカによる福音書21章21節）

山上の人々の救済についての彼ら自身の歌では、神の約束という要石で留められた、上述のモチーフが何度も繰り返される。

イザヤも語る
すべての民に神が行うと
山上で宴を用意すると

そして、フス派の年代記作家ヴァヴジネツ・ズ・ブジェゾヴェーが忘れずに指摘したように、同時代の偉大な天文学者たちは聖書における山の概念と天の星の体系の結びつきを知っており、彼ら

はこれに基づいて、ターボルがボヘミアの農村の民衆を引きつけた、磁石のような引力について説明した。ターボル派の者たちは「山」という表現をさらに精神的に、しかし決して終末思想から離れずに説明し、「神への自分の希望、考え、要望を、いかなる力よりも何よりも上に位置づける忠実な人々」を指していると理解した。*40

終末論的なモチーフは、ターボル派の者たちが「山上に、礼拝所にたとえて亜麻布で幕屋を建てた」ことにも見出されなければならない。これもまた、その杭はとこしえに抜かれず、その綱は、ひとすじも断たれることはない幕屋の中で、主がわれわれの間で住まう（イザヤ書33章20節、ヨハネの黙示録21章3節、13章6節）、とした預言者の確信を具体化したものである。こうした持ち運び可能な幕屋は、裕福になった教会の聖堂の壮麗さへの抗議であり、またターボル派の者たちが神の命令に応じて場所を移動できるという表現である。平地の共同体では、幕屋の代わりに特殊な礼拝用の車両が使われた。しかし当事者が書き残しているように、幕屋であれ、車両であれ、そこから常にキリストの体の秘跡が、昼間は彼らの避難所となり、夜は彼らの星明かりとなって（知恵の書10章17節）、ターボル派の者たちに驚くべき道を通らせた。神の未来を予測する、終末論的な主の晩餐の意味は、ターボル派の者たちのまさに中核を成すものであり、私たちはこのことからのみ、神聖であり強力であり効果的であり、しかし決して肉体的、空間的ではないキリストの晩餐の臨在に関する彼らの革新的な教義を十分に理解することができる。肉体的なキリストの臨在を補うのは、「キリストが地上に降り、早々と支配するであろう」瞬間である。主の晩餐、ターボル派の礼拝と関連し、そう、まず同一視されるのは、愛の宴である。この宴の際に、「隣人たちは自分の体に力

を付けるために山のさまざまな場所へ行き」、酔っぱらうためでなく、兄弟愛の中で「愛し、より神へ奉仕」するために、ごちそうを食べて燃え上がった。またミリチが述べたように、言葉の剣で跳ね返され、倒されることになる反キリストによる最後の強い一撃の決定的瞬間が近づいているとみなす巡礼者の目に、説教全般、特に降りてきたキリストが大きな宴を行う山上での説教は、重要性を増しているように映った。

「神の真理と福音で満たされるための人生の喜ばしい意義を示しつつ、山での説教者そして歌の作曲者はほんとうに、説教によって素朴な人々を解放するために闘った」[*41]

聖書の終末論的なモチーフについては、最後にもうひとつ、ターボル派の者たちが「うやうやしい秘跡とともに、ターボル山を歩き回った」ことも書き添えておこう（申命記2章1、3節と比較）（これもヴァヴジネツの年代記を補足した「古い年代記」[*42]の情報に基づく）。

一四一九年、ボヘミアの民は山だけでなく、「五つの町」にも集った。歴史家ヨゼフ・マツェクは、「今までどの研究者も山の巡礼と五つの町との関係に疑問を呈してこなかった」ことに、もっともな驚きを示している。マツェク自身もこの疑問について考え、「五つの町は、山の巡礼と同じように、革命的な大衆の団結を目指す試みであった」と答えを出している。[*43]この答えに私たちは次のように補足できるだろう――五つの町の役目に対する当時の評価も、聖書の終末論と、フス派の民衆が理解した形での預言との関連から説明することができる。「そしてこの頃には」、と当時の年代記作家は一四一九～二〇年について著している。

「キリストが再び到来し、到来した時には、すべての悪しき、真理に反抗する者は死に、絶滅し、

五つの町の善き人だけが生き残る、と何人かのターボル派の司祭が人々に説いた」

さらにこう続く。

「これらの町の名は以下である。プルゼニュ、この町を彼らは太陽の町と呼んだ。ジャテツ、ロウニ、スラニー、クラトヴィ」

「恐ろしく危険な時代の」年である一四一九年の末の千年王国論のチラシに明白に述べられていなかったとしても、ターボル派のメッセージがイザヤ書の預言の19章の雰囲気に満ちていたことは簡単に推測できる。預言者が、主の名によって、罰として奴隷主のエジプトに約束したことを、フス派は不実な教会と関連づけ、一方「また万軍の主に誓いを立てる」五つの町を、自分たちにとって神の法と正義の孤島の象徴、また来たる危機的な瞬間における教会の真の改革の中心の象徴と捉えた。初期ターボル派のために、いくつかの町は、神が「自分の時」つまり「主イエス・キリストが再臨した時に、悪を払い清めるのは明らかである」という希望に沿って、避難そして攻撃の場となる砦で囲われていた。[44]

山や五つの町へ巡礼に向かう気分があらゆる面で存続したわけではないのを私たちは知っているが、それでもターボル派は、最後の重要な歴史の時代に生きているという基本的な意識を決して失わなかった。キリストの地上における千年支配が間近に迫っていると確信する千年王国論の急激な波は収まったが、山への巡礼は、「南ボヘミアの民の搾取者に対する直接的な闘いに向けた重要で切り離せない段階によるさらなる発展」[45]、そしてターボル派神学の結晶軸によるさらなる発展のために、巡礼が表現したすべてを残したまま、存続した。

ターボル派の初期は、終末論的な衝動に基づいて、教会論と社会的神学、戦争理論に取り組み、聖書の終末論の逸脱として千年王国論を終わらせたこと、従ってピカルディー派も滅ぼしたことでも重要である。これは、一四二〇年九月に大胆にも行われたターボル派自身の司教の選出が、使徒教会の手本だけでなく、以下のように顕著な終末論的モチーフに基づいて定められたことを指摘すれば十分である。

「司教叙聖の使徒継承により渡されたとされる獣の印は、否定されるがよい。そして使徒から連続する知らせは、ミクラーシュ・ス・ペルフジモヴァ[*46]の革命的な選出によって中断されるがよい[*47]」

ただし、ターボル派の千年王国論と、聖餐式的なピカルディー派の教えとの教義的な関係については、今日まで十分に研究されていない。

ボヘミアの千年王国論者たちは、古い世界の終わりを一四二〇年二月十日から十四日までの間と定めた。おそらくその前年末にこのための準備を呼びかけ、それを婚宴という喜ばしい動機によって強調した。千年王国論者の思考では、終末のこの婚宴を宴の想像、つまり主の晩餐と結びつけたが、重要なのは、この秘跡的な食事が完全に霊的なものであることだった。飲み食いは、人間が道徳の衣服を着ることと同じだった。この呼びかけには、次のようにグノーシス主義的な神聖なトーンも欠いていなかった。

「完璧な者としてのあなたがたに書く」

この呼びかけはおそらく避難所である五つの町の表現だが、この呼びかけが表現する見解は、ターボル派にも生きていた。なにしろターボル派は、一四二〇年の謝肉祭が過ぎると、未だ再臨しな

いキリストになすすべもなく落胆する千年王国論者たちをしばらくの間、受け入れたのである。そしてプルゼニュのヴァーツラフ・コランダと並び、ターボル派のマルチーネク・フースカ[*48]が千年王国論の中心に立った。フースカは五つの聖なる町の第二の呼びかけ[*49]の作者だとみられる。この中でフースカは、キリストは、忠実な者の無関心さのために再臨をためらっているのだから、千年王国の環境を強制的に実現すべきであると呼びかけた。ズムルズリーク・ゼ・ズヴォイシーナのプラハの住居で行われた、プラハ大学の師たちとターボル派の司祭たちとの重要な神学論争（一四二〇年十二月十日）では、フースカだけでなく、マルコルト・ゼ・ズブラスラヴィッツ、そしてターボル軍司令官のフヴァルとロハーチの二人も、主張を同時代に当てはめようとする風変わりさを含めて千年王国論を明確に支持した。今の世の終わりが一四二〇年内に来ること、そして支配者や聖職者に対抗するには残酷な暴力にも訴えねばならないこと、ますます緊迫化する中で五つの町と岩の裂け目は隠れ家の役目を持つこと、同時に、「貧困者に対する略奪を止めさせ」、許されざる王の選出や望んでもいない教育を止めさせ、そう、「聖書の文字も終わらせる」希望を実現するという主張も支持した。[*50]

しかし、千年王国論運動とターボル派の神学の行きつく先は、対立しかなかった。それは、千年王国論に基づく期待が実現しなかったこと、千年王国論が聖書の約束と秘跡をその時代へ当てはめることにより、終末的な未来を示す性質を乱していること、そう、否定していることに気付いた瞬間からであった。それが聖書の至上の権威の否定となることは、自然な成り行きであった。おそらくこの時期のものである千年王国論の論文には、この問題において、ミクラーシュ・ス・ペルフジ

モヴァによる聖書に基づく批判から生じた特徴的な困惑が見られる。論文は、最後のカタストロフィの出来事の時期が算出できるという原則を緩め、また千年王国論が秘跡とその終末的ないかなる意義をも否定した事実を隠そうとしている。*[51]

一四二一年の初めには、ターボル派において、マルチーネク・フースカによるミクラーシュ・ペルフジモヴァへの抵抗が激化した。フースカは主の晩餐についての教義を携えて登場したが、その教義は、一四一八年に異端審問からボヘミアへ逃れてきた北フランスおよび南ベルギーのピカルディー地方の人たちの見解と一致するところがあったため、ピカルディー派と呼ばれた。強調すべきなのは、ターボル派の中で終末論的なピカルディー派が、千年王国論の直接の分派であったことである。というのも、ピカルディー派は栄光の中で主の右手に座るキリストが帰ってくるのを待ち、主の晩餐にキリストが肉体として参加することは信じなかったからである。この点では、ピカルディー派はターボル派および後のボヘミア兄弟団の公式の神学とも一致する。けれどもピカルディー派は、キリストの到来を、忠実なキリスト教徒の内面における出来事として現実化したので、特に一四二〇年の謝肉祭が過ぎると、キリスト論の心理的な現実にしか理解を示さなくなった。フースカの仲間のペトル・カニーシュ*[52]はこうして、主の血と肉の秘跡を「忠実な人々の心の中の」現実として理解した。つまり秘跡は、心理的特徴の霊的現実を最も称賛する。「秘跡はその物質の性質を留める」（ウィクリフの唱える残留説）が、「聖霊は忠実なキリスト教徒の魂の中に留まる」（心理化および霊化）とした。*[53]このあまりにかけ離れた教義を受けて、ターボル派の聖職者ミクラーシュ・ペルフジモヴァとヤン・ズ・イシーナは、プラハにまで助言を仰ぎ、フースカの支持者からア

ダム派*[54]が生じると、彼らをターボルからプシービェニツェに追放した。ピカルディー的なアダム派を性的異常者と捉えた報告は大げさだろうが、こうした報告は、千年王国論が、回復した楽園の悦楽をすでに味わっていると自負する人々を抑制が効かないほど陽気にさせている、というかなりもっともな現実に基づいていた。彼らの愛の宴には、キリストの死を思い出させる特徴も、再臨するキリストの国における宴を終末論的に先取りした特徴もなかった。そうではなく、主キリストの勝利を、忠実な者の魂の中に陽気に臨在させるものであった。キリストは魂の中に再来して秘跡に取って代わることによって、秘跡を空にする。

「このキリストの再来と復讐において、目に見える秘跡は終わるはずである*[55]」

またこの関連で、プシービェニツェなどでヤン・ジシュカに捕らえられて火刑にされたピカルディー派、陽気に死に向かった人々として説明する報告も、理解することができる。

ピカルディー派の聖餐を現実化する傾向において、心理主義を強調したけれども、他方で、この黙示録的な希望における、非常に物理的な性質にも目を向けなければならない。千年王国論者は、キリストが地上、そう、まさにボヘミアに自らの国を具体的な目に見える形で築くことを期待する。その暁には多くの人が死から蘇り、そして忠実に生きる者でこの大きな変化を待ち望むことができた者は、夫婦交渉のない罪のない人生を送り、女性は痛みを伴わずに出産することになる。千年王国論者は、この楽園の恩恵を自分たちが受けないはずはないと固く信じ、「復讐と無慈悲の時代」である現在にこうした楽園の幻想を抱くに至った。ここから、「主人、王、支配者のいない*[56]」環境や関係の実現を暴力によって早めようとする武力的性質が生じた。このため、（しばしば歴史の別の

時代の別の地域で見られるように）ボヘミアにおける千年王国論者の教義は、ごく先鋭化した形で、封建主義と闘う貧しい民衆の革命的なイデオロギーとなったのである。

マチェイ・ズ・ヤノヴァの遺志を継いだ説教師
――ミクラーシュ・ズ・ドラージュジャンとヤン・ジェリフスキー

フス派の革命の動きは、農村と一部の町に限定されたものではなかった。プラハ自体も数年間、改革の急進主義の中心になった。キリストが支配する新時代（そのために古い時代は去らねばならない）への希望は、特にプラハ新市街の貧困層の間で共有された。こうした中、（おそらく一四一二年以降）ドイツ人のミクラーシュ・ズ・ドラージュジャン[*57]とその仲間、そして一四一五年以降になるとフスの教えを忠実に広める者の説教活動が、大きな反響を呼ぶことになった。彼らは熱く燃えるフスの遺産を、ひとつにはミリチ的な意義において、またひとつにはワルドー派やウィクリフの思想の意義において、急進化させた。そしてボヘミアの農村の人々が「山へ」行進を始めた時、プラハの急進的なキリスト教徒の指導者であり、革命開始を決断して最初の指令を出した人物、説教者ヤン・ジェリフスキーがさっそうと舞台に現れた。

厳密に言うと、ミクラーシュ師は千年王国論者ではなかった。しかし彼が書き残した文書には全般に、現在のキリスト教徒は最後の時代に生きており、最後の審判に備えなければならないという確信が通底している。時の終わりには、迷走する教会を、正典である旧約聖書と新約聖書に含まれ

る元来の神の法、そして初代キリスト教信徒団の生き方に導いてやらねばならない。

「私たちは、自分たちの間で時が終わりを迎える者なのである。なぜなら私たちは、聖職者の不正が氾濫し、民衆への愛が冷えてしまった悪の日々に生きているからである」[*58]

終末的状況の特徴は、キリスト的な生き方と反キリスト的な生き方の対立の先鋭化である。この反キリスト的生き方の矯正には、聖書に忠実な者による説教に効果が期待できる。最も有効であり、闘う教会のれっきとした唯一の武器である、神の言葉の福音伝道（Euangelization verbi Dei）（これはミクラーシュが伝えているように、マチェイ・ズ・ヤノヴァがすでに望んだことであった）は、支配的で裕福な聖職者の習慣に染まっていない、忠実な証人が行うべきである。従って、聖なる生を送る女性も説教が行え、行うべきである。また、異端者を世俗の秩序の番人の手に引き渡す者たちは、嘆かわしいことである。ヒルデガルト・フォン・ビンゲンも正しく予言したように、いかなる異端審問も、福音伝道の説教をただ傷つけるだけである。

もちろんミクラーシュは、終末論的な自分の考えに、教会の中に新しい神の秩序を築くという燃えたぎる情熱を持ちこんだ。

「ああ、神よ、あなたの聖なる教会の復興が見られますように。私の心は締めつけられるようだ。どのような声で私は呼びかければよいのでしょうか」[*59]

「おお、神よ、黙示の花嫁が裸にされ、彼女の体が苦難の炎（igne tribulationis）に焼かれる、あの祝福された時間に私が見出されるとあなたは思うだろうか。主の善意が見られますように。そして主が忠実な者の心にその善意を与え、忠実な者たちが主の気に召す行いをしますように」[*60]

ミクラーシュはしかし、終末論的な苦難が教皇の強大な地位に降りかかるのを目にすることはできなかった。革命が勃発する前に、保守的な大学教授陣の不興を被ってプラハから追い出され、マイセンにて迫害の犠牲になったからである。しかしもちろんミクラーシュは、自分の死を、キリスト教会の現状とこの世でのその終末的な闘いに対する自分の推測が正しかったことの裏付けとして、受け入れた。何といってもミクラーシュは、反キリストの時代を、浄化する炎の期間、人が考え出した煉獄の炎よりもはるかに現実的な炎の期間として特徴づけたのである。ヤン・フスの不正な審判と死とは、ミクラーシュにとって、「時の終わりには、かつてなかったほど反キリストに苦悩する時代になる」という文句[*61]が正しいことの証拠であった。

千年王国論的な逸脱とその影響からミクラーシュを守ったのは、キリストの復活に対する彼の神学の強調だった。この強調は、ある程度、ターボル派のキリスト論の直接的な前身であると言えた。ミクラーシュの概念ではむろん、最後の審判でさえ、キリストが主の右手の至上の地位から降りることを意味するのではなかった。

「審判の際にキリストの敵がキリストの足元で滅ぼされる時に、キリストが父の右手の座から降りてくると理解してはならない。そうではなく、キリストは永遠に父の右手に座するのである[*62]」

ミクラーシュは終末論主義者であるが、最後の審判の時にキリストが具体的に地上に降りてくるという考えには明らかに賛成しなかった。

プラハ新市街の説教師ヤン・ジェリフスキーは、フスおよびミクラーシュ・ズ・ドラージュジャンの遺産を明白に支持した。ミクラーシュのマイセンでの死についてジェリフスキーが記した記録

は、彼の死について残っている唯一の記録である。またジェリフスキーは、すでに一四一九年七月初めから、農村の人々の山への巡礼に熱烈に歓迎の意を示していた。彼らを生に呼び出した希望を我がこととして捉えた。この希望がプラハ全体を包みこむことを願い、そうなる下地をつくった。ジェリフスキーは、自身が最後の時代に説教していると強く確信していた。そして神の計画に、教会と社会の改革を書き足した。この世の形式と秩序が新しい形を手に入れ、世界の状況が改革されることを期待した。

「だからチェコ人よ、希望を持とう！ 晩には主がやってきて、遅れることなく安らぎを預言するからだ。今晩にも主が私たちに啓示をもたらしますように。私たちを反キリストとその手先に対する輝かしい軍馬のようにするために（ゼカリヤ書10章3節）、使徒に対するように私たちに安寧を預言するために、そして『力と大いなる栄光とをもって、人の子が天の雲に乗ってくるのを、人々は見るであろう』という言葉を実現させるために[*63]」

ジェリフスキーは、王の権利を持つ人の子がまずボヘミアに現れてから、公同の教会全域に現れる時が来るのを心待ちにしていた。まずボヘミア、というのは、ジェリフスキーが幾度も聴衆に繰り返したように、神の言葉の復活がヤン・フスの奉仕と証言によってボヘミアで起きたからである。ジェリフスキーの発想の源泉のひとりであるマチェイ・ズ・ヤノヴァも望んだような、真のキリスト教徒と偽りのキリスト教徒の最終的な区分けがまもなく起きるのである。反キリストの力はまもなくくじかれるだろう。まだ反キリストは、「聖書の研究により生じた」新しい生の果実を潰して血まみれにしようとしている。しかしジェリフスキーは、ヨハネの黙示録の一三九〇年のロラード

派の解説に見られるように、反キリストの早い破滅について、勝ち誇ったように確信していた。従って、プラハの会合も農村の山での集会も、守る必要があったのである。こうした集会で行われる説教も秘跡の食卓も、間近に迫り、また神が望んでいるために避けることのできない変化を予言する指摘であった。ボヘミアの百姓たちの間で起きていることは、次のように、黙示録的な意味があった。

「もしボヘミア王国が何かを身ごもっているとしたら、出産に向けて働きつつ叫ぶだろう、すでに多くの地方で、抑圧者に迫害され、苦しみのために産み落とすように導かれた村人が叫んでいるように」[*64]

七月二十二日のターボルでの大集会が評判になり、明らかにプラハにも興奮をもたらしていた中、一四一九年七月三十日日曜日、ジェリフスキーは雪の聖母教会にて、イエスが群衆に憐れみをかけた件（マルコによる福音書8章1－9節）について説教した。彼は言葉を行動に移さなければならないと説き、つい最近強制的に立ち退かされた聖シュチェパーン教会を目指し、市民を示威的な行進に導いた。市民の行列は教会の閉じた門の前で立ち止まった。しかし市民は扉をけやぶり、聖シュチェパーン教会を占拠し、教区司祭館を蹂躙した。ここから行列は、杯を受け入れたために捕らわれた人々の釈放を求めるために、新市街の市庁舎に向かった。彼らは拒絶され、市庁舎の窓から行列に向かって石が投げつけられた。激昂した人々は市庁舎に押し入ると、窓から市長、市参事会議員、さらに何人かを突き落とした。これは明らかな革命行為であり、ジェリフスキー側がプラハの実権を握ることになった。ジェリフスキー側は、一四二二年三月九日にジェリフスキーが捕らえら

れ、斬首されるまで、フス派革命が台頭した期間を通して支配を維持した。プラハの革命のきっかけとなったジェリフスキーの説教が、終末論的な動機と聖餐の動機を顕著に近づけたことは、意味のないことではない。ジェリフスキーの言葉にはいずれも、イエス・キリストが正義の最終的な勝利を約束するものとして大衆に用意した神饌（しんせん）を強調する傾向があった。一四一九年七月三十日の説教においても、ジェリフスキーは腹を満たす動機を、社会と秘跡という二つの非常に現実的な方向性によって説明した。ジェリフスキーは、これらの方向性を統一して捉えたので、聴衆の目には、晩餐の秘跡が自分の望みを具体化したものとして映った。ここから貧困層が熱狂したわけが容易に説明できる。こうした中で行列、特に聖体顕示台に投石することは、ジェリフスキーが説く、飢餓に苦しむ者へ向けたキリストの慈悲の神聖さを直に汚すことになった。そしてキリストの要求、そして貧困層の要求（なぜなら両者はこの時融合していたから）を守るために嵐が起き、市参事会議員たちが一掃され、プラハの新市街に革命が起きたのである。その革命イデオロギーでは、（急進化する革命の要求によってターボル派の神学者たちに近づきつつ）終末論が優先的な位置にあったが、ジェリフスキーは「決して地所を共用する千年王国論者の共同体をプラハに建設しようとはしなかった」[*65]。それでも、キリストがボヘミアの中心に国を築くことを千年王国論者と同じほど強く希望した。

千年王国論は、革命的活動をカタストロフィ的性質によって養い続けたが、闘いだけでなく神の法の下の新秩序における創造活動によって革命を守ることを役目とした人々にとって、これは永遠のイデオロギーの養分にはなり得なかった。千年王国論の勢いは、その名称本来の意味からしても、一時的なものにしかならなかった。キリストの再来時期を定めたところで、落胆して終わるしかな

かった。しかも千年王国論の希望は、聖書に明示されているあらゆる終末の算出に対する警告を軽視したため、改革の権威ある原則に背くことになった。千年王国の希望は、異端審問を行う教皇の教会に対して立証できる最も価値のある神の意志・神の法の認可を、改革および革命的な活動から取り上げてしまった。フス派の革命が真の改革としてとどまるためには、千年王国論から意識的に距離を置かなければならなかった。この距離は、フス派の教義の発展において、千年王国論者を排除することと同様に不可欠なこと、歴史家の見方によれば「革命運動のさらなる進展のために避けられないこと」であった。*66

ピカルディー派の転落とジェリフスキーの排除によって、フス派の思想の終末論離れが進んだと主張するのは正しいとは言えない。それを阻止したのは、ヤコウベク・ゼ・ストシーブラの神学の集中的な貢献だけでなく、さらに主にミクラーシュ・ス・ペルフジモヴァが唱えたターボル主流派への広範な反応、そしてミクラーシュ・ズ・ドラージュジャンとジェリフスキーの教義の長く続いた影響であった。

おそらくこの究極の環境から生まれたのが、成熟するフス派の聖書に基づく希望についての重要な証拠、『反キリストの解剖 *Anatomia Antichristi*』と、『反キリストについての説教 *Sermones de Antichristo*』であった。*67

この著者は、神学的思想を持つ医師であった。これは、著者の手による反キリストの体の詳細な絵、そしてその個々の手足の寓意として説明されている描写で説明がつく。この描写はあまり趣味がよくないのは確かだが、非常に具体的で効果があった。著者は多くの先達者と同様、反キリスト

はすでに来ている、と見る。そしてそれは社会現象であり、一部の人が主張するように、反キリストはダン族[*68]から出るのではない。反キリストは、生活および教えにおいてキリストに楯突く教会聖職者の中に探さなければならない。反キリストは、教会内、コルプス・クリスティアヌム（キリスト教共同体）内に、社会的な不均衡、不和、不秩序を組織する。つまり、一方によるもう一方の支配、少数の莫大な富裕層と、それに釣り合わない多数の貧困層を組織する。シミやしわのない美しく健康な教会について考える預言者たちは、事実上、教会という体の医師であった。預言者たちは今日まで教会の回復を呼びかけている。その時代の忠実な説教師による預言の使命は、源であり本来の預言者であるイエス・キリストを手本および基準としている。キリストはその回復させる意志と力を持って、医師を持たない者たちのもとへやってきた。そしてこれからもやってくる。従って今も、反キリストによって病的にずたずたにされ、ほぼ腐敗しきったキリスト教徒のもとを訪れている。しかし、致命的に見える教会の病状も、終末的な前兆なのである。従って信者を絶望の淵に追い込むことはできない。教会にキリストの聖霊がいる限り、キリスト教徒層をむしばむ病は、間接的に、医者としてのキリストの到来が迫っていることの知らせなのだということを、信者は知らなければならない。反キリストの王国は足早に去り、教会が主の手により改革されるために、選ばれし者がイエスの意志と尽力により四方の風から〔ヨハネの黙示録7章1〕集まるのである。

しかし、この明白であり、しかもさほど遠くない未来の目的の前に、まださらに信仰告白者にとって厳しい闘いが起きる、いや、すでに起きている。この闘いで多くの者が命を落とすだろう、キリストから与えられた証言のトーチを次々に手渡していきながら。忠実な信者にさまざまな形で襲

いかかる迫害は、私たちがすでに反キリストの時代に足を踏み入れたことを証明している。しかしながら、静まることのない、忠実な説教師の継承（successio praedicatorum）の声はその分、より不屈になり、神の愛により固められた兄弟愛によって、自然に成長する。キリストの証言によってひとつになった友人たちと兄弟たちは、ただ存在することによって、反キリストのレヴィヤタンを滅亡に導く。

「信者たちは兄弟として愛し合い、助け合ってサタンに立ち向かう時、サタンを踏みつける。そして教皇は、そのすばらしい裕福な信徒団とともに、キリストの法によって死ぬほど辱められる」[*69]

終末の出来事の各段階の時を、人は前もって定めることはできない。自分の苦悩の一時たりとも、思い通りに選ぶことはできない。歴史の変事も含めてすべてのことには自分の時があり、それは主がしっかりと司る。キリストの真理を信仰告白する者の苦しみ、プラハの旧市街の富裕層の体制によって痛めつけられた、ウィクリフの偉大な論争のボヘミアの擁護者たちの体、[*70]これらすべての苦悩は、神の計画においてボヘミアの教会の地位が無価値なわけではないことを示している。改革の行動はもはや先送りできない時点に来ている。そしてその改革は社会的な性質を持たなければならない。

フス派革命の遺産とカトリックとの和解

当初は守勢、後に攻撃にも転じたフス派の戦争の歳月（一四二〇〜三四）は、ターボル派が東ボヘ

ミアの連盟とともにボヘミアにおいて明らかに優勢を誇った時期であるが、この年月は、宗教改革の初期のプログラムが成熟し、安定した時期であった。十字軍の侵攻に対する武力抵抗の決意自体が、千年王国論に大いなる刺激を見出したことは否定できないが、ターボル派の戦士たちを熱に浮かされた千年王国論者と特徴づけるのは、特にピカルディー派の危機が排除された以降は、大げさであろう。フス派の軍事頭目ヤン・ジシュカを、「破滅の作品をつくり上げるために、革命の神秘的雰囲気の中、病的な幻覚の中」[*71]で育った人物として描写しようという試み、そして「ジシュカの使命の主眼は、千年王国論の果実」[*72]だとするテーゼは、もはや当時の証言自体によって破綻する。ジシュカが残した文書には、時の終わりにさしかかっていること、そしてキリストのこの世への再臨についての言及は何もない。ターボル派の戦士ジシュカはもちろん最初に言及した通り、集団主義的な表現路線の終末論を確信して生きたが、しかし彼の思想に千年王国論はなかった。彼の思想はむしろ、忠実で権力がなく、服を着ていない（武装していない）者を、不実な者、偽善者、権力者である支配者や服を着ている（武装した）反キリストの手先と厳密に区別すべきである七番目の時代が来る、というヤコウベクの説教に近かった。この終末的な区別なり分類のプロセスの中で、フス派の戦士は、神の意志を行う者の役割を担っているとジシュカは信じた。従ってフス派の前に立ちふさがる者は、神に刃向かう者と決めつけた。

「彼らは神の面前と我々の前で失敗した」[*73]

ターボル派の終末論的な自己評価は、その確信と決意にもかかわらず、まだ天を引き裂いて地にたぐり寄せることはなかった。彼らの自己評価には、魂とその創造主との最後のぶつかり合いにお

いて神が自由に振るまう余地があった。しかし、人の救済については、やはりこの地上の社会関係の中で決められた。ターボル派は、ヨーロッパの面前での闘いによって終末的な決意を現実化できると確信していた。彼らの争いを真剣に受け止めない者は、神を軽蔑する者である。ターボル派は神の真理に無限に従順になることによって、この終末論を現実化する要求を高めた。神の真理以外に、永遠に価値あるものはない。ジシュカは書いている。

「この世のすべては落ちるもので過ぎるものである。しかし主イエス・キリスト、全能の神の真理は永遠に残る」[*74]

自分たちは不実な者と忠実な者を区別する剣の持ち主である、いや、もっと率直に、この世への神の攻撃の武器であるという自覚を、ターボル派は主の晩餐の秘跡に参加することによって、一層強めた。秘跡の「方舟」が「神の戦士たち」を戦場に導いたことはすでに指摘したが、秘跡の方舟の前には、敗北側も導かれた。敗北側が神の言葉の復活によって改革された教会を破壊しようとして戦争を起こした時、誰に楯突いたのかを思い知らせるためである。つまりターボル派の概念による主の晩餐は、終末論的な意味を維持していた。主の晩餐は、集まった闘う教会に対し、自分たちが置かれた時代に栄光の再臨が起きるという彼らの期待を強めることで、主の復活を彼らの希望と約束の中で現実にした。従って、ターボル派にとって、秘跡におけるキリストの肉体的、空間的な臨在を教えることは、間違いであった。キリストが空間的、現実に肉体として戻ってくるのは、あらゆる目が彼を見るために、キリストが神の右手の座から降り、王として支配する時である。これは内容的に、後のカルヴァン派、有名なカルヴァン主義の解釈に遠くない概念である。

ターボル派の信仰の終末論的な方向性は、ターボル派の精神的な闘いに関する乏しい史料からも読み取れる。ターボル派がプラハの師たちと行った多くの神学論争では、必ずしも形式的にはそうでなくても、内容的には一貫してスコラ学的教義の伝統から解放されていることが明らかである。彼らにとって最高の神学の権威は聖書である。聖書を知る度合いが、神から教会への賜物である。いかなる公同の教会も神の預言を決定的に表現していると自負できることはない。もし今日聖書が教会に扉を開いたとしたら、明日はもっと大きく開くかもしれない、と神の恵みの可能性を考慮しなければならない。つまり、ターボル派は教会の権威的な原則自体を終末論的、動的に捉える。聖書から理解した最新の教義的真理に、そのために闘う覚悟があるほど従順かつ無条件に仕えるが、かといって教義的真理を人間の表現で絶対化するような早まったことはしない。そうした教義的真理の終末論的な限界を知っているからである。このようにターボル派は聖書の真理の教義的な叙述や認識を、終末論的に相対化し、武力による闘いの正当性を聖書に照らして進んで論じるほどだった。何といっても彼らは自分たちがそのために召命されていると感じていたのである。

そして、ターボル派の聖職者たちが、キリスト教徒全体の当時の状況の厳しい批判をする際に、また深く、驚くべき自己批判をする際に勇気を得たのも、やはり終末論からであった。自己批判的なもので注目に値するのは、ターボル派の神学者ミクラーシュ・ス・ペルフジモヴァの大著であり、それはフス派が集中的に研究に取り組んだ聖書の最後の書の解説であった。ミクラーシュの釈義は、ターボル派が教会全体の局面で闘う理由、コルプス・クリスティアヌムの回復に心を砕く理由、彼らの熱狂的な聖像破壊運動、道義的な決意、そして厳しさの理由、村人の社会的解放についての努

力の理由を挙げ、読者のエキュメニカルな視野を広げた。しかし同時にミクラーシュの論評は、自らの集団に対する容赦ない批判も含んでいた。千年王国論が爆発的に広まった時代の偏った終末論の誤りの告白、一部の戦士による快適さや略奪の欲求、兄弟愛の生活だけでなくもはや市民としての生活への尊敬も忘れた現実を警告する非難である。

驚くことに、教会史における類似の現象と異なり、終末論的な特徴と決意は、年月が経ってもターボルの神学者たちから消えなかった。終末論は、ターボルに定住する職人や市民の思考から排除されたとしても、運動の元来の衝動や、プログラムに忠実な説教師の静まることのない呼びかけに養われ、ターボル派の野戦軍にて最後まで存続し続けた。国際的な意味を得ることになったボヘミアのフス運動の多くの発言や声明のうち、せめて、プラハのフス派でイングランド人のピーター・ペイン[*75]がターボル派の名前の下に一四二九年四月にブラチスラヴァでジギスムント皇帝を相手に述べた特徴的な発言だけでも指摘しておこう。これはフス派のボヘミアが何を拠り所にしたのか、何のために生死をかけて闘ったのか、これらすべてを明快に含んでいた。ちょうど十年前にターボル派の設立につながった動的な動機が、この発言の中にいかに生き生きと息づいているかに驚く。さらにこの動機に付け加えられていたのは、神の戦士であるという勝者の自覚である。フス戦争は、「無敵の兵隊、プラハの戦士」がキリストの傍らで反キリストに立ち向かう闘いであった。すべてに勝利する真理の明るい光の下、現在の天地を揺るがす出来事は、ペインの目に、かつて山に集まった群衆の目にもそう映ったように、終末的な出来事のはっきりした輪郭を取りつつあるように見えた。私たちは最後の時代に生きている。聖書で裏付けられ、黙示の領域でかつて未来の前兆とし

て起きたことが、私たちの最後の時代の原型（in figura ultimi nostri seculi）となっている。従ってキリストに忠実な信仰告白者が、国際的な反キリスト的反応によって迫害され、困難な状況に追いやられていることは、不思議なことではない。最終的に王、諸侯、支配者、聖職者の力は駆逐されるだろう。彼らの支配は一時的なものにすぎない。ペインは、兄弟たちの殉教を終末論的な文脈に位置付け、それに社会史的な意味付けをした。この点でペインの見解は、思想的にコンスタンティヌス以前の時代のキリスト教擁護者に似ている。ペインはローマ皇帝に対し、最高の審判者の面前での責任を呼びかけた彼らと共通の勇気を持っていた。

ペインのブラチスラヴァでの発言は、フス派の連綿と続いた布教努力のひとつにすぎない。布教は特に、ジシュカの優れた後継者、僧侶のプロコプ・ベリキー[*76]（大プロコプ）が運動の先頭に立つと勢いづいた。大プロコプは、ボヘミアでの革命活動の最初から関与し、一四一九年から二〇年のプラハ四カ条[*77]に表現されたフス派の主張の普及に生涯を捧げた。プロコプの仕事は、神学的に、明らかに終末論的な方向性を持つ第一カ条の解釈に基づいていた。

よく知られているように、第一カ条は、「神の言がボヘミア王国全域にて、自由にかつ妨げられることなく、救世主が命令する通りに、宣べ伝えられ、説教されること」を求めた。「神の言はつながれてはいない」（テモテへの手紙二2章9節）からである。つまり、第一カ条は、説かれる神の言葉の力と使命への信仰、つまりボヘミアの環境でミリチの支持者を虜にした信仰を表現していた。しかし厳密に言うと、神の言葉が自由に、宣べ伝えられることを求める要求を、ボヘミア王国内に限ることはできなかった。新約の終末論的な視線では、最終的な出来事を想定し、説教はすべての

民族に区別なく向けられるものである。

「そしてこの御国の福音は、すべての民に対して証をするために、全世界に宣べ伝えられるであろう。そしてそれから最後が来るのである」（マタイによる福音書24章14節）

従って、ターボル派はプラハの第一カ条から「ボヘミア王国全域」と限定する言葉をしばしば排除したが、それはまさしく新約の終末論の路線を貫いていたのであった。彼らは、すべての地域ですべての人に説教する自由を求めていたのである。またこの目的で、自分たちの声明をほぼ世界中に送った。ターボル派は、福音の真理を他の民族や国々に広めることによって、ようやく世界中に新しい時代が到来する証明になる、と確信していた。

すでに一四二三年三月初旬には、ジャイルス・メルソーが、ボヘミアのフス派の名において、はるか遠方の都市トゥルネーで、聖書のあらゆる真理が自由に、妨げられることなく世界中に宣べ伝えられることを求めた。そこに反キリストを打ち破るための基本的な前提条件を見たのである。そして、信念のために命を落としたメルソーによると、これは、この闘いによってボヘミアに使徒教会の教団を再興したフス派の大いなる闘いに正当性を与えるものだった。一四三〇年五月には、神のイニシアチブによる非常に差し迫った瞬間に（nunc in novissimis temporibus）、全キリスト教徒の前で（coram omni populo christiano）プラハ声明が公表された。フス派の論争は、すべてを司る主自身の事柄であり、主は、大地のすみずみまで手中に収める。従って、屋根の上であれ、野原であれ、山であれ、村であれ、城であれ、町であれ、預言はなされるべきなのである。そして一四三一年十一月、バーゼルの市庁舎の扉に留められているのが発見されたターボル派の声明には、「キリスト

が支配し、反キリストは滅ぼされるだろう！」というスローガンが含まれていた。同様の声明は、ライプチヒ、エアフルト、ケルンなど西方のドイツの都市だけでなく、東方のクラコフ、南方のウィーン、ベネチア、ローマ、さらに遠くケンブリッジ、パリ、バルセロナ、ポルトガルにも伝えられた。一四三二年二月にドイツ諸都市会議がストラスブールに召集されたのは、フス派の戦争勝利に対する不安だけでなく、主に、フス派の説教の主張への農村の人々の熱狂ぶりに対する不安の表れだった。声明により顕著に広まったフス派の終末論に対する大きな反響は、一五一〇年にもまだイタリアで現れ、アルプスに近いパエザーナでワルドー派が封建領主に対して立ち上がった。

フス派の終末論的性質が布教の成果をもたらしたのは必然であった。従って封建主義が一般的な危機を迎えた時代に、この布教が特にドイツの農村の人々と町の貧民、つまりボヘミアの民衆と同じく権力に抑えつけられていた階層の共感を呼んだのは自然なことであった。大プロコプの意図は、「近辺諸国の搾取されている者たちを革命的な爆発に仕向け、彼らを共通の敵に向かわせ、支配階級内部の摩擦や矛盾を利用すること」[*78]だった。一四三〇年から三一年のフス派の声明が、それまでヨーロッパの広範な貧困層が口をつぐんだまま表現することのなかった、より人間らしい生活への憧れを代弁していたことは、疑う余地がない。キリスト教の希望は、正義についてのメッセージをフス派にもたらし、そして聖書によって証明される神の言葉は、人間の貧困を明らかにし、審判し、修正する言葉をフス派に提供した。神の言葉の力の下で改革する教会は、この世に希望を抱く。

バーゼル公会議におけるフス派神学者たちのプラハ四カ条についての有名な交渉では、ボヘミア側の終末論的なモチーフはやや抑えられていた。しかしターボル派の神学者ミクラーシュ・ス・ペ

ルフジモヴァは、教会や社会の公的な罪を告発する要求は、新しい生活形式への聖書の希望、特に未来の事柄への憧れと預言の人物である預言者ダニエルの希望と一致した形で見られなければならないことを隠さなかった。カトリック側のジャイルズ・シャルリエは、黙示録の淫婦とはおそらくローマ教皇庁であるというミクラーシュの指摘に抗議しなければならないと考えた。ジシュカの「孤児」〔ジシュカ死後、ジシュカを慕うフス派の兵士たちは自らを孤児と称した〕たちの代表オルドジフ・ゼ・ズノイマは、一四三三年一月二十三日と二十四日に神の言葉の自由というフス派の基本を弁明し、そして神の言葉とその説教の側に立ち、中世の教会の説教の堕落は、聖職者全般が神学的思想の終末論的な側面を失ったことによる、と指摘した。フス派は自分たちが訴え弁明する真実や奇跡を証明していないというバーゼル公会議の反論に対し、オルドジフ師はこう答えた。信者は奇跡に対して慎重でなければならない。キリストの預言によると、この世の終わりにはキリストの弟子ではなく反キリストの弟子たちが奇跡を自慢する。主が栄光に包まれて再臨する前は、教会は説教以外に、より切迫した義務や使命を見極める特徴を持つべきではないし、欲してはならない。ヤン・ロキツァナ[*79]と大プロコプも、バーゼル公会議における別れ際の最後の発言で同じ姿勢を示した。オルドジフ師はさらに、カトリック世界の選ばれた代表とその宗教裁判官を前にして、ワルドー派および彼らの民衆的な説教の実践を弁護しようとさえした。

異端者に対して約束を守る必要はないというよこしまな基本を信じていたバーゼル公会議は、外交的な狡猾さと巧妙さによって、フス派の体制に不和と分裂をもたらした。その結果のひとつが、一四三四年五月三十日のリパニの戦いであった。この戦いで大プロコプも命を落とした。こうして、

あらゆる不正の審判者、罪の改革者である主人に向かって歩むのが教会であるという確信に基づいて信仰告白と活動が一体化した側が、根本的、そう、決定的に弱体化した。

ターボルの急進主義は、古い世界と別の方向に進んだ。伝統と一般に認められてきた教会権利によって、何百年も認可および聖別されてきた社会構造に教会を結びつけてきた絆を、主の再臨への希望によって勢いよく断ち切った。ゆえにカトリックだけでなく、フス派の保守的な周辺が、終末論に憎しみを抱いたのは不思議ではない。すでに一四三四年の一月には、ヤン・ス・プシーブラムニェ[*80]、プロコプ・ス・プルズニェら保守的なフス派右派の指導者たちが、公会議、さらに教皇庁に恭順を示した。彼らをフス派としてとどまらせた唯一の特徴は、引き続き、杯を支持したことであった。けれども同時に彼らは主の晩餐全体を、いかなる終末論の文脈からも切り離した。プシーブラム師〔ヤン・ス・プシーブラムニェのこと〕は、フス派の信念をまさにひっくり返し、自著『反キリストの最後の日々に龍に苦しむことになる、偉大な聖なる教会および忠実な魂の悲しみについての書』において、ターボル派の改革者たちの台頭の中に、黙示的な大災害、「最も野蛮な民」を見出した。このボヘミアの論文には、十五世紀のボヘミアにおいて何度も考えられ体験されてきた、あらゆる終末論的思考の集約を見出すことができる。しかし、このプシーブラム師が、いかにそれらの思考を、励ましにならない、悲しい絵図に仕上げたことか、驚くことだろう。明らかに彼の終末論の橋脚は、不実な教会において教会に勝利する、キリストの勝利の真理への喜ばしい信仰ではなかった。彼は終末論の絵図の中に、自分の個人的な痛みを和らげるものを探し、また、自分を王国の首都から追い出しつつ個人的に傷つけた人や、自らの抵抗によって社会を不穏にし、根底から揺

るがした人全員に対する訴えや不平の道具を探し求めた。彼もマチェイ・ズ・ヤノヴァのように、反キリスト的な偽善の性質について語ったが、しかしその偽善者の非難を、聖書と福音の名において伝統の権威から解放され、コンスタンティヌス的な教会と国家の癒着から離れた奉仕を目指す、貧者の教会を求める人々の顔に浴びせかけた。彼にとっても黙示録の淫婦は、悪辣で異端的な聖職者層であったが、そうした聖職者の悪さと異端を、れっきとした自分たちの制度の指導者たちの不従順の中に見出した。

「この女を通して、神からの精神的な力を持つ、真の、ローマ教会の神に忠実な教会が理解されるべきと言っているのではない」

従って、彼にとって反キリスト的な悪党とは、ターボル派、「最後の民」であった。また彼は、キリスト教的な愛に燃えるエリヤの魂の人々についても語ったが、彼らを古い秩序の支持者、中世のコルプス・クリスティアヌムの支持者の中に探し求めた。この世、そして苦しい、彷徨う(さまよう)人間に対する肯定的な希望を、プシーブラム師は聖書の終末論的なメッセージから読み取らなかった。彼は魂に関する心配事と、「忠実な魂がこの世の異なる人々に苦しむ迫害」の大きさの中での慰めの必要性に関心を持っていた。[*81]

プシーブラム師は、一四四八年に亡くなった時、ほぼローマ・カトリック教会に忠実な息子として生涯を終えた。しかし、選出されたフス派の大司教ヤン・ロキツァナの務めおよび思想においてさえ、主の再臨への期待は最優先のモチーフではなかった。この偉大な外交官かつ政治家は、非常に旗色の悪い状況において、両種陪餐派、つまり要求を穏健にした教会が、せめてフス派改革の最

低限の成果を残せるように、あらゆる手を尽くした。ロキツァナは、バーゼル公会議の和約がフス派とローマ教会の相互義務によって形式的に保証されたと主張し、この締結（一四三六）のために、少なからず個人的な犠牲、さらに教会の犠牲を払った。守勢側の神学者として、たとえばプシーブラム師が招いたような反動の勝利は避けようとしたが、そのために改革派の基本と要求を多分に譲歩しなければならなかった。一四四四年にターボル派の急進主義が沈黙すると、両種陪餐派とローマ教皇間の和解が成立した。

ロキツァナの説教にはフスの遺産がまとめられていたが、神学的および信仰告白的インパクトは明らかに失われていた。それでも、ロキツァナの活動がフス派教会の代表として単なる外交を超えた信仰活動となった場合は、まだ元来の終末論的な調べが響いていた。従って、ロキツァナがボヘミアの使節として一四三三年四月十三日にバーゼル公会議の神父と別れた時、すでに指摘したように、彼は教会が時の終わり、崩壊と転換の中に陥ったと述べて、それまでのふるまい全体の結果の重要性を強調した。ゆえに真理と嘘を区別することは、教会にとって先延ばしできない義務なのである。ロキツァナは、国内で発言する際でさえ、この信念を絶えず繰り返した。キリストの復活の信仰（ロキツァナにとって「他のあらゆる条項の要石」である条項）と主の聖餐の利益を結びつける時に、ロキツァナが擁護したのはフスの遺産であった。かつてのヤコウベク・ゼ・ストシーブラと同様、最後の審判が時系列的に算出不能であることを強く主張し、そしてこのかつての「フスの福音における助手」のように、死の瞬間に人間を襲う、抗うことのできない、先延ばしもできない最後の審判の個人的な面を好んで前面に打ち出した。勝利するのは、個々の魂の救済についての心配である。

亡くなった善人の魂は天に行き、罪を犯した者の魂は煉獄に行くと言う。ロキツァナは、ターボル派、プラハの急進派と違って、煉獄の存在を認めた。プラハの急進派は、相変わらずジェリフスキーの成果の思い出とともに生き、少なくとも一四三四年までは、ヤクプ・ヴルクを指導者として見出した。ロキツァナが無批判に中世の終末思想の伝統的遺産を丸ごと受け入れ、ある程度ターボル派が成功したように、それらの遺産をひとつの燃える焦点に統一することを達成しなかったのは、明らかである。ロキツァナの神学も、改革を求める衝動から発したにもかかわらず、自分の教会とそのいくつかの独特な特徴（カリフ〔聖杯の意〕）の維持の奉仕に熱を入れすぎた結果、終末論的な開放的な視点を失い、臆病なものと化したのである。

兄弟団とその精神的指導者ペトル・ヘルチツキー

兄弟団の信仰告白者の遺産においては、本来のフス派運動においてよりも、独立した教義型は限定的である。もしフス派運動、特にターボル派運動が、聖書の公式の権威ある原理によって、神の言葉により再生された教会の側に属するならば、兄弟団も、その内容的な原理によって改革派である。兄弟団は、歴史的視点からすると、権力と地位を失ったフス派革命の残響である。教義史的視点からすると、ターボル派の主張を神学的に急進化させたものである。もちろん、それは先にペトル・ヘルチツキー[*82]の脱世界的、脱世俗的な抗議によって示されたものであるが。兄弟団において、信仰告白の宣言を望むのは、キリストの教会であり、キリストの教会のみである。兄弟団の終末論

は、歴史上の教会へのキリスト論の適用になることを望んだ。この目的のほか、兄弟たちには、例外的、一時的に、少数派の成員による、別の付随する目的があった。兄弟団が行きついたターボル派運動の神学的急進化によって、私たちはまさに、その時代の教会の、特にキリスト教的な使命に対する集中的奉仕について理解することができる。

南ボヘミアの孤高の思想家ペトル・ヘルチツキーは、兄弟団が独立した教会として成立する誘因を与えたわけではないが、兄弟団の第一世代にとって、行き先を照らす光となった。彼自身、ある程度、思想的に独立した陣営（ターボル）であり、ターボル派のように急進的であったが、信仰の面でも、社会管理の面でも、暴力を完全否定し、愛の律法への従順を徹底して貫いた。ヘルチツキーは、聖書に証明されている聖なる主の厳しい要求によって、また神の律法を信仰する使命への大きな終末論的希望によって、自分は現在の教会と社会を大胆に批判するよう呼びかけられている、と感じている点でも、ターボル派であり続けた。

「この事柄は、何千もの世界を、ひとつのまとまり、ひとつの心、ひとつの魂にすることができるだろう。この世界を彷徨う人類にとって、これに勝る管理はない」

これは一四四〇年代に執筆された彼の大作『真の信仰の網』の論点である。

千年王国論が急激に隆盛し、十字軍とフス派の間で最初の武力衝突が起きた頃、すでにヘルチツキーは精神的な闘いに向けて、静かだが毅然としたアピールを書いていた。フス派のひとりとして、ヘルチツキーも自分の道徳的な決断が最後の時に起きているということを疑わなかった。しかし、基本的には反キリスト主義をフス派運動全体と同じ見方で捉えたものの、フス派が伝統的にキリス

ト教の名で呼んできたものすべてを、さらに決然と、また理論として一層踏み込んで検討した。この世の王は、教会の道を誤らせるために反キリストの想像を利用することもある。肉体的な闘いと殺害をもたらしたピカルディー派の終末論的な思想自体、ヘルチツキーによれば、キリスト教の精神的な闘いを血なまぐさい権力抗争に変えた、許されざることであった。悪魔は人間狩りに思想の時代というカテゴリーも利用する。ゆえに終末論自体は、キリスト教徒の信条と行動が常に聖霊に従っていられることを保証するものではない。

「同様に、（悪魔は）時代を利用する……これらすべては、悪魔の衣服なのである。それぞれの時代にさまざまな狡賢さを身にまとうための」[*83]

千年王国論者たちは、終末論的な出来事を勝手に現在という時代に当てはめることによって、神の至上の自由と神の計画の不可侵性を軽んじた。旧約、そして預言の衣服をまとって千年王国論者に近づいたのは、サタンであった。このため、千年王国論者はキリストの王国からすべての憤りを取り去って自分たちで世界を審判するために、急いで審判の日を実現し、自分たちが天使であると宣言することに決めた。こうして多くの殺害が引き起こされた。しかし、千年王国論者による終末の年代の試算は現実の出来事の経過によって裏付けられなかったため、彼らの展望は幻想であることが判明した。

「人々を恐怖に陥れた彼らの時代は去った」[*84]

従ってヘルチツキーにとって、千年王国論とは、健全な聖書の終末論からの危険かつまさに悪魔的な逸脱であった。聖書全体の預言をかんがみてよく考えた解釈が必要となる、聖書のこうした比

喩的な部分をヘルチッキーは忠実に解釈して、このように結論づけた。

ヘルチッキーはもちろん、千年王国論とともに終末論全体を否定したわけではない。キリストの愛の律法によって待ち望まれる終末論的な最後とは、習慣化したすべての法、発明、思想、またすべての人間の罪深い願望を含む、この世と人間のほんとうの終わりのことである。この世と、その内在する希望に、審判が下されるのである。この世の経過の中に人間が究極の支えと安心を探し求める限り、悪の日、悪の年としてレッテルを貼られる。人間を何かの中に安住させることを目的にする、神の対立者、悪魔の幻惑的な仕業に、無意識にせよ意識的にせよ屈する限り、悪の日は常に存在する。キリスト教的希望は逆に、内在的な前提を計算に入れない。キリスト教的希望は、この世の歴史的状況の中に当てはめられながらも、歴史的状況に依存しないものである。キリスト教的希望の前提は、磔にされたキリストにおいて実現した、神の唯一の特別な御業への信仰である。

「この希望とは……まず生きた信仰を持って待つべき、将来の永遠の事柄である」[*85]

これは生命を失うことの恐怖から解き放つことによって、生に意義を与えるものである。信者をより永い忍耐、世界からの解放、世界の万物への軽蔑に導くものである。この世界、秩序、伝統的な社会構造から解放するために、自分および神の目的を定めるために、この希望は、能動的に決断し、大転換的な結果に対処するための源なのである。「真の最後を待たなければ、人間のあらゆる努力が弱まる」[*86]、神によって定められ、神によって示され、キリストの希望が向かう目標、真の最後は、あらゆる副次的な目的を制圧する。教会がその存在の自己保存にこだわると、必ずその教会の不実さ、信仰心の薄さを明らかにする。コンスタンティヌス以前の教会の終末論は、教会を忠実、

永続性、そして苦しみに向ける刺激であったため、教会は勝利の殉難に浸っていた。しかしもはやこの希望は失われ、最悪の時、嵐の時、呼び声を上げて泣くのにふさわしい時、大きな落胆の時が実際に来てしまった。最後の時代を生きる私たちは、家が焼失して瓦解し、がれきの山となった焼け野原にいるようなものである。すべてががれきになり、草木が生い茂って林になり、動物たちが草を食む。最後の教会、ヘルチッキーの時代の教会は、賢く慎重に立ち回ろうとして、契約を結んで愛顧を得、あるいは率直に兵力に頼り、あらゆる方面に安泰を図ろうとする。それに比べ、初代教会はキリストに熱狂し、悲しみに暮れていたのであるが。

使徒の希望に立ち戻ること、キリストによって約束され、保証された、よきことを期待することが必要である。それはコンスタンティヌス後の時代の、快適さを味わい、道徳的に鈍感になった人間が期待して見つめるものとは、まったく性質の違うものである。ヘルチッキーによれば、キリスト教の希望は、この世のためにあるのではなく、この世が、キリスト教の希望の目的であるキリストのために存在、存続するのである。これはパラドックスであるが、ヘルチッキーにとってはそれほど驚くことでなく、彼はこれをきびきびと雄弁に訴え、強調する。少数派、一握りの忠実な者たちだけが、この希望、誹謗、無理解、狭き苦しみの道を通って、自分の主を追うことができる。これは、キリストの肉体としての教会の道なのである。

「イエスは今、非常に貧しく、大群衆を持たない」[*87]

このキリストの救済活動の狭き終末論の路線からはじめて、信者の地平線は宇宙的な幅に広がってゆくのである。世界の変化、世界の秩序と諸関係の大転換、ヘルチッキーがその必要性を痛感し、

そのために骨を折ろうとしていた変化の基盤と出発点は、イエス・キリストの苦難の死という最強の勝利以外にない。この十字架の下にこそ、キリスト教徒にとって、救済の本質に属するものすべてを含む、キリストの王たる職務が現れる。

「人間が自分の救済について考える場合、イエスの支配について考えるべきである。というのも、イエスの王国または支配下にいる者に、神の救済は及ぶからである」[*88]

キリストの支配は、完全にそれが現れる将来の世界にも、この世の世界にも及ぶというのは、王としてのキリストの性質である。今のところイエスの支配が隠れているということには、もちろん信仰がより自由になり準備が整うという条件を伴うにせよ、現状を全般的に大きく改善するという潜在的な可能性がある。

「しかしキリストの支配は、強力で完璧なので、全世界が彼を王として欲すれば、安寧が訪れ、あらゆる彼らの出来事はうまくいくだろう」[*89]

このように、全般的には終末思想の普遍的路線に与しながらも、ヘルチツキーは、キリスト教の希望の意義を、神の救済業の時間的、時系列的な局面で捉えることには否定的であった。聖書の終末論的な文言は、ヘルチツキーにとってはむしろ、世界（この際、世界とは教会である）の永続的な危機、キリストの王国の完全さへの忠実かつ従順な依存によってのみ解決する状況を預言するものだった。経済的秩序の保証であれ、文化的秩序の保証であれ、外的な存在の保証すべてを投げ出して、王イエスに仕える教会は、聖書に適う希望によって生きることができる。こうした教会は、全世界の罪のために苦しんだキリストとともに自分も苦しむことを知らなければならない。しかし私

たちの兄弟、キリストの苦しみは、勝利の苦しみなのである。イエス・キリストは、その苦しみのために、世界の審判者であり、また世界の希望でもある。大転換するような希望である。というのもイエスは、人々の間で受け入れられてきた秩序の保証人ではない。期待を込めてイエスを見つめるということは、慣れ親しんだ教会および社会の秩序から離れることを意味する。ヘルチツキーは、今日まで読者を驚嘆させ続けている勇気でもって、封建的な社会構造全体と、その論理的な理由づけを全否定した。伝統的な三種の民〔聖職者、貴族、商人および農民〕への彼の攻撃は、ここに由来する。一貫して批判する勇気は、キリストが世界の主であり、世界を満足させる唯一の立法者であるという信仰からきている。キリストの再臨に直面する世界は、そのままの世界として留まってはいられない。一貫した悔い改めによって変わらなければならない。

兄弟団は改革派教会として、一四五七年以降、ひとつは分離によって、ひとつは集中によって成立した。彼らは、ヤン・ロキツァナの指導の下、いわゆる司祭職の使徒継承の特権を要求するローマとのつながりを未だ完全に断ち切っていなかったボヘミアの大半の両種陪餐の教会から独立した。しかし、初期の兄弟団の分離のプロセスは、特にキリスト的、聖書的な意味でのフス派革命運動の教会的な動機への目的意識によって条件づけられていた。兄弟団にとって大切なのは、フス論争の元来の誘因に立ち戻ることによる、両種陪餐教会の急進化であった。

暴力による道、また当初は公的権力とのいかなる協力をも拒みつつ、兄弟団は、神の再生の業を、一握りの特殊な人に、ただ神の言葉と聖霊に熱狂する無防備な最後の日々の教会に、終末論的な遺産に意識的に絞った。この意識は、兄弟団の創立者のひとり、ジェホシュ*90の著作に強く貫かれ、ま

た兄弟団の仲間の著作にも通じていた。終末論の動機は兄弟団の誕生時に、初期のボヘミアの改革運動と似たような力と影響を立証した。しかし今回は、はるかに大きな聖書の規律、深い思索を伴い、外的には目立たずに表現された。一四六八年、兄弟団はロキツァナに宛てた書簡の中で、自分たちの共同体をつくることによって、信仰、愛、希望の道を歩めと命じる神の意志に従う、という明白な信念を示した。神自身が彼らの中に、自らの聖霊の新しさにおいて、自身の教会を再建する……彼らが最後の時代に……ひとつの心とひとつの魂になり、狭き道にてわが主イエス・キリストを追いかけるように。兄弟団は、自分たちが少人数であることの中に、神の約束の裏付けと、正しい信仰告白の印を背負っているという確信を見出した。すでにヘルチツキーにとって、教会の少数性は必須の条件であり、忠実さを示す印であった。そして兄弟団も、「聖書が最後の時について示しているように、少数で、貧困の中で」この世を歩くことを決意した。

兄弟団の歴史について扱っている文献は多岐にわたるが、兄弟団の存在全体のこの終末論的な出発点についてはほとんど論じられてこなかった。兄弟団の第一世代についての文献を保管し発行したヤロスラフ・ビドロの次の注釈は、不当にも光を当てられずにきた。

「兄弟団が自分自身の教会秩序を定める方向に動いた主な原因のひとつは、世界の終わりは近い、そして自分たちは道徳的腐敗の中で、近い将来の世界の終わりまで、再建された正しい教会が維持される輪をつくり上げることを召命され、義務を負っているのだという彼らの強い信念である」*91

もちろん、この兄弟団の終末論的な意識を、ビドロとともにいきなり千年王国論と名付けるのは大げさである。今現在世界の終わりに生きている、また神が真実の認識によって最後の時に自分た

ちを訪ねてきた、また信仰の下にバビロンから果敢に出発するよう神に呼びかけられた、という兄弟団の確信は、決して千年王国的な痙攣からくるのではなく、また辛抱できずに行った最後の時の詐欺的な計算からくるのでもない。兄弟団は、教会に降りかかっている終末論的な不安の徴を、自身の時代に注意深く見抜き、そうした徴によって決断するように呼びかけられていると感じていたが、同時に「いつの時代にもそうした不安の徴はあった」ことも知っている。真のキリストの教会は、時間の中に存在する間、絶えず終末論的状況にある。教会の忠実さは、まさに、どの程度この自分の特異な立場を自覚しているか、そのことを絶えず頭に入れているかによって測ることができる。教会は、この世の生の要素あれこれに、親身でなく心配するような形で世界へ奉仕すべきではない。そうではなく、自分の時代に自分のいる場所で、ほんとうに新約の教会になる勇気があるならば、世界に計り知れない奉仕をすることになる。こうした勇気は、偶像崇拝から、また見かけだけの不変性、つまり世俗機関だけでなく教会機関の神性に対する恐怖から解放されると、得ることができる。終末論的な視線は、すべての機関を完全に相対化する。もし、忠実な者の教会が何かの機関やその擁護者によって苦しめられ、そう、迫害されているとしても、自分の希望のために妥協を選ぶことはできない。苦しみから逃れようとすれば、自分の希望を裏切るだけでなく、この世に対する責任も投げ出すことになる。兄弟団が決意した世界からの分離は、従って世界からのプログラム的な逃避ではなく（彼らの第一世代でさえ逃避ではなかった）、神およびその審判を前にした状況の中で世界に自己認識させるための、世界への奉仕ゆえであった。肯定的な希望の光の中で、兄弟団は救済の危機を体験していた。この危機は、キリスト教会と同一視できなかった社会から兄弟団

を強制的に引き離した。またこの危機は、より長い時間的発展の中で、兄弟団を結束させるものとなった。社会の上層や支配階級におけるキリスト論の教義の普遍的路線への反響は基本的により小さいものだったので、もちろん兄弟団においても、自分たちの生活が貴族に影響を受けた時代にはその反響は弱まった。もちろん兄弟団は、決して自分たちの共同体の大衆性に気を配ることをやめることはなかった。兄弟団は十五世紀半ばから十七世紀半ばまでの存在した全時代を通して、全体的に信仰告白者の狭い道に忠実であり続け、カトリックの支配者の暴力的な迫害やウトラキスト（両種陪餐派）からの不興に怖気（おじけ）ることなく、外交的に譲歩すれば確保されたであろう安泰への願望に取りつかれることもなかった（兄弟団の支配者たちは、この道を取ろうとしたこともあったけれども）が、私たちは、彼らのキリスト論的な告白が、常に教会の終末論的状況を思い出させたという事実を付け加えなければならない。

第二世代の神学者ルカーシュ・プラシュスキー

ここまで見てきたように、フス革命運動の神学で支配的なのは、反キリストの観念と、反キリストとの闘いであった。終末論の実証主義的な局面は、聖餐として理解される主の晩餐に動的に集中された。しかし兄弟団においては、黙示録の絵によって表現される終末論の暗い面に、神の麗しい意志が遅れることなく人間的に徐々に満たされるという喜ばしい希望によって、強く光が当てられた。神の救済計画では、神の言葉によって再建される教会は、最も肯定的な使命を持つ。こうした

教会の期待となるのは、兄弟団がその少数性において、従順に、逃げ回らずに、キリストの苦しみの道を歩むならば、兄弟団自身である。フス派がその信心において主の晩餐の際に体験したことを、兄弟団は、キリストの体の一部としての教団の中で、信徒団として、共同体として体験する。聖餐とは、兄弟団の教会の機能においては、主に教会論を教会生活へ適用することである。このように、終末論的な事実を現在に浸透させ、確認する。

兄弟団による反キリストの見解も、フス派の思想を成長させたものであり、またペトル・ヘルチツキーが発展させた方向においてであった。しかしこの見解は再び、もっぱら信徒団としての生活と行動、キリスト教研究的な自己認識、自己理解に捧げられた。フス派運動が強調した反キリストの性質のうち、特に一四六〇年代に経験した初めての迫害の後に突出していたのは、偽りのキリスト教の奉仕に使われる暴力であった。このため、彼らはためらいなく反キリストの影響の痕をローマ教皇とその聖職者たち、いわゆる教会の頭の周辺に探し求めたが、さらにロキツァナとウトラキストをも、やや戸惑いを覚えつつもキリストに刃向かう側に数え入れる。しかしこのキリストの真理の敵を、直接反キリストと同一視することはせず、むしろ彼らの中に、運命的な迷いから救い出してやるべき、反キリストに騙された犠牲を見出す。キリストの民に反発する者は、聖霊の業に抵抗し、神の怒りを買う。土地の支配者や権力者自身がそのように振るまえば、この世のよい土地も、臣下の土地も、脅かされる。

「しかし私たちは、あなたがたが真理に場所を与えようとしないので、ボヘミア王国のこの土地が打撃を被らないか、不安である。主よ、恵みにより悪を止めよ」[*92]

兄弟団の第二世代の神学者、ルカーシュ・プラシュスキー[*93]は、最初の世代の兄弟たちのこの問題に対する視点を意識的に分析してより厳密にし、反キリストから神話的な特徴を恒久的に取り除いた。ルカーシュにとって反キリストとは人格、人物ではなく、キリスト教共同体の転覆した状態、秩序であり、教会内部の誘惑であり、危険であった。反キリストをトルコ人やユダヤ人の中に探すことを明確に否定した。ルカーシュの考えでは、反キリストとは、キリスト教徒の懐におけるキリストの真理に対する反乱であり、特に教会のものとして発表された、仮面の下に狡猾に隠された理論および実践である。従って非常に狡猾であり最も危険である。なぜなら、福音のメッセージの空洞化、福音の切迫性の否定を目指す、形式的に宗教的な試みだからである。

「そしてこの現在の危機にあるのは、最も厄介で、最も大きな誘惑である。真理に似ているので、避けるのは容易でないからである[*94]」

このように、兄弟団の反キリストの捉え方は、中世によく見られる反キリストを人物の不道徳として捉える見解とは異なっていた。もちろん、反キリストを非人格化し、反キリストの想像を神学的な概念や範疇へ移行することによって、兄弟ルカーシュは、反キリストに対する警告の時代的な要素を若干弱めた。弱めたが、沈黙したのではない。ルカーシュによっても、当時のキリスト教徒の反キリストの特徴、特にそのルネサンス期にすでに信仰から離れ去る人がいることは、テモテへの手紙一4章1節の観点に照らして、反キリストが兄弟たちとともに終わりの時代に存在していることを証明している。

兄弟団は以降の世代の証言と生活においても、繰り返し、反キリストの捉え方について言及する。

ヨーロッパの宗教改革の影響の下、兄弟団はその刃をより決定的に一方向、反教皇に向ける。しかし、兄弟団による反キリストの基本的な定義は、十六世紀後半になっても、「キリストの名においてその麗しい配偶者、聖なる教会の服をまとった世界以外の何者でもない」ということであり続けた。初期の兄弟団の遺産には、人文主義的な学識を積んだ兄弟ヤン・ブラホスラフも忠実であり続け[*95]、彼は折に触れて、聖パウロが書いているように、反キリストを教会の頂点に居座る罪の人間、呪われた息子と特徴づけ、兄弟団の伝統に沿って、反キリストに激しい暴力性を見出した。反キリストの作用は、それによって、苦しんでいるのが誰で、苦しめているのが誰なのかが明らかになるので、間接的にキリスト教徒と教会を次の点で助けることになった。キリスト教徒たちが自分の召命に忠実であり続けるうえで。また、キリストが苦しんでから支配しなければならなかったように、他人からの敵意に耐えるうえで。兄弟たちが反キリストの思想の解釈に向けた注意は、彼らの信仰告白にも反映されている。そこで、聖なる教会についての解釈と特徴的な関係にある、一五七三年の「信仰からの計算」第八条から引用しよう[*96]。

「反キリスト、あの恥知らずは、神の聖堂、つまり聖なる教会に居座っている。預言者たち、主キリスト、そして彼の使徒たちは、反キリストについて預言し、反キリストについて警告する。忠実な者たちが反キリストのことを警戒し、反キリストに誘惑されないようにするために。その際、反キリストの二つの悪意について教え込む。この、主キリストと聖書の意義と意図に反する、意義または偽りの教義のひとつ目の悪意について、使徒はこう語っている。『人々が健全な教に耐えられなくなり、耳ざわりのよい話をしてもらおうとして、自分勝手な好みに任せて教師たちを寄せ集

め、そして、真理からは耳を背けて、作り話の方に逸れていく時が来るであろう』（テモテへの手紙二4章3－4節）。悪の生の二つ目の悪意は、教会内に明らかに、しかも自由に、規律なく、存在する恥ずべき罪とさまざまな不正の集まりである……」

反キリストについての兄弟団の見解について述べてきたが、兄弟団の敬虔さにとっての反キリストの見解の意義を過大評価しないよう警告しなければならない。兄弟団にとって反キリストの想像の役回りは暗い背景としてであり、忠実な教会の終末論的な課題をその前により目立たせるためのものである。つまり、不実な教会から離れて真の教会に与するためのものである。従ってある意味、最後の日々は、最初の日々に似るはずである。神の命令は、新しいイスラエルを生に呼び出す。兄弟団が決意した世間との決別による教会の再建は、彼らの意志によるものではない。神が選んだ業である。従って、いくら神学的に預言されたものであっても個々人の結果ではありえない。人の側からすると、終末論的に教会の行為なのである。兄弟団は、「世界中に手足を拡散させた初代教会に[*97]」目を向けて、近づこうとする。上述したように、彼らは教皇主義とウトラキスムから離れたが、それによってキリストの体を細かく宗派に分ける傾向を強めたわけではなかった。離れたのは、公同の教会とそのエキュメニカルな相互性に対する全面的な責任を感じたからである。兄弟団の救済思想、大衆のための教会についての思想は、初めから集団主義的であり、本質的にエキュメニカルであった。離れた後も、兄弟団は教会の外にいるわけではなかった。その逆で、彼らは使徒教会の属性と教団に戻ったのである。他のキリスト教徒にとっても、これより他の道はありえない。つまり他の教団もキリストの公同の教会に向かわなければならない。兄弟団は、自分たちの教団の設立

を、教会と世界が救済されるための、終末論的な徴として自ら評価した。

このため、自分たちの狭い範囲の出来事以外にも、忠実な教会の終末論的な動きが認められるものに心を開き、丹念に注意を向けた。すでに十五世紀末以前に、兄弟団はもはや止められない教会改革の予兆の徴を観察していた。このため、一四八〇年にはブランデンブルク州で迫害されていたワルドー派を受け入れ、その十年後には、東方のコンスタンチノープル、モスクワ、そしてエルサレムを越えてエジプトにまで足を延ばし、さらに兄弟ルカーシュは、一四九八年、フィレンツェでサヴォナローラの処刑を目撃した。そしてこの恐ろしい出来事について兄弟たちに語り、彼らとともにこれを「すでに始まっており、これから起きるであろう」[*98]変化の台頭であると評した。また、ルター、その後のカルヴァンのヨーロッパにおける改革も、兄弟団にとっては実際には驚くことではなかった。一五一〇年にすでに兄弟ルカーシュは、著書『聖なる教会の再建について』の中で、公同の教会の改革はすぐそこに来ている、と確信をもって指摘している。兄弟団と、ルター、ヘス、ブツァー、メランヒトン、カルヴァン、ベーズといった宗教改革者との個人的または文通による交流は、兄弟団の神学のまさに核心かつ必須の動機から生じていた。兄弟団独自のエキュメニズムの前提は、ヒッポレギウスの司教の著作に感化されたルカーシュがつくり上げた教会史神学と結びついている。兄弟団の思想枠においてルカーシュの視線は古典とされ、兄弟団の最後の長老ヤン・アーモス・コメンスキーでさえ、晩年に至ってもルカーシュを参考にした。ルカーシュの見方はおそらく以下のようなものである。

兄弟ルカーシュによると、人類の歴史は、教会史と別に独立して歩んでいるのではない。人の歴

史も、その出発点（創造）と目的（最後の審判）を考慮すると、神の至上性から逃れることはできない。人間は、創造主に対して責任を負う。人は神の正義の秩序に背き、悪魔につけこまれた。しかし教会はその存在の初日から、父の恵みの上に築かれているのである。教会は神が人間の歴史のために計算したすべての時をカバーしている。教会の賜物は、イエス・キリストの中に最も顕著に示されている。しかし同時に、神の真理と教会は隠され、イエスのこの世での生のように目立つものではない。このため教会はいくら発展し、成長し、栄光に向かっていても、永遠に少数派である。邪悪な者たちの反教会が発展してくるまでは。これは、拡大しつつある反キリストの力が示唆している。反キリストの力からの救済手段は、神の中にしかない。中世の教会が始まったのは、皇帝コンスタンティヌスが悪魔の業により教会を発展させた時代からである。覚醒の足りないキリスト教徒にももちろんその罪はある。いずれにせよ、キリストの敵の業は成熟してゆく。教会の改革が神の意志により必要となる。それは、神の教会と悪魔の集会との間に明確に線を引くことである。キリストにおける神の業に依存する共同体と、自己正義の共同体の間にである。ルカーシュは、多くの悪意からなる教会が審判の日まで栄えることはないと知っていたけれども、反キリストの悪意が、その時代の瞬間においてキリスト教徒を刺激して極めて強い警戒心を抱かせることをよく自覚していた。教会の再建、改革は、第一に神の業であるが、同時にキリスト教徒の課題でもある。課題には、人間の法は教会において「たとえ不動であるべきだとしても、永遠であり不動であることはまったくない」という前提をふまえて貢献できる。神の意志による再建は、キリスト教徒全体で一遍に行うことはできない。いかに神の聖霊に導かれようと、改革者たちはすぐに真理の充足を得るこ

とはできない。改革は、教養人や思想家、神学の専門家のおかげで生じるのではない。単純な信者、この世の貧しき者、おとなしい者の忠実さのおかげで生じるのである。その再建行為の物差し、最高の審判となるものは、使徒の信仰告白と聖書と、それらから認識した、キリスト教の使信の本質的な事柄である。

兄弟ルカーシュは、最初に教会の再建を訴えた者たち、ワルドー派、クレルヴォーのベルナルドゥス、ヴェーゼルのヨハン、フランチェスコ・ペトラルカを感謝を込めて思い出す。彼らは、「神がボヘミアおよび周辺において着手し」、まだ完了していない業の、ローマ教会の懐内での先駆者であった。神は恵みによって、まさにボヘミア内で真の教会の基盤を明らかにしようとした。教会の長年のがれきを排除するため、ターボルの神学者たち、つまり、「聖なる書のイングランドの博士」ウィクリフ、ボヘミアのマチェイ・ズ・ヤノヴァ師、ヤン・フス、イエロニーム・プラシュスキーの最も急進的な教え子たちが最も多く手を差し伸べた。ルカーシュはターボルの軍隊の武力を正しいとは認めなかったが、自分のボヘミア教会史神学の中で、ターボル派を重要な場所に据えないわけにはいかなかった。ボヘミアのキリスト教徒の役目は、すべてに結果が出るまで改革を進めることであり、両種陪餐のように、道の半ばでやめないことである。兄弟団における教会の再建は、まさに世界の改革のように神の業であり、神の栄光に向けての業である。これに際して、ルカーシュは一五二一年、世界の改革について次のように考え、著している。

「神は、この教団を真の証言に向けて目覚めさせた。そして何年か後には、主はドイツの国々において、多くに反対して非常に大切なものを導入するよう、説教者を目覚めさせた。そしてそこか

ら主が引き出そうとすることとは、主の力の中にあるものである。けれども、主がどこで反キリストと闘おうと、またどこで自分の真理を説こうと、主にのみ称賛と名誉がとこしえに祝福されるべきである、アーメン」

終末論的な兄弟団の方向性を際立たせるためにこれまで示してきたことは、兄弟団の神学構造の中で、希望がいかなる位置を占めていたのかを自覚すれば、正しい意義が得られる。ここで私たちは、この神学の基本的な公式規則と、救済のために本質的な事柄、奉仕的な事柄、適宜必要な事柄を区別する基準を、まず覚えておかなければならない。

兄弟団の成熟した概念によると、キリスト教の信仰告白の本質的な事柄は、主自らが人間の救済のために行い、行ってきた、主の業である。あなたの信仰、愛、希望がそうした主の業によって声をかけられていないならば、そうした業について語ることはできない。つまり、本質的な事柄には、神の面と人間の面の二つの局面がある。端的に言うと、神の側の本質的な事柄は、父である神の恵み、イエス・キリストの功績、そして聖霊の賜物であり、そして人間側の本質的な事柄は、信仰、愛、そして希望である。この両方の三組は、人間の救済を目的とする、神の現実、神の振るまい、神の主導の最も本来の意味における、ひとつの事実の表と裏のようなものである。これら本質的な事柄は、教会において重視され、求められ、救済を求めるために必要なものである。

奉仕的な事柄とは、本質的な事柄を伝える手段、永遠に伝える手段である。教会が何を行おうと、教会には自ら救済する力はない。教会の奉仕はまったく二次的なもので、本質的な事柄、神とその聖霊におけるキリストの恵みの業に依存している。救済は、組織された事や機関に変貌した教会、

つまり人間が望めば与えられることに依存するのではなく、神から、または神を通して、そして神自身の中で活動しているものに依存する。驚くことに、兄弟団には、聖書自体が奉仕的な事柄に属すという基準が常に息づいていた。聖書の奉仕性について兄弟団は次のように理解していた。聖書は、唯一救済が依存するところである本質的な事柄が出現した際に、優先的に必須の道具として奉仕する（従って救済は決して書籍としての聖書の性質に依存するのではない）。このため論理的には、聖書は本質的な事柄より下に位置する。系統的には先行するものであっても。

人間側の本質的な事柄とは、信仰、愛、希望である。しかし単なるいわゆる神学的徳としてや、それに値する行為の感情的な前提としてでは決してなく、聖霊の賜物としてである。これら信仰、愛、希望によって、信者は、神の客観的な救済業に参加することができる。信仰、愛、希望は、参加可能である神の業へ参加してのみキリスト教的な効果を持つ。信仰、愛、希望は神の業によって生き、神の業のために生きる。信仰、希望、愛のトリオは、聖霊の作用に完全に依存し、そうすることで「神の側」の本質的な事柄と結びつく。従って、このトリオも、分割できない同じ「本質的な」現実の一枚のページにすぎない。

信仰、愛、希望は、完全な相互性にある場合のみ、神学的意義を持つ。この点で兄弟団はアウグスティヌス*99やヤン・フスと同じである。しかし、兄弟団は間違いなくフス運動の思想にある終末論的傾向に導かれ、希望を三番目に据える順番にこだわった。ここに私たちは、神学的徳についての伝統的な教え、またアウグスティヌスの古典的な形式、Fides - Spes - Caritas（信仰、希望、愛）の思想路線に対する、沈黙しつつも断固たる抗議を見なければならない。兄弟団は、この抗議を新約

（テサロニケの信徒への手紙一1章3節、コロサイの信徒への手紙1章4節）によって、また特に聖書の預言全体を時代順に並べた構造によっても正当化できた。兄弟団の解釈では、使徒パウロの有名な言葉、コリントの信徒への手紙一13章13節を取り上げる場合でも、最後の愛をひとつ前にずらしたので、彼らにとって、三元徳の最後に響くのは常に希望であった。彼らにそうさせたのは、神の救済業の過去を信仰に、現在を愛に、未来を希望に結びつける、ある意味歴史神学的な、内的な論理であることはほぼ間違いない。言い換えれば、兄弟団によると、キリストの中で振るまう神は、聖霊を通して、三つの時間の次元すべてにおいて人間の実存全体を受け入れる。決定的な永遠の効力をもって為された主の基本的な救済行為を一番に思う信仰を起こさせ、主の現在の支配に服従しながら愛を起こさせ、キリストの栄光の頂点である再臨への希望を起こさせるのである。

兄弟団は、教会としてのキリスト教徒の存在を、信仰と愛だけでは十分に特徴づけられないと確信していた。教会は、本質的な事柄の第三の必須要素である希望によってやっと、方向と動きを与えられる。もちろん、兄弟団による希望の考え方は、イエス・キリストの死と復活への信仰なしには、また主の愛が続いている教会における主の現在の支配への信仰なしには、考えられない。その意味では、希望さえも、独立独歩ではない。希望は聖霊の業として、教会の知らせにおいて明らかな定位置を持つ。それは神が約束を果たすと強く期待して教会が生き始める時の、聖霊の最も本来の目的である。希望の力の中では、神の客観的な行動は、また主観的にもなる。兄弟ルカーシュにとって希望とは、「信仰によって神の約束が実現するという期待を強く持つ中で、聖霊によって修正され、定められる思い」であり、「主が、または主を通して、約束されたもの、証言されたもの

すべてを望む」意志である。*[100] キリスト教の意味での希望とは、創造主である救世主が自分の約束と自分の息子において示した、神の恵みのためにおいてのみ可能なのである。

つまり、希望は二種類である。ひとつは、「神の恵みと正義を期待する希望、キリストへの、キリストの功績において満たされる希望、すべての罪が赦される希望」、もうひとつは、「死後の永遠の命を期待する」希望である。「そしてひとつの希望は、もうひとつの希望に由来する」。つまり、キリスト教の希望の基本は、幸せな未来を見つめる人間による必要性ではなく、人間が自分だけに頼るならば絶望あるのみということを示したキリストの業なのである。「人間のいかなる権力、知恵、そして善良さに対しても」「しかるべく絶望」するだけなのである。従って肯定的には希望の基本とは、「神が約束と誓いによって私たちに保証された」現実、その約束の上に身を築くよう私たちに直に命じたという現実である。一部の兄弟たちが言うように、希望を徳とも呼べるならば、そこには明らかな矛盾、パラドックスがある。というのも希望の徳とは、人による救済の可能性の絶望の上に成り立つからである。

「神が私たちの心に希望を築くのではなく、自らの契約を通して希望の中に私たちの思想を築くのである」*[101]

キリスト教の希望は、人の想像力がつくり出した偽宗教的で反キリスト的な「安心感」を否定し、同時に不安からも解き放つ。教会の生き方は、カタストロフィの光景によってではなく、イエス・キリストの勝利が最終的に目に見えるという約束によって定められるからである。希望の喜びは、神の契約は有効である、実現する、という信頼から湧く。「みこころが天に行われる通り、地にも

行われますように」という願いは、兄弟ルカーシュによれば、神の意志に対する終末論的で積極的な献身の表れである。彷徨う教会が賜った御霊は、教会を、主の右の座に高められてそこで審判するだけでなく、復活によって救済の業を完了させるためにやってくるキリストとの希望ある関係へと導く。

兄弟団はターボル派の教義と同じく、キリストの神の右の座を強調する。教会の支配者かつ教会の希望の的である方が父のもとに上りゆくのは、聖書を満たすため、父の前で代表して私たちの義を証明するため、私たちに場を用意するため、私たちに聖霊を賜るため、私たちがキリストの帰還を待てるようにするためである。従って、高められたキリストは、神のそばで大司教の役目を果たし、栄光の中で審判の日までそこに座す。このため、この世の「教会も、サクラメントも、彼の本来の住まいではない」。兄弟団は、イエス・キリストの肉体の遍在（ユビキタス）の教義とは妥協できない。主は私たちの希望のために上り入った。このようにしてキリストは「新しい道を始めた」、キリストが開拓しない限り信者の歩行には適さなかった道を切り開いたのである。キリストが自分の「人間的な性質も天に示した」という兄弟団の信仰告白は、ここからきている。キリストの肉体的ユビキタスについての教義の否定は、もちろん、王キリストの聖霊を通じた動的な活動への信仰告白を少しも軽減するものではない。それどころか、「神の右の座」は、キリストの「王国の強力な経営」を表し、復活した者による万物に対する至上の支配を際立たせることになった。イエス・キリストは、「復活の第一の者」として始め、自分が完遂することになる最後の出来事を準備した。歴史は、神の恵みにより、終末論的な子羊の婚姻に傾き、その時神の子は自分の王国を父に差し出

す。ルカーシュは主の右のキリストの座について次のようにまとめる。

「それだから、キリストはその犠牲（自分自身の犠牲と理解せよ）とともに天に上り入ったのだと私たちは信じ、告白する。新しい道を始めるために、場を整えるために、そして正しい仲介者が神と人々の間で、その十分な奉仕によって、そして道と真理によって父のもとへ導かれるために。そして神の賜る恵みのあらゆる充足に彼が満たされ、さらに彼を通して聖霊によってその充足が人々に与えられるように、そして信仰心と願いによって、敬意を示すことによって、希望によって、人間の注視がそちらを向くように」[*102]

もしキリストの支配が、すでに教会によって認められた現在の現実であるならば、最後の日に向けて定められたこの支配が公けになり、目に見えているはずである。十六世紀半ば以前の兄弟団の思想と告白の文書において読者の興味を引くのは、キリストの再臨は身体と物質の領域においても救済業の頂点となると強調している点だろう。兄弟団の解釈では、キリスト教の希望はこの世界の事柄をも包み、人間の肉体性をさえ拒まない。ルカーシュは、これに関連して次のように指摘している。キリストが「肉体に基づく救済を完了させるために」降りてくる瞬間、キリストは、自ら望んで受け入れた人間性において、トータルとしての人間の救世主であることを示すために、「自ら傷を負う致命的な方法を受け入れる」。主の最初の降臨に比して、再臨がもたらす新しさの重要なことのひとつは、肉体と物質、全世界が救済の業に含まれることである。すでに現在、信者の魂には、復活に先立つものが聖霊の担保として存在し、肉（サルキ）の性質の死、つまり罪深い身体の死として現れている。しかしキリストとともに神の中に隠れている信者と教会の生は、「肉体に基

づく至福の復活への真の希望を」持っているのである。*[103]

帰ってくるキリストは、その至上の権力をもって、生者も死者も裁くだろう。アタナシウス派が、最後の審判の際の物差しになるのは人々の行為であると捉えた一方、十六世紀の改革派の信仰告白の大半は、信仰と不信心、選ばれし者と呪われし者の区別をその物差しとし、この点でも兄弟団は次のように終末論的なモチーフを顕著に際立たせた。

「審判は何より、キリストの民の忠実さ、民による「キリストとの永続（忍耐 hupomone）」が、最後の時の緊張の中で証明されるか、またはまさに証明されないかの試験になるだろう」*[104]

主の復活から再臨までの教会の存在期間全体を覆う危機は、その時に切迫することになるが、一方、教会のキリスト教徒はその最後の審判を視野に入れ、共同体的な決意によって、前もって自ら真剣に切迫感を抱いていた。兄弟団が告白しているが、この意識、教会として、信仰による義の中で「キリストの前に立つ」ことを祈り望むこと、王キリストの支配者としての公現を見据えたこの展望は、彼らの改革の勇気と決意の中心的な刺激であり続けた。

一五三五年以降に、形式的にはヨーロッパの改革派教会の象徴的な著作の影響下で生じた兄弟団の信仰告白は、兄弟団の神学の三分割的構造を十分に反映していなかった。しかし、独立した終末論的条項を持たない、たとえばアウグスブルク信仰告白とは違い、兄弟団の信仰告白は、キリスト学の条項（第六項）全体を、教会の希望のために、キリストが神である父の右の座につくこととその影響に費やした。信仰告白の最後の第二十条は、過去の時代について述べている。しかも以上で全部ではない。すべての条項で、教会に関する箇所では特に、終末論的な期待について表現してい

る。従って、教会における秩序と規律、生活におけるそれらの実践、信徒団の育成、言葉と行動による共同の信仰告白の育成がいかに自分たちにとって重要であるかが幾度も繰り返されていることに驚くかもしれない。兄弟団は、信仰および愛との永遠の結びつきの中に希望を見るため、希望が、教会の証言の活動、教会の活動の彼らの努力をくじくことは決してなかった。むしろ希望は、彼らが現在の不完全な時代に生きるうえで助けになった。現在というものに、独立した、先行しているけれども現実であり、神に望まれた価値を付け加えた。主の再臨が間近とする期待が、「宗教改革の時代に、信仰告白と一致した教会秩序への努力が、さほどなされなかった理由のひとつである[105]」という考えは、ルター派改革教会には当てはまるかもしれないが、兄弟団、またボヘミアの宗教改革全体には当てはまらない。もちろん、千年王国論者の逸脱に目をつむればの話だが。兄弟団が秩序と規律（ordo et disciplina）を重んじたことは知られているが、この最も有効な原因と刺激となったのは、神の右の座に高められる王としてのキリストへの信仰であった。この世の実際の教会論的な結果はなく、父に向かって私たちを追い越した、キリストの真の人間性を強調することもなかった。この関連で考慮に値するのは、T・F・トーランスの見解である。

「復活したキリストの人性を仮現論的立場で評するルターの傾向は、教会についての彼の教義の大きな弱点であり、このため教会の本質よりも、教会の特徴と活動に基づいて教会の機能を定義する方向に傾いている[106]」

兄弟団によると確かなのは、この世における教会はその成立から審判の日まで、「ひとっとび」のようなものということである。また教会は少数派、小さな群れにとどまり、復活と生命の主の降

臨に向けて、自分が何であり、何を信仰告白するかという遺産を皆に残しながら、キリストとともに従順に僕（しもべ）の流儀を受け入れているのも確かである。しかし、世界を、また世界での自分の現在の課題を見過ごしてはならない。この課題を見つめる視線を鋭くし、不安に脅かされることのない行動に向けて解き放つ。終末論的な希望は、世界に対して批判的であったけれども、世界をそのまま放っておきはしなかった。兄弟団は、世界に対する兄弟団の神学的アプローチは、兄弟団における終末論的な動機の積極性、また、これから簡単に説明するが、他のヨーロッパの宗教改革に比べた時の彼らの独自性を示しているように思う。

世俗権力とどのように付き合うべきかという課題

世界、特に世界の社会秩序を油断なく批判的に見るよう、力強く、だが決して不安を煽ることなく兄弟団を鼓舞したのは、ペトル・ヘルチツキーの思想だった。この思想をルカーシュの時代に受け入れる際に付随した諸条件、また『真の信仰の網』の現在のキリスト教徒の読者が再び繰り返している諸条件にもかかわらず、ヘルチツキーによる「強制的な権力」の容赦ない排除がいかに否定的な面で、そしてキリスト教的な狂乱の昇華がいかに肯定的な面で、方向性を決める力であったかに、気付かないはずはない。ヘルチツキーの終末論的な要素についてはすでに指摘したが、彼の視点の明確さは、兄弟団の宗教改革が、聖書へ没頭するだけの姿勢から、時宜に適い、教会内だけでなく広く社会に存在するキリスト教徒によって生じる問題に目を向ける助けになった。

ヘルチツキーは、国家組織の本質を、強制する権力と見た。国家組織の必要性は、人間が堕落した後、あらゆる共存に悪影響を与えうる、罪深い自我に方向づけが必要になった時にはじめて生じたのである。罪によって乱されなければ、創造主の秩序は、国家など不要だっただろう。しかしヘルチツキーによると、キリストが罪に勝利したおかげで、世界による支配、特にその封建的な形による支配は再び無用なものになった。現実には、キリストによる被創造物の支配は目に見えないものので、この支配は信仰の中でのみ認められる（八十頁〔「今のところイエスの支配が隠れている」の箇所参照〕）という強調が十分でなかった点に、キリスト教の時代における国家の妥当性についてのヘルチツキーの教えの分裂の根がある。ヘルチツキーにとって、国家は中世的、伝統的に神のシステムであることもあれば、またすぐに（こちらの方が多いのだが）反キリストの直接的な道具にもなった。また義認の非パウロ的、非法廷的概念と関係するのは、彼の、ほぼ罪のないキリスト教社会の実現性についての見解である。そのような理想化されたキリスト教社会では、もちろん暴力も論外、従って国家も論外である。もし、国家がそれでも必要悪であるというならば、それはヘルチツキーによれば、「人間的に話すため」、つまり、私たちがキリストの支配への信仰から目を背けているとしたら、国家の力が、「世界が崩壊しないために、強力な囲いとしての必要」、と私たちの眼に映るからである。

南ボヘミアの思想家のこうした見解は、初期の兄弟団、ジェホシュの世代全体で共有されていた。彼らはあらゆる国家権力を純然たる異教的性質と捉えた。しかし、彼らの隠遁生活における基本的活動、一四六四年に「リフノフの山における認可」に示された、共同体建設に向けた責務は、その

勤勉かつ創造的な意志によってヘルチツキーの受け身の姿勢とは異なっていた。そしてその少し後の、兄弟団社会の初期組、継続組、そして完成組の規律的な分類は、自分たちを世界から区別する意志の表れであっただけでなく、封建社会の形である三種の民に対する間接的な抗議であり、新しい社会に先立つ兆しであった。その他もちろん、最後の日々の緊張の中で義なる者達の社会を築く望みは、最初の試みを経てすぐに、理論家ヘルチツキーが予想だにしなかった障害の前に兄弟団を立たせることになった。そもそも救済に値する奉仕をすることが可能なのだろうかという疑念の前にである。この疑念は、教会は世俗の力の助けや介入を求めるべきでない、という兄弟団の信念を揺るがすことはなかったが、キリスト教徒が共同体、さらに国家共同体の生活運営に参加しないことは正しい、奉仕に値する、ということへの信頼を揺るがした。

このようにして引き起こされた兄弟団の内部危機は、早くも一四九〇年に頂点に達する。当時ブランディース・ナド・オルリチーに召集されたシノド（幹部会）は、「兄弟は、積極的に、また消極的に権力を享受するべきか」という問いの解決を図るものだった。満足できる解決に導くには、兄弟団のこれまで世間に背を向けてきた生活が、終末論の「残りの者」の存在に必要な形だったのか、神の奉仕に値することだったのか、という問いに答えなければならなかった。このことを兄弟ルカーシュは、永遠に有効とみなす功徳を得ようとして、公共の生活に厳しく否定的な態度を取る、いわゆる兄弟団の少数派と対峙した時に、痛感することになった。しかしルカーシュが記しているように、少数派が実現可能と考えたことは、神学的にも実際にも無理なことであった。それは、兄弟団が東方地域に使者を派遣して自分たちを見つめ、そしてこの旅でとりわけルカーシュが、奉仕の

問題についての解決策を得ることになった、この後の短い四年間に示されている。ルカーシュはこの解決策を、一四九三年の自著『小舟（教会）』に著した。ここでルカーシュは、兄弟団の世界からの逃避を、「いかなる苦しみにも自己否定にも救済を享受する功徳にもならない」と否定している。小舟（教会）の基本、つまり、まさに危険な最後の時代における兄弟団の結束の基本とは、「神の息子の犠牲」だけである。この聖書のメッセージの新たな神学的理解は、兄弟団に対し、それまでの逃避主義の空しさを明らかにし、決して市民生活の端ではなく中心における肯定的なキリスト教の証言を呼びかけた。このような、終末論的な視点も欠いていない、効果的な信仰告白の理由付けにより、兄弟ルカーシュは兄弟団の二人目の創立者になり、彼らが町へ入る道を切り開いて、まもなくボヘミアの宗教改革の精神的な先導役を担うことを可能にした。

兄弟団はこれで世界とその秩序を終末論的な観点で見るのをやめたわけではない。歴史家が好んで繰り返すように、彼らは世界と妥協することはなかった。当時は領主階級も兄弟団に加入できるようになっていたが、それは彼らが兄弟団の教会秩序に影響を与えるためではなかった。ルカーシュの時代には逆に、兄弟団の貴族たちは、経済および農奴に関する事柄についてさえ、兄弟団、老兄弟団、審判者たちに指導を仰いだ。兄弟団は、貴族たちの経営に、社会的な進化を求めた。より注目に値する現象は、兄弟団が当時、自分の共同体の信仰告白および証言による奉仕以外、自分たちの原則を広めるための手段を持たず、持とうともしなかったことである。彼らは決して完全に迫害から逃れられることはなかった。

ヘルチツキーの簡素化した解決策を否定した兄弟団の新しい潮流は、もちろんキリスト教徒を市

民生活に正しく結びつけようとする配慮から、一度となく日和見主義と攻撃され、非難された。その後、少数派が再び息を吹き返した時、ルカーシュは、世俗権力についての自分の考えを詳らかにした方がよいと考えた。ルカーシュが一四九〇年代に兄弟団を揺るがした議論に参加し、またボレスラフの領主クライク家やプラハの役所との関係構築に多くの機会を活用したことは、ルカーシュの筆から重要な作品が生まれることを約束した。また、この書の執筆が終盤にさしかかっていた一五二二年七月、すでにマルティン・ルターのこの問題に対する姿勢を知っていたこと、またボヘミアの両種陪餐教会のいくつかのグループにおいていかなる反響や影響があるかを押さえていたことでも、この書の重要性は増した。

この、『世俗権力についての著作』*107は、実際、よく考え抜かれた作品の特徴を備えていた。同書は歴史的な説明によって始まる。ルカーシュによれば、世俗権力に関して、ボヘミアの宗教改革思想に逸脱した概念をもたらしたのは、ヘルチツキーである。ヘルチツキーは、フス戦争の暴力を否定した。これはルカーシュも大いに認めるところで、正当である。しかし、彼は世俗の行政力に対する軽蔑を増大させたあまり、キリスト教徒に公共の生活への参加を禁じてしまった。また世俗の国家機関への誓約を拒絶することによって、彼らを日の当たらない悲惨な状況に追いやった。このヘルチツキーの姿勢は、兄弟団の進展自体が示しているように、聖書の要求に適うものではない。信者を良心の呵責(かしゃく)に追い立てるだけである。世俗の権力は、神の言葉に照らして、別の捉え方をしなければならない。世俗の権力の源は確かに人間の罪の中に探る必要があるが、神は世俗の権力をやむをえず許容したのではない。世俗権力の「源はアダムの罪にある」、しかし同時に（世俗権力は）

「神によって罪の堕落に対して送られているのである」。国家は、人間社会がその罪深さのために引き起こしがちなアナーキー的崩壊を、自らの力で防ぐ。この国家の肯定的な評価はしかし、恵みと赦しの律法がイエス・キリストにより、イエスの至上の自由からきているのだという事実を覆い隠してはならない。世俗の権力は、これに少しも貢献していない、従って、福音を耳にして目覚める信仰にまつわる事柄に介入する権利はない。神の子は、だからこそ自分の信仰告白者を国家の権力の内から外に引っ張り出さなかったのである。世俗の力を自分の救済業の実現のために活用することはなかったけれども。

ヘルチツキーおよび初期の兄弟団と違って、ルカーシュは、「いかに行政力が信仰の下に立てるか」を示そうとして、国家をキリスト論的に理由づけする。主イエスが世俗権力を再生し、修正したのは、世俗権力に信仰を支配させるためでなく、キリスト教徒も含まれる市民の事柄を管理させるためである。ルカーシュの世俗の権力の捉え方は、ヘルチツキーの妥協のない二元性も、領主による教会の事柄への介入の極端な信頼（つまり、ius reformandi 改革権）も否定する。

このルカーシュの見方の終末論的なモチーフは、ヤン・カレネツの批判的な攻撃に対する返答によく表れている。一五二三年五月のカレネツの著書への返答の中で、ルカーシュは次のように指摘している。兄弟団から一部の貴族を除名したことは、兄弟団が信仰に関連する事柄に関して、世俗の行政に屈していないことを示している、と指摘し、一五二五年一月の「脱落者への返答」で、私は国家を肯定的に捉える、なぜならキリストによる国家の支配を信じるから、と述べている。そして次のように書いている。

「世界を管理する権力は、父なる神から、あらゆる名前の上に立つ支配者であり王である（聖書に従って人間から神の右の座についた）キリストへ与えられたものである、という真理の守護者になりたい」

世俗権力が、キリストの義に反する方向の行為によって、キリストの至上性に直接楯突かない限り、キリスト教徒は、世俗権力を認めるだけでなく、「恵みの法の教義に基づいて」、世俗権力と協力するべきである。さらに付け加える。もちろん、信仰は無理強いすることはできない。もし、兄弟団がルターを力ずくで自分たちの側に引き寄せようとしたとカレネッが考えるならば、大きな誤りである。逆に兄弟団はルターと多くの点で一致しているのである。

「ルターは私たちのように書いている。信仰のために闘うのは適切でないし、力で防ぐのも適切でない。苦しむのが適切である。しかし私たちは、あなたがたの教養ある頭が、世俗権力についての宗教文書などでルターがいかに私たちよりもはるかに突っ込んで書いているかを、読んでいないのではないかと恐れる[*108]」

この議論においても、ルカーシュは三十年前の論争のように、この世のキリスト教徒の課題を理解していない根をえぐり出す。根にあるのは、自分で自分を維持しているという過大評価、自己正義である。

「この違いにおいて（この点において私たちはあなたがたと異なる、と理解せよ）あなたがたは、信仰による義の道を歩んでいない[*109]」

キリスト教徒の道徳的な決断も、終末論的な視点で下されるべきなのである。

ルカーシュが言及している、ルターの世俗権力に関する宗教文書（「この世の権威について、人はどの程度これに対して服従の義務があるのか」一五二三）は、主な特徴において明らかに兄弟団の意見と一致している。けれどもその後のルターの世俗権力についての考えの進展を見ていくと、とりわけ農民反乱（一五二五）の悲劇の年以降に特徴的なのは、世俗権力について明言しなくなる、つまり、どのような方法でキリスト教徒が世俗権力を行使しようと、留意しなくなる点である。世俗の法原則に委ね、その法原則を神学的な判断に従わせるのを拒否したのである。このまさにルターの論考で足りない部分を、兄弟ルカーシュは、「異端者への返信」の付録として発行した。これはルカーシュの時代の兄弟団のシノドの決定の抜粋であった。この付録には全体的に、キリスト教徒の普段の公共の生活を、キリストの支配に従わせ、自分勝手にさせたり、世俗の組織者、ローマのやり方に従って再び教会を持ち上げたりしないようにする努力が見られる。

ルカーシュの死後（一五二八）すぐに、兄弟団はほぼ一夜にして、キリスト教徒と世俗の権力との関係が外面的に変化した問題に直面した。一五二九年以降、ドイツのプロテスタント勢力は、カレル五世の思惑に対抗して、福音を守るために防御連合づくりに奔走する。外交交渉では貴族が実権を握る。当時、ルター自身は、抵抗派に反対だったが、それは有名なツヴィングリとのマールブルク会談の折衝が不首尾に終わったからだけでなく、何よりキリスト教徒による法的支配者への完全な服従を宣言していたからである。それが早くも一五三一年二月にはルターからも同意を得て抵抗派のシュマルカルデン同盟が結成されたのは、どういうわけであろうか。ルターは、皇帝が絶対的支配者ではなく、選帝侯も皇帝と同等である、とザクセン宮廷の法学者たちに説得されたのであ

る。この方法はボヘミアでも反響を得た。これに反応して兄弟団の長老が採った方法は、兄弟団の貴族の政治活動に対する教団の感情的で批判的な姿勢が特徴的であった。

これは、ドイツのルター派諸侯の例に少なからず影響を受けた、一五三三年の出来事によって描写できる。一五三五年六月末、兄弟団の貴族は、彼らの統治地域からの兄弟たちの追放についての抗議書を王フェルディナント宛てに準備した。しかし抗議書は提出されることはなかった。そこには、兄弟団の長老ヤン・ロフとベネシュ・バヴォリニュスキーによると、貴族の少数派の功業しか見出せず、彼らの信念と相容れなかったからである。兄弟団の貴族と長老の政治的活動をめぐる緊張は、一五三五年の告白にもよく表れている。長老にとっては、領主や騎士階級がいかなる形で『信仰の数』[*110]をフェルディナントに提出するにせよ、それが貴族の特徴だけに染まらないことが大事だった。フェルディナントには広範な序文が提出されたが、貴族の序文は極めて簡略で、兄弟社会における貴族たちの奉仕的性質を明白に強調していた一方で、兄弟団は自分たちの大衆性にこだわった、と私たちは判断しなければならない。彼らが大衆性にこだわったのは、主の再臨の前の時代におけるキリスト教徒の認識のコイノニア（交わり）的性質についての神学的な信念ゆえであった。このため、教会改革の務めを、領主の善意のみにゆだねることに抵抗したのである。この点で、改革派が台頭しつつあった国々で通常であった状況とは異なる。領主が異例なほど積極的に庇護の手を差し伸べていた時期にこのように振るまったことを考慮すると、これは特に強調する必要がある。兄弟団の改革の、西欧諸国の改革と著しく、そしておそらく唯一異なる点として、長老ヤン・アウグスタ[*111]は、改革者マルティン・ブツァーに宛てた一五四一年七月の長い手紙の中で、まさに彼

らの世俗の権力、世俗権力の改革権（ius reformandi）の捉え方を挙げている。

「世俗の権力および栄光にある者たちが、その物理的、容赦なく強制する力によって、教会に信仰と真理を啓発するように、そして主キリストが、彼らにそれを命令するように――こんなように私たちは聖書を理解していない」

信仰への招待状になりうるのは、真理の言葉だけであり、信者に説教できるのは、主より貸し出された鍵の力による教会だけである、つまり、聖霊を通しての「キリスト、私たちの王、魂の支配者」だけである。終末論的緊張における忍耐強い忠実さへの必要性は、兄弟団をこの姿勢に向かわせる。

「従って、この容易でない最後の時代に、キリスト教会が自らを再生、修正、教育するために、世俗の力の刃を通して期待するものなどなく、またそうする理由もない」

興味深いコメントによって、アウグスタは、長老の兄弟団の貴族への姿勢について触れている。長老は貴族をかろうじて褒めてはいるものの、だからと言って批判的な視線を和らげてはいない。封建領主には野蛮な反キリスト的性格を帯びる危険な傾向があり、兄弟団の領主ですら、その可能性を免れてはいない。アウグスタのこの解釈は、ブツァーの法の見解との論争からくるものである。ブツァーの見解は著書『キリスト王国論 *De regno Christi*』において成熟を見るが、アウグスタはすでに一五三八年の彼の初期の著書、『魂のケアについて *Von der wahren Seelsorge*』に衝撃を受けていた。ブツァーによれば、教会の規律に無頓着な偽善者に罰を与えないままにしないことにより教会に仕えるのは国家の義務である。ブツァーの考えは、兄弟団にしてみれば教会の規律と世俗

の規律を混同した許し難いことであり、またさらに、伝統的な社会形態は神学的批判を受けないという誤った前提を強調するものであった。

兄弟団がこの批判に社会問題をも含めたのは、一五四七年の諸身分[*112]によるフェルディナントへの反乱に対する彼らの姿勢を示しているように思う。混乱の渦に巻き込まれた兄弟団の貴族は、長老の警告的な呼びかけを留意しなくなったが、長老たちは当然ながら、素朴な兄弟団の民の論争が、諸身分への特権を約束されたごときで裏切られてしまうことに驚いた。その頃、兄弟団が再び兄弟ルカーシュの遺産（一五四六年のボレスラフでのシノド）に目を向けるようになったのは、当時チェコ語に訳されたばかりのルターの「農民の殺人および強盗団に抗して」に対する隠れた返答であり、抗議であるように思える。信仰の一致を支えとして、兄弟団の諸身分がシュマルカルデン同盟へ共感を示したのは、多分に経済的であったカレル五世との闘いの真の背景が見えていなかったか、これらの力を対フェルディナント王に、そして兄弟団の発展のために利用できる、と盲信したゆえであった。こうした出来事の多くは、教会と領主の結束に抵抗し、政治的な武器を否定し、信者とのごく親密な関係における証言の使命に尽くしてきた兄弟団の長老派の不安を裏付けることとなった。「親愛なる領主たちよ、あなたがたは無茶なことを抱えている」と、兄弟アウグスタは呼びかけている。しかし反乱が失敗に終わると、この罰のために兄弟団は長らく大きな影響力を持つ庇護者を持つことができず、一五六四年に牢獄から帰還したアウグスタは、領主による統治者への口利きの必要性を率先して唱えるようになった。もちろん、一五六四年以降のアウグスタは、一五四〇年代の彼とは違い、当時（一五七〇）、兄弟団は、アウグスタの領主への姿勢を以前の方がよかったと考

え、それを彼に思い出させなければならなかったのを、覚えておかねばならない。

終末的な方針を持った、世俗権力に対する兄弟団の元来の批判的な視線を継ぐ者としては、ボヘミア人の信仰告白の交渉におけるヤン・カーレフ[*113]に、再び見出すことができる。しかし実際にそこで聞こえてくるのは、いかにその響きが明瞭であっても、もはやこの遺産の否定的な要素のみであった。保守的なカーレフは、ルカーシュの死後まもなく停滞してしまった兄弟団の神学を再生する難しい課題をこなすには力不足であった。

一五六四年のフェルディナント王の死後、兄弟団が何度か外交的に接触を試みたマクシミリアーンが玉座についたが、まもなく、彼の宗教政策は、彼の改革派への個人的な共感によってではなく、スペイン色の濃い宮廷のカトリックの影響によって定められることが明らかになった。この君主に対する兄弟団の使節のあり方は、ルカーシュの抗議の表現とは、かなり異なっていたのは明らかである。決してよい風が吹いていなかった時代に、兄弟団はこのルカーシュの表現を支えにして、服従の義務に従いながらも一方で預言的な終末論的自意識を胸に、国家の最高権力者を振り返ってきたのである。

兄弟カーレフは、兄弟団が特に領主との関係において自立を保てる場合のみ、ルター的な性格の新ウトラキストへの接近を望んだ。フェルディナント・フレイサによるとカーレフが著したという『なぜ兄弟団のチェコ人は、ルターまたは福音派の聖職者に近づきたくないのか』（おそらく一五七五年刊行）では、その理由のひとつとして、領主に対する兄弟団の異なる考えが挙げられている。兄弟団のボヘミア信仰告白への不信は、それが諸身分の手によるものであったということでも説明

できる。カーレフは交渉の際にすでにプラハの兄弟団への助言の中で、貴族と長老との間の緊張について指摘している。なかでも信仰の事柄を支配者階級に決めさせてはならない、と助言した。「教団内の領主たちは、管理する側ではなく、忠実な管理者たちを知り、主キリストを受け入れるべき者である」。兄弟団は、後にボヘミア信仰告白の他に自分たちの信条を擁護しながら、一般的な聖職者層の原則の空疎化を防ごうとした。聖職者は長老派にとって、兄弟団を管理する代表者だったのである。

一六一八年のボヘミア蜂起は、民衆的要素の不足、また政治的構想の思慮不足がたたったが、それは兄弟団のみのせいではない。蜂起の構想づくりに兄弟団の貴族が決定的な発言権を持っていたとしても、以下のことを忘れてはならない。この時期、大方はカルヴァンの国家理論を受け入れていたこと、ゆえに彼らがフス派の革命的な遺産および初期の兄弟団の遺産との連携を求めたとしても、すぐに克服するのは難しい時間的な隔たり、つまりルカーシュの時代、さらにアウグスタの時代から、兄弟団が、終末論的な視線で教会社会より広範な社会を築く可能性について、体系的に考えることをやめた時代からの時間的隔たりが障害になったことを忘れてはならない。この世のキリスト教徒の課題に対する努力の、肯定的であり、世俗的に改革的である遺産を自分のものとして受け止めたのは、もはやまったく異なる環境にあったコメンスキーである。コメンスキーが、再び、王キリストの再臨の希望の徴においてこのように遺産を受け止めたのは、ほとんど偶然である。

兄弟団の思想的継承者ヤン・アーモス・コメンスキー

ヤン・アーモス・コメンスキーは近代教育学の父として知られる。しかしピエール・ベイルが早々と自著の『辞典』で言及したように、学校制度の改革はコメンスキーの主たる関心だったわけではなく、反キリストの腐敗について、千年王国についての革新的な預言や、「同様の危険で狂信的なこと」[*114]にはるかに献身的に精力を傾けていたのである。コメンスキーの著作はもちろん、批判的な人の目にはユートピアと映るかもしれない。すでに当時の人々も、コメンスキーの終末論の千年王国的な色合いの中にうすうす誤りを感じていた。ポーランドの神学者イェロニム・ブロニェフスキは、一六五九年に早くもコメンスキーに対して神学的な点から慎重に異議を唱えている。フランスはフローニンゲン州在住の改革派神学者サミュエル・デ・マレは、コメンスキーの、神の似姿としての人間への極端な信頼と、主の再臨に際してのこの世の事柄の改善への現実的な期待を非難した。前世紀〔十九世紀〕から今世紀〔二十世紀〕前半にかけてのコメンスキー研究は、コメンスキーの終末論を、民族的な救世主信仰の性質を帯びた戯言に分類している。確かに、コメンスキーが兄弟団の神学の基本テーゼをまとめ、頂点に至らせたのである限り、常に自身の多岐にわたる活動の動機であった終末論を大いに強調はしたであろう。しかし、コメンスキーの終末論と、同時代人の一部の政治的予言への彼の妄信を、当然のように混同させてはならない。コメンスキーがこれらの政治的予言を信じたのは神の啓示は続いているという信念からであるが、それは兄弟団の遺産で

はなく、若い頃から兄弟団と共有していた、キリストの再臨の希望からきたのである。

自著の二つの重要な、ほぼ告解場のような場面で、コメンスキーは「憧憬の人（vir desideriorum）」と自称している。[*115] この説明は、コメンスキーに関する文献にも記されている。この表現は基本的に、亡命生活という個人的な悲劇の感情的色合いを伴った、コメンスキーによる「人間に関わる事柄の改善」の願望を表すものとして受け止められてきた。しかし私たちはこの表現を、コメンスキー自身が理解したように理解しなければならない。聖書的なこの用語は、コメンスキーが利用したヴルガータ聖書の文脈では（ダニエル書9章23節、10章11節、19節）、終末の意味を持つ。ダニエル書の9章では、エルサレムの再建にどのくらいかかるか、いつ救世主がやってきて、いつ戻るかを、神が示す。ここでは数字の七で時間が区切られている。コメンスキーは「憧憬の人」という呼び名によって、終末論的に重要な時代に生きている人物として自己定義したが、それによって、『汎改善〔または汎改革〕（パンオルトシア）』の中で「神の時間管理」と名づけたこと、つまり、「すでに新しい七番目の千年間が始まっている」[*116] ことを理解したと表現したのであった。コメンスキーが自分の生きる時代を終末論に組み入れたことは、この時代が特別であると確信していた理由を説明している。コメンスキーの汎改善への努力は、終末が近いという期待に根差している。自分を「憧憬の人」と定義したのは、神学者として終末論者であると述べたのである。また、そう定義づけられた神学者の立場で教育の仕事にも携わったのであった。教育の仕事を受け入れたのは、『教授学総著作集 *Opera didactica omnia*』の序文のひとつで告白しているように、「教育者としてでなく神学者として」であった。

キリスト教の預言の終末的意義に対するコメンスキーの強い関心、特に「改善」のための主の帰還の希望が市民にもたらした結果を把握するためには、ヘルボルン大学の師、ヨハン・ハインリヒ・アルシュテート*[117]とヨハネス・フィッシェル・ピスカトール*[118]の学問にその最大の誘因を探し求めなければならない。しかし青年期のコメンスキーの終末論的学問の成功は、コメンスキーの兄弟団主義自体に終末論的思想の発展のための前提条件が備わっていなかったら、説明できないだろう。私たちはコメンスキーのどの著作について考える時も、常にこの兄弟団の教義を真剣に頭に入れなければならない。上述したように、この教義は、救済に必要な、本質的事柄の三分説（トリコトミー）構造に関する根本的な方針に最もよく表れている。コメンスキーはこの兄弟団の本質的な教義を、時間の意味においてしっかりと継承し、信仰が人間と過去すべて、愛が人間と現在、希望が人間と未来を結びつけると述べた。同時に、フィオーレのヨアキムの三つの時代の考えと結びついた兄弟ルカーシュの著書『聖なる教会の再生について』の回想に見られるように、ルカーシュの遺産も受け継いでいた。

コメンスキーの思想は、いくつかの別種要素とともに、兄弟団の教義を、単数と複数、つまり個人と社会の二つのレベルに分類する。つまりコメンスキーの終末論的な期待は、永遠の生命において救済を達成する個人的願望のような期待と、栄光と力に満ちた中でのキリストの再臨、宇宙的な達成となるであろう再臨への能動的な期待に分かれていた。

ひとつ目の期待は、天に向かう準備、つまり未来の生への意志（meditatio vitae futurae）、死に向けて、死を見つめたキリスト教徒の意志にほかならない。これは、中世の思想に根付いていた人生

の指針である。この指針と一致し、コメンスキーにとってこの世の生は、一時的な涙の谷、ヨルダン川のこちら側の地であり、各信者の魂が、最終的に望む神の安息の地へたどりつくために通過すべきところである。この世の困難は、神の知恵による意図的な措置である。その困難の重圧の下、人間はこの世の訪問者として巡礼者になること、そして「ここを通って天にあるふるさとを美味しく味わうこと」を学ぶ。キリスト教徒も、教会も、この世を我が家とすべきでない。なぜなら、「私達はこの人生とこの事柄のためにここにいるのではない、これは枷にすぎず、ここにあるのは巡礼者にふさわしいありふれた事柄だけである……」。この意味でキリスト教徒の生の表現は、この世から別方向を示すべきであり、教会自身が永遠への指標になるべきである。コメンスキーはこの教えを、多分に神秘主義的傾向を呈し、敬虔主義（ピエティズム）の前兆となった感情的な調子を添えて示す。これはまたコメンスキーの言う「心の楽園」の縦糸でもあり、過酷な遠心分離機である人生の車輪軸に、静寂主義（キエティズム）の言葉によってしがみつくことである。

ここで特徴的なのは、人が年を取ることについてのコメンスキーの教育学的な考え方である。この世が将来のための準備だというのは、つまり教育的な意味においてである。この世の人生での学校は、永遠のための学校である。同時に、死が永遠への通過点であるのは、ひとえにキリストの功績による。キリストは十字架上で死に、神の義を十分に果たし、罪の代償を払い、こうして罪の結果である死を排除した。信者の魂が肉体と別れる、つまりキリストのおかげで生じる死から永遠の生命への移行と異なり、復活は、人間の一部の原理だけでなく、人間丸ごとに関わる現実である。

しかしコメンスキーが自分の心の中だけに居座っている巡礼者ではなく、近しい者のために改善

すべき点、できる点すべてを改善する労働者でもあったとすれば、それは自分の心より大きい主、より主観的でない希望を自分に託した主への従順によるものである。コメンスキーがキリストを永遠に復活した王として振り返る視点は、ターボル派と兄弟団のキリスト論の特徴的な姿勢を継ぐものである。教会と世界が絶えず求める主の再臨の希望は、コメンスキーの信仰と思想の付随的な要素ではない。コメンスキーにとっては、ひとつ目の希望に匹敵するどころか、ひとつ目をしのぐ希望である。この宇宙終末的な二つ目の希望は、コメンスキーの教育および汎知的な改善の不屈の活動を可能にし、刺激を与え、定めるものである。コメンスキーにはもちろん、たとえば、『必須の一事 *Unum necessarium*』に見られるように、二つの希望の対話が衝突する時もあったが、それはたいてい疲労していた時期であった。逆に、この世にあって最も研究が充実していた時期には、万物の最後の土曜日への希望に生きた。当初はその希望の中に、ひとつ目の希望の心の楽園も反映させていた。

「おお、あまりに甘美な救世主よ、主イエス・キリストよ……あなたがやってくるまで、おお、私たちはあなたの顔を拝することを願う！」

しかしすぐに、十全であり、転機となり、時間と時間の変化を定める、再臨の預言の方がコメンスキーにとって重要性を増した。再臨の内容が、まさに創造と対の極であると理解したのである。創造、救済、再臨は、新しい創造への道中に欠かせない乗り継ぎ駅である。ここからコメンスキーの思想世界における、時間の基本的な定義が生じた。

コメンスキーの時間と終末観

兄弟団の本質の三本柱の第三の構成要素である希望は、コメンスキーによると、聖書の預言の重要な局面を説明するものである。しかもコメンスキーは、改革派の神学者たちが信仰と生活の問題のみに没頭し、終末論の宇宙的な目的をおろそかにしている、と非難までしている。終末論を見落とさないようにすることは、聖書全体に目を配る、正しい釈義の役目である。コメンスキーの特徴は、イエスの弟子が辛抱しきれずに尋ねた質問、「主よ、イスラエルのために国を復興なさるのは、この時なのですか」（使徒言行録1章6節）に対するキリストの返答を、否定的な意味だけで解釈していない点である。確かに復活した者は、「あなたがたの知る限りではない」と答えたが、それは決してキリストが来ない、あるいは王国を復興させない、と言ったわけではない。このため私たちは、キリストの帰還は確かであり、回復の性質を持つ、と考えるべきなのである。主の帰還の希望が宇宙的な広がりを持つことの基本テキストは、むろんコメンスキーにとってもヨハネの黙示録20章であり、当然ながらコメンスキーは、これについて『手引書』で述べたほか、他所でもしばしば引用している。ダニエルの預言は、コメンスキーに対し、キリストの王国がまだ世界が終わる前にこの世に実現するということも保証した（ダニエル書7章13節、19節）。具体的な旧約聖書の預言全般は、初期のキリスト教のユダヤの黙示文学と同様に、コメンスキーの終末論の現実的な特徴を強めた。コメンスキーにとって新約聖書で黙示録のほかに重要なのは、キリストを第二のアダムとして

みなす主張、共観福音書の小黙示録と、次のマタイによる福音書25章14節の預言と内容的に関連するテキストである。

「そしてこの御国の福音は、すべての民に対して証をするために、全世界に宣べ伝えられるであろう。そしてそれから最後が来るのである」

特に、新しい時代を示す、癒しの調和となる文書（イザヤ書66章、ゼカリヤ書8章など）はコメンスキーには光り輝いて見えた。コメンスキーは宇宙終末論を、聖書全体に関わる内容、従って時効のない、キリスト教の本質に属する学問と捉える。形而上学的にというよりも時間的に理解する。ひとつには、この意味において聖書の預言を理解したからで、ひとつにはもちろん、聖書の中に、世界の自然な運行についての不謬の知識の総括を見ていたからである。アルシュテートとピスカトールといった同時代の師による影響は、終末論と、コメンスキーによる百科全書的な教養への努力との結びつきを説明するのに役立つだろう。両思想家とも、人間の文化生活の改善の信仰を、主の帰還の希望と結びつけた。彼らにとって学問とは、どんな目的の場合でも、啓示された預言の範囲以外では考えられず、また預言の役目なし、神学的な目的なしには考えられなかった。たとえばアルシュテートはさまざまな学問に専門的に取り組み、煙草についてまで研究したが、同時に、『千年についての論文 *Tractatus de mille annis*』を執筆し、千年王国の始まりを一六九四年と定めた。コメンスキーはまた、終末論的に活動的と呼ぶことができるピスカトールのテーゼを採用した。というのも義認は、私たちにとってはキリストにおいて届いたもので、終末を目指す、神の法への私たちの活動的な服従の義務を免除するものではない。

兄弟団の神学に基づく聖書の理解によって、また、恩師の影響と読書によって、コメンスキーは現実的、つまり千年王国的な終末論を高く評価するようになった。コメンスキーによると正統（オルトドクス）神学の基本的な誤りは、主の救済業を時代順に並べる聖書のメッセージを沈黙させたこと、つまり、終末論の強調不足である。コメンスキーは『汎覚醒（パンエゲルシア）』の序文で、第七の御使が吹き鳴らすラッパの音がする時が近づいている（ヨハネの黙示録10章7節）ことを自覚する神学者がついに増えてきたと喜んでいる。この世の終末は間近なのである。彼はキリスト教神学史を遡ってみても、現実的な終末論が常にキリスト教社会への刺激であり続けてきたことを見出していた。コメンスキーは、教会の預言が徐々に終末論から離れたことが、キリスト教徒の世俗での快楽、彼らの信仰告白の裏切りにつながったことに気付いた最初の一人であった。そこで過去のキリスト教終末論者を神学的に復権させ、また千年王国的な悪名高い誤った信仰に怯えてはならないと決意した。

コメンスキーの二冊の著書では、聖書の終末論的預言に対する現実的な考えに忠実な視点に基づいて、教義史を素描しようとする意識的傾向が見られる。[*119] コメンスキーによると、千年王国論は、約束されたキリストの王国が地上に起こるという健全な確信を教会に維持させるものである。この理論は、新しい創造に取って代わられる前に、被造世界を改善する希望をもたらす。神学者コメンスキーの最も重要な文章のひとつは、研究者たちに老人の戯言としてむやみに過小評価された次の声明である。

「あえて言うが、千年王国論に対する反論は、実は反キリスト教的であり、正しい千年王国論は、

真のキリスト教なのである」[*120]

もちろん、この発言者は八十に手の届く老人である。しかしコメンスキーの前には、ピスカトール、アルシュテート、ザイデンベッハ、ピエール・ラウネウス、アンドレー・ラリウス、ピエール・セリュリエ、ダニエル・ブレニウスといった同時代の思想家だけでなく、教父のパピアス、ユスティノス、テルトゥリアヌス、アイレナイウス、ラクタンティウス、アポリナリオス、ニエロニムス、部分的にアウグスティヌス、ポエトヴィオのヴィクトリヌス等、宗教改革前および宗教改革期の思想家からはジョアキノ・ダ・フィオーレ（フィオーレのヨアキム）、ジャン・デ・ロシュ・タイユ、スウェーデンのブリギット、シエナのカタリナ、フス、サヴォナローラ、カステリョンのセバスチアーノ、ルーカス・オジアンダー、マントヴァのアルフォンス・コンラッド等がいたのである。このように同調者を列挙することで、コメンスキーは、たとえ兄弟団の教えの中で育った人にも挑発的に聞こえようとも、「千年王国論者の教義は、新奇なものではない」ことを示唆しようとした。コメンスキーにとって教義史は、キリストを通じた神の支配についての預言を理解する歴史であり、次の弁証法の光を当てるべきものである。

「スキュラ[*121]を避けようとして、カリュブディス[*122]に出くわすキリスト教徒――これは、地上でのキリストの支配の希望から離れ、やみくもに天の聖なる王国の希望に向かうことである」

こうして千年王国の教義は、コメンスキーにとって、教会史および現在への教会の遺産を弁証法的に理解するための鍵となった。

もちろんスキュラとカリュブディスについての発言は、コメンスキーの千年王国論の熱心な支持

が形式的なものであり、過去に口を封じられた人々を騎士道的に守ろうとする要素を多分に含むことを加味しなければならないことを示している。千年王国の教義においてコメンスキーが評価しているのは、キリストの千年王国の期間の定義やその年号の算出ではなく、先行する終末的出来事の地上性の強調である。先年王国論を、先行する終末的出来事は私たちのこの世界と関連する、という新約の預言の重要な思想的達成である、とコメンスキーが理解したことは、マントヴァのアルフォンス・コンラッドへの言及にて裏付けられる。このほぼ無名のイタリア人亡命者は、スイスの隠れ家でヨハネの黙示録の解説を書き上げ、一五六〇年にバーゼルで出版したが、これは改革派の手によるもののうち、最も冷静かつ具体的で、従って最も霊的な色の薄いものと見られている。ブラホスラフが早々と感謝を込めて、この福音の教師の文を引用しているが、この福音教師にとって黙示的な千年とは、歴史の流れが創造主および彼のキリストの手から逃れられないことを思い出させるものであった。

預言者、聖職者、王というキリストの三つの職務のうち、コメンスキーはキリストの王としての役目を強調する。コメンスキーは「遺言」の中で、すべての福音の教団に、王たるキリストの尊厳へ多大なる注意を払わせている。また汎知について述べているどの作品にも、キリストによる王としての権力掌握の完成を時の最後に期待すべきであるという論旨が読み取れる。同時に勝利は永遠においてのみならず、この世においてもキリストのものなのである。創造は神の救済計画の一部であり、しかもそこにはすべての創造が含まれるが、キリストの改善する役割は、新しい創造が始まる前から内面的に論理的なものである。多くはないにせよ、過去の著名な神学者たちがコメンスキ

ーを道徳的に支えてきた点を見過ごしてはならない。彼らは、神によるすべての反復か、せめて、創造主の秩序のまだ腐敗していない元の手本に基づく徹底した改革が、キリストの行為による、改善の可能性のおかげで実現することを期待した。コメンスキーにとって、全被造物の長子であるキリストはまた宇宙の統治者であり、あらゆる事柄の改善の日の再生の道具である。キリストは第一のアダムがやりきれなかったことを、第二のアダムとして達成する。コメンスキーがしばしば視線をキリストの死の意味からその終末論的な行為に移したことは、もちろん主の最初の到来における一度限りの永遠の善行（efapax）についての新約の預言を弱めるものである。このため、ここでも私たちは、コメンスキーの個人の終末論にて接した時と同じように、彼の養育的で冷静かつ楽観的な視線と出会うのである。罪の悲劇について、コメンスキーは意識的にほとんど話さない。従って、終末論的な恐怖は、新約の預言において時効なき位置にあるにもかかわらず、コメンスキーにとっては、宇宙終末論における、改善や慰めや勝利の動機の背後に退くものである。

キリストがまだ地上にいるうちに支配を握るという事実は、時間を真剣に受け止めなければならないこともコメンスキーに指摘する。時間はキリスト自身が管理する。従って終末の出来事を人の努力で呼び起こすことはできず、その年号を算出することもできない。コメンスキーは千年王国説の擁護者であるが、この点でこの説の乱暴な考えとは相容れない。それをよく表しているのは、コメンスキーが、伝道の書の三章の言葉を復活したキリストの口に言わせていることである。[*123] キリストはそれから徐々に世界および人間と付き合ってゆくのである。歴史を聖書の前の時代、聖書の下の時代、救世主の時代に三分割する根拠は、究極のところ、キリストにあるのだ。

永遠の不動性に反発するコメンスキーの時間の可動性の解説が、キリストの至上性への信仰の上述の表現とそぐわないように見えるのは、表面上だけである。永遠を現在の変化のない持続として定義するならば、コメンスキーは時間の定義を、「進展する持続」とする。言わんとしていることは、永遠と時間性の違いが質ではなく単に形式の違いにすぎないということである。変化のない持続は、本質的には時間の進展を伴う持続と別ではない。変化は、永遠の静的さにおいてのみ生じる。永遠は最後の、それ以上もはや進展しない時間性の段階である。ここに、世界の改善の可能性についてのコメンスキーの信念の知られていない原点のひとつがある。世界は質的に、永遠の一部である。世界が年を取ること自体が、完成へ向けて成熟している証である。従って完成の前提条件となるのは、常に必ず歴史的である経験である。世界、特にコメンスキーにとって主体の基本である人類が、徐々に経験を積むという考えは、人間の歴史が基本的に個人の歴史にたとえられる印象を与えるだろう。ブレーズ・パスカルなど、コメンスキーの多くの同時代人も同じように確信していた。コメンスキーは中世の小宇宙と大宇宙についての神秘的な考えを採用しただけだとしばしば指摘される。パスカルと比較すると、人の歴史を個人にたとえるコメンスキーの考えは、神の救済の出来事の預言的解説と結びついていないだろうかという疑問が生じる。

存在するものすべての儚さと希望についてのコメンスキーの思想を司る、消化しながらの持続としての時間、時間使用（tempus usura）は、おそらくアウグスティヌスに根差すものである。これを示唆しているのは、コメンスキーが罪を病として、善の弱体化として、時間の獲物として、時間の略奪品（temporis spolium）として捉えている事情である。キリストの業は、人間に再び永遠の港

を目指す可能性を与えるという点で、改善的である。

帰ってくるキリストは自ら世界の再生を引き起こすが、キリストの再臨は、人間の行動の基本的な原動力である。私たちにはむろん、コメンスキーの終末論の倫理的な中身について語る権利がある。人間および事柄の改善には、私たちの神への協力が必要とされる。この協力作業を、コメンスキーは当時の教養人、特に神学者、哲学者、執政者に呼びかけている。

「すべてを堕ちる前の元の状態に再建する、事柄の汎改善は、キリストの業によるであろう。しかしキリストは私たちに協力を要請する、その協力は、もはや今の事柄の状態であれば難しいものではないだろう[*124]」

希望する（sperare）だけでは十分でなく、試みる（tentare）ことが必要なのである。天の至福へ目を向けることで、地上の困窮への無関心を正当化することはできない。終末論的希望が倫理的なアピールを含むのは、とりわけ神による時の管理が、人間の事柄の、教育による段階的改善を条件づけ、可能にするからである。コメンスキーの教育思想の原動力となっているのは、時間とは、その中で全被造物の成長が目標の姿に向けて実現されてゆく形式である、というキリスト教徒の信念である。徐々に実現するというのは、まさに神の人類との付き合い方の法則である。神の業は、ひとつだけで理解できるものではない。主の個々の行為の連続により、ようやく神の意図の方向性が明らかになるのだ。

同じように教育的なのは、明らかにその現実的な終末論の内容を動機とする、コメンスキーの汎知の努力である。汎知（パンソフィア）とは、全事柄の全般的な知識を意味する。実践的な意味に

おいて、汎知はより控えめとはいえ、やはり終末の動機に基づく役目を担っている。というのも汎知とは、教会、学校、法的機関を介して世界の改善を行うための、包括的メソッドである。この領域の全作業は、唯一の目標である終末の目標に向かって行われる。汎知の聖堂とは、シオン山に建てられ、宣教の比類なき引きつける力を備えた、最後の日々の終末論的聖堂である。汎知は終末論とともに立ち、倒れる。ペトル・ラウレンベルクの汎知の書は、従ってコメンスキーによると、未来の支配者としてのキリストについて述べていない点で落第である。コメンスキーは自分の汎知の努力の本質を明らかにし、神学と哲学が互いに奉仕するチームワークが望ましいと強調する。これが可能なのは、私たちが神と未来の生を視野に入れている（in prospectu）場合、そして時の制約のために、いかに神の尊さが私たちに直に降りかかっているかを実感している場合のみである。

教会は、神によって留められた両極、被造物と新被造物の間に軸を築きつつ、この中間時点に起きることの責任を誰よりも深く背負う。教会は全人類の番人であって何に対しても無関心であってはならない、という意味でも、教会はコメンスキーにとってエキュメニカルである。『汎改善』の中で、コメンスキーは教会のことを、世界の十一時頃に究極の改善を前もって示す、最後の日々に働く信徒団、選ばれた残り、と呼んでいる。教会のこの前もって示す性質は、賜物でもあり、要求でもある。コメンスキーは、不正な目的、堕落した手段、誤った使い方という三種の糞にまみれた豚小屋のように汚い、キリストの敷地たる地上のみじめな状態を覆い隠すことはしない。もちろん、教会が改善手段の第一の武器庫であり、光の補助器具は、見つかったのが何だとしても、見つかった場所は教会である、という歴史的に明言できる事実はまったく変わらない。教会が汎改善の推進

力であり続けるためには、教会自身が再生しなければならない。これまでの部分的な改革の後には、完全な改革が必要となる。それでこそようやくキリストの王国を認識できるのである。それまでは、ただ教皇の支配を排除しただけである。キリストが来るのは間近である。従ってキリストの花嫁は、栄光の花嫁衣装について考えなければならない。一般的な教会会議は、兄弟団の手本に基づいた、入門者、継続者、完成へ向かう者のキリスト教徒の三分類を導入して、準備に取り掛かるがよい。改善は、まずは本質的な事柄に向けられ、それから奉仕的な事柄、それから適宜必要な事柄に向けられるがよい。本質的な事柄の救済には、信仰、愛、希望、つまり兄弟団の神学に基づくキリスト教の本質を覆い隠すもの、または縮小させるものをすべて排除することが必要である。本質的な事柄に関して、それらをまとめた全体を配慮することを求めたように、コメンスキーは、神の言葉の説教の奉仕の際に、教会暦の一年を通して聖書全体を徹底的にひもとく百科全書性を求める。

「我々の教授法が、毎年、信仰、愛、希望の一連の項目全体を、真の時間割に沿ってひもとくようであれ[*125]」

教会の終末論的役割には、その平和主義的、平和促進的、平和的な使命も数え上げられる。帰ってくるキリストは、平穏の王である。汎知的努力は、それまで国家、信条、民族、人種別に分裂していた拠点を前もってせめて和解させる交渉によって、キリストのために道を均（なら）そうと望む。まさにキリストが近づいているからこそ、平和を求めるキリストの闘いを支援しなければならない。第一に、キリスト教徒同士が互いに和解しなければならない。キリストの思い通りに行動させるためには、キリスト教徒は団結せずにはいられないはずである。平穏の王の前に、神学的な争いや教会

の独立主義は留まっていられるものではない。教団が自治（独立）を望めば、キリストの支配を動揺させることになる。

教会の教団は、宣教を遂行する点で、終末論的な役目を担っている。和解して課題に専念するキリスト教徒は、新しい威力を身に付ける。キリスト教徒全体の和解と拡大は、ほぼ同意語である。世界の最後の日々には、福音をはるかに集中的に宣伝する必要がある。キリストの帰還は曲がりなりにも、その普及次第だからである。伝道の使命に役立つかもしれないコメンスキーの普遍言語計画も、終末論的な期待からきたものである。コメンスキーの業績で最も成功した領域である言語教授セオリーにも、主の帰還への粘り強い希望の成果を見ることができる。

私たちの時が制限されている、つまり、すばらしい時代（mirabile saeculum）を過ごしているという確信は、兄弟団最後の長老の指先にまで行きわたっているが、それは今か今かという希望、決して受け身でなく活動的、積極的な意味での待ちきれない思いゆえである。コメンスキーは迫りくる最後の重要な予兆を預言する才を持っていたが、それを終末論的な確信の根拠とはしなかった。コメンスキーが当時の預言を安易に信じたことと、キリスト的な終末の出来事への彼の信仰との間に関連を見る必要はあるが、それらを不用意に混同しないよう、私たちは自戒しなければならない。コメンスキーの著作に散見される終末の年の算定も、信じようとしない読者を説得するための方便にすぎないように思える。こうした算出は、コメンスキーが『憂愁の人』の第一巻で主の口に言わせた次の文章の有効性を論破するものではない。

「あなたのすべきことは、私の時を待つことであり、私が（ここに預言や、時間を計算する役割を挿

入することができる）のために、自分の時間を変えることではない」

＊1　**ミリチ・ス・クロムニェジージェ**　Jan Milič z Kroměříže　ボヘミア（チェコ）の宗教改革者（生年不詳〜一三七四）。ヤン・ミリチともいう。大法官としてカール四世に仕えるが、司祭になり、最終的にプラハの大司教となる。一三六三年、その地位を捨て、聖職者と信徒の腐敗を正し、初代教会の福音に戻るよう説教を始める。

＊2　**ヤン・アーモス・コメンスキー**　Jan Amos Komenský　ボヘミアの神学者、近代教育学の創始者（一五九二〜一六七〇）。ヨハネス・アーモス・コメニウスの名でも知られる。ボヘミア兄弟団の牧師を務めた後、ポーランド、イギリス、スウェーデン、ハンガリーなどで執筆活動、教育改革を行う。知識を共有することこそが人類変革の最も有効な手段と考え、知識の体系化と百科全書的に理解する「汎知学」を提唱し〈すべての者にすべてのことを徹底的に〉を原則とする教育改革を目指した。

＊3　**トマス・アクィナス**　Thomas Aquinas　イタリアの神学者、スコラ哲学者（一二二五頃〜七四）。キリスト教思想とアリストテレス哲学を統合した神学体系を樹立。

＊4　**フィオーレのヨアキム**　Gioacchino da Fiore　イタリアの神秘主義思想家（一一四五頃〜一二〇二頃）。全世界の歴史を三つに区分して「父」「子」「聖霊」に対応させ、「父」を旧約聖書の時代、「子」を新約聖書の時代、「聖霊」を闘いが終わり愛がすべてを包む時代と捉えた。

＊5　〔原注〕T. F. Torrance, *The Eschatology of the Reformation*, 1953

＊6　〔原注〕J. B. Souček, *Theologie výkladu Kralické šestidílky*, Praha 1933

＊7　〔原注〕Milič, *Poslání papeži Urbanu V. a Libellus de Antichristo*, 1367

＊8 〔原注〕Milič, 注解 *Gratiae Dei*

＊9 **マチェイ・ズ・ヤノヴァ** Matěj z Janova ボヘミアの宗教改革者（一三五〇〜九三）。南ボヘミアの騎士階級出身。パリで神学を学び、帰国後に司祭となり、ミリチの宗教改革運動を継承する。

＊10 **ヤコウベク・ゼ・ストシーブラ** Jakoubek ze Stříbra ボヘミアの宗教改革者（一三七二〜一四二九）。プラハ大学で神学を学び、司祭に。平信徒への両種陪餐を行う。

＊11 〔原注〕Milič, 注解 *Gratiae Dei*

＊12 **コンラート・ヴァルトハウゼル** Konrád Waldhauser ボヘミアの宗教改革者（一三二六〜六九）。

＊13 〔原注〕Matěj z Janova, *Regulae* (Karel Chytil, *Antikrist v naukách a umění středověku*, 1918)

＊14 〔原注〕Matěj z Janova, *Regulae* (Kybal, Matthiae de Janov)

＊15 〔原注〕Matěj z Janova, *Regulae V*

＊16 **ヤン・シュチェクナ** Jan Štěkna ボヘミアのシトー会修道士（生没年不詳）。ヤン・フスの宗教改革運動に反対した。

＊17 **ブリギット** Birgitta スウェーデンの守護聖人ビルギッタ（一三〇三頃〜七三）。幼い頃から十字架にかかったイエスの幻視を見始め、この私的啓示をまとめた《Revelations》（「啓示」）は多大な影響を与えた。

＊18 **ヨフリーン・ズ・ヴォドニャン** Johlín z Vodňan ボヘミアの説教師、作家（生年不詳〜一四一六）。

＊19 **ヤン・フス** Jan Hus ボヘミアの宗教改革者（一三七〇頃〜一四一五）。農民の子として生まれ、カレル大学に学ぶ。一三九八年、同大学教授、一四〇一年より同大学哲学部長、〇二年同大学学長に就任し、ボヘミア思想界の代表人物として名を高める。イギリスの神学者ジョン・ウィクリフの思想に共鳴し、聖職者の不道徳な生活や司祭の蓄財、教会や貴族による人民からの搾取を批判した。また、聖書のチェコ語訳にも尽力した。一二年贖宥状をめぐって教会に反対し大破門される。一四年コンスタンツ公会議に召喚され、自説を撤回せず火刑に処される。この結果、フスを支持するボヘミア国民と神聖ローマ帝国との間で、二十年

近くに及ぶフス戦争を引き起こした。

＊20 **ウィクリフ**　John Wycliffe（Wyclif, Wiclif）　ジョン・ウィクリフ。イギリスの神学者（一三二〇／三〇～八四）。聖書のみが唯一の信仰の典拠であり、教皇の権威は聖書に基づくものではないとした。

＊21 〔原注〕一四一三年十一月の書簡。*Sto listů M. Jana Husi*, 1949

＊22 〔原注〕一四一四年十一月十六日の書簡。*Sto listů*

＊23 〔原注〕Jan z Chlumu 宛ての一四一五年三月五日の書簡。*Sto listů*

＊24 〔原注〕Zdeněk Nejedlý, *Počátky husitského zpěvu*, 1907

＊25 **イエロニーム・プラシュスキー**　Jeroným Pražský　ボヘミアの宗教改革者（一三六七／七八～一四一六）。カレル大学で学んだのち、オックスフォード大学でジョン・ウィクリフの思想に触れる。コンスタンツ公会議で、フスの後に火刑に処される。

＊26 **ターボル派**　フス派急進派のひとつ。ベヒニェ近郊に要塞都市を建設した。

＊27・28 〔原注〕Jan Hus, *Opera*（ed. Fracius Illyricus, *Opera omnia*, 1558）

＊29 〔原注〕Jakoubek, *Výklad Zjevení*, 1420–23

＊30 **ヒエロニムス**　Hieronymus　聖書学者（三四七頃～四二〇頃）。聖書のラテン語訳を行った。

＊31 〔原注〕F. M. Bartoš, *Husitství a cizina*, 1931

＊32 〔原注〕Jakoubek, *Výklad Zjevení I*

＊33 **ワルドー派**　十二世紀にフランス・リヨンの商人ワルドーが創始した俗人による説教団。

＊34 **ピカルディー派**　フス派急進派のひとつ。フランスのピカルディー地方からチェコに逃れた異端者に影響され、千年王国思想を有した。

＊35 Josef Macek, *Husitské revoluční hnutí*, Praha 1952

＊36 **ヤン・ジシュカ**　Jan Žižka　ボヘミアのフス派指導者、軍司令官（一三五八頃～一四二四）。フス派の急

進派であるターボル派を結成。軍を率い、神聖ローマ皇帝ジギスムントの十字軍をたびたび撃破した。

＊37 〔原注〕Josef Macek, *Ktož jsú boží bojovníci*, Praha 1951

＊38 **ヤン・ジェリフスキー** Jan Želivský フス派急進派（一三八〇〜一四二二）。一四一九年七月三十日、ジェリフスキーは支持者と聖シュチェパーン教会で両種陪餐のミサを行った後、カトリック派参事会議員らが集う市役所に向かい、逮捕されたフス派の解放を掛け合ううちに、参事会議員を市役所の窓から放り出す「プラハ窓外投擲事件」を起こす。以後、プラハ市の実権を掌握するも、二二年、フス派穏健派に殺害される。

＊39 〔原注〕F. M. Bartoš, *Do čtyř pražských artikulů*, 2.vyd. 1940

＊40 〔原注〕Vavřinec z Březové, *Husitská kronika*

＊41 〔原注〕Josef Macek, *Tábor I*, 1952

＊42 〔原注〕Vavřinec z Březové, *Husitská kronika*

＊43 〔原注〕*Tábor v husitském revolučním hnutí I*, 1952

＊44 〔原注〕*Archiv český VI*

＊45 〔原注〕Josef Macek, *Husitské revoluční hnutí*, 1952

＊46 **ミクラーシュ・ス・ペルフジモヴァ** Mikuláš z Pelhřimova ボヘミアのフス派司教（一三八五〜一四五九）。ターボル派の主軸メンバーとして説教活動を行う。

＊47 〔原注〕F. M. Bartoš, *Do čtyř pražských artikulů*, 1925

＊48 **マルチーネク・フースカ** Martin Húska ボヘミアの司教（生年不詳〜一四二一）。フス派の急進派ターボル派に属したが、千年王国思想が強いピカルディー派の指導者となる。フス派急進派・穏健派と対立し、火刑に処される。

＊49 〔原注〕Fr. Palacký が *Archiv český VI*, 内で刊行

＊50 〔原注〕Vavřinec z Březové, *Husitská kronika*

＊51 〔原注〕F. M. Bartoš, *Do čtyř pražských artikulů*, 1925

＊52 **ペトル・カニーシュ**　Petr Kániš　フス派の急進派アダム派の指導者（生年不詳〜一四二一）。フス派急進派・穏健派と対立し、火刑に処される。

＊53 〔原注〕*Petra Kániše vyznání víry o večeři Páně*, ed. Ant. Frinta, 1928

＊54 **アダム派**　フス派急進派のひとつ。アダムとイブの世界を理想とし、衣服を着用せず、結婚や財産の私有を否定した。

＊55・56 〔原注〕Jakoubek, *Výklad Zjevení*

＊57 **ミクラーシュ・ズ・ドラージュジャン**　Mikuláš z Drážďan　ドイツ人司祭（生年不詳〜一四一七）。チェコにワルドー派の思想をもたらした。異端審問で火刑に処される。

＊58 〔原注〕Josef Macek, *Tábor I*, 1952

＊59・60 〔原注〕J. Sedlák, *Mikuláš z Drážďan*, 1914

＊61 〔原注〕F.M.Bartoš, *Literární činnost Jakoubka*, 1925

＊62 〔原注〕*De purgatorio*

＊63 〔原注〕Amedeo Molnár, *Výzva Jana Želivského*, Praha 1954

＊64 〔原注〕Molnár, *Výzva Jana Želivského*, Praha 1954

＊65・66 〔原注〕Josef Macek, *Husitské revoluční hnutí*, Praha 1952

＊67 〔原注〕Jan Hus, *Opera*（ed. Otto Brunfels, 1524, Fracius Illyricus, *Opera omnia*, 1558）内で発表。著者は Pavel z Kravař。

＊68 **ダン族**　ヤコブの子ダンを開祖とする氏族。ダン族から反キリストが現れるという説があった。

＊69 〔原注〕F. M. Bartoš, *Husitství a cizina*, 1931

＊70 〔原注〕*Opera II*

＊71 〔原注〕Josef Pekař, *Žižka a jeho doba*, III, 1930

＊72 〔原注〕Josef Pekař, *Žižka a jeho doba*, II, 1928

＊73 〔原注〕F.M.Bartoš, *Listy bratra Jana Žižky*, Praha 1949

＊74 〔原注〕ジシュカの一四二三年の軍則。

＊75 **ピーター・ペイン** Peter Payne イギリス人神学者、宗教改革者（一三八〇～一四五六）。オックスフォード大学で学ぶも、ボヘミアの宗教改革に共鳴したことから異端の疑いをかけられカレル大学へ逃れる。

＊76 **プロコプ・ベリキー**（大プロコプ） Prokop Veliký（Holý） ボヘミアのフス派急進派司祭（一三八〇頃～一四三四）。ヤン・ジシュカの後継者としてフス派の軍事指導にあたる。

＊77 **プラハ四カ条** フス派が掲げた四つの方針。福音宣教の自由、平信徒への両種陪餐、聖職者の領土支配の禁止（世俗財産・収入の没収）、聖・俗裁判所の分離を指す。

＊78 〔原注〕Josef Macek, *Husitské revoluční hnutí*, 1952

＊79 **ヤン・ロキツァナ** Jan Rokycana ボヘミアのフス派神学者（一三九六～一四七一）。フス派穏健派としてカトリック教会との和平活動に努めた。

＊80 **ヤン・ス・プシーブラムニェ** Jan z Přibrami ボヘミアのフス派穏健派神学者（生年不詳～一四四八）。

＊81 〔原注〕Ladislav Klicman は、*Studie o Milíčovi z Kroměříže*, 1890 の中で部分的に Příbram の著作を出版。そこからの引用。

＊82 **ペトル・ヘルチツキー** Petr Chelčický 兄弟団の教義の確立者（一三九〇頃～一四六〇頃）。原始キリスト教への復帰を目指し、聖俗権力を否定。平等主義、非暴力を主張し、罪を犯すおそれのある都市生活、商業活動に従事しないように説いた。彼の教えに従う人々は互いに兄弟、姉妹と呼び合ったといわれる。

＊83 〔原注〕Petr Chelčický, *Síť víry*, ed. František Šimek, Praha, 1950

＊84・85・86 〔原注〕Petr Chelčický, *O boji duchovním*, ed. K. Krofta, 1911

＊87・88・89 〔原注〕Petr Chelčický, *Síť víry*, ed. František Šimek, Praha, 1950

＊90 ジェホシュ Řehoř（生年不詳～一四七四）。ヤン・ロキツァナの甥。ヘルチツキーやさまざまな宗派と接触するなかで、兄弟団を創設。

＊91 〔原注〕Jaroslav Bidlo, *Akty Jednoty bratrské I*, Brno 1915

＊92 〔原注〕一四六八年のロキツァナ宛ての最初の書簡 *Akty Jednoty bratrské I*, ed. Bidlo, 1915

＊93 ルカーシュ・プラジュスキー Lukáš Pražský 兄弟団の司祭、長老（一四六〇頃～一五二八）。第二世代の指導者として、兄弟団の拡大にともない初期の厳格な規律を緩和した。

＊94 〔原注〕*O pokušení*, 1521

＊95 ヤン・ブラホスラフ Jan Blahoslav 兄弟団の司祭（一五二三～七一）。兄弟団の歴史資料の収集、若い僧侶や信徒の教育に努める。音楽理論、翻訳においても優れ、讃美歌集の刊行や原典からの新約聖書のチェコ語訳を行った。

＊96 〔原注〕*Confessio fidei et religionis christianae*, Witenbergae, 1573

＊97 〔原注〕*Bratří radě města Vysokého Mejta*, 1471, *Akty Jednoty bratrské I*, ed. Bidlo, 1915

＊98 〔原注〕Tůma Přeloučský, *Spis o původu Jednoty a o chudých lidech*, 1502, ed. Vojtěch Sokol, Praha 1947

＊99 アウグスティヌス Augustinus 古代キリスト教最大の教父（三五四～四三〇）。マニ教に傾倒したのちキリスト教に回心。新プラトン哲学の影響を受け、ギリシア哲学とキリスト教を総合させた神学を構築。

＊100 〔原注〕Bratr Lukáš, *Otázky třetie většie*, 1523

＊101 〔原注〕Amedeo Molnár, *Bratr Lukáš*, 1948

＊102・103・104 〔原注〕Bratr Lukáš, *O gruntu viery*, 1525

＊105 〔原注〕E. Schlink, *Theologie der luth. Bekenntnisschriften*, 1946

＊106 〔原注〕T. F. Torrance, *The Eschatology of the Reformation*, 1953

＊107・108 〔原注〕Bratr Lukáš, *Spis o moci světa*, 1523

＊109 〔原注〕Bratr Lukáš, *Odpis proti odtržencům*, 1525

＊110 〔原注〕『信仰の数』（*Počet z víry a z učení křesťanského*）は一五三六年に二度出版された。

＊111 **ヤン・アウグスタ** Jan Augusta 兄弟団の司祭、長老（一五〇〇～七二）。兄弟団の活動が公的に認められるように活動するも一五四八～六四年投獄される。

＊112 **諸身分** それぞれの領域を代表して行政に関与した各地の諸侯、貴族、聖職者、都市代表者。

＊113 **ヤン・カーレフ** Jan Kálef 兄弟団の司祭（生年不詳～一五八八）。教会の一致に向け、他派閥とのさまざまな交渉に参加した。

＊114 〔原注〕P. Bayle, *Dictionnaire historique et critique*, 1699

＊115 〔原注〕Komenský, *Opera didactica omnia III*; *Unum necessarium 10*

＊116 〔原注〕Komenský, *Panorthosia, Všenáprava*

＊117 **ヨハン・ハインリヒ・アルシュテート** Johann Heinrich Alsted ドイツの神学者（一五八八～一六三八）。神学書のほか、「哲学百科全書」「大百科全書」などを著す。また終末を一六九四年と予言した。

＊118 **ヨハネス・フィッシェル・ピスカトール** Johannes Fischer Piscator ドイツの神学者（一五四六～一六二五）。カルヴァンの影響を受け、その立場からの聖書翻訳を初めて行った。

＊119 〔原注〕Komenský, *Lux e tenebris*, 1665 および *De zelo*

＊120 〔原注〕Komenský, *De zelo* etc.

＊121 **スキュラ** ギリシア神話に登場する怪物。

＊122 **カリュブディス** ギリシア神話に登場する怪物。

＊123 〔原注〕Komenský, *Truchlivý I*

＊124・125 〔原注〕Komenský, *Panorthosia, Všenáprava*

第2章　より新しい聖書研究に照らした兄弟団の神学の主たる動機

J・B・ソウチェク

他の宗教改革の流れと同様、ボヘミア（チェコ）の宗教改革も聖書から発し、聖書に拠り所を求め、聖書から内面的な確信を得、聖書によって自己を振り返り、改善しようとしてきた。この共通の改革指針は、何百年もの教会の伝統によってしばしば覆い隠されてきた聖書の証言の元来の意味を洞察するため、そしてその意味と対比することによって絶えず新たに教会の改善と立て直しを図るための聖書の新たな研究に刺激を与えてきた。ボヘミアの宗教改革の神学者たち、とりわけ兄弟団の神学者たちは、この方向において注目に値する功績を上げ、他ではあまり明確に指摘されてこなかった、聖書のいくつかの動機を特別な切迫感を持って指摘した。この作業はしかしながら、長い間、反宗教改革により妨げられてきた。それ以来、他の改革派教会の聖書研究は、重要かつ複雑な展開を見せたが、その主な特徴は、近代的な歴史的研究の成果である時代背景の詳細かつ広範な知識に基づいて、聖書の各叙述と型の元来の意味を正確に突き止めようとする努力であった。この批判的な聖書研究は、多くの不安を教会に与え、聖書の権威についての古い概念（言語霊感についての教え）を揺さぶり、いくつかの教会の潮流においては、至高で十全な神の言葉としてのイエス・キリスト信仰の本質的な要素を曇らせることになった。しかし、この批判的研究の長い経験はまた、福音教会は、この研究に対して不安に怯え、敵意を抱き、自らを閉ざす必要はないということも示した。なぜなら、研究の結果は、福音の証言が新鮮に理解されるように、また新しい状況の中で教会の改革、再生作業を行えるように、常に助ける効果をもたらしたからである。

従って私たちには、ボヘミア宗教改革の努力の生きた遺産を探す際に、その主な動機を、釈義および聖書神学の今日の状況と突き合わせてみることが求められる。どの程度、その動機が、今日の

聖書研究に求められている、聖書の証言の元来の方向性と意義の認識に合っているのだろうか。また どの程度、ボヘミア宗教改革者の思想における特殊な強調点が、逆に、他では軽視されている聖書の使信を指摘し、それによって聖書をよりよく理解するための、今日の批判的聖書研究に貢献できているのだろうか。もちろん、短い論文でこの問題の全領域を取り上げ、十分に深く検討することはできない。それでももし、特に兄弟団の神学の遺産が今日の聖書研究の生きた問題と出会うような、いくつかの重要な点を指摘できれば、今後の研究と熟考に役立つだろう。

1　教会の真の一致と必要な分裂を分けるもの

おそらく我が国の改革派神学者たちは、どこよりも切実に、真の教会の一致とは何を基盤にするものであり、何に基づくものでないのか、という問題に向き合ってきた。他の宗教改革者たちと同様、我が国の宗教改革の先駆者たちも、一致したキリスト教会の代表であることを望む中世の教会組織から軽い心で離れたのではない。利己的な動機や偶然といった副次的な動機ではなく、「救済の危機」自体が、彼らをローマ教会との外面的なつながりの断絶に追い立てたのである。そこには、信仰によって形づくられる良心を強いる神の言葉の真理の権威こそが、外面的な一致よりも重要であるという状況が存在しているという認識があった。これは改革派のすべての潮流に共通の認識である。しかし、他の大半の国々では、少なくともひとつの領土あるいは国家の枠組みで、目に見える形で一致した教会組織が長いこと保たれていた。我が国では、複数の教会形態が隣り合って共存

し、そのうち「一種聖餐」と「両種陪餐」の教会が国の憲法と法によって基本的に承認され保護される状況が、どこよりも早く定着していた。兄弟団は、一六〇九年までこの保護にあずかることができなかった。[*1] しかし彼らにとっては、彼らと同様に改革派の遺産から生じ、十六世紀にも絶えず福音教会の特徴を強めていった、自分たちよりはるかに大きな両種陪餐教会との関係をどのように理解するべきかが、より切迫した問題であった。この二つの形態のうち、一方が偽りの教会と見なされずに隣り合って生きていくことは、考えられることなのだろうか。こうした具体的な状況は、もちろん、教会の真の一致とは何を基盤にするかを、兄弟団の神学が並々ならぬ覚悟で自らに問いただすきっかけになった。もちろん、アウグスブルク信仰告白の第七条には、教会の真の一致のためには、福音の教えと聖餐の執行が一致していれば十分であると述べられている。しかしここで言っているのは、明らかに地域の異なる教会や信徒団の間での一致のことである。つまり、ひとつの国で、しかもひとつの場所で、ひとつの真のキリスト教会の部分である、と互いに認め合う複数の教会形態が隣り合って生きる可能性は考慮していない。さらに、すでに十六世紀に明らかになったことだが、確立しつつあった福音の正統教義、特にルター派は、ますます「福音の教えの一致」を、正確に形式化され、直に法で義務付けられた、教義の概念的表現の一致と捉えるようになった。これと異なり、兄弟団の信仰告白の第八条の三段落目と七段落目では、同じ場に隣り合って生きる、異なる教会形態の関係について、はっきりと疑問を呈している。それらひとつひとつを、一致教団と呼んでいる。それらの教会形態について、それら自身は聖なる公同の教会ではなく、単なるその一部であると述べ、それらをコリントの信徒団におけるさまざまな潮流にたとえている。このよう

に厳格な排他性を持たずに自らを謙虚に捉え、また自らを公同の教会と同一視せず、そもそも他の教団の認可を否定せず、常に自分自身に教会の主の意志への従順を問いかける一致教団は、キリストの教会の一致性（jednotnost）の否定ではなく、その実例であり、証明なのである。この教会一致の考え方が採用されたのは、事実上、一六〇九年の両種陪餐のチェコ教会の組織的な制定以降であり、その際に兄弟一致団（jednota bratrska）は一定の独立を維持したのだった。さらにまた兄弟一致団は、十六、十七世紀の信仰告白間の議論に、この考え方を基に参加した。最も有名なのは、『*Haggaeus redivivus*』であれ、告白主義者との論争であれ、また『遺書』であれ、コメンスキーの寄稿である。これらの出発点となったのは、一方では改革教会を「教皇側」から分ける違いが、教会の一致を教皇側の高慢な排他性からの悔い改めの条件としてしか見られないようにしながらも、他方では、しかしながら福音の教会間の違いは、教会の本質的な一致性を乱すものではない、という確信であった。ここで言っている違いは、もちろん単なる「習慣や儀式」の差ではない。そうした違いについては、さほど重要でない他の違いと同様に、アウグスブルク信仰告白の第七条も念頭に入れている。そうでなく、ここで生じているのは、大小を問わず、教義の形態や姿勢に関する違いである。これをコメンスキーは、聖書に示唆されているだけで解決されていない秘密についての把握および解説の単なる試みの違いだと見ようとする。こうした違いによって教会の一致を乱すことの危険は、度を超えた思索的な深みにはまらないこと、聖書が明白に私たちに問いかけていないことは質問しないこと、という聖書の簡素さの勧めに抗うものである。また、多様な潮流が「論争において自分を理解させようと」努力すること、つまり、多様な表現はおそらくひとつの同じ真理

の別の面を強調しているだけであることを理解するよう努力すること、という勧告にも抗うものである。これと関連して、聖書の表現には、私たちの理性には、互いに矛盾するように思えることがあることを思い出す。それらももちろん真の深みにおいては合致しているのだが、私たちはこの合致を概念的に表現するべく、何が何でも努力し続けるべきなのである。こうした聖書の理解の違いは、それらが本質、つまりキリストを否定していない限り、神に許されている、と私たちは信頼して満足してよいし、そうすべきである。私たちに自分なりの理解を他人に与えたり、ましてや押しつけたりする権限はない。このためコメンスキーは対話や論争に多くを期待しないのである(『*Haggaeus redivivus*』を参照)。

こうした考えの裏には次の問題が隠れている。何が教会の一致を正当な、そう、必要な分裂に導く違いで、何がそうでないのか。いつ私たちは相互の承認と兄弟の共同体の絆を断ってよい(なぜなら断たなければならないから)のだろうか。兄弟団の答えは、コメンスキーが形式化したように、大きな広がりを、神学的な忍耐を目指すものである。事実上、福音主義と教皇のカトリック主義との違いだけが、教会における真の違いである。私たちが知っている通り、コメンスキーのこの方針は神学書以外の著作、とりわけ『汎改善』ではより強まり、カトリック主義とまで、さらにおそらくキリスト教以外の宗教現象とまでも、共通の動機を模索している。どの程度まで、この傾向、さらにこの教団の兄弟主義の概念全体は、新約の証言と合致しているのだろうか。今の時代の聖書の探究にはどのように表れているのだろうか。

聖書に対する全体的な批判的視線、またその結果から導き出されるのは、聖書の一致、また新約

の一致すらも、一致して形成された教義体系を基にしているのではない、という認識である。概念的によく練られ、論理的に完全に筋の通った体系としての、完成済みの一致した新約の教義はない。新約聖書は、イエス・キリストについての伝えの集まりであり、それらの伝えは、別々の面に焦点を当てた、個々の主な証人によるものであり、さまざまなその時代の思想の流れの影響の下に考え抜かれ、さまざまな概念の道具を使って表現されたものである。従って、宗教改革以降の正統主義が使った方法によって、つまり、聖書の各書に出てくるすべての統一概念と想像が適切な場所に置かれ、表面的、概観的、論理的に結合された、統一の思想システムを築く試みによって、純粋な聖書の教義にたどりつくことはできない。逆にまず、主な個々の聖書の各層と各潮流（共観福音書、ヨハネ、パウロ……）の思想と使信の特殊性を把握し理解すること、それらの個性や独自性を正しく理解すること、早まって人工的に調和させないことが必要である。こうしてのみ、聖書の証人の使信の最も本質的な核心にたどりつくための、そしてこの深さにおいて、いかなる既成概念の定型よりも深いレベルで築かれた、それらの真の一致を徐々に理解するための前提を築き上げることができる。聖書の究極の一致を見つけることは、聖書の主であり王であり、教会の主でもあるイエス・キリスト自身が、人の言葉において私たちと出会い、その言葉を通して私たちに話しかけるものを、新たに理解する、常に個人的な行為である。

こうした近代の批判的聖書研究の内的論理に導かれる基本的立場は、ある意味、兄弟団の父たちがこの方向性で述べたり示したりしたすべてのことよりも、はるかに急進的である。この立場は、聖書には所与の形において互いに矛盾する多くの想像や考えが含まれうることを、コメンスキー以

上に躊躇なく認める。聖書の権威と重大さを、新たにはるかに可動的に理解するよう強いる。既成の所与の歴史的事実、またしっかり定められた概念形式としての信条を考慮して、大きな自由へと導く。しかしその一方で、この基本的視点は、聖書の使信の本質は、個人的な理解の行為であり、つまり、自分自身の思索作業なしに理解できないことを前提としている。聖書の主が証言を通して今ここで私たちに語りかけていることを、私たちは、主の語りかけを自分のものとし、主のメッセージを自分自身の考えによって、また自分自身の言葉でよく考えることによってのみ、理解できる。神学作業に対し、ここではコメンスキーが認めようとしたよりも、より重大な課題とより自由な発展が開けている。聖書のシンプルな言葉にこだわり、より深い思索を許すなというコメンスキーの助言は、一定の極端な思索や概念的な極端な鋭さに対しては非常に健全であるかもしれないが、厳格な禁止にはなれない。結局のところ、コメンスキーの助言はまだ明らかに、批判前の聖書主義、従って私たちの目にはややナイーブに映る聖書主義によって支えられているのである。

聖書の権威の新しい概念は、既成の各教義の定式化の違いを間違いなく相対化するが、根本的な相対主義に導くものではない。逆に、究極の真理を人間が適切に表現できない結果とは捉えられない違いや矛盾、つまり、それらの中に逆に、二者択一を強制し、教会の目に見える一致を乱す、真の対立を見なければならない違いや矛盾が現れる可能性を考慮している。このような違いは、一見些細な問題の際にも現れ、広い範囲で他の諸問題とともに歩んでいくこともある。このような性質は、たとえば、キリストを信じた異邦人に割礼を要求することに対する使徒パウロの無条件の反感にもあった。というのも当然ながらパウロはこの要求の中に、キリストの業とは異なる別の力と条

件への信頼、つまりキリストの至上性と十分性の危険な否定を見抜いたからである。同時にこの使徒は、違う形で成立した神学思想にも、イエス・キリストの至上性を乱さない限り、広範な寛容さを示した。たとえば、コリントの信徒への手紙一には、使徒言行録18章24–28節の示唆によるとパウロと深く異なる思想の主であったアポロに対する神学的論争の痕跡は見られない。

ここから導き出されるのは、教会が、キリスト教徒の（統一された共同体や強制的に統一された組織でなくても）なんらかの集まりにおいて、辛抱できるもの、辛抱しなければならないものと区別する違いを、簡単かつ明瞭に認識するための手引書はないということである。このような認識は常に宗教的な性質を持つ。そしてこうした認識が教会に与えられるのは、謙虚に学ぶ姿勢での（しかし決して盲目的、考えなしにではない！）聖書の証言との心の中の対話において、その時点の与えられた状況下で教会に示された道を探す時である。兄弟団の神学の著作におけるこの指針は、もちろん近代の聖書研究の成果をふまえたようには考えられていない。しかし、兄弟たちの遺産には、少なくともこの指針を示している動機がいくつか見られる。そのひとつは、注目すべきことだが、聖書を「奉仕の」事柄に組み入れたことであろう。ここには、機械的に聖書の権威を唱える考えに対する一定の異議と、聖書の真理の具体的な重要性を最新の形で教会生活に実現させる姿勢を見ることができる。

2　主の食卓と聖餐の終末論的な捉え方

十六世紀の告白の対話における特殊な歴史的状況と問題の内的な重大さによって条件づけられるのは、聖書の下に真の教会の一致を見つけようとする兄弟の努力が、主の食卓の本質を考えることによって、ある程度具体的に表されることである。兄弟団の信仰告白（第十三条五項）は、意識的に「誇張する者と過小評価する者の中庸に」留まる。より厳密に言うと、一方では聖変化に対抗し、他方ではキリストとその体と血が実体として伴わない、純粋にシンボル的な主の食卓の概念に対抗する兄弟団の姿勢である。実際には、兄弟の概念は、反論するわけでも排他的なわけでもないが、明らかにルター派の共在説とも異なるさらに狭い道をゆく。中世の神学伝統の主な考えを下敷きにした概念だが、主の晩餐の新約の意味のより新しい研究の主な動機と対比しても内容的によく持ちこたえるものである。この複雑で難しい題材は、まだまだ議論も不明な点も多い。全体としてはしかし、新約と初代教会においては、主の晩餐を自ら実際に十字架に架けられて復活した主との接触と捉えている、とすべてが示している。その中で主は、私たち罪人との自らの慈愛に満ちた食卓を常に更新し、自分の永遠の王国における自らの完全な存在を、私たちに十分請け合い、私たちに前もって味見させるのである。主の食卓は従って、単なるイエスの思い出や宗教的事実の象徴以上のものである。イエス・キリストは食卓に実際に居合わせる。イエスの臨在はしかし、天の物質としての秘跡のパンと葡萄酒の想像と結びついたものではない。主の晩餐の問題全般を実体の問題に絞

るのは、明らかに、古代の神秘的空気の影響、また後のギリシア哲学の伝統の思想カテゴリーの影響である。不明なまま残されているのは、コリントの信徒への手紙一10章16節のキリストの体と血をあずかることとしての杯とパンの表現が、どの程度キリストの臨在を特殊な方法によってパンと葡萄酒に関係づけているか、ということである。この不明さはおそらく、カルヴァンとルター派神学者たちを不一致に導いたものと同じである。明らかにカトリック主義とツヴィングリの間だけでなく、ルターとカルヴァンの間をも歩もうとした兄弟たちの立ち位置は、それゆえにその時代の新約の研究に照らして、まさに新しい重要性が得られるかもしれないのである。ただ、かつては伝統的な実体の概念の助けで導かれていた議論を、よりよく聖書の思想に即した終末論のカテゴリーに移すことが必要である。この点でも、兄弟、そしてボヘミア宗教改革全般の伝統において、注目に値する傾向があった。本書のアメデオ・モルナールの論考が示しているのは、いかに主の食卓の終末論的な意義が、他の宗教改革よりもボヘミア宗教改革の伝統全体においてよく理解され、しっかりと適用されているか、ということである。さらに特別なのは、モルナールがすでにヤン・ジェリフスキーにおいて、また時折、他のボヘミア宗教改革の思想の発展においても見出していたことだが、主の食卓が共同体的、そう、まさに社会的な意味で把握されていたことである。この動機は十六世紀の通常の問題に専心した信仰告白の各書ではあまり取り上げられず、またボヘミア宗教改革史の後半期、聖書的な革命傾向の音量が下がる中で、おそらく全般的にやや弱まった。しかし、この動機の中にこそ、同時代の聖書研究の指針なり導針になりうる、実りある核心があるのは間違いない。初期キリスト教の主の食卓と、やはりともに食卓につき、皆が満たされることで表現された

信徒団の交わりとの関連性は、聖書研究の対象にならなかったわけではないが、しかるべき注目を浴びることがなかったのは明らかである。この動機には事実上、いかに「崇拝的」観点と「社会的」観点の対立が人工的であり、新約の教会において非現実であるか、という重大な認識が含まれているのだが。また、両観点の分離できない結びつきには、精神的な現実と具体的な現実を厳しく排他的に対立させず、神の創造的および救済的行為に基づいた本質的な関連を示す、基本的な聖書の姿勢の結果を見ることができ、また見なければならない。

3　信仰と行為の関係性

ここから無理することなく兄弟団の神学の別の重要な動機に焦点を当てることができる。モルナールも上述の論考にて改めて解説しているが、兄弟団がすでに十五世紀末に、その内面的な前提から、兄弟ルカーシュの著作において、義に見合う行為を要求することのない、信仰による義についての使信の核心を認識していたことは、よく知られている。兄弟団はこれによって、初代の兄弟団の特徴であり、精神的にも道徳的にも彼らを不満足な状態に追い込んだ、世界へのあまりに窮屈で息苦しい関係から、自らを解放した。このため後に兄弟団はルターのメッセージに関心と肯定的な理解を持って耳を傾けたが、しかし無条件に受け入れたのではない。兄弟団を導いたのはその特質への関心ではなく、キリストの業には義認だけでなく聖化も含まれ、赦しの福音とは、信仰が従順であるという縛りでもあることが、ルター教会の理論と実践においては幾分隠されてしまうことへ

の懸念であった。兄弟団は、これを「生ける信仰」という言葉で好んで強調した。これは間違いなく「死んだ信仰」（ヤコブの手紙2章26節）との議論から引き出したものである。ここから理解できるのは、ルターが一度ならずヤコブの手紙を、恵みのパウロの福音の解放的な明瞭さを損なわせる書と表現したのは、兄弟団にはなじみのない見解、そう、議論のある主張だったことである。従って、この兄弟団による生きた信仰の強調、具体的には、ヤコブの手紙への肯定的な傾向が、今日の新約の研究に照らした時にどうであるかを問うのは適切なことである。

1で述べた、聖書への全般的に批判的なアプローチから当然導き出せるのは、パウロと「ヤコブ」の論述を、何が何でも調和させたり、両者の大きな違いを否定するようなことはできず、その必要もないということである。逆に、パウロの義に関する教義とヤコブの教義が一致しないことをルターは正しく指摘したという主張も未だに読み取ることもできる。まさに文章の構造に限って言えば、それ以外の結論にはならない。というのも、ヤコブの手紙2章23－24節は、創世記15章6節の引用を、パウロによるローマの信徒への手紙4章3節、ガラテヤの信徒への手紙3章6節とはまさに正反対の意味で利用している！　しかしこれはまだ、新約の両証人のメッセージが、その本来の意味において排他的で妥協できない対立にあることを意味するのではない。人工的で窮屈な調和と、非妥協的な対立の叙述の間の第三の道がないというのは真実ではない。すでに指摘したように、批判的研究の視線と結果から学べる聖書アプローチは、各聖書の型にその独自の顔を残したまま、早まってそれらを無理に調和させることなく、聖書のメッセージの生きた一致に向けて徐々に把握していくことを可能にする。この観点は、新約のメッセージ全体におけるヤコブの書簡とその使命

るたとえであるだけでなく、その本来の本質の具体的な実証である。この信仰は本物ではない、な食べ飽きなさい」と言いながら、真に助けない（2章15－16節）のは、行いを伴わない信仰の単なの純粋に内面的な宗教性、生きた交わりからかけ離れた宗教性にほかならない。誰かに「暖まって、同様らである。行いを伴わない信仰とは、2章の後半でも警告しているが、この関連に基づくと、同様音書5章22節、ヨハネの手紙一3章15節によると、「殺すな！」という戒めを破ることと同じだかもある道徳性への反発を意図する。というのも愛の戒めをおろそかにすることは、マタイによる福に同様の、純粋に個人的な敬虔さとそれに結びついた個人的な、さらに禁欲的な特徴を帯びることるな」という戒めだけでなく「殺すな」という戒めも当てはまるという2章11節の指摘は、明らか帯の結束と責務をおろそかにするキリスト教の考え方への警告であることを示している。「姦淫す硬に）は、ヤコブのメッセージの核心が、内面の敬虔さを育てることに汲々として生きた兄弟の連知られた攻撃（まずすぐに1章9－11節で、さらに2章1－13節、4章13－15節、5章1－6節ではより強組み入れていないかどうか自問せよと促す。まったく、富裕者の高慢さと宗教的な傲慢さへのよくが行いを伴わない死んだ信仰への警告を、より広く、「より教会的」で、より信徒団的な枠組みに兄弟団の神学的伝統の独特の貢献、彼らのキリストの信仰への共同体的本質への注目は、「ヤコブ」いう個人の道徳行為のことであるはずである、とおそらく無意識に理解してしまう嫌いがあった。少なくともパリサイ的な意味の行為、つまり個人が神の前で救済されるに値するようになりたいと
　しかしこの件の分析と思考は、「信仰と行為」の関係をあまりに分離させ、これは中世的または
に関する限り、明らかに当てはまると言える。

ぜなら兄弟の共同体の愛における生き方から引き裂かれているからである。こうした信仰は愛を通じた信仰ではない、従って決して信仰ではなく、己を欺くことであり、この自己欺瞞については、自分自身を鏡に映して見る人についてのたとえ話で語られている（1章23‐25節）。ヤコブの忠告をこの観点で見た時に明らかになるのは、この忠告の本来の意味は、私たちが自分個人の宗教的および道徳的高さを示して神の前で個人的な功績を得るためにふさわしい行為を行うことへの励ましとは正反対だということである。ルターの理解の基本的な不足またはルターによるヤコブの無理解は、使徒は、個人的な救済の確保の努力と個人的な宗教・道徳文化の数百年の伝統に培われた修道士ルターと当然同じように考えていたはずだとして、ヤコブの言葉を読んだことである。ほんとうのところは、教会の交わりの現実、従って信仰の正しさが、精神的にも社会的にも身勝手な、内面的な宗教性と個人的な道徳性の崇拝によって乱されてはならない、という話だったのである。これは、パウロの使信と思想の真の本質との矛盾でなく一致である。パウロは常に愛の義務を思い出させようとし、この義務を兄弟の生きた、活動的な、ともに保証し合う親交を築く枠組みに組み入れた。兄弟団の神学的および生き方の遺産に含まれている刺激は、新約の釈義と未解決の神学的問題の解決において、実りの豊かさを立証しているのである。

4　終末論とこの世への希望

非常に困難で幅の広い課題は、終末論およびそれに関連する「世界」に対する関係の問題につい

ての兄弟団の考え方と、同時代の釈義の研究に照らして示される新約の証言を、対比することである。この課題の難しいことには、現時点ではこの解決に向けていくつか断片的なコメントを挙げられるだけである。

難しさは両方の側にある。モルナールの論考でも明らかにされているように、チェコの宗教改革の終末論的な考えを、無理なく共通の分母に移行させることは簡単ではない。それについて全体的な概観図を示すのはさらに簡単ではない。簡単ではなく、絶えず新たに多様な逸脱が生まれ、最初の勢いが弱まりながらも、宗教改革の動きの元来の衝撃は、チェコに定着していったのである。つまり、終末論的な希望を個人化、単なる内面化、教会の機関化から解放し、その歴史的重要性、変革的な批判性、能動的な希望性を適用させる試みのことである。

こちら側での難しさは、新約の終末論の意義と本来の性質についての同時代の議論が定まらず、変わりやすい性質であることと一致する。今日の新約の研究全体はもちろん、新約の信仰と使信の根本的に終末論的な性質について認識を持っているが、これによって正統主義だけでなくリベラルな方向の釈義も新約の神学の本来の意義の解説にあたって奇妙にも終末論を無視していた時期は、約半世紀前に突如終わっていた。しかし終末論の中心的な意味を認めることで問題は終わったのではなく、むしろ始まったのであった。新約聖書の終末論的希望とはどのような特徴なのであろうか。その真の意味は何か。どのようにそれを解釈し、自分たちの状況と課題のために、「翻訳」すべきだろうか。一目見て明らかなのは、(初期の預言者のものにせよ、黙示的なものにせよ) 旧約聖書の終末論と異なり、新約の希望は、イエス・キリストという人物に集中し、注目している点が特徴である

ことである。イエスのこの世への到来、彼の業、彼の死と復活、神の右手の座への昇進、彼の隠れているけれども臨在している強力な支配、未来の到来においてその支配が明らかにされること、これらが、新約の使信と新約の思考に基づく本来の終末論的な出来事である。ここから導き出せるのは、新約聖書における終末論的な展望は、特殊な方法で更新、集中化、また臨在化されているということである。というのも基本的な終末論的出来事はもう起きたことだからである！　この事物の状況を、更新され、二重にされ、あるいは実現までされた終末論についての定式で表現するのは簡単である。簡単でないのは、こうした、助けとなる定式の本来の意味を正しく理解することである。すべての基本的なことは、今もここで信仰によって私たちが受け止めているイエス・キリストの臨在によって与えられているのだから、未来への展望は現実には重要性を失っていることにならないだろうか。イエス・キリストへのこの集中によって、終末論はその歴史的広がりを奪われていないのだろうか。旧約聖書の終末論的希望は、基本的に契約の民の連帯、イスラエルに関わることなので、その結果、イスラエルが関わるその他のすべての歴史的事項に関連することになった。これは古い預言者には自明なことであるが、黙示文学もまだ、イスラエルの運命との本質的なつながりを否定していない。イエス・キリストへの集中によって、希望は、すべての民族と言語に呼びかけられたイエスの新しい民へと広がり、こうしてあらゆる民族の境界が取り払われた。しかし、個人的な信仰の決意や信仰告白や洗礼の印によって誰でもこの民の手足になれる、従って希望の継承者にもなれるという強調により、この希望と、人の連帯の具体的な運命との関係が弱まった。あるいは少なくともあいまいになった。キリスト教の終末論を、歴史上の出来事の経過との一切の結びつき

から引き離し、個人の信仰行為によって受け入れられる、使信の常に新たな状態で展開される出来事に集中させるこの傾向は、正しい考えなのだろうか。特に第四の福音書では、終末論的待望は、大部分、イエス・キリストへの信仰の出来事に集中しており、そしてその出来事は今ここでも、福音が宣べ伝えられるどこであれ起きるのである。ここから、少なくとも新約聖書の最も論理的な思想家たちにおける、終末論の「歴史離れ」についての言葉の一定の正当性を引き出すことができる。この考え方は、別の言葉でいうと、新約聖書の終末論は歴史の終わりを宣べ伝えるもので、その解釈をするものではないという定式文でも表現できる。これは、今日の新約研究において非常に重要で影響力のある考え方である。というのも、これはルドルフ・ブルトマンの聖書神学概念の基本テーゼのひとつだからである。

しかしこれはほんとうに的を射た適切な考え方なのだろうか。これが当てはまるとしたら、それは新約の終末論のすべての具体的な叙述が、新約の使信の元来の意味に一致しない、単なる伝統的な時代遅れとみなされるはめになる。どの部分のことかというと、共観福音書、パウロの終末論の多くの要素における黙示的な要素、さらにヨハネの終末論のいくつかのモチーフ（それらのモチーフが、やや独自の判断によって改変と宣言されない限り！）、特にヨハネの黙示録である。あるいは問題全体を左右するのは、この聖書の最終書の解釈なのかもしれない。この課題は簡単ではなく、まだ熟した解決策がないのは明らかである。いくつか見解を示せるだけである。もちろん、ヨハネの黙示録は、不透明な描写と全体的に神秘的事項の具体化を扱ったユダヤの黙示文学の遺産を大いに受け継いでいる。この書が原始的で精神的に非生産的な預言へと誘惑する危険は、教会史において常に

大きなものであった。まさにこの書に関しては「非神話化」の必要性が特に切実であり、もっともなことである。かと言って私たちの思考と人生の方向づけのために、新約の信仰と使信の解説を試みる際に、この書を外すのは致命的な誤りであろう。というのもこの書は、新約の各書のうちで、最も顕著に旧約の預言（つまり、神の民、イエス・キリストの真の教会において起きていることは、部分的、私的、個人的なことのみでなく、そこにおいてこそ、人のすべての連帯の、歴史上の存在の意義、目的、達成について、密かにだが最も現実的に決定されるという確信）の基本的思想を示しているからである。より詳細に深く聖書を解釈すれば、いかにヨハネの黙示録の黙示的伝統の土壌において、神の国の到来の日付を計算する試みに見られるような、神の業を具体化する黙示的な努力が、克服されているかが明らかになるだろう。より重要なのは、いかにこの書のキリスト教性が、次のことによって表現されているかということである。つまり、世界にとって教会における出来事の決定的な意味は、表面的な教会の勝利や支配によってではなく、むしろ試練や不正に対する、教会の我慢強く、ぶれない忍耐強さによって示されるということである。

私たちとの関連で最も大切なのは、ヨハネの黙示録を、キリスト教の希望と、人類史の連帯的な生活全般が「ねじれの位置」にあるという見解と、一致させることはできないという現実である。ここで取り上げているのは、決して抽象的な論理の問題だけではない。兄弟団の宗教改革の遺産とのつながりは人工的なものではない。ブルトマンが目指す方向であるように見える福音書の「脱歴史的」解釈が正しいならば、ボヘミア宗教改革の遺産の基本傾向として認識される、終末論を個人に狭める傾向を除く努力は、実は誤解と誤りだったという結論を否定するのは難しいだろう。他方

で、支配的でなく、厳格でなく、静けさ・忍耐・苦しみに対して備えのできた教会こそが、世界のための本質的な意味とかけがえのない責任を持っているという兄弟の確信が、新約の具体的な終末論の路線に頼るのはもっともなことである。そしてその新約の具体的な終末論が最も明確に表現されたものが、難解な表現の衣服にくるまれているけれども、ヨハネの黙示録なのである。兄弟団の信仰告白の第十六条「領主または世俗の力について」は、国家権力に対するキリスト論的理解と理由づけに関する、十分に透明ではないが注目に値する試み（「領主は神の代理であるだけでなく、子羊の代理でもある……」）を含んでいるが、それは宗教改革の各告白書では、明らかに珍しいものである。この試みを支えるため、兄弟団の信仰告白は、「地の王たちは、自分たちの光栄を子羊の都、キリストの教会に携えて来る」という21章24節の言葉を含めてヨハネの黙示録を大いに拠り所にする。ここに、モルナールが兄弟団の神学者の研究で繰り返し指摘している、終末的な希望の肯定的な意義の証拠を見ることができる。これは終末論の中に、先行する人のあらゆる希望の限界、批判、そう、否定しか見出さなかった一定の神学的伝統と釣り合いを取るために必要なものなのである。明らかに、永遠の命のキリストへの大きな希望は、人間の小さな希望へのぎこちない執着や絶対化からの解放でもあるのであり、彼らの基本的な敵ではない。逆に大きな希望は、キリスト教徒がこの世の期待と展望の枠内において、基本的に展望のない諦念の側でなく、希望と肯定の側につくように導く。コメンスキーを最も偉大な人物とする兄弟団の指導者たちは、キリスト教の希望のこの面について、大半の他の改革派の者たちよりもよく知っていたように思える。この点でも、彼らは聖書の使信の正しい意味の正しい理解への道の指標だったのである。

私たちの見解は、根本的に広め、深める必要があるだろう。ともあれこの概略的な本稿も、兄弟団の遺産と、聖書の新たに明らかになった世界との対比が、いかに実りあるものになりうるか、また、いかに聖書について父たちと対話することが私たちの思想と決断において正しい方向性を見つけるために真の助けになりうるかを示したであろう。

＊1　一六〇九年にオーストリア皇帝・神聖ローマ皇帝ルドルフ二世によって信教の自由を認める勅書が発布された。これにより、フス派戦争の講和条約「バーゼル協約」（一四三六）で容認されたフス派穏健派（聖杯派）だけでなく、兄弟団、ルター派にも信仰の自由が拡大された。

第3章　寛容令から今日へ

L・ブロッシュ

はじめに

読者が本稿で何か新しい発見を求めるならば、落胆することになるだろう。本稿では新しい発見ではなく、周知の事実やあまり知られていない事実についての筆者の解説の試みを目にすることになるだろう。これは初めに断っておこう。しかもこれは、この百七十年にわたるボヘミアのプロテスタンティズムの生の神学的解釈の試みとすら呼べないものであるかもしれない。このような作業には、まだ多くの不可欠な前提条件が足りないからである。というのも研究対象にはかなり直近の歴史、そう、私たちの教会生活において昨日起きたばかりの歴史も含まれる。このような素材の解説を試みたことのある人ならば、完成原稿を前にして、当初よりもはるかに多くの疑問を抱えることになるのを知っているだろう。新しい史料に出会って多くの疑問に遭遇するたびに、いかに毎回、全体的な描写と分析の正しさと適切さを求める課題が仲よく連れ立ってくることか。そもそも時間的隔たりもほとんどなく、原因や結果、関係や関連性を分析することは可能なのだろうか。不当に扱わずに？　真理を覆い隠すことなく？　周辺的な二次的な意味の事実を過大評価することなく、出来事の核心を見抜くことが？　おそらく不可能だろう。そしてほぼ間違いなく、筆者は語りやすい素材や自分の率直な願望に屈してしまうだろう。そしてきっと間違いなく、このつい最近の歴史や昨日の歴史の真の意義を見つけることは、将来の議論の課題として残ることになるだろう。

これを種々の至らない点の弁解や用心深さとして受け止めないでほしい。というのも私はこのあ

まりに生きた素材の解釈がもたらす危うさを明確に意識し、また要求される責任を意識して、あえて以降の論考を提示するつもりだからである。なぜなら、私たちが自分たちの教会の状況を理解すべきであり、そしてその状況を乗り切りたいなら、この作業をすでに今日行うべきだと確信するからである。

次にこの作業を行った方法について述べる。

私は客観的な教会歴史学が存在するとは信じない。もちろん各教区の年代記、会合や総会やシノド（幹部会）の記録、回想録、教区の年鑑、大きな保存史料といったこれらすべての保存文書は、非常に明確に語ることができる。しかし少しでも現在の教会の問題やキリスト教徒の教区の実際の生活に通じている人に、こうした文書の記録が生きた現実を捉えている、と納得させることはできない。

それに対して、すべての歴史家は、物事を明らかにしすぎる特殊な才を持っている。彼らの歴史的フォーマットが生まれて以来、歴史家は多かれ少なかれ、世俗の実証性と楽観的な現実性という特殊な特徴を授かっている。これは間違いなく、人間の活動のあらゆる領域にとって非常に価値のある、求められる性質である。しかしこの価値は神学と教会の領域には当てはまらない。私たちの研究領域では、この貴重な才を持つ人々は、取り返しのつかない害をなすことがありうる。

というのも教会で取り上げられることは、個人であれ共同体であれ人を主題とした交わりのことではない。つまり、人の交わりが優先ではない。人の主題は単にキリスト教会の概念の形式的な定義や内容であって、そうした内容は召命して義務を課す神の言葉によって立たされ、また倒れるも

のである。預言者と使徒の証言の中で語られる神の言葉が、教会の存在の基本なのである。従って教会を主題として捉えるのはキリスト教として正当ではない。イエス・キリストの教会は、自身のために闘ったり、説教したり、振るまったり、そう、自身のために書くのではなく、尋ねられている者として、神の質問、戒律、約束に応える者として、闘い、説教し、振るまう。いかに教会が輝かしい表現をしても、それは語りかける神の栄光のくすんだ反射光にすぎず、あらゆる教会の病性、熱意のなさ、弱さは、神の言葉の不在の印にすぎない。このため教会は対象として評価されなければならない。そしてすべての教会の行為は、イエス・キリストとの結びつきを築く、教会の基本的な存在の中に見られなければならない。

同様に、教会の教義や神学は、キリスト教的に正当な研究において、独立した偉大な存在として振るまってはならない。聖所や神聖な場になるつもりなどなく、人間の精神的活動であり、叙述・分析・結果の理論または体系であるとわきまえている神学の場合でも、人の参加は二次的であり、二次的であるべきであり、先頭に立ち第一にくるのは、生きた神の言葉であることを忘れてはならない。従って本稿の私たちの歴史的、解釈的な関心も、「その基本的な関係において、誰に栄誉は留まるのか、神の言葉か、または神学か」という質問で導かれなければならない。

この取り組みは容易ではない。人間的な見方では、あまり期待の持てるものではない。学問的、歴史的に事柄を明らかにしようとしてもあいまいに終わるだけだろう。しかもこの取り組みの結末としてくるのはある種の諦め、または少なくとも遠慮深いつつましさであり、そうした諦めと遠慮深さとともに、神学者は黙って定められた場所に立ち、記録や分析をやめ、生きた神の言葉の、人

には理解できることのない道について謙虚に思案し始めることになる。そして神の言葉の道が、メカニズムではなく、思い通りに風を吹かせる聖霊による、人には理解できないながらも、動的に密かに愛の鼓動を打つ生きた生であることを、驚きとともに見出すことになる。

もちろん、神の言葉は人の事柄、つまり人間の交わりと思想の問題としての教会と神学の事柄を明らかにする。しかし多くの場合、風変わりな、賢明な人間にとっては侮辱的な方法で明らかになる。というのも、神の言葉は、人の罪深い事柄を、自らの受肉、ベツレヘムの貧困、十字架という馬鹿らしさによって明らかにし、説明するからである。

それに反して、歴史家や教会のすべての冷静な理性は、まことに論理的で現実的で実証的であるが、同時にまことに不適切ででっちあげであるフィクションしかつくりあげられないのである。

ボヘミア兄弟団誕生までの宗教的寛容の歴史

ボヘミア兄弟団の福音派の教会と神学の現状を理解するためには、過去三、四十年を振り返るだけでなく、一九一八年の統一前[*1]のボヘミアの福音教会の生活について考えること、そう、さらにそこから百四十年前の、つまり一七八一年の宗教寛容令[*2]まで遡って振り返る必要がある。我々の教会の現状をざっと観察しただけでも、この一見回り道である歴史的方法を存分に活用しない限り、答えの出ない問題や疑問と出会う。

なぜ、チェコ兄弟団福音教会[*3]なのだろうか。なぜ、チェコ兄弟団教会や、福音教会だけではいけ

ないのだろうか。どこからこの教会は、改革派、そしてまたルター派の信仰心を変わらずに得ているのだろうか。この教会の信条はいかなるものなのだろうか。一九一八年には二つの信条*4を受け入れたこの教会が、なぜ最近では四つの信仰*5を受け入れているのだろうか。なぜ、この統一した教会の聖書を読む素朴な信仰心の伝統は、三十五年の存在期間全体にわたって、教会の社会活動(spolkarstvi)にまで発展したいわば教会の文化社会的な帰属の伝統と闘っているのだろうか。どうしてこの教会の神学の教壇には今も昔も一見対立する人物、時にはほんとうに対立する人物がこれほど現れるのだろうか。どうしてこの教会には俗人の生活を最も強調する典型的な長老派のスタイルで暮らす教区のほかに、教区牧師に始まって、残念ながら教区牧師に終わる教区が存在するのだろうか。どうしてこの三十万人の人員のひとつの教会の領域に、深刻なことに、全世界の公会議の問題のかなりの部分が押し込められているのだろうか。そして最後に、どうしてこの教会はボヘミアやモラヴィアのプロテスタントの中で、ボヘミア宗教改革の唯一の遺産継承者ではないのだろうか、なぜ、この貴重な遺産の他の真剣な候補者たちと競わなければならないのか。

　これらは教会をざっと観察した場合の初歩的な質問である。この教会の真の鼓動に耳をすまそうとするならば、この教会の力を試してみようとするならば、この教会の教区の生活、信者の信仰、重要な表現者の神学を理解しようとするならば、少なくともこの教会の歴史的成長の基本的特徴を知ることが必要になる。

一七八一年十月十三日、オーストリア皇帝ヨーゼフ二世は、いわゆる寛容令を発布し、「アウグ

スブルクとスイスの宗教の信仰告白者」および（正教会の）「統一されていないギリシア人」に対し、宗教の「個人的な行い」を認めた。こうして一六二〇年の白山（ビーラー・ホラ）の戦いでのボヘミア軍の敗北以降、皇帝と教会が決断し、その後百六十年にわたり、ハプスブルク家がローマ教会の権力者とともに、すべての改革派に対する頑固極まりない憎しみを胸に推進し続けてきた、ボヘミアの領邦の強制的な再カトリック化の時代が終わった。多数が戦死し、多くの自由民は土地を離れ、多くの農奴は逃亡した。大多数はもちろん、その地に留まり、度重なる迫害を生き抜こうとした。その一部は、すぐに再カトリック化の第一波に屈した。特に三十年戦争後は、反宗教改革活動が広範に広がり、その活動は、カトリックの伝道者の熱狂が、体系的で目的意識のある方法、隠れ福音派とその説教者を探る諜報活動、焚書、改革派の遺産の強情な支持者全員の処罰を強要する支配権力の圧力と結びついたものだった。しかし、この地に留まった者の大半は、憎く思う宗教を形式的、表面的にのみ受け入れ、隠れ福音派となる辛い運命を選択した。ヨーゼフ二世の母、厳しく敬虔なカトリック教徒であった女帝マリア・テレジアの治世下（一七四〇～八〇）でもプロテスタントの激しい迫害と投獄は続き、プロテスタントは大挙してプロイセン、シレジア、ザクセン、ハンガリー、トランシルヴァニアに逃亡した。従ってヨーゼフ二世の寛容令は、オーストリアの教会政治の根本的な変化を意味した。しかし時に言われるように、これは単なるヨーゼフ二世の啓蒙主義の表れだったのではない。この啓蒙的なハプスブルク家の人物に私たちの父たちが感激して感謝した、というのも正しくない。

当時の史料に照合してみると、逆に寛容令は、政府の政治的譲歩のひとつ、崩壊しつつある君主

制をさほど財政的負担をかけずに立て直す試みのひとつであったように見える。オーストリア帝国の崩壊の兆しの現れをその数十年後に見るのに慣れた私たちの目には、奇妙に映るかもしれないが、すでに一七七一年、ヨーゼフ二世はボヘミアを回った際に、領邦内の状況維持の危機を見出していた。とりわけ質素な民の貧困に強い印象を受けた。人々が草の根や糠(ぬか)や草を食べ、飢えや病で死んでいく様子を実際に目の当たりにした。そして母、女帝との関係を維持しながらも、緊急の改革を要請した。なぜなら、「さもなければ、国家は取り返しのつかない破滅に向かう。国家は今のところ死に瀕してはいないが、道徳的な死を迎えることになりかねない。もし人口が減り、土地が荒廃し、農民の整った土地（fundus instructus）が減り、家畜が減り、交易が停滞し、租税が集まらなくなり、収入が減り、農奴は飢え、町民は物乞いをし、領主は高利貸しの手口で維持しなければならず、国家は新たな借金を重ね、資本は縮小し、信用取引は下がり始め、軍隊は維持できずに縮小を余儀なくされ、国家の役人の給料の支払いは滞り、多くの年金生活者は年金をもらえず、国家の権力は揺らぐならば……。こうした状態は部分的にすでに現実となっており、このまま何も対策を講じなかったら、予想以上に早くこの状態は広がるだろう」。

改革というものは、えてして後手に回るというのが基本的な特徴である。ヨーゼフの改革の際も、改革に先立つ一七七五年、農奴の大暴動が起きていた。この暴動が最も拡大した地域は、A・レゼクが指摘しているように、後に寛容令の発令後にスイス教区が最も多く生まれ、最も激しくセクト主義が現れた地域だった。暴動の外的な誘因は、言葉に言い尽くせないほどの領主の搾取により引き起こされた貧困であった。しかし、すでに当時から、論点は労役よりも宗教であると感じていた

者もおり、多くの場所で、暴動を起こした農民自身が、肉体および宗教の自由のために闘っている、と主張していた。農民たちは世俗領主の財産を破壊した――当時、二十八の館が略奪や放火に遭った――が、同時に憎い宗教の絵画、祭壇、あらゆる象徴も破壊し、司祭にも暴力を振るった。社会的要因と宗教的要因のどちらが大きな要因だったのかを判断するのは難しい。両要素は混在していたからである。というのも農奴に労役や宗教を強要し、農奴を最も苦しめた領土の領主は、多くの場合、聖職者の領主だったのである。教皇大使自らも、ボヘミア最大の地主、大司教プシーホフスキー伯爵について次のように重要な証言をしている。

「プラハの大司教は、間違いなくこのボヘミアの農民暴動の全体像について完璧な情報を持ち、あらゆるつながりについて考慮する十分な理性と経験を持っているにもかかわらず、頼みにできる人物ではない。空しい栄光欲、野心、強欲、暗黒の地下の世俗的政治、そう、こういったものこそがこの人物の性質である。ボヘミア中でこれほど激しく壊滅的に噴出した農民の不満は、主に彼のせいだと見る人は少なくない」

農民反乱に対しては、ボヘミアに展開する全軍隊（約四万の男子）、さらに騎馬連隊が四隊送り込まれ、もちろん厳しく血をもって制圧された。しかしこの暴動は、改革を急がねばならない、という警告として政府に長らく記憶された。非カトリック信者はより大胆になった。多くの人々が自分の信念を隠すのをやめ、堂々と振るまうようになった。領邦には、隣国のドイツやシレジアから非カトリックの文献が流入した。というのもプロイセン王フリードリヒ二世はあの手この手でボヘミアとモラヴィアのプロテスタントの抵抗を支援し、増え続ける亡命者に快適な避難所を提供したか

らである。諜報員を使って、領邦からの逃亡を手配さえした。暴動の初期（一七七五年二月）には、単なる信仰の違いで罰してはならない、法律に違反した行為のみを罰するべきである、という法令が出されたが、同年五月三十日には、異端者に対するより効果的な対処法を見つけるための特別委員会が次のように述べている。「宗教裁判、足枷（かせ）、手枷、投獄も役に立たなかった」、そして「生涯の大部分を獄中で過ごした者、あるいは足枷を付けて働かされた者は大勢いるが、それでもカトリックにならなかった」。このため委員会は、増加する亡命を防ぎ、異端者をより人間らしく扱い、何よりこの事案においてローマ教会をよりよい光の中に立たせるための新しい方法を提案した。委員会の提案は、その後広範な政府の勅令として八月十一日に発布され、これはプロテスタントの処遇の根本的な緩和を意味した。またカトリックの聖職者に、集中的な宗教的保護、徹底した宗教指導、寛大な説得手段を義務付けし、厳しい処遇は真に強情な者に対してのみ許可した。非カトリック者に対する起訴や他の制裁は、今後、自らの精神的指導者の役割の評判を落とさぬよう、教会は距離を置くべきである（そして世俗の側に預けるべき）とされた。

この八月の勅令は一般向けのものではなかったが、勅令の実践は目に見えるものであった。隠れ福音主義者たちは、政府が彼らの扱いに頭を悩ませているのをよく知っていた。また外国からの支援もあり、安易な譲歩で満足するつもりはなかった。一七七七年、ヴァラシュスコで宣教活動をしていた三人の元イエズス会士が、（この地方における異教徒の真の実態を突き止めようとして）政府が申告数次第で寛容令を公布するまたは信教の自由を認めると嘘をつき、人々に自分の信仰告白を書面で申告するよう呼びかけた。すると自治体全体が、ある人物によれば、一万人から一万五千人、

E・ヴィントルによると約四万八千人が一斉に福音派として申告し、彼らの大半は自分たちが騙され、処罰が待ち受けていることがわかっても、申告を取り下げようとしなかった。

「人々は、迫害を受けることを……予感しても、最後の最後まで抵抗することを決意した。抵抗には宗教的な面に、すでにあらゆる社会的理念も交じっていた。というのも農民の説教師たちは、租税、十分の一税、その他の取り立てからの解放についても説いたからである。ウィーンはおののいた。すべての領主館の使者たちが、自分の館に対するモラヴィアの革命についてしたためてきたからである」（A・レゼク）

政府は、当初検討した厳しい処置の導入を見送り、特別委員会を派遣した。この委員会の任務は、与えられた状況下で何ができるかを突き止めることだった。その過程で明らかになったのは、限りなくずさんなカトリックの宗教的管理であった。啓蒙主義的な司祭たちに率いられた委員会は、非常に慎重かつ賢く立ち回り、領邦の大部分の地域において見事に事態を鎮め、教会の評判を部分的に繕うことに成功した。ボヘミアとモラヴィアのカトリック界で全般的に啓蒙主義の新しい精神が非常に好ましい形で現れ始めた。多くの進歩的な聖職者と俗人が、すべての教会のフォルマリズム、迷信的な偶像崇拝と勇敢に闘い、まず第一に聖職者層の水準の引き上げに力を注いだ。しかしボヘミア王冠領の教会政治の困難な問題の解決には、それでは十分ではなく、十分になりえなかった。福音主義者の問題は真の問題として残り続けた。ましてやプロイセンの君主の意地の悪い、からかうような顔を後ろ楯にする彼らは国の安全に関わる問題でもあった。一度などは、トランシルヴァニアへ彼らの集団国外移送が検討されたが、これには共同統治者であるヨーゼフ二世が猛然と女帝

に反発し、母と書簡で激しくやりあった。女帝の宮廷の顧問の中からも、すでにヴァラシュスコでの暴動の後、寛容が唯一可能な道として進言する声が上がっていたにもかかわらず、再び一七七七年九月十二日、特にモラヴィアの福音派を標的とした以下の厳しい勅令が発布された。カトリック信仰に真理を見出さない者は軍隊に入隊させられ、また処罰者は全員カトリックの宗教を学ばなければならない。それでもまだ信念を変えない者は、ハンガリーの鉱山へ送られる。十五歳以下の子どもは親から引き離され、カトリックの家庭に預けられる。それより年長の子どもは布教施設に送られる。信念を変えない子どもは兵役に送られる。兵役が不能な者は、親を追ってハンガリーに送られる。

ヨーゼフ二世はこの勅令に猛然と反発した（これはヨーゼフの不在中に発令された）。

「これは常識に反しており、すぐに取り下げなければならない」

そしてヨーゼフは事実カウニッツ伯の助力を得て、マリア・テレジアに通知書の形で、（新たな）実施令を出させた。ボヘミア・モラヴィア宮廷官房がこれを受け取ったのは十一月十四日で、これはそれまでの教会政治の九月の勅令の傾向を完全に覆すものであった——親密かつ秘密の制定により、福音派は、静かに振るまい、公的秩序を乱さない限り、今後暗黙に寛容される。家庭の父親が自宅で家族に福音の儀式を行っても、完全に見逃されるべきである。他人をこの儀式に参加させるのは許されないが、偶然の会合や訪問は、即、許されないことと解釈すべきでない。これまでに有効な法律に基づいて、罰せられるべきなのは、公けに宗教の集会に集まり、カトリック宗派、教師、

指導者を攻撃する扇動者のみである。この命令全体に、ヨーゼフの啓蒙思想の精神の風が吹いていた。啓蒙思想は当時すでに国家行政全体で重要な代表者を抱いていたのである。

「国家の利害が第一位に置かれ、この利害の視点からのみ、宗教の問題、そしてカトリック教会の利益を眺めるべきである。事実上、寛容令の半分以上は、この通知書によって、つまり、マリア・テレジアによって準備されたのであった」（A・レゼク）

ここまで知りえたことから、敬虔な女帝の死の一年後にヨーゼフの寛容令が発令された時の雰囲気を把握することができる。寛容令は私たち福音派にとって多くを意味した。しかし、信教の自由またはさらに信仰告白の平等までにはまだ長い道のりがあった。とはいえ、私的な信教の実施(exercitium religionis privatum) が許され、そして宗教的寛容を受けた信仰告白のひとつに属することにより、市民として差別されるべきではない、と命令が出された。祈禱所の建設も許可されたが、もちろん塔も、鐘も、通りに面した立派な門もないものだった。百戸ある地域では教区の設立が許可され、教職者を呼び、祈禱所を建設することができた。聖餐の授与、福音派の埋葬、福音派の学校の設立が許された。ストラの権利はカトリックの教区司祭に限定され、牧師とのみ名乗ることができたプロテスタントの教職者の活動に対する監視もそのままだった。教職者や教師の給与、教会建設と教区の運営全般の資金は、もちろん信者たち自身が調達しなければならなかった。もはやこれ自体が克服できなくはないが根本的な難題であり、あまりにも大きな難題であることがすぐに明らかになった。

寛容令の内容から明らかなのは、いくらその優先的な関心が国家の利益であれ、寛容令はカトリ

ック教会の関心を顧みて注意深く考え抜かれていることである。この年以降も、多くの部分的な政令が公布されたが、それによってまず、新しい信仰告白への接近が難しくなり(一七八三年からは、改宗のために六週間の訓練が義務付けられた。この訓練はカトリックの聖職者が行い、しばしば巧みに数カ月、あるいは数年にも延長された!)、さらに信教的にさまざまな差別的な措置が導入され、これによって寛容された自由とは、チェコの福音派として残っていた者にとって、しばしば寛容令の発令前に非合法に存在していたときよりも困難な状況を意味することになった。さらに、教団の伝道者による粗暴な再カトリック化の活動の波にさらされた。この波はもちろんやむどころかますます強くなり、また彼らは、成長する啓蒙主義的カトリック派の、よく考えられ、目的意識かつ競争力を備えた波にもさらされた。この啓蒙主義的カトリック派による、ぐらついたローマ教会の地位を支える試みは、かなり成功した。教会の運営管理の改革、聖職者の地位の向上、プロパガンダによる寛容令の新しい方法、そして最後にくるものではないが、チェコの優れたカトリック文学によって。これは、福音派が自由に活動および創作できる隣国から入ってくる福音派の文学に取って代わるべきものだった。現実には、ドイツのカトリックの歴史家が鋭く指摘したように、この寛容とは、「プロテスタント運動が初期には勢いがあったにもかかわらず、オーストリアにおいて無意味な結果しか残せなかったことに大いに貢献することになった寛容の伝道以外の何ものでもなかったのである」(Ed・ウィンター)

寛容令は全地方で一斉に発布されたのではなかった。日付は十月十三日になっているが、ドイツ語で発表されたのは二十日以降で、総督府がチェコ語版を出したのは、ようやく一七八二年の二月

一日のことである。施行は領主に任されたため、寛容令がついぞ発令されなかった地域もあった（ドマジュリツェ地方など）。逆に寛容令を、異教徒の迫害の政令によりもたらされた困難な地位から異教徒を脱出させる策として歓迎した領主や、教区の設立にあたって福音派の助言者や支援者となった啓蒙主義的な領主がいたことも、指摘しておくべきだろう。

寛容令の公布から一七八四年までに、ボヘミアとモラヴィアでは、七十三の教区が生まれ、そのうち五十四の教区はスイス信仰告白（ボヘミアに三十六、モラヴィアに十八）、十九はアウグスブルク信仰告白（モラヴィアに十、ボヘミアに九）であった。五十三の教区で、自身の教会学校が設立された。この寛容令の対象となった両信仰告白には、一七八四年までに七万人、一七八七年までに七万八千人のチェコ人信者が入信した。このほか、少数のドイツ人の福音派が、プラハ、ブルノ、チェコ北部の数ヵ所に教区を組織した（アシュ周辺では、あらゆる昔の特権を伴ったままボヘミア王冠領に付加されていた、かつての帝国封土の特殊な地位の結果として、すでに一七七五年、ルター派の教会会議が政府によって確証されていた）。このおよそ八万の、ボヘミア改革派教会の謙虚な信者の孫や曾孫は、もちろん迫害の規模や激しさを考慮すれば、かなりの数と言えた。しかし、白山の戦いの前のボヘミアとモラヴィアでは、九割が福音派であったことを考えると、反宗教改革の圧力の凄まじさとその不快な成功が判断できるだろう。もちろん、数以外の形でも表れた。信教の「自由」の太陽は、自覚した教義を持ち、内面的に統一していたボヘミアとモラヴィアの教会の上ではなく、信用せず、怯え、散在している、多くの場合、内的にも外的にも分裂した集団、しっかり自覚した教区の生活のあらゆる人間的な前提条件を持たない集団の上に昇ったのである。こうした彼らの教義のあいまいさは、

二つの信仰告白の強要が寛容を受けた福音派の利益になったのは、信仰告白が二つだけであったから、という見解とある程度一致する。

教職者たち、まず第一に隣のハンガリーから呼ばれてきた教職者たちは、従って人の力を超える課題と直面した。一七八一年のうちに早くも最初の四人のスロバキア人のルター派教職者がやってきた。続いて一七八二年に十五人がやってきた。同年に、ハンガリーから十名の改革派の教職者がやってきた。彼らは多少現地の言葉に通じていたが、さらにハンガリーの、特にシャーロシュパタクやデブレツェンからやってきた改革派志願者たちは、非常に大きな言葉の壁を克服しなければならなかった。彼らの中には真にキリストの事柄のために情熱を傾けている者が大勢いた。彼らは最低限の生活の保証や快適さも投げ出す覚悟があり、まさに教会の主の助けしか頼みにできない課題にあえて取り組む覚悟ができていた。とりわけこのハンガリーの改革派の布教が挫折しなかったこと、つまり、寛容された教会の教職者の存在のみじめな宿命に加えて言葉と環境の壁もあったにもかかわらず、彼らが故郷に引き揚げなかったこと、これはこの覚悟によるとしか説明できない。挫折したのは一部の者にすぎず、大半はこの環境を完璧に乗り越え、ハンガリー出身の牧師の家系が、何世代にもわたってボヘミアおよびモラヴィアの教会に従事することになった（サラトナイ家、タルディ家、モルナール家、ナジ家、ヴェーク家）。

ボヘミアとモラヴィアの環境において、この克己心の強く献身的な牧師たちは、たいていの場合、心温かな歓迎を受けたが、それらはたいてい、宗教改革（特にフスや兄弟団）の記憶をしのぶ心情的な姿勢によるものだった。そしてこのような姿勢は多くの場合、神の言葉を聞こうとする強い希望

と結びついていたけれども、それはれっきとした教会活動と教区生活に不可欠で最小限のものにすぎなかった。宗教的寛容を受けた私たちの祖先にとって、初代教会の体制へ戻るシンボル、またすべての人の平等のシンボルとしての杯への生きた記憶に最も特徴的な徴として結びついたのは、ローマを思い出させるもの一切の過激な否定であった。実際問題としては、宗教的寛容を受けた教会の方法および秩序の多くは、ルター派の典礼、十字架、司教の白衣、聖餅の印象を残したまま、元来のルター派の信仰告白をスイス信仰告白に変更することに決めた。新しい信仰告白は、つまるところほとんど知られていなかった。というのもスイス信仰告白は、その時まで一度もチェコ語で発行されたことはなかったのである。従って、元々は名前だけであったアウグスブルクの教区およびスイスの教区が一七八一年以降に取った道を、その問題全体において想像するのは難しい。残されている回想録や報告から見出せるのは、ただ、この道がとうてい平らでもまっすぐでもなかったということである。一八六一年の皇帝フランツ・ヨーゼフ一世のプロテスタント寛容令[*6]まで、教会は自らの存在と信者の福音派的自覚のために闘い、カトリック側からのありとあらゆる種類の不正に悩まされ、また物質的手段の不足にも苦しんだ。福音派の神の奉仕に参加してよいのは、福音主義者だけであった。福音派になりたくても、福音派の説教師から学ぶことができなかった！　子どもの教育は容易ではなくなった。夫婦で宗派が異なり、父親がカトリックである場合は、子どもはカトリックの教育を受けなければならなかった。父親が福音派である場合は、息子だけが寛容を受けた信仰告白の教育を受けることができた。そしてもちろん、役所やカトリックの聖職者は、説教師を最も厳し

く監視した。今日、フランコのスペインのプロテスタント迫害のニュースを研究してみれば、ボヘミアとモラヴィアの寛容令の時代と酷似した図式が見られるだろう。

啓蒙主義者と宗教的夢想者との間で

「人の理性と自由が大きく開花した時代に」、私たちの福音主義者たちは、教区を設立する許可を得た。「玉座は倒れ、政治的および宗教的隷属の暗い力はどやしつけられ、少なくとも一時的に追いやられ、人の魂の高揚と道徳的な意思能力に対する喜びが天まで届いた……。このような栄光の時代に、ボヘミアの隠れ福音派の足枷も壊された……。これは私たちの改革派の伝統の表側である」とJ・L・フロマートカは付け加え、また次のようにその裏側についても語っている――宗教的寛容は、「堪え忍ぶ」時代にすぎなかった。ボヘミアの福音派は、まず第一に、「広い世界に鐘のように鳴り響くもの、聖堂の鐘のように改革派の福音の栄光を伝えるものすべてを」抑えることを余儀なくされた。

「寛容を受けた教会は、公民生活の隅に追いやられたうえ、啓蒙思想の理性主義（理性とは、私は言いたくない）によって、主の恵みと救済に値する行為について証言をする、改革の燃えるトーンを抑えつけられた」

啓蒙主義神学は、カトリック領域の中世的な蒙昧（もうまい）主義に対する、また、プロテスタンティズム領域の宗教改革後の硬直化した正統主義に対する、非常にもっともであり自然な反応であった。従っ

て、世界や社会への最新の適切な姿勢の要求に基づいて、神学がおろそかにしてきたすべてを取り戻そうとした啓蒙主義神学者による試みは、評価してもしきれないほどである。たとえばドブロフスキーの『キリスト教宗教の実際面についての講義』、ロイコの『コンスタンツ会議史』、あるいはイリー・フラーデクの『司牧の慎重さの基礎』を読んでみれば、これらのカトリック神学者の態度は、単にヨーゼフの理想へのキリスト教的に非合法的な答えであっただけでなく、福音の使信に対するカトリックの改革的な傾聴だったことに必ず気付くだろう。ある意味、これらのカトリック神学者の活動は、寛容を受けた教会の大きな支えとなった。ドブロフスキーなどは明らかにボヘミア宗教改革の遺産を支持し（「しかしながら、フス派、我らのよき先祖たちは、イエズス派が考えるほど悪人ではない。もはや彼らを異端と責めるのはやめよう」）、熱心にボヘミア宗教改革の文献を収集し、「ボヘミアピカルディー派とアダム派の歴史」（一七八八）においては、ボヘミア兄弟団を擁護し、「聖杯の歴史への寄稿」では、チェコ教会史上、大胆にも最も革命的なテーマを扱っている。同様にヴァーツラフ・スタフは「ザーホツキー・ゼ・スレヴィズ先生の書」で、宗教的寛容を受けた説教者のためにとりなし、一七八五年から八六年には、ロイコの「歴史」を出版している。Fr・F・プロハースカはボヘミアの大衆向けに一七八六年に新約聖書を翻訳したが、彼の翻訳は意図的にクラリッツェ聖書のテキストを基本にしたものである。ヴァーツラフ・クラメリウスは、カトリック信者であるが、宗教的寛容を受けた最初の説教師、ハンガリー民族のヤン・ヴェークとヨゼフ・サライがアジェンダとスイス信仰告白をチェコ語に翻訳するのを助け、自らも最初のプロテスタントの書物を刊行した。

またボヘミアとモラヴィアの宗教的寛容を受けた教会においても、啓蒙思想の影響が極めて濃く現れ、それは教養人や時代の空気を感じ取っていた教区の信者の間だけでなく、教職者の間でも同様だった。教義、聖書の勉強、そして教会の秘跡的生活は、道徳主義の前に譲歩した。聖書は多くの場合、隅へ追いやられ、見逃され、教義の代わりに理性が居座り、福音派のキリスト教と「自然な」宗教が入れ替わった。当時の福音派の教職者の中には、ユニテリアン主義的に、イエスの神性を否定する者もいた（改革派のコシュト兄弟など）。

「最高の宗教思想家たちは、理性的な冷静さと市民的な賢さで示された、宗教的に洗練された最小限の宗教的なもので満足していた」（J・L・フロマートカ）

従って、いかに啓蒙思想が寛容を受けた教会にとって真の助けを意味したとしても（なぜなら、そもそも啓蒙思想自体が、寛容、寛大、理解、人間から人間および思想から思想への理性的な相互尊敬を意味したから）、啓蒙思想はこの教会にとって隠れた弊害であり、危険な誘惑であった。現在の希望にふさわしい神学を確保するように見えて、キリストの十字架と復活の使信を空にし、神を天の高みから引きずりおろし、人に人以上の能力を想定するものであった。

福音派の説教壇において、啓蒙主義的神学は、一方で、教区の教義の意識的な発展を遅らせ、または完全にストップさせ、一方で、寛容を受けた教会の歴史的使命と呼べるものを挫折させる原因のひとつ、というよりおそらく第一の原因となった――神学的に対処できず、単に時代に合わせただけのメッセージを持つことになったこの教会は、啓蒙主義者にさえ（彼らはこの教会がその時代の精神的な流れを追いかける中で、理性の時代において、中断された教義と宗教的立場を救う試みをしていると

しか見なかった)、また当時のボヘミアの宗教的緩和の唯一の(唯一であるように見える)担い手、つまり、いわゆる十八、十九世紀のボヘミアの宗教的夢想者たちにさえ、印象づけることはできなかった。

反宗教改革の圧力の時代を通して、ボヘミアとモラヴィアには広く非カトリック系地下組織が存在していた。その存在と力については、異端審問委員会の報告、非カトリック者に対する一連の政令、またさまざまな理由から非合法的存在に我慢できなくなった個人や集団の絶えざる移住が示している。この非カトリック系地下組織の人々は、二つの部類に大別することができる。ひとつの部類を形成したのは、福音の自覚が強く、寛容令の公布後、その対象となった二つの信仰告白のどちらかに道を見つけた人々である。もうひとつの部類を形成したのは、改革派のキリスト教徒の伝統に対する意識が希薄であり、このため(宗教ではなく自分自身に導かれ)、キリスト教共同体の境界線上、あるいは多くの場合、境界の外にも身を置いた人々、またはもはや聖書のキリスト教やその反響とも接することなく、宗教的な飢えを自らのこぶしで癒した人々である。この二つ目の部類の一握りの人々だけが、寛容令の利点を活用したが、これはプロテスタントにまぎれて自分の自由な信仰をよりよく隠せることを期待してのことだった。ローマの秘跡の器具を思い出させる物すべてを過激に否定することは、(上述したように)ひとつ目の部類の特徴であっただけでなく、二つ目の部類の、特に一七八一年以降、非合法から脱しなかった人々の特徴であった。彼らはローマ教会のほか、あらゆる諸儀式、諸機関、控えめな教義形式、さらにもちろん牧師の教会も否定した。彼らの

大半は、フス派および兄弟団の教会へのあいまいな思い出に、フランス大革命の理念などの時代の新しい刺激を結びつけた。これは主に、東ボヘミアの宗教的夢想者たちに当てはまった。彼らの表現が顕著になってきたのは十八世紀半ばで、その構成者は、いわゆる理神論者、アリウス派、アダム派、子羊信仰信者、「清く生きる」子どもたち、イスラエル派、アブラハム派、キリスト教信仰告白派と名乗った人々、あるいは名付けられた人々である。彼らの教義の本質を正確に表現すること、まして、これらの多様なセクトの起源や相互関係について信頼しうる言及を試みることは、容易ではない。彼らの信念は、個々の点ではかなり異なるものの、多くの共通の特徴があった。カトリック、そして後の二つの寛容令の対象となった信仰告白（もちろん、こちらに対しては、多くの人がより小さい悪と捉えた）に対する抑えがたい反感のほかに、これらの人々には、文字全体、法、儀式、説教に対する根深い不信感があった。彼らの大多数は、聖霊による十分な手助けを信じ、内面の光、理性に頼り、貴族や領主を認めず、婚姻を相互の意志の上に成立させた。つまり、婚姻を秘跡だとは考えなかった。このため彼らはアダム主義と中傷された。しかし、ボヘミアおよびモラヴィアにおける再カトリック化活動全体の主たる担い手であり活動を率先して鼓舞したヤン・レオポルト・ハイ大司教の証言によると、これは決して確証されていないし、証明されていない。

多岐にわたる「宗教的夢想者の歴史全集」を発行したJ・V・シマークは、宗教的夢想者たちの運動、特に東ボヘミアに現れた運動を、「おそらく、フス戦争後の時代の教会の遅れた残存者であった教団、ミクラーシュ・ス・ペルフジモヴァの追随者の「泣く兄弟団」、「ペチーノフ兄弟団」、つまり第三者団体と見た」。私たちのつながりで言えば、彼らの運動が歴史的にどのような系統で

込めて、狡猾に進めた小さな一歩に留まった。農村の民にのしかかる重荷は、まだまだ背負いきれた最初の小さな一歩、領主たちがウィーンの政府に大きな抗議（政府に強要されたのであるから）を基本的に本質的な緩和を意味した。しかしその実践は、百姓および農村の労働者の状況改善に向けった。宗教寛容令に続いてすぐに公布されたヨーゼフ二世の農奴解放令（一七八一年十一月一日）は、農奴の暴動の関連で多少言及したことだが、もちろん、農村の労役民の経済および社会的状況であ

　ボヘミア領邦における宗教的夢想の、同様に深刻で、むろん外的である原因は、すでにいわゆる

「神の意志による」君主の内閣がフランスの無神論者からキリスト教社会を救った、ということで教会を脅かしたのは「神のないフランス革命」の理念ではなく、真の教会を深刻に震撼させたのは、に、国家のキリスト教の近代的概念が生まれたのであるが、ここで指摘しておくべきなのは、真の君主」の支配に明け渡す、新しい啓蒙主義的なくぼみに落ちた、精神的な空白があった。この時代仰の場所に「冷静な理性」を置き、キリストの教会としての自らの課題を無責任に「キリスト教のきた神の言葉で査定せずに、不快なナイーブさでもって社会のあらゆる理念を受け入れ、従順な信異端審問の暴力を振るい、道徳的に腐敗した教会に対する古い蒙昧的な風刺、もうひとつには、生よりよく言えば自由信仰者の集団が生じた実際の原因は、ひとつには、高位聖職者的な光を放ち、してもし足りないほどである。こうしたすべてのさまざまな規模のボヘミアの宗教的夢想者集団、る宗教的夢想の基本的な原因が、生きた信仰告白の教会の不在であったという現実は、いくら強調派生したのかはそれほど重要ではない。逆にしかし、すでに述べたことであるが、ボヘミアにおけある。

ないものであった。解放令によって、農奴の個人の自由を制限してきた多くの制定が撤廃されたが、解放令に記されていたように、「緩やかな奴隷状態」は残された。これ以降、農奴は領主の特別な同意なしに婚姻が可能になり、領土からの転居が可能になり、他の土地の購入が可能になり、手工業の習得が可能になり、自分のため、我が子のために自由に職業が選択できるようになった。一方で、労役の義務と、貨幣および現物による支払い義務は残った。言い換えれば、ボヘミアとモラヴィアの農村の状況は、農民の暴動の時代と基本的に変わらなかった。一七七五年と比べて変わったのは、政府がより多く教訓を得たこと、領主や貴族がより用心深くなり、安価な譲歩や控えめな改革に対し、彼らがより機敏に対処できるようになったことだけであった。

この精神的空白と物質的困窮の下で、宗教的夢想者の運動にとっては急速に力強く成長するための限りない前提条件が整った。このため、ヨーゼフ二世およびその後の政府は、この運動を注意深く監視した。寛容令の対象となった福音主義者に対する、時に驚くほど寛大な態度とは対照的に。もっともすでに寛容令自体が、福音派教職者の活動の完璧な監視を保証し、行っていた。また彼らがいかにカトリックの聖職者の管理層にとって不愉快なものであれ、宗教的寛容の教区は、支配者階層全般に対して、またとりわけ国家に対して最大限忠実であった。その忠実さは百六十年間にわたる迫害の受け身の姿勢と忍耐の結果であったのだが。基本的に、宗教的寛容令の対象となった教会は、ローマにとっても、さまざまな方法でフス派の革命の伝統を受け継ぐ庶民の宗教運動に比べて、はるかに小さな悪であった。これらの庶民の宗教運動は、カトリックの伝道者、覚醒したローマの贖罪司祭、牧師、そして警察が徹底的に監視した。これに反して寛容令の対象となった教会は、

危険になりようがなかった。なぜならこれらの教会は、ほぼ自分たちの証言を、啓蒙社会がよりよく、より顕著に、「より合理的に」語ったことに狭めたからであり、またなぜなら、秣桶と十字架の中で人間の方に頭を傾け、聖霊を通して大事を行う天と地の至上の主の福音については、理性的に口をつぐんだか、あるいは寛容令の対象になった信仰告白の形で聖餐および教師の職務を定型化して表現を抑えたかのどちらかだったからである。したがって宗教的寛容の教区が活性化することはなく、フランチシェク・ベドナーシュが述べているように、当時、「宗教の波」が起きなかったのは不思議ではない。そう、公式の教会において活性化は起きなかった、そして「宗教的夢想者」たちについて言えば、彼らの夢想は多くの場合、宗教的な暴動および反乱であったのであり、いかなる教義的な混乱にもかかわらず、またキリスト教教義からの気の毒な脱線にもかかわらず、キリスト教の原則を具体的に普段の生活に反映させようという彼らのエネルギッシュな試みは、至高なる主が「私たちの宗教および支配的な」宗教の柵の向こう、そして寛容を受けた信仰告白の向こう側に集める選ばれた民の疑いなき表現であった点を見過ごすわけにはいかない。

正義と安らぎの支配の到来を、揺るぎない集中力で期待し、神の正しい秩序を実現しようとするこのわびしく儚い努力のために、ボヘミアとモラヴィアの自由信仰者の多くの集団には、彼らのあらゆる理念的なカオス、実際の活動におけるナイーブさ、異端的な病弊にもかかわらず、神の戦士の栄光の明らかな反射光が残るだろう。もし彼らの集団に裕福な者が参加しても、裕福な者は「貧者として数えられるように」、財産を放棄する。彼らは、たとえば一七八一年のヴァーツラフ・ジェハークの追随者のように、「すべての人々が贅沢に暮らし、王たちは王冠と支配を失い、庶民と

平等になる」と宣言する。彼らはそもそも領主を認めないため、領主や地主への納税義務も感じない。彼らは互いに協力し合い、「フランス人は、たとえ雲に乗ってでもチェコに飛来するはずである」と請け合い、フランス革命の影響を非常に濃く受け、十日を「一週間」とし、日曜日でなく十日目を神聖化する者もいる。このため、ノヴィー・ビジョフの代牧区の理神論者の一覧には、これらの人々について、かつてはフス派であり、その後アリウス派になり、現在は無神論者、もしくはむしろフランス革命の追随者である、とする見解が見つけられる。終末論の幻覚と当時の哲学・社会・政治的衝動を特異に混ぜ合わせ、彼らは、市民の自由と社会的正義の実現を強く願うフス派と兄弟団の聖書主義の反響が編みこまれた、宗教的夢想者の詩歌も表現する。いわゆる「モロッコ王（異端者を意味する）についての百詩節の歌」は、オネジウスやペルジウスやモロッコ王といったエキゾチックな名前の大王たちがやってくる前に、また彼らがイエスの法に基づく生と愛の帝国が現れる審判の日に向けて「プロイセン王、スウェーデン王、デンマーク王」の福音主義の支配者たちと結託する前に、教会を浄化し統一するよう、ヨーゼフ二世が一七八一年（！）に司教たちに要求している様子を語っている。民族の切望を歌いあげる、時に戦闘的な多くの同様の庶民の曲とともに、この歌は、「苦悩し、途方に暮れる農村の人々の希望の思想に火を点けた。暗い夜、熱気のこもった木造小屋の機織り機のそばで、この奇妙な歌の詩節が熱心に歌われ、読まれた。この歌には、終末論的なこの世を超えた見方と、早急で効果的な変化、革命、政治と社会の改革を求める情熱的な希望が混じりあっていた。重労働からくたくたになって帰ってきた者は男も女も、そこに集った人々の誰かが静かな声でモロッコ王の帰還の予言を語り始めると、新しい希望を感じて背筋を伸ば

したのである」（J・B・チャペク）。

ここにはもはや、イエス・キリスト、正義の太陽の光がさんさんと降り注ぐような、神の民の暖かさはない。あるのはむしろ、四八年以降の反動の暗黒の時代にまだ長く照らし続けるであろう、月の冷たい光である。月明かりの中ではもはや何も育たず花も咲かないが、それでも正義の支配の到来について、そして救世主の光を受けたファンタスティックな人物たちについての証言を静かに語ることで、社会の疎外者の道を支え、搾取を行う領主と傲慢な教会の権力が現実に地に落ちる時代が来るという彼らの確信を支えたのである。

当局による宗教的夢想者たちへの当初の厳しい措置、特に宗教的夢想者たちの家族を移住させたり引き裂いたりしたことは、すぐに廃止される。逆に政令は、より慎重に、より穏やかに、説得する道を勧める。ローマの再教育が実施され、特に学校に重点が置かれ、宗教的夢想者の親を持つ子どもが勤勉に通学し、宗教の授業に通うように配慮がなされる。「支配的な」宗教、あるいは寛容令の対象となった宗教の強要は推奨されず、禁止される。頑固な宗教的夢想者や運動の先導者は、精神異常者の施設に送られるべきである。運動の熱狂的な追随者には徹底的に宗教的指導をすべきだが、同時に優しい宗教的指導を施すべきである。人々には、良質のチェコ語の（カトリックの）書が部分的に無償で十分に配布されるべきである。

領邦内全般の宗教状況、とりわけ宗教的夢想者に対する支配層周辺の姿勢については、たとえば一八〇七年二月二十八日のウィーンの宮廷事務局の詳細な専門的見解と、それに付与された皇帝の

決定が注目に値する説明をしている。これは宗教的寛容を受けた二つの信仰告白についても的確な視点を提供している。この専門的見解とは、フラデッツ・クラーロヴェーの大司教ヤン・レオポルト・ハイが提出した、彼の教区内の自由信仰者の活動を制限する提案に対する宮廷事務局の表現であり、ワリス伯爵のO・ブルクグラフが作成した報告書に基づいている。この文書全体、そして付与されている「最高の決定」から明らかなのは、宮廷事務局の関心がもっと広範なものであったということ、つまり、今後ボヘミアおよびモラヴィア全域の宗教的夢想者と交渉していくための原則を整えようとするものだったことである。

フラデッツ・クラーロヴェー教区のセクトについては、すでにハイの前任者が把握していたと見られる。というのも彼らはいかなる原則にも頼らず、粗暴さ、無知、頑固さ、非制約を頼みにしていたため、名称を持たなかったのである。信者たちは自身のことを「子どもたち」あるいは「清らかな聖霊の追随者」と呼んでいた。彼らは血縁を認めず、婚姻を人間の発明と考え、性の交わりには無関心で、重要でないことと捉えていた。また秘密の会合を組織し、そこではありとあらゆる不適切なことが許容されていたと見られる。

「しかしこれらについて確たる証拠は決して得られなかった。なぜなら誰も白状しなかったからである」

ハイ大司教の見解によると、この「全般的な害悪な悪」の主な原因は、こうした粗野な官能性、セクト主義の古い精神、粗野さ、知識の吸収や公的な礼拝への参加の頑固な拒否であるが、このほか、人々に予め準備させることなく当局が寛容令を発令したことも原因であった。寛容令の発令は

宗教的夢想者の大爆発と早急な拡大につながった。というのも、寛容令の対象となった信仰告白では、信仰告白について何の知識もない者の入信も許され、最初に任命された牧師たちは、非常に「粗野で、無知で、思想的にも性質的にも田舎者で、周りの人々と言葉も通じず、自分の教区だけを頼りにし、収入も悪く、支配的な宗教から寛容を受けた宗教へ改宗した動機を考慮せずに、誰でも自分の祈禱所に受け入れる人々だった」のである。

ハイは以下のように「緩やかな根絶」を提案する。異端者たちに強制はせずに、授業と礼拝への定期的な参加を最大限強調すべきである。またプロテスタントの牧師たちは、日曜の午前の礼拝のほか、午後にキリスト教の授業と補習を行い、学校では、カトリックの聖職者のように青少年たちに勤勉に授業を行うべきである。牧師と教師には、「最も基本的な義務」として、通学、カテキズムの授業、補習に気を配らせるべきである。子どもを学校に通わせるのを怠り、警告に耳を貸さない親の子どもは、親から引き離し、親の費用で、「教養ある教区のよき、道徳的な人」に預けるべきである。支払い能力のない両親は、身体的な罰を受け、その子どもの教育は、自治体の財政で賄われるべきである。教職者たちは、この命令の遂行に最大限気を配るべきであり、違反に気付いた場合は逐一報告するべきである。

「その際、密告者として教職者が評判を落とすことになってはならない」(！)

当局は、「この種の密告によって、密告した教職者にいかなる嫌疑もかからぬよう、そして深刻な脅しによってしか悪を転覆できない場合は、教職者は常に仲介者として振るまい、自治体の愛と尊敬を失うことがないようにすべきである」。秘密の会合は再び禁止されるべきであり、ボーリン

グブロークのチェコ語翻訳版（一七五三年のエッセイ集）を広める者は、処罰すべきである。宗教的夢想、非宗教性、道徳の堕落が目立つ兵士には、安易に休暇を与えないようにすべきである。国家にとって危険な書物と宗教書の拡散の禁止を今一度、更新すべきである。また逆に、信頼のできる大衆的な書物に力を入れるべきである。また大司教は誤った信仰、無知、異端のさらなる温床として、寛容を受けた教区の多くで、ひとつの信仰告白の牧師が退任した後にもうひとつの信仰告白の牧師を任命する環境を挙げたが、それは大司教によれば、国家は無関心であるという印象を与えるものだった。さらに宗教的寛容を受けた教区で教職者が長らく不在の場合は、宗教の勉強を口実に人が集い、「盲目な者が盲目な者を導き、二人とも穴に落ちる」例が見られる。従って牧師の任命と解任に関しては大きな注意を払うべきである。これには国家の同意を必要とすべきで、同時に、寛容を受けた教区で教職者が長期間不在になることがないようにすべきである。牧師たちは、もっぱら教区だけに依存することにならないようにすべきである。

こうした依存について、ハイは次のように続ける。

「これは、なぜ牧師たちが職務に見合った働きをしていないのか、そしてなぜ宗教的寛容を受けた者たちには、カトリック信者よりも、宗教心のない夢想者が常に多いのかの最も重要な原因のひとつである」

牧師の収入は教区からの手当のみで、非常に低賃金であるためにしばしば妻子を養えず、他の生計手段を探すこともある。それどころかこのささやかな報酬額も自分で調達せねばならず、「物乞い同然のことをしなければならないことも少なくない」。従ってハイは、宗教的寛容を受けた教区

が、自分の説教師たちへの寄付を、国庫に入れることを提案する。そうすれば、国庫はプロテスタントの教職者に給料を支払い、公的基金で補塡することができる、と。将来の牧師たちは、「プロテスタントまたは改革派教義の正しい原則において」教育を受けるべきである。けれども理神論およびソッツィーニ派に好意的な原則が支配的な国外の大学で教育を受けるべきではない。またカトリックの聖職者と同様、説教壇ではあらゆる問題のある表現を慎むように、そして説教では、「道徳的、または一般的に市民の生活に役立つことを話題にするように」彼らに厳命すべきである。

ハイ大司教は、カトリック宗教の利益に向けて、また夢想者の段階的な撲滅に向けて、思わしくない状況を改善させる可能性があると考えられるものは、何ひとつ忘れなかった。もちろんハイの提案がすべて好意的に受け入れられたわけではない。たとえば宮廷事務局は、寛容令の対象となった教職者たちの給与を国家基金で補塡する提案を受け入れなかった。また、福音派の学校がない地域で、プロテスタントの親を持つ子どもに、カトリック宗教の授業への通学を義務付けるというハイの計画は、親の意志に任せる、というように修正された。また、子どもの通学をおろそかにする両親から子どもを引き離す提案も却下された。同様に注目に値するのは、宗教に関連する皇帝の命令書の中でカトリック宗教の名を挙げる際には、「私たちの、そして支配的な（Unsere und Herrschende）」という言葉を追加すべきである、なぜなら、「黙認（trpěni）と許可がまるで同じことであるかのような、特に農村の人々の誤解が取り除かれるように。黙認は、別のより大きな悪を防ぐためにひとつの悪を許すという容認の結果にすぎないのである」という大司教の提案への、ワリス伯O・ブルクグラフの対処である。ワリス伯は、このハイ大司教の要請を、以下の注釈をつけ

て拒否した。現行の規定には、カトリック宗教がいかなる位置付けにあるかが明らかであり、「支配的な」という修飾語は一般に知られているだけでなく、寛容令自体にも入っている。それでも上述の誤解がどこかに現れるというならば、大司教はその箇所を個別に示すべきである。教職者の教えのほかに、政府側からも影響を与えることができるように。

それからワリス伯とハイ大司教の間の意見交換を基に作成された宮廷事務局の提案を最高決定者である皇帝が承認した。将来的に、ボヘミアおよびモラヴィアの自由信仰者は、カトリックまたは寛容令の対象になった宗教のひとつに帰依することが決まった。この目標を達成するために最も適切な手段は、強制的な印象を与えるものを一切取り除くことである。穏やかで友好的な指導方法を採用すべきである。義務教育による若者に対しても、成人に対しても、授業全般、とりわけ宗教の授業をしっかり確保すべきである。危険な地域には、最も経験豊かな教職者と模範的な教師を送り込むべきである――皇帝は、彼らの勤勉さに対し、手当や特別報酬で報いる用意がある。将来的には、寛容令に基づく教区に勤める長期教職者の空位が続くことや、ひとつの信仰告白の諸教区に、別の信仰告白の教職者を選出するようなことはなくなるだろう。礼拝や宗教の授業は、確かに教会の掟であるが、国家の法律にも定められていることである。従ってこの掟を遵守しないことは、法律違反と同様にみなされるだろう。だから夢想者たちも、信仰に関係なく、キリスト教会の礼拝に参加することが義務付けられる。

夢想者に礼拝参加を強制的に義務付けるこの最後の要求が、いかにして皇帝の決定に行きついたのかを判断するのは難しい。おそらく敬虔なフランツ一世、あるいは彼の贖罪司祭、または皇帝の

最側近の頭の中から生まれたのであろう。これは決してハイ大司教および宮廷事務局の戦術と一致したものではないために、ハイたちは、これまでの尽力がすべて水泡に帰してしまうのではないかと恐れた。そして宮廷事務局は十二月十日、皇帝への直談判を試み、以下のように指摘した。カトリック信者にとって、礼拝参加は教会の真の戒律であるが、福音派信者にとって、礼拝に参加しないことは、熱意のなさの徴ではあるものの、決して教会の命令と矛盾する行為ではない。さらにこう指摘した。成人の宗教的夢想者に礼拝を強制すれば、彼らがどの信仰告白へ帰依しているのかという疑問が生じ、また、彼らをセクトと位置付けてはならない、彼らに強制力を用いてはならないという命令と矛盾することになる、と。皇帝はしかし譲らず、さらに、どの農奴も自分が帰依する宗教を公けに行うべきであると付け加え、宗教的夢想者だけでなく、その他すべての人々もよりよく監視できるようにした！

引用した史料は、ボヘミアおよびモラヴィアの自由信仰者に対して堤防を築くために、世俗および教会の領主が決めた一連の多くの決定、命令、回状のごくわずかな断片にすぎない。もちろんこれらの史料のうち失われたものは少なくない。しかし残っている史料は、もっと注目され、詳細に分析されるべきものである。ざっと目を通しただけでも、十八、十九世紀のチェコの自由思想が、痛々しく発作的で、多くの場合非常に混乱したものとはいえ、同時代の公式教会、国家、社会に対する極めて重大な真の非難であったことを読者は確信できるだろう。

私たちはチェコの自由信仰者たちに、彼らの「歴史的意義」に見合うよりも、多くの頁を割きすぎたかもしれない。政府と教会による「緩やかな根絶」の方法は効果を上げ、一七八四年には、「寛容令の対象となった信仰告白を持たない非カトリック教徒」八百人がウィーンの宮廷前で迫害について不満を表したような（これに対して彼らは二十四回の棒叩きと教育が科され、場合によってはプラハの刑務所で剃髪された）、宗教的夢想者による恐れを知らない行動は減り続けた。自由信仰は、カトリックの宗教政策が立て直され、経済および社会の最重要改革が進み、また新たな福音派の教区が成長するに伴い、存在するための内的力も外的前提条件も失った。こうして自由信仰者の集団は、十九世紀中に崩壊し、完全に消滅した。ちらほらと、（たとえば「清く生きる」子どもたちの一部など）二十世紀初頭の数十年間にわたって生き続けた例もあったが、多くは山岳地帯の村における過ぎ去りし時代特有の現象であった。

しかし宗教的寛容を受けた教会は、当初の困難な状況にもかかわらず、成長し始めた。もちろんその進展は遅々としたもので、また長い間、信者を増やすための外的条件にも恵まれなかった。また、少なくとも宗教的寛容により、主の意向に沿って真の教会の空間を広げた民の中において、彼らは自分たちの寛容を受けた福音派の臆病な教区を警戒する証人の役目を担い、現在の問題に敏感な、キリストの生きた教会に変えるような、真のキリスト教徒の勇気も責任も持たなかった。

私たちの寛容された福音派の一定の生気のなさ、あるいはむしろ、純粋な生活を求める闘いは、一七八六年から一八四八年にわたって、改革派教会の教区がボヘミアではわずかに二つ、モラヴィアではひとつしか増えなかったという事実からして、すでに判断できる！　悩ましいのは教職者不足の問題であった。ハンガリーからの志願者は減る一方であった。ようやくブラチスラヴァのリセとハンガリーの改革派学校の奨学金のほか、チェシーンのドイツ福音ギムナジウムの設立（一八三〇）、そしてウィーンの神学部の設立（一八二一）が実現したことによって、若手神学者が増加し始めた。オーストリアの福音主義者は、一七八四年に教区をまとめる監督区に組織された。皇帝に任命される唯一の共通の教会会議は、最初はチェシーン、次にウィーンに置かれ、一八五九年まで、議長はカトリック教徒が務めた。また監督も皇帝に任命された。長老たちは監督によって提案され、教会会議が彼らの承認を国家行政に申請した。教区による教区牧師の選出は、前もって長老会が三人の候補者を立て、教会会議の承認を得なければならなかった。監督は、行われた選挙について報告を受け、選出された教職者の承認を、国家行政に要請した。長老会は教区が選出し、教区牧師が承認した。

ボヘミア改革派教会は従って、異端審問の灰から歴史書の頁をめくったとたんに成立したわけではない。それどころか十八世紀末から十九世紀初頭にかけては、臆病に、恥ずかしげに、少しずつ頭をもたげ、（寛容令の最初の熱狂が冷めた時に）貧しい教区として集まった傷だらけの小教会であった。しかし改革派教会には初めから注目すべき牧師や組織者が集まった。最も重要な人物のうち、まずはヤン・ヴェークを挙げよう。彼は、一七八三年にハンガリーのシャーロシュパタクから志願

者としてリビシュにやってきた。ヴェークの活動はカトリックの領主の抵抗に遭ったため、皇帝にまで許可を願い出て、教会、牧師館、学校を建てなければならなかった。彼はカトリックの覚醒者V・クラメリウスの助力を得て一七八三年には早くも『アジェンダ』と『聖餐への準備』、のちに『カテキズム』、一七九九年には『キリスト教の祈禱書』を出版した。これはチェコの福音主義者に非常に好まれ、十三版を重ねた。生涯牧師として精力的に活動し、役所との多くの軋轢や、向こう見ずな若い教職者から受ける批判にもかかわらず、多くの出版物を刊行した。注目に値するのは、九十九年間にわたってモラヴェチで活躍したヤン・サラトナイ父とヤン・サラトナイ子の生涯の業績である。他の地域では、寛容された説教師たちは自分と家族の最低限の生活を守るための困難な闘いに屈してめまぐるしく交代したのにもかかわらずである。サラトナイ父は、やはり一七八三年にモラヴェチにやってきて、早々にチェコ語を習得し、教区の活動が軌道に乗るとすぐにモラヴェチと近くのストゥルムニェヒに祈禱所と福音派の学校の建設を始めた。ストゥルムニェヒの教区は住民たちが持ち回りで最初の福音派の教師を養わなければならなかったほど困窮していたにもかかわらず、祈禱所は他からの援助を受けずに建設された。モラヴィアの監督である改革派スロヴァキア人ミハル・ブラジェクは、デブレツェン、バーゼル、ローザンヌ、ユトレヒト、ゲッティンゲン、マールブルク、そしてハレでの学問で培った世界的展望と教養と、大きな運営能力を結びつけ、好意的でない役所から教会を賢く安全に守るだけでなく、広範な文学作品（ドイツ語、ハンガリー語、オランダ語からの翻訳、自著）を提供することによって、モラヴィア改革派教会に貢献した。感謝を込めて思い出すべきなのは、十年にわたって貧困者の病である結核のために大いに尽力し、自己を

捧げて亡くなった、プラハのルター派初の説教者マチェイ・マルコヴィチ、そしてその後継者であり、エキュメニカルな精神の下、プラハの説教所にルター派とスイス派を集めたシュチェパーン・レシュカである。彼は熱烈な愛国者であり、ボヘミアの福音主義者たちにすばらしい歌集を用意した。同様に、ヤン・イェニークとともにチェコ語の聖書の出版に尽力したパヴェル・ツァルチーク、ヨゼフ・サライ、モイジーシュ・ス・タルディといった名前は、フランチシェク・ベドナーシュが法的立場から「みじめな暮らしの時代」と呼んだ時代に熱心に働き、ボヘミアとモラヴィアの福音派教会の存在を求めて闘う、忠実な労働者の絵を思い出させた。思い出深いヤン・ヴェークは、次の真実の言葉で自身のメモを締めくくっている。

「現在、ボヘミアに存在している、再生されたキリスト教会を設立するのは、大変な作業だった。体でも、血でも、盲目的な人間の情熱でもなく、神自身が宗教の支えであった」

ボヘミアとモラヴィアの福音主義者たちは、再興直後の五十〜六十年に、衰退する啓蒙主義、台頭する政治的および経済的リベラリズム、理神論、多様な形の合理主義、社会主義と共産主義の最初の台頭がもたらす政治や文化の多くの革命、転換、揺るがすような変化の目撃者となった。彼らの広大な祖国、オーストリア・ハンガリーは、カトリック教会が心を配る文化的社会的な鎧と支配的な絶対主義に火を点けようとする思想を、おそらくひとつ残らず採用した。同様に、ドイツの理想主義とロマンティシズムの影響の下、荒々しく好戦的な民族的自覚が成長した。同様に、経済的なリベラ

リズムの最初の影、生産の搾取的な機械化が現れ、初の産業プロレタリアートが誕生した。したがって私たちの教区も、重い緊張に満ち、民族的、社会的な多くのゆがみに苦しむ、多数の問題を抱えた世界に突入した。

ボヘミアの福音主義者にとって、一八四八年は特別な意味があった。憲法の自由、強制労働の廃止、リベラルな原則の国家と市民生活の宣言は、カトリック教会との平等の権利の要求を表現するための刺激となった。モラヴィアの監督サムエル・ズ・ナギは、若い教職者の多くの集団に後押しされ、平等の権利について集中的な交渉を始めた。ともに民族委員会のメンバーであるプラハの改革派説教師ベドジフ・ヴィレーム・コシュトとルター派のヨゼフ・ルージチカは、改革派のカテキスタ（伝教者）ヨゼフ・プロハースカとともにプラハで交渉し、教会のより大きな自由への尽力のほか、兄弟団の信仰告白に基づく、二つの寛容令の対象となった教会の結合、一六〇九年のルドルフ勅書の再適用、長老‐シノド制の受け入れ、プラハでの共通の神学部の設立を要求した。両教会のボヘミアの教職者たちの合同会議が一八四八年七月二十五、二十六日にプラハで開催され、帝国議会宛ての挨拶文を決定したが、しかし、教会の大胆な計画と全体的な再編のうち、その挨拶文の中に残ったのは、国家財政の確保、神学部、プラハの教会会議の要求だけだった。ウィーンでは、監督ナギの呼びかけにより、オーストリアの全福音主義者の会議が開かれ（一八四八年八月三～十一日）、国家からの教会の原則的な独立、そして、オーストリアのプロテスタントの法的状況のすべての問題が決定的な方法で解決されるまでの暫定的な法令を要求した。そして一八四九年一月三十日に暫定的な法令が実際に公布され、「非カトリック」の名称、カトリック聖職者のストラの義務、

福音主義者によるカトリック司祭の扶養が排除され、十八歳からの改宗、福音派の戸籍登録が許可された。また福音派の婚約の予告も、今後は福音派の説教壇でのみ行うようになった。両方で行うのは、混合の夫婦の場合のみとされた。

一八四九年三月四日の欽定憲法によって、ボヘミアおよびオーストリア全土の福音主義者のこれらの努力は、ほぼ実現に近づいた。法で認められた各教会と宗教社会に対して、宗教を公けに行う権利と、秩序と管理面での独立が認められた。しかしもちろんこの勅令は決して施行されることはなかった。この施行のために、省庁は聖職者と俗人の会議を招集し、一八四九年六月二十七日に長老‐シノド制の導入と両信仰告白の接近を唱えたが、教会会議はこの計画を頓挫させ、教会会議体制の維持を推薦した。その後省庁がこの教会会議の報告に対して反応したのは、有名なスローガン「ゆっくり急げ（festina lente）！」のごとく、一八五九年九月十三日、つまり十年後のことであった。その後の一八五〇年代の反動と絶対主義の波もあって、これらの努力はすべて挫折した。三月の欽定憲法は二年も経たずに撤回され、ボヘミア共通の福音派雑誌（一八四九年創刊）の刊行は止められ、フス派の中心的扇動者ベドジフ・ヴィレーム・コシュトは逮捕され、抑留された。

しかし嵐の年、一八四八年の出来事の結末は、ボヘミアのプロテスタンティズムにとって、単なる失われた夢ではなかった。まず第一に、これらの闘争において、寛容令が想定および要求した対象とはまったく別の教会が、自らの存在や使命を自覚した。ヨゼフ・ルカーシェクの書（『一八四八年の革命の時代のボヘミア福音派教会』）をひもとけば、わずか二世代の間にいかにボヘミアのシオン山が、成長し、強大になったかに驚くだろう。そして、ボヘミア兄弟団のあの静かな子孫たち、待

ち望んだ寛容令を不断の忠実さで手に入れた人たち、しかし兄弟団の教会に対してあいまいな想像しか持っていなかった人たち、明確に形の整った信仰ではなく、むしろ敬虔な信じやすさによって矮小さと劣等感を多く感じていた人たち、聖なるクラリッツェ聖書に対し、ほとんど魔術的で感情的な方法でアプローチした人たち、天の牧師の公正な導きに対し、使信による自覚した信頼ではなく、直観的な信頼を抱いていた人たちは、どこに行ったのだろう、と疑問を抱くだろう。これにはもちろん、一般的な民族的自覚も作用したであろう。この民族的自覚の高まりの中で、福音主義者たちは、フランチシェク・パラツキーとヤン・コラールの認識により、力づけられた栄光の民族の伝統の継承者として重要さをましていったのである。しかし、民族的理想に最も燃えていたコシュトの人物像を研究してみれば、ボヘミアの福音主義の覚醒は、こうした「非神学的な要因」からのみ生じたわけではないと認めざるをえないだろう。もちろんコシュトはリベラルであり、彼の神学は啓蒙思想と理性への崇拝の影響を強く受けていた。しかし、キリスト教の理想のためによかれと、あらゆる教会の蒙昧主義を撲滅したのは啓蒙思想であり、こうしてプラハの改革派説教師コシュトは、福音の愛の戒律についての自分の証言を、主の使徒と証人の忠実さとともに、カトリックの再興を願う強大なカトリックのヒエラルキーと支配から守ることができたのである。コシュトが政治的に大衆を煽った単なる演説者であったというのは正しくない。コシュトの主導で行われた礼拝についての度重なる警察への通報といった敵対的な史料からも、プラハの改革派の教区において、どれだけ真のキリストの教会の生活が存在したか、どれだけ犠牲精神と兄弟的な交流が存在したか、彼の強力な説教の中にどれだけ真の改革派の精神が存在したかを窺い知ることができる。

当時の福音派の見解を判断するうえで特徴的なのは、ボヘミア、モラヴィア、シレジアの教区の福音派の教職者と長老による、皇帝と大司教への謁見について、ボシーンのサムエル・ス・タルディが「プラハ夕刊」に寄せた一八四九年の記事である。

「私たちは宗教の話をした。大司教の気に入らないもののひとつが、現在の民主主義であった。そして大司教は、民主主義がすべてを破壊し、すべてを覆そうとしている、と証明してみせた。わかります！　そう言いながらも、私は内心思ったことがあったが、口には出さず、微笑みながら、それらの言葉を吐き出す口元を時折観察していた。大司教が気付いていたかどうかはわからない。まったくいい教訓になった、というのも私たちも民主主義者の端くれだからである。十四日（四月）の朝、私たちはオロモウツを後にした。オロモウツで私たちは大いに気弱な者の頭を少々騙してやったわけである。というのも、彼らは私たちをプラハの「スラブの菩提樹」からの危険な使節とみなしていたのである」

この教会はしかしもはや時代の衝動をただ無批判に受け入れるだけではなく、自身の真の使命を自覚していた。とはいえ、歴史的、文化的、さらに政治的に拡大する展望を持って、さまざまな場で絶対主義および聖職者主義との闘いの同盟者を探し続けた。この闘いは、この教会にとって、所与の状況において、ある意味、基本的かつ最優先事項であった。それはまさに四〇年代にヨハネス・ロンゲ[*7]とヨハネス・チェルスキ[*8]が火を点けたドイツ・カトリック運動へのボヘミアの福音主義者たちの注目が示している。ローマと袂を分かち、自身の教団を設立したのは、カトリックの聖職者たちであった。彼らは神学的には、啓蒙主義、合理主義、理神論の混合のようなものであった。

ヒエラルキー、独身主義、教皇、聖人・絵画・聖遺物の崇拝を否定し、そしてもちろん、カトリック教会が、ヨーゼフ二世の改革から早急に立ち直りつつ推し進めた学校制度と公共の生活の統制全般を鋭く否定した。ボヘミアとモラヴィアの福音主義者たちは、ロンゲとチェルスキのドイツ・カトリック運動の中に、カトリックの教会絶対主義、文化的な蒙昧主義、政治的な反動を相手にともに闘う重要な同志を見出した。プラハ領主行政代理秘書グートがロンゲとフェリシテ・ド・ラムネーに大差はなく、ラムネーの『信者の言葉』は「社会の転換計画の道具として、聖書を初めて悪用したものである」と示した一方で、ストロウジュニー（イラーセクの『我が領土では』で有名）初の福音派の教区牧師ヨゼフ・A・ベルグマンは、ロンゲとチェルスキの著書『ローマと十九世紀』を翻訳し、ヒルシュベルクで印刷した。この本は、コメンスキーの『ボヘミア教会の迫害の歴史』『ボヘミア兄弟団のカテキズム』などとともに、ヒルシュベルクからボヘミアに密かに持ち込まれた。以降、ボヘミアでは、コシュト兄弟やその他の福音派の教職者、ダニエル・モルナールとヤクプ・ベネシュ、プラハのルター派教区の寺男マルティン・ベラーネク、福音派の書店主、多くの俗人らが、ロンゲの思想の支持者、普及者、熱心な宣伝者になった。福音派はロンゲのドイツ・カトリック運動に批判がないわけではなかった。『ローマと十九世紀』論文集に対しても、欄外に批判的な注釈を追加した。それでもこの運動を率直な理解を持って追いかけた。

ドイツ・カトリック運動への注目は、「民族の」兄弟の教会を求めるボヘミアのプロテスタントの原動力を、宗教心と民族性は姉妹であるという単なる自由でロマンチックな思想（コラール）、そう、それどころか単にチェコ人のナショナリズムないし排外主義である、とする見解との論争を引

き起こした。

まとめとして言えるのは、この時期に、寛容令の対象となった教会の真の時代が終わったということである。一八五〇年代の反動はいかに短期間のものでも、再び多くの差別的措置をもたらした。福音主義者たちは、それでもまだ一定の期間、寛容令の蓄えで暮らすことができたが、感謝する貧しい親類の心、つまりフス派および兄弟団の伝統、文化的、民族的、社会的達成に力を見出していた、寛容を受けた心は、ほとんど失っていた。

成長

一八五九年のイタリアでの戦闘の失敗[*9]は、オーストリア全体に、反動的な警察体制と絶対主義政府が不適切であることを示した。その結果、立憲主義と内政状況の根本的な自由化への回帰が起きた。そしてまだ一八五九年のうちに、ついに福音主義者が教会会議の議長の座につき、一八六一年二月二十六日の新憲法には、かろうじて生きながらえてきた寛容法も含まれた。そして、他の教会だけでなく国家およびその法律制定に対してもカトリック教会の至上の地位を確約する一八五五年のコンコルダート（政教条約）がまだ公式に有効であったにもかかわらず、皇帝フランツ・ヨーゼフ一世は一八六一年四月八日にいわゆるプロテスタント勅令に署名し、福音主義者に対し、法においても、カトリック教会との関係においても「永遠の」平等を保障した。当然、カトリック教会は、プロテスタント勅令はコンコルダートを乱すものとして抗議した。政府はしかし、もはや歩み始め

た道を後戻りすることはできなかった。さらなる諸法律、特に学校や信仰告白の法律によって、コンコルダートは完全に形骸化した。勅令は福音派教会の自治を保障し、福音派教会が将来的に長老－シノド制を導入することを示唆し、カトリックの聖職者への給与の義務を廃止し、国家機関による金銭的な支援と保護、援助を約束した。同年四月九日には、牧師、長老、主任牧師、監督の自由な選挙を伴う、新しい暫定的な教会体制が宣言された。選ばれた代議員によるシノド総会は、将来的に立法権を持つ教会の集会になるべきものだったが、しかしその決議を承認するのは皇帝であり、またウィーンの最高教会会議が引き続き教会会議の継承者としてとどまり、以降も国家機関として教会を実質的に管理した。勅令が公布されるとヘシュマン・ス・タルディがすぐに『シオンの声』紙上で、完全な長老制を望み、最高教会会議は不要であるという福音主義者の総意を表明した。

「プロテスタント勅令は、ボヘミア領邦で喜びをもって迎えられたが、謙虚に迎えられたのではない。というのも、教会は単に自分たちに権利があるものを得たという意識で勅令を受け入れたからである。各教会機関誌には、いかに情勢が変化したかが指摘されているが、どこにもへりくだった感謝と皇帝を称える言葉の記載はない……。プロテスタンティズムに必要以上のものを決して与えてこなかった者たちを、本心からでなくても称えるには、寛容令の苦しみの記憶があまりに生々しいのである」（F・ベドナーシュ）

従って、以降の年月に、改革派教会において、スコットランドをモデルにした長老－シノド制を求める闘いが盛んになったのは、自然である。ボヘミアとモラヴィアの主任牧師の会議では、完全な教会の自由、ボヘミアとモラヴィアの福音主義者のための最高教会職務、ボヘミアの神学部、ギ

ムナジウム、教師養成高校、そしてとりわけ、皇室および王室最高教会会議当局に取って代わる、「シノド総会で選ばれ、皇帝に承認された会員からなる、シノドの福音派最高会議」を要求する声が上がった。一八六四年には、両信仰告白の共通のシノドがウィーンで開催され、長老‐シノド制の精神における教会体制の提案が作成された。しかし政府から見てこの提案はあまりに自治色が濃いために、ベルクレディの省が自発的に手直しした。そして一八六六年一月六日に、この押しつけられた文言が法として公布された。この法は抗議の嵐をもって迎えられ、ようやく一八八九年のシノドにおいて、ボヘミアの提案（いわゆるチャースラフ文言）に基づく抜本的な改定案、特に皇帝が任命する最高教会会議の解体、その代わりとなる選挙で選ばれた機関の設置案が諮られた。提案はしかし一票差で否決された。

以来、一九一八年まで、教会制度は基本的に何も変わらなかった。制度は多くの命令によって修正されたが、最高教会会議は一九一八年十月二十八日の後も在続し、会議の決議をボヘミアに適応させた。それに反して、オーストリアの教会法には、プロイセン戦争の敗戦以降（一八六六）、ますます自由の精神が浸透していった。福音主義の自覚が成長し、福音派各国との活発な交流が始まり、かつてない神学的な活気と宗教的な雪解け（軟化）が起きた。教会は内的にも外的にも本格的に成長し始めた。今日、私たちチェコ兄弟団福音教会が所有しているもの、教会組織として生きるために私たちが拠り所にしているもの、私たちの機関、活動のメソッド、宗教改革の遺産に対する私たちのアプローチ、そう、私たちの福音主義的習慣と悪習の圧倒的大半が、少なくとも十九世紀のこの最後の四十年間にはっきり予測された。ここに、ボヘミアのプロテスタンティズムの近代の伝統

が根づいている。しかし、ここに、プロテスタンティズムの限界もある。統一した教会としてこの克服を私たちが試みてからすでに四十年が経つが、これは生と死の主の言葉について討論し、証言し、まず第一に心の安寧を得るための今後の課題である。

一七八六年から一八四八年までの六十二年間に、ボヘミアとモラヴィアでは寛容を受けた改革派教会の教区は三つしか増えなかった一方で、プロテスタント勅令公布後の四十年間には、多くの支部と説教場が増えたほか、ボヘミアでは二十、モラヴィアでは八の独立教区が増えた。新たな祈禱所、その他の教会の建物も開館し、これらは外国の友人たちからも多くの寄付を得て建てられた（グスタフ－アドルフ基金からは計り知れない支援を得た）。教会は町にも浸透し、それまでの強い農村的特徴が失われ、教養人の間にも忠実な信者を増やしていった。青年のための活動が組織され、一八八〇年代には日曜学校が設立され、教会機関誌も増えた。少しのちには、専門家向けと一般向けの部門を持つコメニウムであるコメンスキー協会、そしてアウグスブルク信仰告白福音母体協会が、注目すべき出版活動を展開した。一八七一年にはチャースラフに改革派の教師神学校が設立され、一八六九年にはクラブチツェに女子教育および教職施設、一八七四年にはL・B・カシュパル、ヤナタ、シュベルト、ドゥシェクがキリスト教慈善のために福音協会を設立し、この活動によって一八七九年にはテレチーに改革派の男児孤児院が、一八九三年にはクラブチツェに女児孤児院が設立された。というのも一八八三年にはフラデツ・クラーロヴェーにルター派施設の高校生のためのアウグスブルク信仰告白教会寮が設立されていたのである。多くの協会が創設され、伝道師、教師、教職者、学者が連盟を組み、社会福祉活動（ディアコニエ）を発展させ、社会との交流を育み（！）、

史跡を保護し、教会本部となるフスの家の建設のために寄付金を集めた。こうした協会の多くが、教区牧師と協会教師、とりわけ彼らの寡婦と孤児のより大きな年金確保のために奔走した。特別な意味を獲得したのは、最後に設立されたコストニツェ教団であり（一九〇五）、創設者たちの特徴によってこの時代に組み込まれるものの、これは（カトリックに対する）防御かつ福音伝道の組織であり、これはすでにすべての福音宗派を結合させたものであった。

これらの活動はすべて、ひとつひとつ丁寧に取り上げる価値のあるものであり、私たちはこれらを感謝して思い出すべきもの、などと単に敬虔な者の言葉で終わりにすることはできない。この年月における非常に活発な協会活動の主たる理由は、まさに教会の置かれた環境にあった。ボヘミアの福音派信者たち、つまり多様な民族からなる教会の信者にとって、具体的な課題や活動を行うためには、組織本部がどうしても必要であった。しかしその傾向が度を超すと、十九世紀末に見られたように協会および教化（啓蒙）活動が強調されすぎることになり、またボヘミアの福音のシオン（当時好んでこのように言われた）には教会のコイノニア（交わり）的自覚が浸透せず、友好、相互関係、兄弟および姉妹の交流が、教区の枠外に求められるという現実が生じることになった。

しかしそれでも、特に一八七〇年代から九〇年代までのこの盛んな成長は、将来的に、教会への回帰を模索するためのよき前提条件になった。まず何より、ボヘミアの福音主義者たちが、信仰告白を発見することによってである。国外の神学校での勉強は、我々の志願者たちに、象徴的な書物へより大きな敬意を抱くよう教えた。各信仰告白を区別する意識が成長し、それとともに寛容された両教会同士、また後にはその他の教派同士の疎遠化が進んだ（我が国では一八七〇年にヘルンフート、

一八七二年には会衆派、一八八五年にはバプテスト派が組織された）。

J・L・フロマートカの分類によれば、（H・B・コールブリュックとEd・ベールの）ドイツ・オランダ・カルヴァン主義の影響を受けたのは、若い頃は純粋な長老制の熱心な支持者であり、一八六四年からはウィーンの最高教会会議議長となり、カテキズム、信仰告白、アジェンダ、讃美歌集の歴史的作業や編集に従事し、勤勉な著者であり編集者であったヘシュマン・ス・タルディ（一八三二～一九一七）、また、短期間ながら直接エルベルスフェルトのコールブリュックの教区で活動し、モラヴィアでの忠実な牧師活動のほかに、学校と家庭のための、キリスト教会の歴史とキリスト教教義に従事したフランチシェク・シェベスタ上級修士（一八四四～九六）である（カルヴァンの『キリスト教綱要 *Christianae Religionis Institutio*』〔未完〕の翻訳も手がけた）。さらにルドヴィーク・ボフミル・カシュパル（一八三七～一九〇一）であり、彼は当時の一流文学者、才能ある詩人、讃美歌および多くのトラクタートの発行者であり、多くの作業チームの協力によって完成した聖書の語句集の著者であった。そしてヴァーツラフ・シュベルト（一八二五～八五）であり、彼は若い頃はコシュトのような愛国者であったが、転向後は、生き生きとして敬虔な重要な表現者となり、イギリスやアメリカのリヴァイヴァリズムに属する教会の寄付活動のリーダーとなった。スコットランドの長老制の影響を受けたチェニェク・ドゥシェク（一八四三～一九一八）は、改革派教会に自然な愛情を抱き、リベラリズムと合理主義に攻撃的な反感を示した鋭いジャーナリストであり、まっすぐな教会政治家であり、間違いなく当時の最も重要な教会指導者であった。このセムチェシュの鍛冶屋の息子は、教会内部の生ぬるさと同様に、外部の自由のなさをも激しく攻撃した。先に言及した提案

「チャースラフ体制」を求める闘いは、文字通り彼の名前と結びついていて、コシュト兄弟のリベラリズムと激しく衝突した。「我々の説教者は、異教徒の卜占官（ぼくせん）になってはならない……自分たちで信仰を持つ、または表明しなければならない」「我々の教会は、活動のために外に出ていけるように、できるだけ早急に会館を組織しなければならない」と主張するドゥシェクは一般の道徳のために闘っていると表明し、パラツキーのことをよき福音主義者ではないと決めた。市民的な「国民新聞（ナーロドニー・リスティ）」の攻撃に応える福音派の大会では、「一番の発言権を握った」。そしてやはりドイツ・オランダ・カルヴァン主義からであるが、元来の純粋なルター派の土壌から現れたのが、ヤン・カラフィアート[*10]（一八四六〜一九二九）であった。カラフィアートはドゥシェクのような「教会の指導的政治家の振るまい」はせず、少々孤立していたが、イエス・キリストの中で実現した慈悲についての彼の証言は、極めて耳を傾けるに値する。カラフィアートは神学体系を築き上げなかったけれども、世紀の境目の真の神学者であった。この田舎の個性的な神学者は、教職者階級を持たず、二十年の奉仕の後に教区の教職を離れ、プラハで友人たちの牧師の仕事を手伝いながら、神学の雑記帳的な『改革派誌』を発行した。この十年ほどしか発行されなかった雑誌上で、いかに多くの思想的な指摘がなされたことか！　アクチュアルな証言は、何と力を持つことであろう！　カラフィアートの『ほたるっこの著者の回想』および『六種のプラハの説教』とともに、この雑誌がすでに数世代にわたって「美しい教会」への指標となっていることは、偶然ではない。カラフィアートは注目に値する聖書研究によってボヘミアの聖書学に貢献した。聖書を徹底的に調査して、一九一五年にはクラリッツェ聖書を出版した。また子どものために、百版を超えた比類なき寓話『ほた

るっこ』を著した。

情熱的な説教師であり折衷主義者であったフェルディナント・ツィーサシュ（一八五〇〜一九三二）、多くの教育書を著したフランチシェク・コザーク（一八五七〜一九二六）、教区牧師であり詩人でもあったヨゼフ・ペリーシェク（一八五〇〜一九一六）は、カラフィアートほど丹念に教義に取り組んだわけではないが、この三者は、明晰な頭脳を持ち、情熱的な心を持ち、新世紀の初めに我が国に現れた神学的リベラリズムの下地を整えた。

当時の覚醒したルター主義の最高の表現者は、ルター派教区の信仰告白の自覚のために力を尽くした、チェコ東部地区の第一監督カレル・エドゥアルト・ラーニ（一八三八〜一九〇三）、また一八九六年からウィーンの神学部の教会法と実践神学の教授、一九一九年から第一教授、二〇年からフス派チェコスロヴァキア福音神学部の第一学部長を歴任し、広い視野の持ち主であった歴史家グスタフ・アドルフ・スカルスキー（一八五七〜一九二六）であった。非常に開かれた心を持ったルター派であり、プラハ・アウグスブルク信仰告白教区牧師、のちに監督、そして一九一九年から新しい学部の一般およびボヘミア教会史の教授を務めたフェルディナント・フレイサ（一八六七〜一九五三）は、著書『ボヘミア信仰告白』（一九一二）によって、ボヘミア・ウトラキスムを新たに理解するための基礎を築き、また他の歴史的作業とともに、ボヘミア宗教改革神学の各ルーツからの統一と一層の成長の前提を築いた。

「同時に、我々の福音主義のこの分類化とともに、あらゆる面において、ボヘミア宗教改革の過去への関心が高まった。このため当時の著名な人物で、列記する必要のない名前などひとつもない。

古い回想が出版され、私たちの父の精神的な発展が明らかにされ、その発展が教区の信仰生活に導入された。L・B・カシュパル、J・ドビアーシュ、B・マレシュ、G・Ad・スカルスキー、F・コザーク、F・ツィーサシュ、J・ペリーシェク、H・ス・タルディ、彼らは皆、古い私たちの宗教改革の廃墟に鍬を入れた人々に数えることができる」(J・L・フロマートカ)

ボヘミアの福音派たちは、この時期、民族全体に対する自分たちの義務を極めて強く自覚する。一九〇六年の第一回プラハ長老派教会世界連合大会において、コザークは、「彼らは最もよくボヘミアの歴史の意義を理解している」、そして「ボヘミアの民にとって、宗教的常識を深めることと、純粋な道徳性の基礎を固めることほど必要なものはない」という信念を示す。表面的な自由信仰者や無関心との闘いの中で、彼らはもちろん、ボヘミア兄弟団の人道的な理想へ向けたトマーシュ・マサリクの遺産の中に大きな助力を見出す。しかし、このボヘミア・リアリズムの創始者が「一定の宗教的信仰告白をひとつも(受け入れず、)そしてあらゆる幻覚、特にキリストの中の神を否定したこと」(カシュパル)、また「マサリク教授のユニテリアン的合理主義」(ツィーサシュ)が宗教的懐疑を導くことを、彼らは見落とさなかった。

ドゥシェクは福音派のアカデミー会員のサークルで、次のように述べている(一九〇六)。

「民族は宗教の形式にはまりこんでいる。宗教は極端なものになってしまった。個人としての人間は宗教から切り離され、私たちはロマンティシズムに捕らえられてしまった」

人々には、宗教に対して三種の見解がある。ひとつは、愛に満ちた、美しい道徳学を伴う、完全に優しい人間と優しい神について確信する見解である――それは主、神と隣人を愛せよ、そしてそ

の後に「もしあなたがそれを望み、それがあなたに適しているなら」と続く。

二つ目は、宗教を個人的な私的なものと考える見解である。ドゥシェクは言う、これは誰にも否定されないが、しかし自分自身が教会である、という意味になってはならない——自分の信念に、行動や人生における表現を与えなければならない。三番目の見解の人は「教義は敵対的である。すべての教会はうさんくさい——どれも信じるな！　私たちが真理と呼ぶものは、キメラ的なものである——真理というものは、それ以外はありえない、と生理学がみなすものだけである……という。私はこれらの方向性を危険だとは思わない」とドゥシェクは続ける。

「逆にこういう人は、すばらしい助力になる。彼らは宗教が賜物であることを否定する。というのも、人の魂の優先的な面は、知的な面ではなく、倫理的な面だからである。もし宗教があるとすれば、それは魂の造物である。これは、聖書で呼ばれているところの、神の似姿ということからくる。倫理的に前進しようとする者は、ますます正義、清廉、愛、内面的な再生に近づくはずであり、それはよき道である……。道徳、熱心さ、これはキリストへの道である。この道を何人かの宗教改革者は歩んだ。正しい道を歩んだのである。心の中が清らかでない者は、真理の敵である。私たちはこの学問的方向性を恐れる必要はない、逆にこの方向性は、この作業を通して光を得ることで、貢献となるものである。私たちはこれに感謝するほかないのである」

ドゥシェクはこれらの方向性が多かれ少なかれ理論上のものであり、「何も組織せず、何も行動していない」ことを隠したりはしない。しかしすべてを旧態依然のまま維持しようとする教職主義者や、チェコ人がカトリックになればプロテスタントのドイツ人と区別されるという民族的な動機

から「区別」を支持する者に対抗し、「チェコ人の精神が自らの権利」を持つ、ボヘミア宗教改革の方へ道を示す。

「宗教改革は私たちの最も貴重な遺産であり、民族が将来に向けてしっかり両足で立つべきならば、明らかにここを起点としなければならない。そうすれば、民族は偉大になるだろう。実際には、これは私たち福音主義者の役目である。私たちこそ、ボヘミアの歴史を理解すべき者である」

ちょうど十年前（一八九六）、カラフィアートは、次の記事「古いボヘミアの思想」を綱領として『改革派誌』を創刊した。

「良心をもって目覚めるチェコ人は、常に、美しい教会について主イエスに熱心に働きかけ始める」

カラフィアートによると、チェコ人は、「主のための美しい聖堂を建てるために自身を高めるわけでも、すばらしい教義や模範的なカテキズムを作成するわけでも、五感に訴えるような、神の奉仕の精神的ではない魅力や引力を支持するわけでもない、そうでなく主イエスが私たちの間に美しい、美しい教会を抱えるよう、チェコ人は全霊で熱心に働きかけ始める」。この傾向は、改革派に最も顕著に見られるという。

「改革派ではクルコノシェにせよ、ヴァラシュスコの山にせよ、覚醒した者が現れ、彼らは道徳の清らかさに気を配るようになった」

そしてその現象は、アウグスブルク信仰告白の教区でも見られるようになったという。

「聖霊により覚醒しても、彼らはルターのカテキズムもアウグスブルクの信仰告白も見放すこと

はなく、それどころかもっとはるかにそれらに敬意を払うようになるだろう。しかし彼らも古きチェコ式に従って、このドイツにいる自分と同じ信仰告白者を、良心より科学、人生の清らかさより勉学における正確さを上に置いている、と非難するようになるだろう。そして、主イエスが私たちの間に美しい教会を持てるように熱心に私たちとともに尽力するようになるだろう」

カラフィアートの論文全体は、いかにこの『ほたるっこ』の作者が、彼の「改革派」的狭量さを非難した多くの人々よりもボヘミア兄弟団らしさを備えていたかを示す、注目すべき証拠である。後年、カラフィアートは自著『思い出』（一九二七）の結びでこの論文に立ち返り、（「我々のかつてのアウグスブルク信仰告白についての見解を見直す必要があったことを喜んで認める」という章で）寛容令の対象となったボヘミアのルター派の重要な特性を付け加えている。

「宗教的寛容とほぼ同時に、神は恐れ多くも私たち民族に民族覚醒をもお贈りくださった。これはまだ宗教性はまったくなかったが、まるで主がチェコ民族に対して新しい大きなことを思いついたかのように、チェコ人の魂に深い覚醒をもたらした。ここで読者は思い出さなければならない。いかに当時のチェコ民族が蔑まれたシンデレラであったかを。貴族は皆ドイツ人であり、富と高等教育と学識は皆ドイツ人のものであり、行政も皆ドイツ人のものであった。そう、もはや、広く世界的視野を持つ、多くの率直な人々でさえ、苦悩するチェコ民族がいつの日かまた自治権を取り戻せる日が来るというあらゆる希望を失っていた。そんな折に、貴重な民族運動が勃発したのである。そして多くのアウグスブルク派、改革派もこの運動に魅了された。そして今や彼らは、アウグスブルク派と改革派の違いを把握し始めた。そして彼ら、アウグスブルク信仰者の魂の中に、アウグス

ブルク信仰告白と矛盾する、最も美しい民族的な努力を見出したのである」

従ってカラフィアートはこう導く。ボヘミアのアウグスブルク派は、最初から、ドイツのアウグスブルク派よりもボヘミアの改革派に近かったのだと。そしてもはやこれは宗教的ではなく「民族的で、多かれ少なかれ政治的」であるという異議に対しては、こう答える。

「もちろんこれは民族的でもあり、深く魂に座するものである。人に関わることがすべてそうであるように、これももちろん、神からのものなのである。しかしまたこれが宗教的でないというのは間違いである……神の言葉（これは神の子であり、すべてのものの始まりはこれを通して成り立ち、そして時間が満たされた時に神の子は自らの死によって私たちの罪を贖うために、人間の肉体を身に付けたのである）は、地上にできる限り最も美しい教会を持たなければならないのである。また、兄弟団の教会は、この世にアウグスブルク派と改革派が現れる前からこの理想を求めていたことを覚えておきなさい」

晩年まで「改革派」に留まり続け、福音派のボヘミア兄弟団教会の体制を「まったく不法なクーデター」と考えていた教区牧師の口から、このような言葉が発せられたのは特に感慨深い。一定の宗教改革的なモノテーマ性は否めないが、カラフィアートが兄弟団の忠実な徒であり、広い内面的自由に向かう寛容された信仰告白に基づくチェコ・プロテスタンティズムの成長を示す象徴的存在であったことがわかる。この自由とは、人間をそれによって美しい教会、シミもしわもない教会に導くことができるならば、「民族的で、そして多かれ少なかれ政治的な」ものでも神の賜物としてとらえる自由である。

私たちが、寛容された教会の最初の世代を、ボヘミアの田舎の夢想者的痙攣として現れた社会的危機への敏感さが足りなかったと非難したとしたが、この点でボヘミアの福音主義者たちは大きく変わったことを認めなければならない。彼らは自身の機関誌上で、一九〇五年に普通であり、平等であり、直接的な選挙権のために闘った者たちの側につくことを明白に表明した。そしてZ・メデクが思い出しているように、彼らは以下のことを正しく認識していた。我が国のこの闘いは、「民族全体の運動、ただドイツの圧力に対するチェコ民族的な運動」の結果ではなく、彼らに火を点け、長らく導いたのは、政治的に組織された労働者集団であることを。

「私たちは、平等な普通直接選挙権を獲得すべく努力する時代に生きている。私たちチェコの民は、大多数がこの要求側に与する。これが元は社会民主党の要求だったことを私たちは否定してはならない」（『シオンの声』五十号、一九〇五）

『シオンの声』紙は、ボヘミア議会の討議についてのレポートで、代議員プラデの発言に対して次のように批評している。

「（プラデは）さらに無礼で無教養なブルジョワジー的理由を付け加えた。その規律と政治的教養によって非常にすばらしい方法で非常に多くの機会に表現してきた社会民主党の組織立った労働者集団を、キリスト教社会的なウィーンのブルジョワにしか同等のものが見られないような方法で攻撃した。「普通選挙権を導入すれば、今日の特権的な国会が、無教養の特権の国会に取って代わられるだろう」というプラデの発言を、ドイツの社会民主主義者も自らの血液内に取り込み、結果を導かなければならない」と『シオンの声』紙は四十三号に記し、後続号でことの進展について細か

くレポートし、労働者に対する同情を隠さない。いかに彼らの読者および福音派教会の信者の大半が中産階級であり、とりわけ田舎の小さな民であろうと。そしてその後の年月の公的な出来事についてのすべての記事において、社会的な進歩と正義の側に立つことを示す。ボヘミアのプロテスタントの立場を明らかに示したのは、ルター派福音教会誌の一九〇六年第一号である。

「我々福音派は、平等な普通選挙権が導入されるべきだと確信している、それは以下の重大な理由からである。神の言葉は人々を決して分け隔てしない――神の言葉に照らして神の言葉の意味に基づくと、私たちは皆兄弟であり、家柄や富や権力や威厳がやみくもに低く貧しい者たちの権利と公正を押さえつけるような、古臭い、異端的なローマの、中世的な方法や習慣が入る余地はない。これは福音主義とキリスト教の倫理に反するものである……有徳であり思考する人間の目に映る労働は、常により優先され、より価値があり、より尊敬に値するものである。指一本動かさずに手に入れた、完成した品として受け継いだ資産よりも。労働によってのみ、国全体は教養を身に付け、世界全体は養われる。それにもかかわらず、しばしば健康と生命を削って労働する者たちは、彼らのことも議論して決定される教区でいかなる権利も持ってはならないのだろうか。もちろん、労働者も賃金を稼ぐだけでなく、自分の権利を持つのがふさわしい。

二つの福音派教会の統合

新しい世紀の初頭はもちろん、私たちのシオンにとって、ボヘミア改革派の遺産の拘束性と受容

力、民族的状況に対する教会の義務、社会問題の複雑性を集中的に自覚した時期であるだけでなく、教義や証言の純粋さへの注意を弱めるサバティエやハルナックの自由主義神学が台頭し、まずはカトリックが大勢を占める民族の中で、身を守るために団結するという外的な手段でボヘミアのプロテスタンティズムの将来を確保する努力が成長しつつある時代であった。

この計画は、一九〇三年九月二十八日にクラーロフスケー・ヴィノフラディの民族会館で開かれた、ボヘミアとモラヴィアのチェコ人の福音派の記念すべき第一回大会において初めて提案された。これは民族への率直な愛の表明として、また不名誉にも外国とつながっているという攻撃への声を大にしての回答としてであった。この攻撃とは、チェコのブルジョワの日刊紙、「国民新聞」紙で、作家K・M・チャペク・ホットが匿名の筆でチェコ人の福音派教会をまったく無根拠に非難したものである。大会には、改革派、ルター派、福音派兄弟団（ヘルンフート）、会衆派、バプテスト派、サバテスト派教会の各派から代表が参加した。民族との関係、外国との交流の問題のほか、「ローマから離れよ」運動（これは「望まれ、我々の民族に役立つ運動」として認められた）に対するチェコの福音主義者の立場、各政党に対するチェコの福音主義者の関係、「福音派のクレリカリズム（教職者主義）」（概念が混乱していると指摘された）の問題が討論され、またチェコの福音主義者の将来の希望と展望が示された。決議として要求されたのは、教会的生活の強化（日曜の説教だけでは不足である。「宗教的教養を育む集まりが組織されるべきである」）、チェコの教会の完全な自治を求める闘いの再建（頓挫してしまった、チャースラフ体制回復のための努力）、チェコの福音派の教会の結束——組織立った出版活動とディアスポラにおけるよりよい活動、「あらゆる潮流によって、ボヘミア福音派教

会の民族への影響と成長を支援するであろう」組織づくりであった。チャースラフの教区牧師コザークは、さらなる決議を提案し、「イエス・キリストの福音の下に統一」され、共通の過去を自覚した使節団が、「我々の内的な結束が明白な方法で表れるように努力すること」、そして「将来的な密接な結束を望み」できるだけ広範な協調活動を育むことを表明した。そして大会は、監督補佐のチェニェク・ドゥシェクが、これは福音的な良心への打開を意味する、と宣言して締めくくった。「チェコ人のリベラリズムが崩壊しつつあるのが見える……私たちは新しい道の前に立っている……私たちはひとつの連合になろう、そして全員が即その成員になろう。名称はコストニツェ（コンスタンツ）教団を提案する。あのコストニツェの薪から私たちのすべてが始まったからである」

このチェニェク・ドゥシェクの決議も提案も採択された。大会の結果は、チェコ人プロテスタントの結束という点では目覚ましいもので、大きな一歩となった。しかしこれをきっかけに、私たちプロテスタントが切望するものとして、民族における文化的、倫理的使命が強調されるようになり、その分、効率的でなく忍耐が必要とされる教会の内面的な構築がおろそかにされるようになった。そして（とりわけカトリックに対する）防御が肥大化し、創造的な神学活動空間が制限されていくことになる。大戦中の一九一五年のフスの式典は、この道における重要な区間になり、「近づき合い、よく理解し合い、共通の宗教改革の過去に基づいて取り決める」（F・ジルカ、一九一五）必要がある共通の遺産のためのマニフェストになった。各雑誌はアウグスブルク信仰告白やスイス信仰告白などの共通の教区の設立、共同活動を求めて発言した。F・フレイサ、B・フライヘル、A・ボハーチ、J・ソウチェク、J・L・フロマートカは、口頭でもまた文筆でも統一の思想を宣伝した。

「一九一七年のロシア革命の勝利後にオーストリアでも自由化の波が起きると、ボヘミアの福音主義者たちの努力はすぐに形として表れた。チェコ人議員たちによる国家独立宣言の二週間前の一九一七年五月十六日、彼らの代表者がプラハのクリメント家に内々に集まり、三つの主な要求を定めた。従来の二つの歴史的教会の一．独立、二．民族化、三．統一（A・ボハーチ）である。それ以来、運動は組織的になり、福音派社会の非常に強い関心を集めた。これは、早々と教区の活動の統合につながった。一九一八年十月二十八日のオーストリア君主制の崩壊と大変革は、二つのチェコの福音派教会の統合に現実的な前提条件をもたらした。首都プラハの市民会館のスメタナホールで、両信仰告白の教区の代表が招集されて総会が開かれ、十二月十六日の事前打ち合わせの後、一九一八年十二月十七、十八日にアウグスブルク信仰告白およびスイス信仰告白の両福音派教会の統合が決定し、一体化した兄弟団福音教会（Evangelicka cirkev Bratrska）が宣言された。この名称は、オフラノフ（ヘルンフート）教会がすでに合法的に有しているとする学校教育および国民啓蒙省からの通達に基づき、チェコ兄弟団福音教会（Ceskobratrska cirkev evangelicka）という名称が、筆記選挙によって選ばれた。

総会では、チェコ民族へのメッセージにおいて、カトリック教会とチェコ民族の間の矛盾点が指摘された。

「民族的自覚と特徴に有害な影響を与えているこの矛盾は、チェコにとって不幸でありチェコの自由にとって危険である。従って我々の民族から、残酷な敵であり抑圧者である、一方のハプスブルクが排除された今、もう一方も取り除くべきである。これには二つの可能性がある。ひとつは信

仰告白を持たないこと、もうひとつは、自分の民族、歴史、関心、自由と矛盾しない別の教会と宗教を受け入れることである。チェコのフス派の福音の子孫たちは、この争点の二つ目の解決策のみが正しいと確信している。……従って子孫たちはローマ教会とは袂を分かったが、宗教と教会なしにはいられない、なしではいたくない自分たちの土地の出身者を、自分たちの中心に呼ぶ。……」

メッセージの三分の二以上は、このカトリックとチェコの性質の間の矛盾にあてられている！そしてようやく最終段落で、「福音主義の基本」について、および「……クラリッツェ聖書に含まれているような、神の清き真理」について語られている。

しかしこの記念すべき総会の他の文書や発言や決定から間違いなく明らかなのは、一体化または統合の動機の大部分が神学的なものではなかったことである。関心の中心は、むしろ信仰生活の二次的な表現、文化への影響、社会体制、道徳性だった。チェコの宗教改革の伝統に対するあらゆる責任を表明しながらも、この伝統の原則は統合の第一要素にならなかった。民族の勝利、ハプスブルクの敗北、戦争終結の喜び、つまり、理解できるとはいえ宗教的に実りの少ない喜びの方が大きかった。自己をよりよく見つめれば、我々の教会の誕生の際、気分と感情的なアクセントが極めて大きかった現実は否定できない。

「古い信仰告白は私たちの手の中で粉々になり、聖書は、一体化した信者の大部分にとって、形式的ではない、真の生きた権威にならなかった」（J・L・フロマートカ）

一九一八年三月に執筆された、多くの面で著しく観察に優れ、説得力のある論文「チェコの教会の一体化と再建と、チェコ民族の精神的成長」の中で、L・スチェフレはこの正統的でない一体化

の原因を無意識のうちに明らかにし、チェコのプロテスタンティズムの歴史的、政治的特徴、民族への愛を指摘している。この民族への愛は常にチェコの福音派に、近代ではコラールやパラツキーに見られたもので、彼らだけが、民族に「愛国的、観念的な愛の新しい信条を与え、国家の自己決断の意識を再び燃え上がらせることができた。こうしてもっともなことながら、全民族的な大きな波がチェコ人のプロテスタントの魂に反映され、一体化したチェコの国民教会を求める努力となった今日の自己再生運動の先導的役割を、チェコのプロテスタンティズムが担うことになった。この一体化して再生した教会が、民族の精神の再生において、中心的要素になるべきものである。これがこの二つ、または複数の信仰告白の思想の統一の本来の核心であって、決して単に機械的な統一や、抽象的なナショナリズムを信仰生活の場へさらすことが核心ではない……。これは、本質的に宗教的なものである、チェコ人の歴史の精神における全民族的な精神の再生に関することであった」。スチェフレを始めとする多くの人は、ここにビーラー・ホラ（白山）の戦い以降、奪われてきた教会の使命、歴史および政治の使命を見た。チェコの教会は、彼らにとって、「人間の精神の考えうるあらゆる再生の基本」であり、「チェコ民族の基本的な機関」であり、これはすべての他のものを上回り、すべての他のものが活力を引き出す源となるものである。またこれはチェコ人国家が生きて継続したものであり、「全民族的な教区性」の意識の源であり、チェコ文化の創造者でもある。だから、スチェフレは広範囲な分析を以下のように結ぶ。

「従って、チェコの国家制度、チェコのシステムに、チェコの教会を補足しなければならない……チェコ民族はそうすれば宗教的な民族になる」

思うに、一見して誤解は明らかである。この概念に基づく教会は、イエス・キリストの体ではなく、民族的な体の観念的な骨組みであり、神の真理になじむことを広める神の道具でもなく、（主の）審判に向けて、称えて歌を歌って主の再来を待つ、義化された罪人の共同体でもなく、実は教会のポストや教会の基幹を占めて「神の民族」になろうとするチェコ民族を聖別するための（神の）道具であり、一方で教会は「民族の存在の高められた形」を意味すべきものである。この文章は非常にすばらしく、説得力があるように聞こえる。スチェフレはチェコ人の宗教改革を存分に評価し、少なからず的を得た歴史的知見を示し、教会を大いに評価している――、しかし、キリストの真の教会の使命は全世界に行きわたり、全民族のためのものであり、福音とはイスラエルの人種的排他性を尊重するのではなく、逆にこれを破壊するものであり、キリストの死の善行を、非常に純粋なナショナリズムの地上の楽園の中ではなく、聖なる普遍主義の無限の空間の中で、提案していることを、スチェフレは見ず、意識していない。

チェコ・プロテスタンティズムの民族的な使命の覚醒意識は、ここまでになった。教会は、一部の人にとってはほんとうに、民族の（さらにスチェフレにとっては神の民族の）役目や機関と化してしまった。この教会から、役目や機関にならずに、せめて他の役目や機関に奉仕するだけの教会に至る道のりは長いのだろうか。どちらにしても、主への徹底的な依存は失われている。従って堕落は単に時間の問題である。

チェコ兄弟団福音教会の誕生

しかしそうはいっても、神による驚嘆すべき慈悲深い指示によって、この新しい教会には、注目に値する、より立派な未来の基盤が置かれた。一体化した教会の今後の性質と教義を定めるために、総会が受け入れた（チェコの福音主義者の統合とチェコの教会の再建に関する）決定において、チェコの両福音派教会は、「三百年間無理やり引き離された後に、自分の父たちの方に戻り、そしてフス派のボヘミア宗教改革、両種陪餐教会、兄弟統一団と明白に連携することを決意する。ひとつの起源を持つので……統合し、一体化した教会として宣言する。この自身の決定について、以下のように表現する。自分の宗教の規則である福音を一体化した教会の基本とし、一五七五年に両種陪餐教会と兄弟統一団がひとつになり、一六〇九年に勅書（マエスタート）によって唯一の教会になったチェコ人の信仰告白と、チェコの兄弟団の信仰の最後の表現としての一六六二年のヤン・アーモス・コメンスキーの兄弟の信仰告白に帰依する」。

同様に総会では、「真の兄弟たちと姉妹たちの社会」（F・ジルカ）としての教会、「一般的な教職者主義の原則を育てる大衆の教会」（F・プルトキー）が明白に要求され、また当時のショノフ教区牧師フロマートカの提案を受け入れた決定として、次の認識が表現された。

「フス派とボヘミア兄弟的な改革の精神における敬虔さは、実際の生活を楽にするものではなく、神と自分の良心を前にした辛い義務となるものである」

そしてチェコ人の福音派は、「キリストとその福音を頂きとする、宗教の力と聖書的な充足に錨をおろしている」、従って彼らにとって宗教は「世界からの逃避ではなく、真理、愛、兄弟精神による世界の克服である」。また教会の将来の組織に関する条項の中に、教会機構が「長老－シノドの原則、そして教会内での男女の平等に基づいて整えられるべきである」という要求も盛り込まれた。以降の年月のシノドは、このような教会の組織体制づくりに励んだ（すでにトップにシノド委員会、後のシノド評議会が設置された）。

初のシノド委員会は、フェルディナント・ツィーサシュ、フェルディナント・フレイサ、カミル・ナギ、ヨゼフ・ソウチェクらの教区牧師、アントニーン・ボハーチ、フェルディナント・カフカ、ヨゼフ・クラール、ヘジュマン・リュジゲル、アントニーン・ザハールからのプレスビテル（長老）という顔ぶれから成った。新しい教会社会の建設に向けて、長老派、改革派、そして聖書の立場からアプローチし、この非常に不安定な時代に教会が定まった道を歩みだしたのは、これらの人物の功績によるところが小さくない。感謝を込めて思い出そう、やや極端に熱狂的であったチェコ兄弟的なこの福音の舟の、最初の冷静な水先案内人を。アイルランドとスコットランドの長老制の影響を受けた長老ヨゼフ・ソウチェク（一八六四～一九三八）は、この大きな変革後の時代に多くの親愛なる福音主義者によく見られた、熱狂的な伝道主義、カトリックへの攻撃、ボヘミア宗教改革の光り輝く遺産に対する夢見るような視線とはまったく異なる課題を具体化した人物だった。「どのように自分たちの義務と使命を果たし、どのようにそれを維持するか」。そしてこの問いかけるような不安げな視線で福音派の教区を眺め、正確な管理行政、財政面の確保、長老主義の構築に

奔走した。

不安ももっともだった。組織、財政といった外的な面で、新しい教会は最初の年月に急激な成長を見せた。一九一八年に合体した三万四千人のアウグスブルク信仰告白の福音主義者と十二万六千人のスイス信仰告白の福音主義者に、一九二七年までにほぼ十万人の加入者があった。一方、退会者はわずか九千人であった。つまり、一九一八年に十六万人であったチェコ兄弟団福音教会員は、九年後には二十五万人を数えたのである！　最も加入が多かったのは、一九二一〜二三年の五万五千七百六十九人で、「ローマから離れよ」運動の最盛期であった。これだけの人員増加を組織的に、特に牧会的に乗りきること自体がすでに課題であり、これはたとえ内的、外的にはるかによい条件の整った教会であっても楽に対処できることではなかった。しかし、ジルカが言っているように、「起きるかもしれないことが起きた」のである。そして特に、福音教会のボヘミア西部および南部全般への浸透は、将来の福音伝道活動に大きな機会をもたらすことになった。もちろん、当時の時点ですでに熱心な教会スタッフ、聖職者、それに俗人の数も増えていた。集中的な福音伝道が行われ（もちろん同様の扇動運動も少なくなかったが）、盛んに教会の印刷物が発行され、社会活動および募金活動が集中的に行われ、新しい教区や拠点が設立された。またフス神学部の創立によって、国内の学問の基盤が整い、自身の教会環境での説教師の育成が可能になった。

この時期（一九二〇年一月八日）、カトリックの改革派司祭の働きかけにより、チェコスロヴァキア教会が設立された。この教会は、国民に、キリル・メトディウス主義、フス運動、兄弟主義につながる方針を訴え（一九二〇年一月十日）、国民の教会を欲する広範層にアピールした。そして早く

も一九二一年の国勢調査では、五十万人を超す信者を数えた！

戦後の楽観主義の波が引くと、移行運動の結果が大変な問題を抱えていることが判明した。新たに福音信者になった人々の多く、また新たにできた教区をつなぎとめているのは、ローマの拒絶だけであり、それも宗教的な動機ではなく、民族主義的な動機が主であった。内面が満たされていないという伝道の課題が生じた（今日に至るまで、一九二一〜二二年に加入した者でこのように辛うじて周辺にぶらさがっている者は一握りではない）。また統合した福音の民も皆が満足していたわけではなかった。特にかつてのルター派側からは、彼らは自分に都合のよい信仰告白を支持する意志で教区に留まったにもかかわらず、以前を懐かしむ声が上がった。この年月の信仰生活は、はた目にわかるほど凋落した。礼拝参加者が減り、平日に聖書を読む者やその他の集会への出席者は、特に都心部の教区では一握りにすぎなかった。シノドの報告が証明しているように、教会の宗教的および道徳的状況に関しては、この教会の設立から十年が過ぎても、大きな変化はなかった。また強調しておく方がよいだろうが、教会の代表者たちは欠陥を隠すことはせずに、むしろ指摘し、助力を探した。重要なのは特に、一般の生活が徐々に世俗化し、経済恐慌の時期に行われた一九三二年の第六回シノドの記録である。

「我々の民族は」と、シノドの議長ソウチェクは開会の辞で言う。

「今日、我々の教会また他の教会の影響に対しても、扉を開いてはいない」

しかし、「我々の乏しい影響力の原因を」、民族的生活への我々の不参加に探し求めるのは正しくない、と考える。

「非は、我々の信仰心および宗教心の小ささと弱さにある」

一九三四年、J・L・フロマートカは「統合した教会の時代」を振り返った。そして、貴重な財産のほかに借金と病弊も継承したことを見出した。すでに十九世紀の時点で、聖書を読む素朴な人々の教会は崩壊し始めていた。もっぱら農村的であった教会から、半農半都市の教会へ変貌したことによって、福音派の市民的な性質が生まれた。「マサリクのリアリズムは公共の環境が進歩した点で福音主義者を助けた。しかし、彼らを宗教的または教会的に助けたかどうかは必ずしも明らかでない」と考えた。福音派の教区は、「時にファシスト色の狂気に行きつく社会的身分の保守主義と政治的な怒りに屈しつつある。チェコの福音主義者は、社会的および政治的進歩の前線において、先頭に立つ戦士ではなくなりつつある。福音主義者の進展は、ほんとうに勇気のある教養の理想よりも、むしろ教義的な弱さや宗教的な真実でない性質に表れている」(「チェコ福音主義者の道」)。

(統合した教会は、)若い教会の歴史の光の当たる側に属しながらも、一体化以降の時代には、自分たちの改革派の伝統だと考えられたことだけでは足らないことにまもなく気付いた。すでに転向運動が最も集中的に行われていた時分から、多くの聖職者および俗人が、次の気がかりな疑問を呈していた。教会組織としてだけでなく、教会有機体として、いかにこの状況を乗りきるべきか。純粋なキリスト教と改革派のメッセージが血管を流れるような、有機体が成長するための前提をどこに探し求めればよいか。現在の社会的必要性にも見合うような、統合した教会の際立った教義をどのように築き上げればよいか。転向した大衆や統合した教会の生ぬるい福音主義者たちをどうやって

聖書に向かわせればよいか。

教会を求める闘い

「自分の計画に導くため、主は、人間の疑念も利用することができる！」

このカラフィアートの言葉は、チェコ兄弟団福音教会が成立してから三十年あまり、もうまもなく四十年になろうとするこれまでを振り返るときに、何度も思い出される言葉である。信仰告白は一九一八年から新しい教会の建物の看板に掲げられてきた。しかしその内側で先頭に立った原則は、基本的な結果として、拘束的な教義的な思想からの解放を伴う、良心の自由であった。改革派の父たちへの回帰とは、大多数の人にとっては単にカトリック主義から原則的に距離を置くことであり、実りの少ないヒストリズム（歴史主義）とともに、新しい教会の社会に、防御的なアクセントとトーンしか提供せず、多くの人は第二次世界大戦までそうして過ごしたのであった。否定、およびチェコスロヴァキア愛国心を伴う歴史による、半分空っぽのみじめな生存状態、これがチェコ兄弟団主義の実態であった。

「その昔、ターボルの共産主義者と罪および世界と闘うボヘミアの兄弟たちがいたことを喜び、満足しているチェコの兄弟たちを目にするとは、なんとおめでたい宗教なのだろう！　もちろん私たち、現代の啓蒙された人間にこうしたキリスト教は合わない……。キリスト教の兄弟団主義は、打ちのめされ、十字架で浄化され、悔い改め、贖われた心からしか生まれないが、これは我々に合

わない。というのも、そのためには兄弟団主義を真剣に受け止め、髪の毛が逆立つような果てまでたどりつかなければならないからである。我々は教会を欲しているが、しかしそれはとても安っぽく、安易で、痛みを伴わず、自分で自分をひどく苦しめることのない教会なのである」（J・L・フロマートカ、一九二〇）

歴史的に隔たりがある中で、新しい教会には、預言者と使徒の証言に実際に耳を傾けることに対し、あいまいな姿勢で時代の気分に流されながら道を切り開いていくしかなかったことは理解できる。古いカルヴァン主義の生きた動機は、新しい福音の意識下、時代の気分によって後ろに追いやられた。

「ルター派を本質的にどうすればよいかがわかる人はほとんどいなかった」

そしてチェコ兄弟団主義はむしろシンボルや名前（聖杯、ターボル、フス、ヘルチツキー、コメンスキー）で表現され、しかも各自が自己流に解釈した。これは神学的な無関心主義、また教義への根本的な不信と関連していた。スラヴォミル・ダニェクはすでに一九一九年、次のように警告している。

「信仰告白の教義は、決して枠組みをつくるだけの構想であってはならない。これでは矛盾になってしまう。改革派教会として、これこれはキリスト教全体と共通である、これこれは宗教的に個別のものである、といった具合にもっと明確に表現しなければならない」

長いこと、このような明確な構想は打ち出されなかった。そして、「プロテスタンティズムの中心的原則」が折よく出た後、J・L・フロマートカが、第三回シノドの課題から「チェコ兄弟団福

音教会の原則」（第四回シノドで承認、推薦され、ようやく一九二七年に出版された）を作成したが、この非常に適切で今日でもふさわしい表現は、主に教区牧師や教区の本棚に置かれたままで、実際の教会の生活へはほとんど浸透しなかった。

戦間期は、我々チェコ兄弟団福音教会にとって、存在を確固たるものとし、自覚を持つための闘いの時代だった。この時代は、「国家機構への参加と均等な権利の民主主義的原則から残るのは、国家が与えうるものすべてから、また公共を犠牲にして得られる個人の利益の原則である」（カミル・ナギ、一九三二年の第六回シノドにて）というような時代だった。この時代の経済危機は、別のより深い危機、「我々の現在のヨーロッパ文明の基盤そのものに関連する危機」を覆い隠していた。そしてまさに「福音の精神が、腐敗や堕落の傾向に再び勝利する時にのみ」ヨーロッパ社会の救済が可能であるこの時代、再び世界にキリスト教の力を持ち込むことが必要であった（アントニーン・ボハーチ、同シノドにて）。

ヨーロッパの危機の数々の根源を時宜よく識別したことが、おそらくチェコ兄弟団福音教会が、一九三八年、三九年、および来たるファシズムの横暴の時代の出来事に惑わされなかった主な理由のひとつであった。いわゆる保護領の時代には、福音派教会は、キリスト教の原則により民族的な抵抗路線を予言する奉仕はできなかったが（むしろ福音教会は民族の教会であって、民族の痛みは教会の痛み、民族の希望は教会の希望であった）、彼らの光は曇っておらず、多くの説教師と素朴な末端信者たちは、逆にそうした状況により、教会の存在の内的集中へ、またキリスト教の使信へ入り込むことができた。これは、より集中的な教区生活、そうした生活のより真剣な理解、より純粋な聖書の

読解に表れた。改革的な信仰告白が現れ、つい最近まで至るところで民主的な人道主義が聞こえてきた説教壇から、旧約聖書の預言者の言葉が聞こえてくるようになった。教会の本質について活発な討論がされるようになった。真の教会という問題が、特に教会の内容と主への関係に照らして、また解放後の一九四五年以降は世界や社会との関係において、真剣かつ思慮深い人たちによって意識的に取り上げられるようになった。

教会がより明快な教義に到達するための方法は、もちろん聖書の前で心を鎮めることに発して、国内外の改革派の各信仰告白に見合う、効果的な内面の福音宣教を条件とする、誠実な神学活動しかなかった。この理念の再生活動の中心は、もちろん自身の神学部に置くしかなかった。この教会のディアスポラ的性質とあまりに大きな組織上の問題のために、この活動に関わることができたのは、教会活動に十全に携わるわずかな教職者だけであった。また以下のような理由から、この活動の頭数に数えることができない者たちもいた。つまり、統合した教会の忠実な教区牧師になるべく心から努力しているものの、以前属していた信仰告白の観点を排除できなかった人たちである。従って、信頼できる経営体として、教会の有能な実践家集団（せめてフェルディナント・カフカ、ヨゼフ・クラール、アントニーン・ボハーチ、インジフ・フロズニーを挙げよう）、さらに初代のJ・ソウチェクからのちのK・ナギといった全教会の几帳面な財政管理者の手で導かれる教会組織が、常に教会を、教区間の相互意識を高める（教会の共同金庫、税配分システム、イエロニームの教団の活動など）、組織的および経済的な統合体に向けて安全に主導した。また、フス神学部は創立時から、理念的、神

学的統合に向けて貢献した。

神学部の意義と影響は、最初から二方向に分かれた。つまり教師たちの講義、発表、文学活動は、将来の教区牧師を育成したほか、福音派の一般人全体に影響を与えたのである。神学部はもちろん、決してひとつの神学の鋳型のみに基づいて活動したのではなかった。神学部内で起きた論争やその反響は、しばしば神学部の講義室の壁を突きぬけて学外に遠く知れ渡った。このおかげで各観点がより明らかになり、教会を求める闘いが神学を求める闘いでもあることが福音派のより広範な大衆に浸透した点で、最終的に好ましく働いた。グスタフ・アドルフ・スカルスキー、フェルディナント・フレイサ、フランチシェク・ジルカ、J・L・フロマートカ、後にスラヴォミル・ダニェク、フランチシェク・リンハルト、F・M・バルトシュ、そしてフランチシェク・ベドナーシュは、チェコの福音派を宗教改革の遺産の本質に向かわせ、聖書の証言の拘束性を再び明らかにし、民族、ヨーロッパ、世界の状況がもたらすその時代のあらゆる問題への福音的な取り組み方の模索、そして宗教改革後の教義の改正を呼びかけた。

この意味で、神学部の創設当初から、互いに多くの点で対極にある二人の人物が特に目立った。自身の自由なプロテスタンティズム、広い地平線のリベラリズムのフランチシェク・ジルカと、その非正統主義性のJ・L・フロマートカである。フロマートカはこの非正統主義性の中で、神学の危険の要素と、チェコの宗教改革の遺産の自身の概念を結びつけた。

長老のジルカは、この新しい神学教育機関に、聖書・神学的なチェコの批判的学問の基礎を築いた。旺盛な文筆活動および講義によって、チェコの福音派たちに「美しい教会」への道を示した。

もちろん、彼の概念による美しい教会とは、教義の常套句で惹きつけるものでなく、愛、奉仕、社会的責任と知恵の精神によって感嘆されるべきものである。ジルカは、かつて教会において生きた習慣であり教義表現であったもの、「化石と化したものと遺物」のすべてと闘い、チェコの環境に合った新しいタイプの教会を築くことを求めた。国内のシオンに外国のプロテスタンティズムを紹介した。ジルカ自身、国外のプロテスタンティズムによく通じていて、また国外で知られた人物であった。また新約聖書の神学について多くの書を著し、新約聖書の現代チェコ語訳を出版した。働き者の信仰と純潔な愛という自分の個人的な信条を、鋭い批判的著作、『我々のキリスト教』（一九四二）の中で表した。

近代的な学問の考え方の奇跡とバランスを取りながら、また終末論を具体的な時代に当てはめながら、信仰告白の狭量さのない、ジルカの自由主義神学は、主として福音派の知識人に望まれた答えとなった――とりわけ学問と信仰の痛々しい対立が感じられ始めたところでは。これは安易な妥協した答えではなかった。教会を求めるジルカの鋭い闘いから、そして空虚さ、怠慢、教会のキリスト教徒の非キリスト教性に対する悲しみから発したものであった。ジルカは、宗教はアヘンであるというテーゼに対してただ憤るのではなく、『我々のキリスト教』の中で次のように呼びかける。

「私たちは「ヴェロナール」、つまり敬虔な人々の眠り薬、鎮静剤にならないように注意しよう」

J・B・ソウチェクは、ジルカについてもっともなことを言っている。

「私たちの教会が、批判神学の結果、特に聖書の学問的批判を大きく動揺することなく受け入れられるように、徐々に教会を準備していった人物のひとりだった」

ほんとうは信じてもいない「真理」を押しつけたり、ごまかして説得したりすることのない教会、目を覚ました冷静な教会を求めるジルカの意義は、従来十分に評価されず、おそらくまともに検討もされてこなかったが、極めて大きいものである。

しかし、神学の極めて広大な視野と同時に細かい知識もかね備えた、きちんとして熱心で敬虔な知識人である自由主義神学者ジルカによる、この通りやすく、ある意味、唯一の道は、後継者たちに対していくつかの危険を隠し持っていた。彼の神学の姿勢は、正確無比な判断、創造者の意志、勇敢な決定と確信を最も要求し、謙虚で断固とした福音を想定していたが、（人々の）より弱い精神、彼ら個人の観念の混乱は、そのまま放っておいた。というのもジルカはキリストへの希望、恵みによる贖い、人間の弱さと悪意への神の慈悲をあまり強調することはなかったのである。このため生前、この謙虚で純粋な教会教師の周りには、多くの生徒と友人が集まったにもかかわらず、彼が没すると、自由主義神学はたちまち土壌を失った。これはもちろん、硬直した改革派正統主義に対するジルカの攻撃が、自由主義神学に基づいたものでなかったことにも関連していた（これは意識的にそうしたことだった。ジルカは、キリスト教はあまりに豊かな現象なので、何らかの主義に結びつけることはできない、と確信していた!）。しかしその当然の結果として、ある程度、自分の学問と道徳の規範で方針を定めてきたこの圧倒的な人物の死後（第二次世界大戦中）、教会内の自由主義神学派は、確たる方針を持たない孤児集団として取り残された。

フス神学部の教授陣でジルカに特に近かったのは、F・ベドナーシュ、A・ノヴォトニー、そしてF・M・バルトシュだが、このうち、門下生と言える者はいない。この最後に名前を挙げた、フ

ス運動に関する当時の最も重要な歴史家は、プログラム的研究『兄弟団のキリスト教と遺産の本質について』（一九四八）で、自由主義神学の遺産を教会に再び思い出させようとした。

J・L・フロマートカも、やはり自由主義神学（特にトレルチの）から出発したが、早くも第一次世界大戦時には、改革派の正統主義を清算し始めた。彼はキリスト教の使信の基本的要素について深く考え、ブルームハルト兄弟、クッター、ラガツ、バルトとはっきりと連帯を示し、キリスト教と教会の生活にとって、社会構造にとって、それらがもたらす結果について考えた。キルケゴール、ドストエフスキー、またヘルチツキー、コメンスキー、ルター、カルヴァンを読み、イエス・キリストとして現れた、個人的な生きた神の前へ立たされた人間の存在の基本的な変化について考えた。フロマートカは、預言者および使徒の証言の存在拘束性のため、神学の権威と権利能力のために闘った。そして神学は彼によれば、「既成の真理と不変の条項の創造者ではなく、むしろ全人類と世界の出来事の境界の先を目指す方向の絶えざる兆候であり指標であり」、しかし同時に「個人の責任、生と死の闘いの間を」担っていなければならないものであった（『神学的思考における真理の問題』一九二八）。

フロマートカは、自分の教会で常に人気があったわけではないことを指摘しておくべきだろう。ローマを思い出させるもの一切を教会が簡単に切り捨てていたときに、フロマートカはカトリックの価値について発言した。宗教を救う、という考えから、教会が社会主義と共産主義を攻撃していた時に、「マルクス主義、シンジカリズム、革命的共産主義の中に、どれだけ集中的で学問的な思想と努力があるか」、また「社会主義運動全体は小さな人間の痛みと苦しみの表現であり、経済的、

産業的、労働環境の注意深い研究の結果であり」（一九二三）、「チェコ兄弟団主義は、社会主義の最も大胆な要求よりも、より大胆な結果に神経をとがらせるべきである」（一九二〇）と指摘した。チェコの福音派たちが、国家の構想はマサリクの民主主義であると安心して、喜ばしい意識で新しい国家と社会の生活にまどろんでいた時に、フロマートカはまさにマサリクに対する自身の非常に理解ある関係ゆえに、マサリクの啓蒙主義的キリスト教は、断じてキリスト教信仰と同じではない、と指摘した。一九二〇年には、ドイツにヒトラーが現れた時には、ナチスの恐怖と危険を暴露した最初のひとりだった。一九三六年には民主的なスペインの友人たちの中で働き、その年に農民党の反動的な政治を暴露し、まだうまく歌えないが、喜んで「インターナショナル」を歌ったと告白し、第二次世界大戦中には、プリンストンの伝統的な正統主義的改革派ゼミのこの教授は、戦後のソ連の意義の拡大を認識した最初のひとりだった。一九四五年の解放後は、最も注目に値する理解を持って人民民主主義のあらゆる問題に取り組み、四七年には、もし支配的なアメリカの政治が勝利したら、と世界の将来を厳しく描写し、四八年には二月事件〔チェコスロヴァキアにおける共産党による権力奪取〕の歴史的意義について説明し、世界と国内の出来事を神の審判ならびに不実な教会への慈悲として解釈する勇気のある者全員を、自身の周りに集めた。

フロマートカの闘いのこれらの局面は、彼の神学的姿勢の直接的な結果であり、またその証拠であり証明であり確証である。人類学的な楽観主義に導かれた自由主義神学者たちが、敬虔な生活とキリスト教の道徳を望んで、すべての無神論者や異教徒を攻撃し、自分と彼らの間に線を引こうとしているのに対し、新しい改革派正統主義者（と時に呼ばれる）、特に我が国ではフロマートカ、外

国ではカール・バルトは、別のところ、神と世界の間に線を引こうとする。この深淵——これは特にバルト派が好んで言うことだが、人間と神の間全般のことである。我々がキリスト教徒であれプロテスタントであれカトリックであれ無神論者であれ、自分の道徳の特質にかかわらず、我々は皆、深淵の同じ片側にいる。人の思想のカテゴリー、地上の存在のカテゴリーにおいて、人間は他のどこにもいることはできない。人間は一般的に罪で特徴づけられている。

この神学的姿勢は、もちろんフロマートカと彼の教え子たちを、自分たちが生きる世界との団結と呼べるものに導いた。ここで言っているのは、今日の社会主義化、植民地からの解放、平和への努力といった、一定の公けの問題への肯定的または忠実な姿勢のことだけではない。人道的な、一般的な人間の同情のことでもない。近しい者の痛みや病と同一視せよとの神の呼びかけ、我々の病気を自ら負った者の十字架から語られた、撤回できない呼びかけのことである。

「行け、そして同じ分だけ行え！」

それともおそらく教会は彼の身体になるべきではないのか？

「福音は、私たちのだらしなさと快適さに対する厳しい告発である……ごてごて着飾った宗教と抽象的な理想では足りないのである……キリストには、非常に感情的なものや、臆病な相対主義的なものは何もなく、正と不正、善と悪の間のあいまいな線もまったくない。キリストの愛は公正であり、その公正さは同情と慈悲と恵みで燃えている。私たちを下へ、哀れな、不幸な、苦悩する、欠陥ある人々の最も暗い闇の谷底へ導き、私たちの同情心に火を点け、道徳者ぶって人を判断する性質や、社会的地位をあがめる性質を私たちから追い払う。こうして私たちに教会の現在の使命の

ためのものであり、私たちの生の最高の権威であり、自由と義の最高の権威であるキリストにおける神の権威を、謙虚に悔い改めつつ宣べ伝えるために。喜ばしいメッセージと赦しをもたらすために。そして私たちの中にいる最も哀れな者たちの重荷と嘆きと貧困を私たちが受け止めるために」（「西と東の間で」、一九四六）。

福音はフロマートカにとって「泥の中、泥の跳ねるところに立つ」勧めであり、「キリスト教会が最も大きな深淵、最も深い変化、最も激しく揺るがす爆発の場にしっかり立つため」の告白である（「コストニツェの火花」紙、一九四八）。

チェコ兄弟団福音教会の発展と神学的な統合におけるフロマートカの意義は、極めて大きい。彼の意義が見当たらない教会活動の分野はほぼないほどである。その表現である神学は、教会に多くの優秀な教区牧師と長老を与えた。そして、チェコの福音派たちを、暗黒の時代、寛容された教会の時代の外的な不自由の中でほぼ失ってしまった内的な自由へ導き、また社会問題や経済問題に敏感になるよう導いている（もし寛容された教会が敏感であったなら、チェコの土地に勢いのある宗教的緩和をつくり上げていただろう）。そしてチェコ兄弟団福音教会全体を反社会主義的ヒステリーから守る、キリスト教会の正しい認識へと導いている。

他にも様々な重要な刺激や潮流が、この数十年にわたって教会の真の意義をより徹底して明らかにするよう私たちを導いた。まずは聖書への新たな傾向、つまり先に挙げたフス神学部の最初の旧約聖書学者スラヴォミル・ダニェク（一八五五～一九四六）と結びついた、チェコの「聖書の再生（renouveau biblique）」である。ダニェクは古い歴史的批判および文芸評論学派の内外両面の危機か

ら現れ、いわゆる宗教史学派の潮流と結びつき、宗教史学派の問題と解決策を急進化し、深め、再評価した。今日、旧約聖書学者たちの間で議論されている多くの問題に、ダニェクはすでに二〇年代初頭に取り組んでいた（カルト、神話、歴史、質と量の問題）。旧約聖書の素材を維持し、伝えてゆくことがすでに宗教的理由から生じていることを想定して、正しい解釈の基本的条件を述べた。つまり、宗教の基盤、さらに各旧約聖書の素材の性質をも把握する、もしくは追跡することである！

「そのためにここに聖書の歴史があるのである。私たちは神話を読んでいるのではなく、歴史にも当てはまる契約を読んでいるということ、魔術とおしゃべりをしているのではなく、人生にも当てはまる真実と手を結んでいるということを意識するために」

ダニェクは当時の聖書神学を吟味し、聖書神学の基本、メソッド、結果を、因習に囚われずに体系的に振り返った。門下生たちに卒業証書を与えたりはしなかった。彼らの説教壇のもとに通い、彼らとともに執筆し、彼らにとっての牧師であった。ヘブライ語の単語の意味を選んでいた時と同じ息詰まるような正確さでもって、研究、説教、条項のひとつの文の形成について、一晩中、椅子に座って考え込むことができた。彼がどの仕事でも示したのは、真の神学は、無知の避難所ではなく、人間が何かを代償にするものだということだった。こうしてダニェクは、「この十年間のチェコの福音主義の子宮内で観察できる、教会と信仰生活の唯一の土台である聖書への傾斜の新しい方法の、主たる精神的創始者」になった（J・B・ソウチェク）。

フロマートカが巡礼者の教会の真の本質、キリスト教の喜びと解放の広い認識、自己を犠牲にするほどの奉仕的義務感の結晶点になったのと同様に、ダニェクや彼の神学について（しばしば非常

に激しく）討論し、またこの教師の挑発的な主張を清算することで、非常に多くの人々が、聖書への新しいアプローチの担い手、教会における聖書の機能の新しい理解の担い手になった。多数の説教師や牧師が、あらゆる自分の活動を、誠実で正統主義的な聖書釈義の基本に忠実に構築することを学んだ。「文化的教養」構想は多くの場合、もはや、世紀の境目の社会主義――啓蒙主義の時代遅れの反響を意味し、そうしたものは、聖書の時間、若者の集会、さらには体系的な聖書研究に座を譲った。聖書を読む者の小さなサークルも自発的に生まれた。至るところで、体系的に聖書全体の説教が行われた。今日の私たちからすれば当たり前のことに思えるが、しかしこの十年、十五年の変わり様を思い出してほしい！　外国の影響（バルト学派）ももちろん小さくはないが、聖書に対する私たちの態度のこの変化を決定づけたのは、直接的であれ間接的であれ、ダニェクによる刺激の影響である。宗教改革の遺産全般、特にボヘミア宗教改革の遺産に対する新しい評価は、統計や地籍図の枠組みを超え、教会と教区をめぐる闘いを首尾よく導くために役立つ、さらなる非常に重要な武器である。F・M・バルトシュ、F・ベドナーシュ、A・モルナール、J・B・ソウチェク、R・ジーチャンは、多くの著作の中で、特に愛と規律と奉仕の組織である教会についてのフス派と兄弟たちのメッセージの力を、現在に蘇らせている。外国のプロテスタント神学の流れに対する関心は、J・B・ソウチェクの教師の務めにまず表れた。彼は新約聖書に関する著作があるほか、世界の神学議論を熱心に解釈している。従って、チェコ人の宗教改革を愛国的、民族的、全人類の理想の揺りかごとロマンチックに解釈する評価がほぼ完全に消えたのは偶然ではない。我が国ではしかし、特有な「チェコ神学」というものすら築かれていない。それはしごく当たり前のことのよ

うに聞こえるかもしれないが、一九一八年以降の私たちの統一に照らしてみれば、決して当然のことではない。

こうして私たちは宗教寛容令から今日に至るまでかなりの道のりを歩いてきた。おそらくこの長い距離の中身の尽きない章から明らかなのは、道中、私たちはひとりきりではなかったということである。私たちを今日まで導き、また多くの不快、多くの不安、あいまいさの中を通らせてきたのは、おそらく神の慈悲と寛大さであったことも明らかだろう。そして最後に、今日という日が道の最後を意味することはありえないということも結論づけてよいだろう。教会を求める私たちの闘いにおいて、手でつくられた聖堂に暮らさず、教会組織の高尚な建物に住まない主の教会を求める闘いにおいて、私たちは安心してはならない。主は暮らし、住むこととはまったく異なることをなさっているように見える——主は歩き回り、訪ねる。楽園でも、肉体化した姿でガリラヤの町々や村々でも。主は歩き回っているので、どこで主に会うか、どこで主に声をかけられるかわからない。主は泥棒のように夜も歩き回る。ペヌエルでのヤコブのように、もしかしたら今日、まさにあなたを襲うかもしれない。

私たちの神はこの姿でありこの性質であるので、あえて脱出した以外に何も注目すべきところのない、体を洗わず、髪をとかしていない浮浪者たちを連れているのは自然であり、よく理解できることである。私たちは、なぜ神の民、教会、そして教会のすべての大きな覚醒と活気が、人々が次

の言葉に耳を傾ける瞬間に生まれるのかを理解し始めている。あなたは家を出て、親族から離れなさい！　どこへ？　と聞かれたら、私が示す地に行きなさい！　と答える。

＊1　チェコとスロヴァキアが合同し、一九一八年チェコスロヴァキアが建国される。

＊2　オーストリア皇帝・神聖ローマ皇帝ヨーゼフ二世により発布。領内でのカトリック以外の信仰の自由、教会領の没収などが認められたが、兄弟団の再建は許されなかった。

＊3　チェコスロヴァキア建国とともにルター派、改革派の合同教会として設立された。

＊4　ボヘミア信条（一五七五）と一致兄弟団信仰告白（一六六二）を指す。

＊5　ボヘミア信条、一致兄弟団信仰告白に加え、アウグスブルク信仰告白とスイス信仰告白を指す。

＊6　一八六一年にオーストリア皇帝フランツ・ヨーゼフ一世によって制定されたハプスブルク帝国憲法で、あらゆる自由な宗教活動が保障されたことを指す。

＊7　**ヨハネス・ロンゲ**　Johannes Ronge　ドイツのカトリック神学者（一八一三〜八七）。度重なるカトリック教会の批判で破門、聖職停止処分となり、独立教会を目指す「ドイツ・カトリック運動」を創始。運動は合理主義・民族主義的性格を帯びた。

＊8　**ヨハネス・チェルスキ**　Johannes Czerski　ドイツのカトリック分派指導者（一八一三〜九三）。司祭となるも女性との同棲を理由に破門され、「キリスト教的・使徒的カトリック教会」を建設。ロンゲの「ドイツ・カトリック運動」に属する人々と合流した。

＊9　一八五九年に北イタリアの解放をめぐり、サルデーニャ王国、フランス連合軍とオーストリアの間に起きた戦争。オーストリアはフランツ・ヨーゼフ一世が指揮を執った。

＊10　ヤン・カラフィアート　Jan Karafiát　チェコスロヴァキアの作家。自然への愛と理想的な人間関係を背景に、ほたるの子どもが成長する姿を描いたチェコの代表的児童文学『ほたるっこ』の作者として知られる。

第4章　自由への奉仕

B・プロピーシル

1 十四世紀末からの教会の歩み

チェコの教会（神の言葉により改革され、絶えず改革されている教会）に特徴的な徴は、個人の生の強調のほか、社会と国家における人間の事柄を改善しようとする極めて特殊な努力である。この努力が聖書の使信の終末論的強調によって動機づけられていたのは間違いない。二つ目の、これに劣らず重要な特徴は、十五世紀から二十世紀に至るまで、教会の代表者たちが先頭を切って支配権力に抵抗してきた、この教会の特殊な歴史的状況である。このためこの教会は、周辺諸国の各種信仰告白の教会がしばしば屈してきたような、歴史上のさまざまな国家体制の認められた支えになろうとする誘惑から守られてきた。教会の存在、活動と姿勢は、社会情勢によっても定められてきた。そしてその社会情勢の中で教会は原則的に苦しむ者の側に与してきたのである。

プラハにコンラート・ヴァルトハウゼルとミリチ・ス・クロムニェジージェが現れた十四世紀末から、二十世紀初頭までの長い道のりにおいて、概してチェコの教会が歴代の国家権力者と密接に結びつくことがなかったのは、自身の功績によるのではない（自身の功績だった時があるだろうか）。教会は全時代を通して、キリスト教会を脅かす恐れのある最大の誘惑のひとつ、つまり支配する誘惑から基本的に逃れてきた。フス以前の時代の激しい改革運動（ミリチ、マチェイ・ズ・ヤノヴァ、トマーシュ・ゼ・シュチートネーホ）をざっと眺めてみただけでも、世俗ならびに教会の領主の権力乱

用に対する強い語調での抗議が見て取れる。フスの時代に抑圧されていた村人たちがなぜ蜂起したのかを、今日、あらためて示すまでもないだろう。教会改革の努力は、封建体制の支えであり事実上この時代の最大の封建領主であった教会にこそ、向けられたことだった。

フス派革命の後の時代に、実際に福音の使信を担ったのは両種陪餐教会ではなく、新しく生まれつつあった兄弟団であった。この教団は、ローマ教皇も皇帝もペテロの網を引き裂くクジラであるとみなしたヘルチツキーを原点としていた。初期の教団は、キリスト教徒が単純に存在することだけでなく、国家行政に参加して社会体制の改革を試みることなどは考えられない、というペトル・ヘルチツキーの教えを完全に支持していた。

「よきキリスト教徒、キリストの僕は、キリスト自身が王として君臨する民の中で王となろうとしたり、異端的な支配に巻き込まれてはならない」（ヘルチツキー『真の信仰の網』）

彼らにわかっているのは次のただひとつのことである。

「最も必要なのは、人が神の恵みの中に立ち、きちんとした愛を隣人に与え続けるために、神の戒めを守ることである」（『真の信仰の網』）

教団がさらに発展していくと、教団はこの最初の教師の多くのテーゼを見直すことになったが、それでもこの偉大な教師の遺産を決して裏切ろうとはせず、また決して手放さなかった。清く、そして契約の下で生活するために、教団は存在する限り、神の恵みの中に立ち、神の恵みの中に立っている限り、人間そして隣人との愛と最も深い部分での絆を証明するのが義務であることを忘れなかった。この意識は、教団が安住しすぎ、甘やかされ、甘やかす制度に変わり果てることを許さな

かった。また、自分の目の前や周辺に、罪と赦しについての教義的な定理で構築されたスキームを見るのではなく、歴史の道でしばしば見かけてきたような、堕落して悪党になり、司祭にもレビ人にも無視されてきた生きた人間を見る力を与えた。ありがたくも自分たちを幾たびも保護してくれたコストカ、クライーシュ、ジェロチーンといった強大な封建領主を信者として抱えていたときでさえ、教団は、自ら生きるうえでの二つの柱である秘密、つまり神の恵みと人への愛を忘れなかった。

のちに、教団の主要な神学者であるルカーシュ・プラシュスキーは、「皇帝、王、公爵、侯爵、領主、貴族、士族に似た」ヒエラルキーの表現者たちが、「コンスタンティヌスのハンセン病」に扉を開け放った、ヒエラルキー的で本質的に封建的な教会の体制を強く批判した。

「……ここで信仰のすべての契約は変えられてしまった。すぐに彼らは、教会、信徒、彼らの力、奉仕性、奴隷の民について、主キリストによって決められ、使徒、昔の教父、忠実な相談役によって発行され、制定されたのとは違うように、考え、書き、制定し、解釈し始めた……。そして悪の奉仕者は、自分たちが有益なよい者として受け入れられるように、自分たちの悪意が聖職にとって有害にならないように……そして何でもただで与えるのではなく、売れるものを持つように、そして第一の座を争い、押しつけ、買い取るように、闘いを導くように——そして聖書を読み宣べ伝える第一の奉仕をやめるように、そしてその奉仕から信仰、愛、希望の真理が忘れ去られるように——そしてあらゆる真理と恵みが、本質的に聖職の権力や秘跡へ移され、帰るように……この悪人の教会において、キリストに対する激しい完全な嫌悪感が、主キリストの名前の下で大きくなっ

た」（プラシュスキー『聖なる教会の起源について』）

このようにルカーシュはコンスタンティヌス後の時代の教会の堕落ぶりを鋭く見抜いたため、神の恵みと隣人愛に忠実な教会を求める気持ちが一層強くなった。

ルカーシュや教団の他の教師の望みは、実際にはようやくヤン・アーモス・コメンスキーにおいて最も強まり、実を結ぶ。コメンスキーは三十年戦争の嵐の時代、人間の多くの安心感と支えが、なぎ倒されるのを目にした。戦火に焼かれ、比喩的な意味でも言葉通りの意味でも、コメンスキーは自分の仕事の成果と果実を失ったが、再び教会や民族に、神の恵みと隣人愛の中に立つというこ とがどういうことかを示した。神と教会に対するコメンスキーの大きな愛は、コメンスキーの著作の一頁一頁が証明している。人間と民族に対するコメンスキーの大きな愛は、彼の豊富な教育、文芸、政治活動が証明している。

兄弟団も同様であった。

「兄弟たちの教団は神学的に単純であるが、決して軽率ではなく、信仰の本来の決意を、神学や教義をおろそかにすることと結びつけることができるとは信じていなかった。教団は自身に忠実であるが、地域を限定したり、愛国的で自己満足的な善良さに囚われたりはしなかった。寛大だが、あいまいにする意図はなく、信仰告白に無関心ではなかった。慈悲深いが、いい加減ではなく、善人ぶって人の弱さに理解を示したり、優しく接して人気を得たり心をつかもうとする努力はしなかった。多くを要求する勇気を持ち、自身に厳しく、臆病に世界と取引したりはしない勇気を持っていた」（J・L・フロマートカ『兄弟団の遺産』）

フス派の革命から反宗教改革初期までの時代のチェコの教会は、制度化する危険と支配する誘惑から自分の身を守った。福音の使信を、身分、階級、教養の違いに関係なく万人の元に届けることができた。この最優先の任務を果たし、そして多少でも意識的に社会の発酵酵素になり、社会を新しい社会体制に導いた側に立った。

このような伝統はもちろん、白山（ビーラー・ホラ）の戦い後に生じた苛烈な反宗教改革にも完全に破壊されることはなかった。「我々が活動しているこの土地では、相変わらず、我々の信仰告白の教父たちの歩みが地響きを立てている」（J・L・フロマートカ『兄弟団の遺産』）という言葉は現在も当てはまる。隠れた種子は、制度と化すはずがなかった。個人の信者も信者の集団としても、何十年も残酷な迫害に遭ってきたからである。そして彼らは恵みの中に立つという信念を日々新たにし、毎日、彼らとともにひとつの精神であった人々の愛が彼らを強くした。

本質的な変化が起きたのはようやく十九世紀の半ばであった。新しい時代区分の始まりは、「福音派の他の認められた信仰告白との完全な平等」が保障され、完全に実施された、一八六一年四月八日の皇帝勅書の公布と結びつけることができる。しかしオーストリア・ハンガリー君主制の下では、ローマカトリック以外の教会体制が、ローマカトリック教会との完全な平等を唱えることは決してできなかった。それでもこの勅書はある程度、それまで単に寛容令の対象とされていただけの福音教会の、組織的な形態と表立った存在が、国の法で保障されることを意味した。この勅令が公布された時期は、やや時代遅れで未だ封建的なオーストリア・ハンガリーにおいて、より自由な思想とともに、経済分野の新しい産業方法と変化が表れ始めた頃だった。それまでのラティフンディ

ウムの封建領主たちが工場を建設し、逆に豊かになった企業家が大農場を買い始めていた。この頃、それまで完全に農村のものだった農奴の教会が、一部の領域において、権力への誘惑の衝撃を初めて味わっていた。非常に苛烈な迫害にもかかわらず、まだ隠れ福音派が存在していたポラビーとポドジプスコにおいて、百姓たちが目的意識を持って新しい産業方法を取り入れ始めた。大きく産業が発達した時代だった。福音派の農場や村は、きれいに整い、見た目がよいのでひとめでわかる、という言い回しができたほどだった。聖書を読む素朴な人々の中で育てられた福音派の百姓たちが、ハイデルブルクやルターの信仰問答を学び、資本主義の黎明期に重要な役割を果たすようになった。彼らは民族の中で真に進歩的な層を築いた。フス派革命の生きた伝統により、また白山の戦い後の抑圧の時代を潜り抜けたことにより、民族の誰よりも、フランス革命の標語、自由、平等、友愛を理解するための備えができていた。民族の当時の指導者たち——カレル・ハヴリーチェク・ボロフスキー、フランチシェク・パラツキー、そして後にトマーシュ・マサリク——は、非常によく彼らの言葉、彼らの語彙を使って話し、そして原則的に心から彼らに対して語った。彼らの言葉がまだ民族の多くの層にとってわかりやすい言葉ではなかったにもかかわらず。腐敗した教会との闘い、ヴァチカンの権力者的地位との闘い、ヴァチカンの手先であるハプスブルクとの闘いは、チェコの福音派の闘いでもあった。福音派に対しては、これらの土地に、彼らがよきもの、公正であるものとみなしたものすべての真の敵がいることを説明する必要がなかった。それにパラツキー、マサリク、その他の者たちも、福音教会の信者であった。

しかしこのプロセスの影響によって教会は徐々に兄弟団の二つの柱を失った。教会が立っている

限り、恵みの中に、また恵みによって立ち、真の教会が存在する必然的な結果とは人間への愛である、という意識が教会の生活から次第に失われていった。この時代、疑いようもない世俗化プロセスが始まった。教会においても、ジシュカやフス、神の戦士について熱狂的に語ることができる人々によって、ローマとの闘いはしばしば行われたが、しかし彼らはもはや神の下でではなく、「自由、平等、友愛」のスローガンの名の下でこの闘いを行った。チェコの農村の段階的な世俗化と変貌によって、それまで比較的一様であった教区内で階級的な区別が現れた。家父長制が廃れ、それとともに、農場主が、住み込みの使用人と同じ屋根の下に暮らし、食卓をともにしていたそれまでの生活スタイルが消えた。この頃、百姓は雇用者になり、住み込みの使用人や給与を現物支給されていた使用人は被雇用者になった。この結果、たとえばいくつかの教区においては、事実上、一定の規模の土地を所有している者、「貨幣を持っていた者」のみが、長老に選出されるようになった。もちろんどこでもそうだったわけではない。福音主義者が皆、無慈悲な雇用者であったのではない。しかし、多くの教区でまさにこの環境によって教区の生活が麻痺し、教会の機能性が麻痺したのも事実である。この頃の史料や雑誌をひもとくと、まさに最も経済成長が著しい教区において、礼拝参加者の減少を嘆く記述に出会える。豊かになった教会信者の関心の重心は、経済や政治や文化の問題に移行していった。それによって信者は教会との多くの結びつきを失い、また教会の役目を果たそうとする意義も意志も失った。財産の少ない者、または持たない者が教会と疎遠になりがちだったのは、ひとつには、場所によっては日曜日に自分の畑を耕さなければならなかったためである。百姓が馬を借りる場合、日曜日に借りていたからである。またもうひとつには、富裕者

の高慢さに対する、また時には説教師の極端な適応、従順さに対する、無言あるいは無意識の抗議のためである。

しかし、一見、外的な変化だけに見えるが、教会の内的生活にも影響を及ぼした変化も思い出さなければならない。寛容令の時代に若干の例外を除いて田舎の教会であった福音教会が、町に進出し始めた。ここで、段階的な産業化によって田舎よりもはるかに生活の世俗化が進んでいた環境に足を踏み入れたのである。都市環境で教会を構成したのは、主に素朴な職人、場合によって役人や知識人、つまり、小ブルジョワおよび中産階級と呼べる住民層だった。都市の教区の数が増えるにつれ、教会内におけるこれらの階級の影響力も拡大していった。決して政治権力の形式的な所有者とでなく、支配階級とさまざまな足枷でつながれていたこれらの階級が、常に教会の特徴により影響を与えることになったのは当然である。チェコの宗教改革の特徴だったもの——つまり革命性、終末論の強調、人間の事柄の改善の努力、住民の非常に広い層との結束——が、初めて深刻な裂け目に苦しむことになった。確かに、多くの教区（主にチェスコモラフスカー丘陵地帯とヴァラシュスコ）では、まだ伝統的な信仰心の形が残っていた。確かに、福音主義者たちは民族の自由を求める闘いにおいて、まだ最前線にいた。しかし、まさに階層構成の変化によって、また財産のある個人の影響が大きくなった結果、福音教会は、より現状維持に関心を持つ、また、場合によっては、経済的地位の拡大と安泰に心を砕く制度になり果てた。教会は、かつての強烈な燃え盛る使信の場所に、キリスト教的世界観が入り込んだ制度と化した。福音主義は、この時代、より今日の人間や現代の知識、世界認識に受け入れられやすいとされる、いわゆるより進歩的な宗教の役割に満足したかの

ようであった。

2　第一共和国時代の教会の歩み

いわゆる第一共和国の時代は、福音教会にとってはある意味独特な時代だった。というのもこの教会にとって史上初めて、教会全体としてその時代の体制と国家の支えとなる、というコンスタンティヌスの時代の誘惑の前に立たされたからである。それまでの発展に定められつつ、また、チェコの二大プロテスタント、アウグスブルク信仰告白（ルター派）とスイス信仰告白（改革派）の結合によってもたらされた新しい神学と教会の状況と旧教派間の対立を清算する努力の中にあって、福音派教会は、めまぐるしく変わり危機へ向かう政治状況から生じた任務に、十分に責任を持って、神学的に純粋に、キリスト教的に思いきって対処することはできなかった。

国際的な尺度、また旧オーストリアの境界内の尺度における政治面および国籍面の大きな変化は、教会全般、特に福音教会の発展に深く影響を与えた。国際的な状況に目を向けるならば、プロテスタントが大勢を占める国々（福音派が多数を占めるドイツは第一次世界大戦に負けたけれども）、特にアングロサクソンの国々の信仰の高まりについて言及しなければならない。国内の状況について言えば、チェコの福音派の改革総会は、チェコの福音派の長年の希望――アウグスブルクとスイス信仰告白のチェコ人福音派の統合――を実現していた。これは宗教的な動機のみでなく、歴史と民族的な政

治の動機から発展した動きだった。民族面の理由は、最終的にドイツの福音教会の独立を促し、一九一九年十月二十六日のトルノヴァニにおける教会会議で、ルターの信仰告白を信教とするボヘミア、モラヴィア、シレジアのドイツ福音教会が制定されたが、東シレジアの福音主義者たちは、言語や民族の問題から、新たに組織された教会のどれにも加わらず、アウグスブルク信仰告白シレジア福音教会を立ち上げた。もはやこの事実だけを見ても、新しい教会の組織や設立の際に、いかに神学と関係のない民族、言語、政治的見解が大きく物を言ったかがわかる。同様に、一九一八年十二月十七、十八日のチェコ人福音主義者の改革会議の史料には、会議の参加者の大多数が、神学的理由ではなく、政治状況の変化、民族とイデオロギーの理由によって決断を下したことが示されている。新しい教会がいわゆるチェコ人の信仰告白（一五七五年のチェコ人の信仰告白と一六六二年の兄弟団の信仰告白）に帰依したことも、この状況を裏付けている。これによってこれは単なる連合以上のものになった。A・フリンタ博士が、統一の決定に先立って、次の報告で述べた言葉は、おそらく参加者の大方を代弁するものであった。

「私たち皆が、十六世紀、十七世紀の言葉で形成された、我が国の両信仰告白の神学者の見解の文言を受け入れることができなくても、それでも私たちは全員、両信仰告白がチェコの信仰心であるゆえにそれを追いかけるように本能づけられている……」

つまり決め手となったのは、信仰告白の内容や神学ではなく、それがチェコの土壌で成長し、チェコ人の神学者の作業であったという事実なのである。

福音主義は、一方では、国家に対する自身の権力の地位を強化しようと努力した。他方では、そ

れまで分裂によって、またしばしば狭い信仰告白主義によって必然的に弱まっていた布教の強化に努めた。また何より神学的な動機から決断した者たちも黙っておらず、早くも統合時に立ちあがった。そして彼らの一部は、それから長年にわたってチェコ兄弟団福音教会の思想的および組織的発展に深く影響を与えた。ソウチェク博士、フェルディナント・フレイサ博士、J・L・フロマートカ博士らである。とは言ってもやはり、教会の統一は、神学的状況よりも、まず第一に民族的な政治・経済・文化の領域での変化の結果によりもたらされたのであり、神学的状況の変化、つまり、改革派信仰告白からリベラルな神学への接近は、第二の原因であった。

いわゆる第一共和国時代（一九一八〜三八）の新しい教会の二十年間は、私たちの時代から見てそれほど遠い過去のことではない。今後の年月の課題の教訓を模索するために、この時代の教会の生活と発展の評価を試みることは、私たちの義務である。この時代を詳しく分析したり専門的な歴史的分析をするということではない。むしろ、社会体制の危機の時代の中で、新たに組織された教会が、国家との関係において、そして人間の事柄を矯正する努力において、いかに自身の任務を果たしたかを示すことである。その際、少なくとも外側の揺さぶりから教会を守った、いくつかの非常に好都合であった環境に、いやでも気付くことになるだろう。

二つの寛容令の対象とされたチェコのプロテスタンティズムの派閥の結合に向けて目的意識を持って準備を進め、結合を実現した三、四十歳代の（ほぼ例外なく）男子全員が、第一共和国が存在した二十年間全体を通して、シノド委員会の委員として、神学部の教授として、長老として、教区牧師として、教区の長として、教会および宗派を超えた最高組織の指導者として教会の中心的立場

に留まることができたのは、無意味なことではない。改革総会で報告者を務めた男たちは、そのままその後の二十年間にわたって教会のスポークスマンであり続けた。彼らは説教壇から、神学部の教壇から、教会誌上から、教会の思想的な発展に影響を与えるだけでなく、実際に発展させた。

この経済および文化の領域の思想的な発酵と段階的な変化の時代の教会の中心に、教会の防護壁の見張りとしてしっかり立とうとした人物がいたことも思い出す必要がある。彼は、多様な伝統と多様な社会的機構、多様な神学と教会の横顔を抱えたまま組織される新教会の各教区を、共通の組織と神学の基盤に移すべく努力した。このヨゼフ・ソウチェク博士、シノドの初代長老は、この時代に大きな功績を残した。シノドの長老としての彼の発言は彼の大きな責任感を裏付けるものだった。そしてその責任感を持って、簡単ではない任務に取り組んだ。

合併の時代の次に重要な要素は、自分たちの神学部が存在したことである。この神学部にて、国内のプロテスタンティズムの代表者たちは、新しい神学の世代を養成した。若い神学者たちは、ナショナリズムというロマンチックな霧を取り払って国内の神学の伝統を知るうえで、それまでは考えもできなかった機会を得た。神学生たちは、在学中に教会の本来の生活と疎遠になることもなくなった。以前は、福音派の神学者たちは国外の神学部で学んでいたため、常にこの危険と隣り合わせだったのである。

新たに築かれた教会が、できるだけ同質な教職者教区と説教者教区を築き上げる際に予測された困難を容易に克服できたことは、以上のことすべてが関連していた。この時代の説教師と教師は、次の三集団に明確に分類できる。

ひとつ目の集団は教区牧師である。彼らは二十年間を通して最大の勢力であり、最大の影響力を持ち続けた。この集団の代表者が総会で発言権を持った。彼らの教義と使信の考え方や定式化の方法は、改革派信仰告白の確実さ、特定さと常に一致しているわけではなかった。彼らは何かを表現する際も実践する際も、ドイツ自由主義神学の自分の師、表現者の影響を受けていた。この集団には、一九一八年以降のいわゆる移行運動の時代にローマカトリック教会から転向し、（場合によって）彼らにとってチェコ兄弟団福音教会が単に一時的な活動の場にすぎなかった教区牧師の少数派も数えられる。今だから言えることだが、これらの説教師たちにとって、一様ではない各信仰告白を受け入れて承認したことによる教義のあいまいさは、集中的に活動するための解決策にならなかった。この教職者たちは、教会の本質を新たに表現することに力を注がず、新しい状況の中に、教義と教団の基本的な問題に対する、いい加減でないにせよあいまいな自身の思想の大きな機会と言い訳を見ていた。

はるかに少数派だったのは、明白な教義を持った教区牧師たちである。彼らの使信と活動は、統一前も後も、自分が育ち、そこで牧師に任命された教会の信仰告白によって明確に定められていた。これらの教区牧師が活動していた教区では、教会の統一は、単に外的な組織上の変化でしかなかった。

三つ目は、人数も影響力もゆるやかに成長した集団だった。彼らはフス神学部の卒業生たちで、主にJ・L・フロマートカ教授の指導により、従来の教会の道は修正が必要であり、神の法とその証言に戻る時であると認識した者たちだった。彼らは国内外の宗教改革の最高の伝統に意識的に回

帰し始めた。弁証法神学の影響を多分に受けた彼らの活動は、時代が下るにつれて意義と重みを増し、第二次世界大戦前には、教会のかじを取るほどに成熟した。

これらの他、もちろん他の状況も影響して、統合プロセスは、狭い教会の視点において、大きく揺さぶられることもなく、基本的に好ましい形で進んだ。一九一八年の大変革後の移行運動の時代にすぐに、教会は思想的、宗教的に模索し、助けを求める多くの人々の疑問に答えられる内面的な力を十分備えていることが示された。またオーガナイズ面でも、教会建設の問題は、教会が統合してまもない年月に、満足できる形で解決された。教会本部、また主任牧師教区、教区、そして伝道所のネットワークが形成された。また、物質的な保障の点では、教会は、もはや貧乏な教会ではないという結論が事実から導き出された。教会建物の建設と維持の巨大な費用は、外国からの支援でなく、いわゆるイエロニーム教団が組織する自らの信者たちの寄付で工面した。

しかし統合の最も貴重な成果は、当初のばらばらな性質が徐々に克服されたこと、また教会は教師や代表者の活動によって一歩一歩進み、次のことを十分に自覚して言えるような段階に達した事実であった。

「チェコ兄弟団福音教会は、信仰と生活の唯一の規則として、旧・新約聖書に証明されている、イエス・キリストとして現れる神の言葉を認めている。聖書を解釈する際、従順に、また信仰の自由の中で、（使徒、ニカイア・コンスタンティノポリス、アタナシウスの）古いキリスト教の信条、特にプラハの四ヵ条、一六六二年のヤン・アーモス・コメンスキーの信条に基づくチェコ兄弟団の信条、アウグスブルクやもうひとつのスイス信条のようなチェコ信仰告白で表現された改革派の父たちの

証言に学ぶ」（「一九五三年のチェコ兄弟団福音教会の組織」）

チェコ兄弟団福音教会は、単に統一した教会であるだけでなく、長老（プレスビテリアン）の改革派タイプの教会であった。教会は各信仰告白に対し、新しい動的な関係を築いた。これらの各信仰告白は、遅かれ早かれ他の改革派教会も歩むことになるだろうと教会が確信する道の境界標となった。

この合併プロセスにはしかし、影の部分もあった。それは特に国家や社会への関係において、また経済と思想の危機の時代に、教会の役割を果たす点に表れた。これは特に今世紀のこの四半世紀に集中的に表れた。このプロセスにおいて教会は比較的早々に制度化してしまった。教会と新しい国家チェコスロヴァキアとの関係は、福音教会とオーストリア・ハンガリー帝国との関係とは異なっていた。教会は、統合後も変わらず少数派の教会に留まり続けたが、その影響力はその数に見合わず、はるかに大きいものであった。これは国家の初代大統領がこの教会に属していたことが関係しているのは間違いない。大統領が大きな権力者であったことは否定できない。彼の哲学思想は、教会の特にインテリ層のメンバーにとって、教会の使信の受け入れられる表現になり、しばしば使信の代わりそのものになった。これによって教会は世論の公式路線を形成する人たちの中に居場所を確保した。教会は国家の支えのひとつとなり、安定した制度と化した。教会の信者は、寛容された時代、それ以降の時代に差別されていたように、国家への奉仕において差別されることはなくなった。昔は、たとえば福音教会の者が学校の校長職に就くことなど考えられないことであった。今や福音主義者たちは、正式に、歴史的にも文化的にも進歩の担い手としてみなされるようになった。

牧師館は、営業時間を持つ教区事務局になり、戸籍を管理した。適切に機能する教会の管理部署は、教会公務の運営を、国家の官僚主義の例に従って整えた。教会は、すべて自己を頼りにするというこのプロセスにはまり込んだ。教会は、巡礼者の真の教会が時代の変化を見つめるうえで拠り所にすべき真の自由と主権を失った。

このプロセスの結果、教会は最も大きな住民層と次第に疎遠になっていった。チェコも主に西欧で知られた現象と無縁ではなかった。つまり、労働者階級の要求と目的に、教会は理解を示さなかったのである。我が国の労働者たちも教会、特に福音教会にあらゆることを期待した。しかし教会は彼らに何も与えなかった。教会にとって大きな試練であり機会であった時代は、一九二九年から三三年までの経済危機の時代であり、カトリック教会が大量の失業者たちにせめて、とあの有名な修道院のスープを与えていた時期であった。教会が、神の恵みと好意の表現として外的な快適さを享受してきた、当時の第一共和国の一見穏やかな政治・文化・経済の生活に、まるで一夜にして世界経済恐慌の影響がなだれ込んできたかのようであった。工場は閉鎖され、失業者であふれた。高校や大学で学問を修めた者がプロレタリアートになった。大都市近郊では、人々は洞窟を掘ってそこに暮らした。もちろん教会信者たちも危機の犠牲者になった。では教会は？　教会は、しばしば身震いするほどの個人の貧困を無視して歩み、この危機の原因を探ろうとしなかった、とは言えない。しかし白状せねばならないが、具体的なケースでの教会の援助は、一部の地域のわずかな例外を除き、自己満足的な慈善心を超えなかった。教会に期待されたのは、愛の命令を実際に実現する意志を直に具現すること、そして苦悩する人と実際に具体的に団結を示すことだったのであるが。

この危機の状況分析と原因究明に関して言えば、教会はこの危機の道徳的なベクトルを指摘するだけに留まった。飢え、喉の渇きを訴え、街路に裸で横たわっているような人への支援を大がかりに組織する勇気を持つ者は、見当たらなかった。わずかな例外を除き、教養のある信者たちの中に、この時期、危機の真の原因は社会体制そのものの中に深く根ざしているのではないか、と疑問を持った者はいなかった。その大半が少なくとも名目上はキリスト教会の信者であった、つまり兄弟であり姉妹であった広範層の人々が大きな試練と苦しみを抱えていた時に、教会は黙って富裕者の側に立ち、不正な社会体制側を沈黙によって支持したことは声を大にして言わねばならない。似たような状況下にあったミリチ・ス・クロムニェジージェ、ヤン・フス、ヤン・ジェリフスキーといった男たちは、いかに異なる理解を示したことか！　彼らの伝統こそ生きているべきなのに！　教会はその説教を、誰にも刺激を与えず、しばしば教導することさえなかった、まさにこの時期にこそ、罪と義認についての抽象的な公理のレベルから、真のキリスト教の闘いのレベルに移すことができたのであり、移すべきだったのである。もしそうすれば、寄付をする富裕な成員を失ったかもしれないが、自分自身を見つけられたかもしれない。奉仕の仕事の意義を、また人々のための愛を見つけられたかもしれない。その人たちのために派遣され、これからも派遣されるであろう、その人々のための愛を。教会は自分たちの制度の限界以上の自分の役割を見なかったばかりか、自分を証明するために与えられた機会さえ（失礼！）も理解しなかった。この時期の教会は労働者階級を失望させ、一層彼らと疎遠になった。教会がいわゆるコンスタンティヌスの時代の誘惑に屈したことは明らかになった。

次に思想領域の発展に目を向けてみよう。一九一九年、チェコの福音教会は自身の神学部を持った。それまでは福音派神学者は国外の神学部で勉強し、そこで影響を受けた思想および神学の流れを母国に持ち帰っていた。しかし当時のドイツ神学には、神学的な自己目的主義が浸透していたので、教会が真に必要とするものにそれほど気を配っていなかった。このためしばしば神学者たちは、教区牧師になった時に彼らを待ち受けている課題に十分に備えることができなかった。教区はそれまで、教義面ではハイデルベルクまたはルター派のカテキズムに通じた伝統的な敬虔さによって生きてきた。そこに自分たちボヘミア宗教改革の伝統の影響も結びつけてきた。しかし教区牧師はわずかな例外を除いて、自由主義神学に傾倒していた。主に伝統と因習から生じた彼らの権威は、日ごとに弱まった。言及した二十年の間に、教区牧師閣下は兄弟の牧師になり、そして教会に忠実な者の目に神の秘密の管理者と映っていた者は、教区が必要とすることに最も貢献できる最も裕福な信者の雇われ人になった。

こうした中で、フス神学部から卒業生が現れ始めた。卒業生たちは、神学自体が目的である神学は、神学者が使命を尽くす先である教会と民に対する裏切りである、と主としてJ・L・フロマートカ教授から常々聞かされていた。使命を果たす神学者は、自分が話しかける人々と連帯する。なぜなら神学者も説教者も世界の一部だからである。

「説教壇上の説教師——彼もまた、ローブでも祝祭の言葉でも克服できない世界の一部である。つまり普段の世界に話しかけるのが説教師である。主イエスが埃の立つ世界を歩き回ったように、教区の管理者も、説教壇に立とうが、「主のテーブル」の後ろにいようが、世間や普段の生活と面

と向き合い、神の言葉によってそれらを輝かせるべきなのである。私たちは教会の中でも世界の民であり続けるが、肝心なのは、神の命令と約束に照らして世界と自分の人生を理解することである。教会組織も教会堂も選ばれた聖者の場所ではない。教会組織と教会堂の意義は、民の目がよく見えるように、民がより深く自己を知るように、向かうべき方向の声がよく聞こえるようにするために、教会組織や教会堂の中では、普段の生活に上からの光が降りかかる、というところにある。説教師はこの世の生活を十分に生きなければならない。単純な生活を、その普段の心配事、罪、仕事とともに知らなければならない。というのもそうしてのみ説教師は指導者、守護者、補助者になれるからである。説教壇は、神、罪、キリスト、救済、赦しについて、学識者ぶって、またそうでなくても、考えるところではない」(J・L・フロマートカ「神学と教会」)。

この呼びかけは、皆が皆理解したわけではなかった。また理解しても、ここで言われている道を歩み出すのは簡単なことではなかった。この声は健やかな新鮮な風のように作用したが、しかしその作用は教会内に留まった。J・L・フロマートカ教授の教え子たちが導いた討論は、狭い専門的な分野に限定され、もっと聖書の使信に適切で忠実な秩序を新しい教区に導入しようという努力は散発的にしか見られなかった。その中で教会が生き、説教師たちを生み出してきた人々と真の連帯を築く努力は、明らかに定着しなかった。この時代、よく目を見開いていた一部の人々は、すでに不吉な雲が現れたことに気付いていた。イタリアにはすでに何年も前からファシスト体制が存在していた。隣国ドイツでは一九三〇年代、ナチズムがその本性、その真の目的を誰にも悟られることなく、力を伸ばしていた。まもなく、キリスト教とナチズムの間に平和はない、というドイツ告白

教会の闘いが、躊躇し、疑念を抱いていた者たちを納得させることになった。ナチスのイデオロギーが共和国の国境付近に及んでいる危険の兆しが、第一共和国の強固な基盤を信頼しきっていた人たちに警告となったのである。チェコの福音教会が潜り抜けねばならない、第二の大きな試練の時代が訪れた。一九三八年から四五年にかけて、教会は人種差別的なファシズムを隠そうともしないあからさまな暴力と直面した。

教会がいかにしてこの試練に立ち向かったか、一体この試練から教会は何かしら得るものがあったのかどうか、という疑問に答えてみたい。すでに指摘したことであるが、教会と若い世代の神学者は、閉鎖的な教会の奥に逃れることなく、教会は真に人間を求める場であると考えた。教会の防護壁において闘うように呼びかけられた。教会の多くの働き手と教会の多くの素朴な信者たちが、隣国ドイツの政治状況の進展だけでなく、ドイツの教会の状況と闘いを注意深く丹念に追いかけることも学んだ。若い世代の教区牧師は、ほぼ完全に告白教会側に立ったと言えた。バルト、ニーメラー、タッデン・トリーグラフ、ニーゼル、ヘッセといった名は、ただ著名なだけでなく、主張を意味した。チェコの福音教会では、いわゆるドイツ的キリスト者の主張は支持を得られなかった。占領下の時代には、甚だしい対独協力行為は見られなかった。教区牧師たちも教会の多数の信者たちも、隠れずに勇敢にファシズムと闘い、自分たちの力でユダヤ人の厳しい運命を和らげるべく努力した。

外部の観察者の目に状況は以上のように映った。教会は全体として表面的には試練に耐えたように見えた。とはいえ、教会をナチズムとの闘いに導いた原因を考えてみる必要があるだろう。この

姿勢の真の動機は何だったのか。この時期の教会が試練に耐えたのは、単に組織的なまとまりとしてにすぎなかったのか、それとも真に教会としてだったのだろうか。すでに触れた通り、多くの人々が関心を持って、ドイツの告白教会の闘いを見守った。しかし、ナチズムとの真の闘いであった時期の抵抗のほとんどのケースは、緊迫した民族的自覚に、その真の原因を見出すべきである。チェコ民族の成員はこの民族的自覚によってドイツの排外主義に対応したのである。それは民族が存在をかけて闘った時代だったのであり、人々が互いの教会の帰属を問題にするのは、個人的な集いの場など、二の次の話であった。ナチズムに対する反感から、粗暴な反ユダヤ主義も非難した。ついこの間までは、チェコの公共生活でも反ユダヤ主義の萌芽が見られていたのだが。従ってファシズムに対して根本的に立ち向かわず、本質的にナチス体制を認めたとして、ヴァチカンは多くのカトリック司祭に非難された。このように、教会信者たちをファシズムとの闘いに引き込んだ動機はほぼ神学以外の要因、教会以外の動機だった、と言ってもあながち間違いではない。ファシズムに対する教会の闘いの姿勢は、単に結束のみから生じたのではない。むしろ民族との同一化の方がはるかに重要だったのであり、この点で教会はもはやキリスト教的な独立性をほぼ失っていた。同じ状況での教会の態度と共産主義者の態度を比べてみれば、違いは明らかである。たとえば有名なユリウス・フチークは多くの場合、自分の民族と非常に強い結束を示した。この結束のために命すら犠牲にした。彼は民族の団結のために死んだが、まず共産主義者として死んだのである。こういうことは教会信者にはできなかった。教会の素朴な信者たちも指導者たちも、自分たちの闘いを勇敢に遂行したが、自分の役割を信仰の観点から十分に鋭く見ること、自分の振るまいを神学的に動

機づけることはできなかった。

ここで取り上げた、当時の二つの大きな試練の時代における教会の姿勢とその行きついた結果を今比較してみると、その評価に違いが見出せる。経済危機の時代の教会は、基本的に民族の大多層から孤立していた。逆にファシストによる危機の時代の教会は、単なる連帯以上に、国民と意見をともにした。しかしこの違いは表面的なものだった。ファシズムが台頭した時代、特に占領下の時代は、民族は一致団結して抵抗した。小ブルジョワジーや中ブルジョワジー、つまり、経済恐慌の時期に失業者の要求に反対した層もである。つまり、三〇年代の教会は国民の広範層の苦難に気を配らず、占領下の時代の教会は国民とともに占領者に対する闘いに加わったが、どちらのケースも、教会の関心は小ブルジョワジーや中ブルジョワジーの関心と一致していたのである。どちらのケースも、教会は当時の社会体制の死をもたらす病をうまく表現することはなかったのである。神学的に見れば――教会の姿勢も振るまいもすでにキリスト教的自由の行為ではなかった。慈悲に錨を下ろしていることを知っているからこそ、最後の限界まで隣人への奉仕に犠牲を払うことができるような自由の行為ではなかった。

こうした概観（一般化するきらいはあるが、事の真の状態を隠さない展望）は、私たちの今日の神学的および教会のあり方を理解するために、非常に重要な不可欠な背景を指摘するものである。つまり次の各要素のことである。

1．宗教改革の時代の我が国の教会は、神の言葉の教会として生きる限り、神学の書斎の片隅に

閉じこもるようなことは決してなかった。また神学の命題の防護壁を張り巡らすこともなかった。聖書と主に忠実であるように努力しながら、教会は常に、自分たちもその中で生きている民の望みと要望に耳を傾けた。神の王国の到来についての使信は、教会にとって決して単なる神学の命題であっただけでなく、その命題から、教会の実践とその毎日の生活のために結果を引き出すものだった。一定の歴史的条件下では、この神の王国の使信の実現努力は、たとえば十五世紀のターボル派のように、率直に革命の形を取った。また別の時代には、兄弟団に見られるように、神の法の下での友愛的で兄弟的な規律と生活の形を取った。しかしいずれにしても、反キリストに対する闘いと二つの愛の掟を実現し、絶えず実現していくための、妥協を許さない真剣かつ本物の努力であった。

2．我が国の改革派教会は、存在したほぼ全時代にわたって、また改革派教会が外国において封建的および資本主義的体制と国家の支えになった時代にも、特殊な歴史的条件のおかげで、支配権力者に反対し、民に味方する番人であり続けることができた。従って政治の面でも進歩的な要素であることができた。このため、コンスタンティヌス的な国家と教会の共生の時代を、この教会は深刻に脅かされることなく生き抜いた。ようやく今世紀〔二十世紀〕前半になって、経済および政治の領域の大きな変化が、教会を別の状況に至らしめた。国家権力の代表者に対する関係の変化が、教会自身がしばしば自覚していたよりも、教会をより危険にさらし、崩壊させる方向に作用するようになった。それは神学以外の要素が教会の決定に大きな影響を及ぼすようになった時代で、最終的には教会は、形式的にでなく実際に自分たちの宗教改革の遺産を手放すような状況に陥った。

3．自覚すべきなのは、この一九一八年から三八年の二十年間の終盤、そして占領下の時代に、教会は自らに対し、また国民に対していかなる借りをつくったかということである。教会は使命に十分に忠実ではなく、このため勝利者の誤った自己満足に貢献することにもなった。私たち国民は第二次世界大戦の後にもその自己満足に屈したのであるが。教会は本筋から外れ、なすべきことを怠った。つまり悔い改めをしなかった。ドイツとハンガリーの福音教会は、主の前で謙虚になり、彼らの国民が歩んだ道に対して共同の罪を負っていることを、公けに声を上げて告白することができた。チェコスロヴァキアの福音教会は、勝利の喜びに浸り、解放の中で、それまでの道の正しさに対する神の好意と神の承認の新しい表現を目にした。それは問題のない、誰にも問題視されない喜びだった。教会内では、自己正義性を警告する声、真の教会および神学状況の誠実な分析から出てくるであろう声、再び神の法と証言に向かって呼びかける力強い声は上がらなかった。教会は、ボヘミア教会はまるで小旗を振りながら、歴史の次の時代に進んだかのようであった。モラヴィア保護領の不愉快な間奏曲により中断していた発展の目撃者になることをしばしば確信した。一九四五年という年は、教会にとって区切りの年というより、結びつける年であった。

しかし教会は、占領下、また解放直後の時代さえも、常に自由な教会として振るまわず、教会の姿勢はしばしば神学以外の要因や教会以外の動機によって定められてきたことを、自分たちがその中で生きてきた民と自身に、告白しなければならなかった。教会の振るまいが一般的に承認されてきたようなところでも、期待されるようなことを必ずしも果たしてこなかったことを、誠実に言う

べきであった。自分たちの宗教改革の偉大な伝統、究極的には神の言葉に、十分に忠実ではなかったからである。教会にとって大切だったのは、必ずしも奉仕ではなく、自分の権力、地位、前提条件を維持することだった、と教会は言うことができなかった。

3　第二次世界大戦後の教会の歩み

第二次世界大戦後、チェコの福音教会は、経済、政治、文化の領域における、歴史および神学のまったく新たな状況への大きな変化の影響にさらされた。福音教会が、イエス・キリストの教会として、直面している役目を実現できるのは、教会の主に従順になり、今日の人間への奉仕の義務を喜んで自由に引き受ける時だけである。その人間が抱えている疑問に答え、ほんとうに助けを必要としているところに、助けの手を差し伸べられる時だけである。この役目を教会が満たすためには、現在の学問の成果も真剣に受け入れなければならず、また、人生の全領域の現在の問題にできるだけ誠実に対処するよう、再び努力しなければならない。そうしてのみ、教会の使信の形での福音は生の力となり、今日の人間の目下の問題に適切に答えることになる。

一九四五年の出来事、ヒトラーのドイツの崩壊、ソ連軍による我が国の解放、一九四六年の国会の選挙での共産党の勝利、これらすべては、今日の出来事を単に表面的に見る視線に不満を抱いていた人ひとりひとりに、国民の歴史の新しい時代が教会をも新しい課題の前に立たせるだろうと予感させた。共産党が民族戦線の政治要素のリーダーになり、人民民主主義体制が国の憲法によって

しっかりつなぎとめられた一九四八年を境に、教会の環境はいわゆるミュンヘン会談前の共和国の状況とはまったく違うものになった。国家と教会の関係を新たに調整した法（一九四九年の教会法）は、新しい状況を表現したものにすぎなかった。これは教会が新時代に入り、教区と神学の務めに幅広く影響を受けることを、各自に確信させるものであった。

理論上は、経済、政治、文化の領域の大きな変化を意識せず、世界はいずれにせよ悪の中にあるのだからとさらりと述べて、今日の神学に特有な点を否定するような、チェコの改革派教会の神学者や教師を想像することもできよう。そうすると私たちは、終末論的な視線では、過去の各時代のキリスト教徒と同じように、年月と世界の終わりに身を置いていることになり、教会は一信者としても全体としてもただひとつの義務、つまり、その悪と自分を切り離すことを義務として負っていることになる。このような一見信用でき、聖書や教父からの引用を助けとして、経済や社会の問題に対する無関心や教会の距離感の正当性を示すような神学者も、間違いなく見出せるだろう――今日ではしかし、人間の事柄の改革についても気にかけるのがキリスト教徒の義務である、と教会で証明する必要はもはやないのである。状況は変わったのである。これはエヴァンストンでの世界教会協議会第三、第四部門活動についての報告にも認められ、この報告は過去の類似文書とは異なり、こうした議論を扱っていない。このような態度をもってしては、チェコの神学者はボヘミア宗教改革の最高の伝統に対して不実、さらには教会の主に対する不実を証明することになるからである。主自らがこの世をかくも愛するゆえに、この世を裁くためにではなく、この世がひとり子を通して

救済されるように、彼を送り込んだのに（ヨハネによる福音書3章16節以降）。どうして神の強力で救済的な行為に関する予言をすべての人々（その中でキリスト教徒が生きていて、愛することを学ぶように教えなければならない人々）にもたらすようにする責任から、キリスト教徒が逃れることができよう。そしてキリスト教徒として、自分を取りまくこの世には関知しない、実際何も共通なことはない、この世で起きていることは自分とは関係ない、と教える権利（義務は言うまでもなく！）をどこで見つけられるというのか。キリスト教徒としての自分の義務は、できるだけ効果的にこの世から離れることだとでもいうのか。そうは言っても、その悪は何よりも祭壇の前と説教壇上にいることを私たちは知っているではないか！

一九四五年の出来事の教会の組織構造への影響、そしてもちろん教会の生活全般への影響については、シノド管理者の故A・ボハーチ博士がすでに一九四六年に記している。

「ドイツの崩壊とチェコスロヴァキア共和国の再建後のチェコの政治および民族の環境の変化は、一九一八年のオーストリアの崩壊のように、チェコのプロテスタンティズムの教会組織に深く影響を及ぼすだろう」（「チェコ兄弟団福音教会の組織」）

これは、使信の宣べ伝えと教会の奉仕の方法の変化にも関わる、と言っているのと同じであった。というのも教会組織は、常に教会の内面の生活に影響されて、徐々に形成されるからである。

つまるところ自己の巡礼の性質を決して忘れてならない教会は、目的地を目指す道において、その地平線を形づくっていた山地の尾根にたどりついた巡礼者の状況になったのである。巡礼者が山

頂にたどりついてみたら、目の前に新しい、思いもよらなかった世界が開けたわけである。このような場合、巡礼者はまず驚いた後に、すぐに後ろを振り返り、またこの先の未知の土地を調査して、注意深く念入りに行く方向を定め、克服しなければならない障害や課題を突き止める。日中の暑さの中で、足取りがふらつき、視線の鋭さを失い、そそのかされるまま、より歩きやすいが人を惑わす悪の道に踏み外しそうになるような、この先の道において、助けになる点、方向づけになる点を選ぶ。彼がこんなことをするのは、巡礼者であって、目的のない放浪者ではないからである。教会も（決してカイン的な伝統でなく、牧夫の伝統を担っているゆえに）、歴史の分岐点において（もちろんレベルは違うが）、同じように振るまうべきである。そのように振るまわないなら、より用心深い、慎重な視線で眺めるべきである。なぜなら相変わらず歴史の分岐点の状況は続いているからである。

この変化の状況の特徴とはどのようなものだろうか。本書では、他の章（「宗教改革から明日へ」J・L・フロマートカ）でこの新たな状況について分析が示されている。従ってここでは、チェコの福音教会の生活に直接影響を与える変化について最も必要なことを述べるに留めよう。

まずは次の事実を強調する必要がある。第二次世界大戦後に経済、政治、文化の領域において、世界的尺度で起きた大きな変化の中で、チェコスロヴァキア共和国は、マルクス・レーニン主義が示す社会主義の道を歩み始め、資本主義的体制が平和的かつ効果的に経済と政治の現在の問題を解決することが原則的に不可能であると認識した国家の家族の一員になることを明白に決めた、ということである。このステップはもちろん国家の中の教会の生活にも、また教会の外国との関係にも影響を与えた。これはすべて述べておかねばならない。というのも、よく言われる教会の保守的な

傾向において、この変化がもたらした意義は、十分に評価されていないからである。ややもすると考慮すらされていないからである。つまり、福音教会がその存在の重要な時代を過ごしたブルジョワの民主主義共和国から、人民民主主義共和国になったという事実である。

これまで主に私たちが注目してきた、教会と、世界や社会との関係の視線では、この変化は次のように表れている。

1．人民民主主義は、基本的な役目と使命の基本的な要素を、人間の組織立った世話、また福祉面、健康面、そしてもちろん文化面での人間の教育と捉えている。国家と社会の代表者たちは、新しい社会体制が自動的にできあがるわけではないこと、人間が建設しなければならないことをよく知っている。もちろんその人間とは、自分勝手で基本的にエゴイスチックな土台に乗り、その上に資本主義社会を建設した人々とは別の人々でなければならない。この事実（多くの面で教会にとって恥ずかしい事実）は、古いタイプの施し主義を清算することになる。そして、社会事業の新しい形態を探すよう教会に強いる。というのも国家は多くの物質的な面を補うだけでなく、孤児、老人、病人、見放された人々の世話の可能性において、教会の可能性よりはるかに先を行くからである。

2．人民民主主義は、常に己のために永遠ではないにしても決定的な性質を得ようとする国家形態のすべてと異なる。人のつくったあらゆる制度は儚い（一時的な）存在である、と指摘してくれることを教会に期待しない。国家のように、自分が一時的な形態であると知っている。さらに、自

分の役目は、国家が不要なものであり、壊死するものであることを示す状況をつくりだすことだと知っている。この時代の国家は、もはやそれ自体が目的ではなく、真の目的を確保するための手段なのである。国家の存在の意義とは、すべての豊かさなのである。

3．人民民主主義は、マルクス・レーニン主義の原理の上に社会主義を建設する。従って、それまであらゆる階級社会の国家形態が教会を自分の力の支えのひとつとしてみなしてきたようには、みなさない（フランス大革命の歴史で接するような短命な例外を除く）。しかしながら、教会が自分の使命を果たせるように、国家に注意を払う。しかも教会信者に、奉仕を行うよう、傷ついた人や虐げられた人と連帯するように呼びかけ、彼らを常により完璧な社会の建設に導き、人々がより正直で、より道徳的で、より高潔であるよう影響を与える、キリスト教の使信の面を感謝しつつ受け止める。

4．チェコスロヴァキアの福音教会と外国の教会との交わりは大きな意味を持つ。世界的尺度でのこの教会の広範なエキュメニカルな協力には、もちろん、アムステルダムとエヴァンストンの世界教会協議会の総会も刺激となった。しかし、もちろんこれですべてを説明することはできない。過去の教会間の交流を覚えている人たちは、ドイツのプロテスタンティズムの代表者と社交辞令以上の関係を結ぶことが、双方にとってかなり困難であったことを思い起こすだろう。ハンガリーの福音教会の代表者たちとのコミュニケーションは、一九一八年の政治的出来事とチェコスロヴァキア共和国の成立の結果、ほぼ断絶していた。しかしそうした時代から状況は根本的に変化した。チ

ェコとスロヴァキアの福音教会は、プロテスタントのハンガリーと密接で親密な関係を維持している。一九五五年の我々の代表者のドイツ訪問と、ドイツの福音教会（ＥＫＤ）の代表団による我が国の福音教会の来訪は、何かが起きたことを示している。キリスト教会の信者は、二つの隣り合う民族を分断しただけでなく、同じ主を信じる教会さえ二つに分断した要因を克服するための、かなりの内面的自由と力を見つけた。今日、二つの国の教会の代表者たちは、真の兄弟、ひとつの体の手足として交流している。アングロサクソンやスカンディナヴィアの国々の福音教会とも密接な関係を築いている。チェコスロヴァキアの福音教会は、いわゆる植民地の民族の教会の生活にもますます注目している。植民地の教会は、その辛い運命と解放への努力のために、我々の人民の共感を呼んでいる。政治領域の状況変化の思いがけないベクトルとなったのは、エキュメニカルな関係と協力における、質、量ともにおける変化である。以前の私たちの関心は、一方的にアングロサクソンと西欧世界の教会に向いていた。今日の私たちは、キリスト教会全体が必要とするものを欲している。

5．この関連では、原子力エネルギーの発明と、その平和目的または戦争目的の利用の可能性も見逃してはならない。目下の緊急な課題を生み出しているのは、世界の二大大国であるソ連とアメリカが、今日、原子力と核の力を、ソ連は平和的な建設のために、アメリカは新たな戦争の準備のために利用していることである。この両大国の関係は、世界政治の鍵となる問題である。この虐殺兵器を戦争で利用する可能性が確かに現実的になったことによって、戦争とその神学的な評価の問

題は、従来とはまったく別の次元に入った。これまでは、戦争の役目について、神学的に論争ができ、実際に論争されてきた。たとえば、世界の造物主の秩序内での神学の位置が模索され、公正な戦争の条件について議論された。こうしたことすべては、いわゆる古典的な兵器の時代、軍隊同士が戦争を行い、戦争が人対人の性格を失っていない時代に居場所を持てるものだった。しかし原子力、あるいは熱核兵器の使用によって一瞬のうちに何百万もの人間、男、女、子どもを殺戮することが可能になり、その他の何百万もの人々が貧困にあえぎ、多くの場合、ゆるやかに死に至ることが可能になり、また水素爆弾の使用によって前代未聞の方法で、最も肥沃で最も人口過密な地域全体が破壊され、長い間、居住不可能な、基本的に砂漠と化するような事態が可能になるや否や、核戦争を許容する特別な条件などに関する討論は終わりを告げた。教会の口からは、断固として、譲歩なしに、次の言葉が吐き出されなければならない——核兵器を使用する近代の戦争は犯罪である！　教会は譲歩することなく、激情的にこのような戦争に反対しなければならない。このような戦争は、（もはや起きているかもしれないが）最も恥ずべき偶像崇拝になりかねない。

6．チェコの福音教会の内部構造をかんがみた時に非常に重要なのは、農家の問題と、農村環境の発展である。第一の問題はもちろん経済的な問題である。自分の地位を誇らしく思い、生まれと身分の伝統によって、現状を維持する道義的義務を感じている農夫がいる一方で、農村には土壌の耕し方と農業の近代的な方法によってもたらされる集団化の必要性が差し迫っている。しかし、このチェコの農村の基本的な問題以外の問題は、思考の転換によってももたらされたもので、福音派

の農夫にとって特に痛みを伴うプロセスだった。上述したように、オーストリア君主制の時代、ミュンヘン会談以前の共和国の時代に、福音派の農夫たちは進歩的かつ先導的な要素であった。それは単に経済的な能力ではなく、フス派や兄弟団の宗教改革の伝統から成長した、個人的な資質によるものであった。この資質は明らかに個人の思想の浸透性やプログラム性を後押しし、通常、霧がかかった国粋主義、宗教的に狭量な表現、しばしば粗野な利己主義や享楽主義を、いい方向に転換させるものだった。こうしたことすべては、福音派の農夫たちをいきすぎた個人主義に導いたが、先立つ時代の福音派の農夫に特徴的なことであった。もちろんこのプロセスには、個人主義的なプロテスタントの敬虔さも役割を果たしている。しかしまさにプロテスタントの敬虔さが一定のタイプの人々をつくり上げているのであり、教会は変わらず非常に多くの農村の教区を抱え、農村の教区は教会の発展をともに定めていることから、農村の問題は、教会内で重要さを増している。

教会がこうした形で直面してこなかったその他の諸問題も、箇条書きにした変化と関連している。たとえば、いかなる理由による差別もない、基本的に個人が平等であり、階級のない社会の階級闘争の認可、個人の所有権の問題である。ここにはまた、認識の源としての啓示、天と地と人間の創造についての信仰と対比して、生物学的な、動物の生命の起源の問題を学問的に明らかにする可能性の問題、その他多くの問題が含まれる。

こうした問題点のさまざまな兆しがすでに、それまでの各時代に福音主義の宝のための器がつくられ、その器に宝が入れられ、人類に運ばれてきたことを示している。しかしこれらの器に定めら

れた運命は、土の器でしかなく、それがつくられた条件より長くもつものではなかった。何百年をも横断できるのは、聖書だけであり、聖書の使信は、常に再び新たな信者や神学者の世代によって掌握され直してきたのである。彼らの大きさは、次のただひとつのことにかかっていた。いかに忠実に、従順に、旧・新約聖書の神の言葉を聞くことができるか。耳にしたものをどうやって自分たちが置かれた歴史の条件下で担い、適用することができるか。チェコの福音教会の歴史も、いかにさまざまな世代が多様に聖書にアプローチしてきたか、いかに聖書を次の世代に渡す役目を多様に果たしてきたかの証拠である。過去には、聖書が単に、前もって仕上げられた論理と思想体系の論拠と証拠の倉庫としてのみ機能した時代があった。別の時代には、聖書は個人や集団の野心の理由づけのための単なる道具になりさがった。一方ではもちろん、教会が悔い改め、率直に、神の言葉の裁きの下に立たされた時代もあった。このような時代の教会は、説教も、位階の付与も、批判も行わない、真のメメントであった。この自身の役目を、ただ自身の存在によって満たしたのである。

今日の教会は、何をするのだろうか。どの道を選ぶのだろうか。明らかに教会は歴史の転換期にいる。新しい問題を解決するだけでなく、イエス・キリストとして現れた神の恵みについての古い使信を見直し、今日の問題と人々の模索の答えになるようにと言うべき課題の前に立たされている。もちろん、今日、それは教会が自身の仕上がった見解の確認を聖書の中に探し求めるということではない。もちろん、相変わらず何か不運な誤りから「キリスト教の」と形容される世界観について、説教壇や教壇から頑固に講義をするように、と召命されているのでもない。この危険性は続いている。すでに前章で、教会は歴史上の二つの試練において、まったく神学的でない要素も含み始めた

ことを示した。今日の教会（特に教会の代表者や教師、しかしもちろんまた最も単純な信者たちも含め）は、はるかに深刻な試練にさらされている。一体全体、私たちはこれを意識しているのだろうか。この試練は教会に大きな努力と力を要請する。核戦争の可能性に直面し、これが究極の試練でないのかどうか、ということも問わねばならない。

最初に問題になるのはもちろん、宗教改革の父たちが、把握できないものを把握し、表現できないものを表現し、永遠のものを現在に当てはめ、限定できないものを限定するための定型文が、どれだけのものを担うことができるのかを、教会が真剣に神学の務めを行って計測することである。宗教改革の父や教師の多くの定型文は今日でも文字通り有効であるため、今この瞬間のためにこれらの定型文を受け入れることも可能である、と神学者たちが確信することもなくはない。しかし、キリスト教会に共通の信仰告白は、聖書の基盤（イエス・キリストは神の息子だと信じる）だけであり、その他はすべて見直しが必要である、という認識に教会の教師が行きつくこともありうる。しかし、いずれにせよ、教会の役目は、謙虚に、従順に、勇敢に、人間の前で自由に、伝統や因習から解き放たれ、明らかに、一義的に、次のように言うことである。私たちはこれを信じ、これを信仰告白する、と！　こうしてのみ、教会は偽善と内面的な不正の非難をやりすごすことができる。こうしてのみ、教会は多くの信者の信頼を勝ち取ることができる。教師や説教師は他人に教えていることを自分で信じているのだろうか、という疑問に苦しめられている信者たちを。この徹底的な見直しは、もちろん、各教義学、各信条、各シンボルのあらゆる伝統的な部分に関連してくる。それらの規模や意義を減らせということではない。そうでなくここで言っているのは、教会の使信から、通

常はその一時代に限定されたもので、もはや廃れて今は機能しない、過去の余分なものを取り除こうということである。こうしてのみ教会の使信は、内面の力、切迫性、浸透能力を得ることができ、具体的な中身を得ることができる。

チェコの福音教会は、チェコ宗教改革とその神学者の貢献について、かつてないほど忠実に勉強しなければならない。それがチェコの神学に関することだからではなく、それが外国の福音派教会も、フス派や兄弟団の生活と思想の豊かさを知ることが必要であることを、絶えず明らかに示すからである。

チェコ宗教改革の形見の、より集中的で深い研究の表立った動機となりうるのは、来たる一九五七年にチェコスロヴァキアの福音教会が迎えることになる兄弟団設立五百周年である。もしこの記念すべき年が、世間で深い反響を呼ぶことなく、とりわけ、教会自体において、兄弟団の宗教改革の深い研究もされずに終わってしまったら、宗教改革の父たちの務めに向き合う真剣味のなさ、その深刻さをさらけ出すことになるだろう。

今日、特にチェコ兄弟団福音教会にとって意義があるのは、エキュメニカルな協力の領域において、自身の功績でなく恵みによって与えられているもの、そして多くの点で他の教会にも道を示すものを、他の教会に伝えることである。信条の異なる二つの教会、ルター派教会と改革派教会が結びついて生まれたのは、統一した教会ではなく、まったく多種多様な強調点を持ちながらも比較的

まとまったチェコ兄弟団福音教会であり、改革派信条に対し、他の福音教会ではあまり通常でない特別な関係を築いている教会である。おそらくこうした教会の複数の信仰告白性が、かつては教義のあいまいさ、いい加減とも言える特徴として捉えられていたのかもしれない。それももっともなことだったのかもしれない。一九一八年のチェコの福音主義者の改革会議の決定のために定式化し最終的に編集するうえで、この動機が明らかに大きな役割を果たしたことは、忘れることはできない。ただし今日では、教会が規約で示している、あらゆる信仰告白と宗教改革の父の証言から平等に学ぶという意志が、教義のいい加減さの表現ではなく、聖書の下の自由、信仰の自由の行為から来ているのは、明らかである。教会はこのようにしてより豊かにより完全に聖書の使信を聞くことができ、より忠実に自分の使命を果たすことができると信じている。統合した教会が存在した三十年（一九一八〜四八）のあいだ、多くの重要な成果をもたらし、かつての分断していた時代と比べてはるかに集中的な神学活動（S・ダニェク、J・L・フロマートカ、J・B・ソウチェクなど）が行われた時代の特徴のひとつは、新しい信条を形成する、より真剣な試みがなされなかったことである。これはおそらく、当時の教会が教義を弁護しなければならない状況、誤った教義から教会を守らなければならない状況に陥らなかったことを示している。しかしもちろんこの現象が意味するのは、チェコの福音派教会がその神学活動を深めたこと、また内面の統合が進むにつれ、信仰告白の規範主義に対抗して、聖書の福音的原則、よりよく言えば、聖書に啓示された神の権威を、常により意識して強調していたということである。教会は、すでに述べた、変化した歴史的状況と条件の下に入ったのである。ここで予想できるのは、文化と学問の領域の発展は、（アウグスティヌスやチェコ信

仰告白の弁明のように）最終的に教会の信条となりうる新しい教義面の必要性を明らかにするということである。

こうしたことすべて（社会主義国家に存在すること、各信仰告白に対するその独特な関係、常に他の信仰に耳を傾け、学ぶように仕向ける兄弟団の伝統）のために、チェコ兄弟団福音教会は他の教会と違い、現在のエキュメニカル運動の真の意味を十全に理解するための多くの前提条件を備えている。また、教会の権威の問題と教会の自由をよりよく、より完全に理解し解決するための前提条件も備えている。この問題が、歴史上の信仰告白のいくつかの伝統的な答えによって解決されれば、教会信者を教会への真の責任に導くこのダイナミクスが、奪われてしまう危険がある。いずれにせよ、厳格で狭量な信条主義に教会の本質が脅かされる危険は常に存在する。チェコ兄弟団福音教会の義務は、その極めて特殊な授かりものを理解し、それをほんとうに賜物として受け止め、責任を持って担い、他の教会に役立つように発展させることである。そうすれば、エキュメニカルな対話において、二次的な問題や周辺的な問いかけから、中心へ、最も深い基盤へ、契約へ、証言へ歩むうえで大いに貢献できるだろう。

率直に言わねばならないのは、この作業（主に神学の）では、十分ではないということである。なおさら言わねばならないのは、今日教会で出会うのは、神学の意味を強調する傾向、特に聖書解釈の作業を強調する傾向であり、最終的に神学が芸術のための芸術のようになって、神学自体が決して手段でなく目的になっていることである。教会が、真剣な神学の作業と、よい神学を見張る奉仕なしには、永くたちゆかないというのはもちろんそのとおりである。しかしまた教会は、今日の

ような激動の時代には、現在の政治と経済の問題の深い見識を持ったうえで、真剣に神学活動に取り組まなければならないこと、また基本的で本質的な理由から、今日、神学者は政治と経済の問題を研究し、認識しなければならないことを、知るべきであるし、知らなければならない。今日、人間のこの領域への無関心をよしとするような神学者は、神学者の名に値しない。世界滅亡というかつて大げさだった話が不愉快なことに現実味を帯びてきた今、いわゆるこのようなタイプの神学者は、理想ではなく、単なるモンスターである。

すでに示そうとしてきたことであるが、今日の教会活動を取りまく歴史の条件と社会の秩序は、教会が経験してきた過去のどの時代とも異なる。教会は常に責任を持って真剣にこの政治・経済の問題と折り合いをつけてきたわけではない。教会は、むしろ政治の好き嫌いをさまざまに表現し、その時代に起きている事の本質を理解していないことを露呈してきた。従って、社会秩序が変化した必要性を自覚している教会信者を批判する人々がいるのも不思議ではない。こうした人々はしばしば資本主義をそのままキリスト教の社会秩序と捉えていて、もちろん、社会主義建設のいかなる努力にも基本的に反対である。また教会の別の信者たちは、新しい社会が人を教育する真剣な努力に十分に接近して、肯定的に評価することができない。また教会が自身の領分だとみなす領域へ国家が不当介入していると感じ、傷ついている。また、これは創造主の秩序であるか神の罰（今日の戦争、社会的貧困、以前は疫病、不作）である、とつい最近まで教会側が自動的に考えてきた領域へ、公的機関が踏み込んでくるのは冒瀆だ、と分類しようとする人たちもいる。

教会にとって、ここには二つの危険が隠れている。ひとつは、教会が慣れた形での奉仕をもはや

求めない社会から、教会は顔を背ける準備ができていて、カルト的な僻地から、社会がほんとうに犯した誤り、あるいは単に教会が見たいと思う誤りを、陰険に観察することである。もうひとつの危険は、その反対の極端なケースである――教会がかつての地位を維持しようとする努力から、まったく無関係な領域において、なくてはならない存在になろうとし、今後もすべてを行い、すべてを決定したいと願うことである。実際に教会がそのように振るまうなら、教会は自身の不自由について、自身の評判の心配に囚われていることについて、自身の権力について心配していることについて、将来の心配と経営の安定への希望に苦しんでいることについて、証言していることになる。

しかし教会は自由であり続けなければならない。それは、人が過去に苦しんできた多くのものへの恐怖が取り除かれた自由な人の時代に向かう、人の歴史の時代に歩むならばなおさらである。人は、意志と自分の知性の力によって、自然を支配することを学び、ますます自然とその生の秘密を解き明かしていくだろう。人は、国家によって定められることがますます少なくなるだろう。なぜなら国家の機能は、平等な個人同士の社会の機能にゆるやかに移行されるからである。このような人々に教会は話しかけていくことになる。教会は、自由であるかないかということが、国家との関係でなく、神との関係によって定められていることを、早く自覚することが必要である。

「だから、もし子があなたがたに自由を得させるならば、あなたがたは、ほんとうに自由な者となるのである」（ヨハネによる福音書8章36節）

これを自覚しないかぎり（この世界のすべての断崖を自覚するのを怖がるのはやめよう）、教会は常にこの自由の代わりとなるものを探し出さなければならなかった。中世においては、教会はこの代わ

りを世俗の支配に見つけ出した。資本主義の時代には、「レッセ・フェール　レッセ・パッセ（自由放任主義）」の教会への応用が真の自由の代わりになった。また他の時代には、たとえば世俗の力と暴力によって支持された、他の教派の信者と異教徒の中での布教が代わりになった。このような教会は、表向きは非常に自由であったが、実際には常に極めて不自由であった。過去のどの時代にもまして、今の教会が聞き入れなければならないのは、教会は、恵みの中で、恵みにより存在している、ということを知っている限り教会である、ということである。つまり教会となるのは、支配しようとせず、人の尊敬を集めようとせず、人にただ奉仕しようとする時なのである。もしこの意識が教会に欠ければ、枝の枯れる運命が待ちうけるだろう。真のキリスト教の自由は、奉仕に表れる愛、人間に対するほんとうの効果的で献身的な愛なしには考えられない。

「あなたがたの間で偉くなりたいと思う者は、仕える人となり……」（マタイによる福音書20章26節）

この言葉は、真の教会とは奉仕者の教会であり、自分を人間に知らしめる神の奉仕者の教会であることを示し続ける。

こうして教会はさらなる危険も避けることができる。かつてしばしば教会は、道徳を説き、叱責し、批判することによって、牧師の使命を果たしてきた。その説教は、たいてい次のような命令によって満たされてきた。「あなたはこうしなければならない！」や、「これこれをしてはならない！」。そして教会が次のように語ることは決してないか、まずなかった。

「これは神があなたのために行った。そしてこれは、教会として私が行うように神が求めていることである」

これこそが福音であり、これが新しい人間をつくり上げる使信であるのだが。そして今必要なのは、人間が教会の生においても、愛の神が到来することを見ることである。今後、もはや教会は、非常に険しい坂道でも重量オーバーの車から降りようとせず、ただ「あなたはこうしなければならない！」と自分のくびきに命令するだけの御者の役割を務めてはならない。

特に有害な結果をもたらしたのは、社会の領域における道徳の説教である。ここでも教会とその教師たちは、矛盾が目に見えているはずなのに、「あなたはこうしなければならない！」と唱え続けた。しかし、あなたは自分で仕事を見つけなければならない、と労働者に諭したところで何の助けになるだろう。（仕事がないのは）自分のせいでなく不公正な社会秩序のせいであるのに。あなたは労働者を雇わなければならない、と雇用者に言ったところで何の役に立つだろう。誰もその雇用者の製品を買わない時代に、この命令を守り続ければ、最終的には、失業者が激増して雇用者の家族も職を失いかねない時に。おそらく、ここで重視しているのは倫理的に大きな価値のある行為なのだろうが、問題自体はそれでは解決するまい。これでは、教会はほんとうに仕えたことにならないだろう。それなのに、どれだけ私たちは、教会の教師の口から、社会的な貧困の根が道徳的なものである、と聞かされてきたことだろう。実際には、この貧困は、ある時には利益を上げるために労働者を解雇した、雇用者の身勝手によって引き起こされた。またある時には、労働者に罪があった。というのももし働く意志があれば、きっと職を見つけられるだろうからである！　そして混乱を鎮めるために、社会的貧困に、福音による至福が書き加えられた。他方では富の中に神の祝福と好意の証が見出されたにもかかわらず。当然ながら、人間と社会の生を、状況次第で多様に変わる

このような視線で見つめるならば、教会の使信は、助けや喜ばしい使信というよりも、むしろ具体的なケースにおいて、経済危機の解決を終末論まで移すような麻酔剤であるだろう。これからの教会は、社会や社会学の問題の解決も、経済的問題に関する教えも、私たちが経験している経済や政治の革命の波の補足の理由づけさえも、期待されないことを、自覚すべきである。

人民民主主義は、国家の教会をつくり出そうとする国家ではない。教会が神学的にその存在を理由づけしてくれることなど期待しない。教会がその使信を国家のイデオロギーに適応させることなど求めない。そしてもちろん、過去、そして現在もいくつかのいわゆるキリスト教国家で見られるように教会を迫害したりなどはしない。人民民主主義は完全に世俗化した国家であり、この国家にとって宗教は各個人の私的な事柄である。この国家の前では、まさしくすべての教会が平等である。国家が気にかけるのはただ、宗教の表現が、公けの秩序を整える国家の法律と対立しないこと、法律を犯さないこと、民族の道徳レベルが被害を受けないこと、教会が政治的、反国家的活動の空間にならないことである。

次の別の疑問にも注意を向けることにしよう。民は教会に何を期待しているのか。そもそもまだ何かを期待しているのだろうか。もし教会が、自身の言葉が解放する言葉として待ち望まれるような重要な要素として自身をみなすならば、自分自身を欺くことにならないだろうか。この質問の答えのヒントを得るには、ざっとでも、教会史をひもといてみることである。初期の教会の歴史が示しているのは、ローマ帝国（奴隷制度の時代）の教会があれほど急速に広まったのは、卑しめられ、傷つけられた人の心の答えが、キリスト教の中に探し求められ、また見つけられたからということ

である。この人たちは、教会の使信において、また使信の担い手として、「説教された」愛だけでなく、こういう言い方が許されるならば、「人間の姿をした」愛と出会っていた。イエス・キリストについての使信によって、恐怖、不安、見えない先行きから解放された何千、何万の奴隷にとって、キリスト教はイデオロギーではなく、単にさまざまな論理的な問題への答えでもなかった。彼らは心細く、貧しい自分たちと連帯してくれ、自身のように自分たちを愛してくれると証明してくれる人との出会い、兄弟との出会いにおいて、人生において、福音を味わった。その後の時代に見られるのは、しばしば広範な層の人々が教会から離れたことである。それは教会の教義が適切に練り上げられなくなったからではなく、かつてのローマ帝国の奴隷の心が教会に見出したものを、農奴や職人、労働者の心は見つけられなかったからである。愛、人間への愛を見つけられなかったからである。彼らが出会ったのは自己愛であり、また利己主義や自己中心主義に対し、形式的に見事に、また印象的な説教を行える教会の教師たちであった。しかしこれはすべて単に自分の利己主義のため、自分の成功の道具としてだったのである。

社会が狭量な利己主義の克服に効果的に力を注いでいる今、教会にはすばらしい説教だけでなく、まずは人間への愛が期待されていることを、教会は自覚しなければならない。今日の状況の、利己心の低い社会の目から見て、教会代表者の利己主義ほど、信用を落とすことはない。かつて、因習によって隠されていたもの、司祭の特権階級、ついには素朴な黒いマントを着る者にもその反射光をあてた司祭特権階級が、時が経つにつれ自分の周りに築いた遮蔽物によって秘密にされていたもの、これらは今日、完全に暴露されている。

しかし今日、人を愛するとはどういう意味なのだろうか。それは私たちの行為のひとつひとつが人への愛によって導かれなければならないということだけではない。私たちの中身は、人への愛で満たされなければならない、また人への愛は、人の頂点でなければならないのである。激動の歴史の時代である今日、集中度を新たにして、永遠の命令が私たちの元に戻ってくる――お互いに愛しなさい！　キリスト教徒よ。社会問題の解決のために別の場所から、別の思想基盤から近寄ってくる者をも愛せよ。あなたについてほんとうでないことを述べる者をも愛せよ、なぜなら彼らはあなたが生きている環境をほんとうに知らないのだから。信仰告白が異なる教会であなたと同じ主を信仰している者をも愛せよ。プラハで生きている者であろうと、太平洋の島で生きている者であろうと、核兵器の発明によって脅かされている者であろうと、ひとりひとりを愛せよ。その人の人生を考えることがあなたの唯一の思考になるように、そしてその人を守ることが唯一の目標となるように、その人を愛せよ。なぜならば、飢えと不足のない、まったく別の生活環境で生きるようになった時にも、あなたの愛が必要となるからである。そうすればおそらく、なおさらあなたの愛を、あなたを兄弟として希求するだろう。労働者に百姓、技術者、医者、あなたの子どもの教育者を愛せよ、なぜなら彼らの労働はよい未来をつくり、使信でなく、せいぜい生命のないテーゼになった聖書の場所の、利己的で、形式的で、因習的な説明よりも、明らかに重要だからである。

人間は具体的なケースに処方箋を欲しがる。しかし、キリストの教会が今後どのような状況下で生きるようになるかすら推測できないのは、すでに今日の歴史的状況が示している。教会の存在のための具体的な条件を定めることは容易ではなく、そのような状況のための手引書を提供すること

は、大胆だと言えるだろう。しかし、人を愛するとはどういうことか、そしてそれは明日、何を意味するのか、という問いかけに対しては、ひとつ答えることができる――「人がその友のために自分の命を捨てること、これよりも大きな愛はない（ヨハネによる福音書15章13節）」。この指針がキリスト教徒にどのような具体的な犠牲を求めるのかはわからないが、ここで次のことは言える――教会に期待されること、それは教会が頼りにし、計算していたすべて、その中に自分の存在の支えがあると考えていたすべてから、きっぱりと思いきって離れ、常にまた離れることである。そしてこうしたことすべては、「自分の友人のために」、他人への奉仕として行うべきである。これを行えば、教会は自由に、ほんとうに自由になるために、高められることだろう。教会の多くの代表者にとって、そしておそらく信者にとっても、このプロセスは痛みを伴うだろう。しかし絶対に必要なのである。でなければ教会は余分なものになってしまう。人は教会を求めなくなるだろう、探さなくなるだろう、なぜなら何も教会に期待するものがなくなるからである。

教会は深く悔い改め、自分の過ちと罪を告白すべき時なのである。もちろんそれは、神のみに向かって告白するということではない。いかに私たちの聖堂と祈禱所の壁は、説教師の口からこうした罪の告白を聞かされてきたことだろう！　いかにこうした告白は美しく、もっともらしくなされてきたことだろう！　というのも、神にはこういうことを打ち明けやすいからである。ここで言っているのは、教会は自分の罪を他人に告白するということである。一方でこれは、全体としての教会も、ひとりひとりの信者も、どこで何において罪を犯したのかということに素直にならねばならないということである。人への愛によって、教会は教会言葉をやめ、簡単に、わかりやすく、つま

り効果的に話さなければならなくなるだろう。

　このようにしてのみ、教会は新しい、生まれつつある社会秩序に、同じ福音をもたらすことができるだろう。一世紀にタルソスのユダヤ人が奉仕し、マケドニアにもたらし、そこから九世紀に我が国に伝わり、そのために十五世紀に神の戦士たちが血を流した福音を。疑う余地がないのは、新しい社会秩序の経済条件自体が、キリスト教の使信から、迷信的なものすべて、使信本来の内容に照らして無縁のもの、キリスト教というラベルの下に、認識されていないことへの人々の恐怖のおかげで何とか生きていたものを、取り除くように貢献しているということである。しかしまさにそれだからこそ、この新しい社会秩序において教会が自身の場所を見つけられるのは、人への、隣人への大きな愛を持って歩む時だけであることを、教会は自覚しなければならない。この愛は、信条を相対化することも、見放すこともしない。逆に信条を浄化し、毎日信条が担える重さを検証する。この奉仕的な愛においてのみ、教会は過去の影と過ちから解放され、真に自由になることができる。そうすればもはや自身、自身の場所、自身の名誉、自身の存在理由について心配することはなくなる。そうすれば、ただひとりの人を恐れる教会になるだろう。その人を恐れることこそが、真の賢明さの始まり、つまり今日もこれからもずっと教会が巡礼者の共同体として歩いていく道の唯一の信頼できる出発点であり続けるのである。

第5章　宗教改革から明日へ

J・L・フロマートカ

1　宗教改革の父たちの遺産

ここまで読んで、読者は宗教改革、寛容令、寛容令成立後の過去の時代が、私たちの間でなおも生き続けていることに気付いただろう。私たちは何ヵ月も何年もこの過去を振り返らないこともある。私たちが築き上げている信徒団にはしばしばまるで何の根もないように思えるものもある。それでもやはり、私たちの歩む一歩一歩に、父たちの遺産が同行しているのである。国外へ出て、世界のキリスト教の土俵で会議や対話に参加すれば、我が国の教会や信徒団において吸収したこと、改革派の文献の読書や同時代の闘争から吸収したことを、感謝して思い出すことになるだろう。私たちは改革を恥じることはまったくないのだ。最近に至るまで、神の言葉に基づいて教会を建てるために払った、いくら貧弱で弱くとも、真剣で印象的であったあらゆる努力のことも。私たちには派手な聖堂も、きらびやかな教会芸術もない。私たちの文学創作はあまり目立たず、私たちの神学は未だ産着にくるまったままである。しかし、教会社会をその証言や精神的色合いで豊かにできないほど貧しくも弱くもない。大切なのは、自分たちの改革の遺産の本質に積極的に迫ること、聖書の証言を絶えず読み込み、兄弟姉妹の間で絶えず対話を重ねることによってチェックし直すことである。覚えておこう、より深く改革のメッセージの源泉を掘り起こせば掘り起こすほど、私たちの言葉は広く受け入れられる。そして、私たち信徒団が民の生において生きた力になる時のみ、生きた言葉を信仰の世界的な共同体に持ち込むことができるのである。

　数十年前は、私たちは世界的な革命を経験している、という言葉は耳で聞く程度だったが、今日私たちはそれを骨の髄まで感じている。今日の生活を、十年前、二十年前の暮らしぶりと比べてみれば、いかに急激に、深く、私たちの考え方や務めの構造全体が変わったかがわかるだろう！　気に入ろうと気に入るまいと、今日、多くの面で過去の残骸の上に築き上げられている事実に目をつむったり耳をふさいだりすることはできない。それどころかまさにこのような時代にこそ、過去の遺産についてよりよく考え、嚙みしめることが必要である。どの革命も、恵みとなるべきものであれば、簡単で単純であるけれども人の生活に基本的に必要であるものを、無視するわけがない。偉大な革命者たちは皆、次のような目標を持っていた。他人を助けること、人の重荷を軽減してやること、不公正、不正をなくすこと、他人との距離を縮める秩序をつくり上げること、である。人間はなるほど変わるが、人間性の奥底には、人間を人間たらしめるものが存在し続ける。従って今日でも、真の人間性に目を向け、人間をめぐるこれまでのすべての大きな闘いを理解することが大切である。なぜなら、私たちの究極の目標がフス派および兄弟団の改革の志、闘い、そして勝利に連なっているという声を、今日でも耳にするからである。こうした声は、強い責任感の表れである。今日築かれている新しい政治、社会、そして経済的形態は、真の人間性のためによりよい条件をつくり上げるためのものである。人間性をより高次のレベルに引き上げ、個人としても全体としても、人がより真実に、正義に、慈悲深く生きることができるように、働き、闘い、苦しみ、死に、勝利した偉大な教師、詩人、科学者、宗教改革者たちのことを考えなければ、どうして人間を理解できよう。最も大変な闘いの時代に築き上げられた作品に注目しなければ、どうして歴史における自分

たちの生の意義を理解できよう。

キリスト教会の信者は、この現実を特に深く理解している。生ける神の言葉は、言葉を信じ、今日の時代と使徒教会とイスラエルの民を結びつけている人々の証言を通して私たちに伝えられる。神が人間に語りかけた言葉は、神に語りかけられ、それを信じ、さらにそれを従順に他者に伝える個人の証言において生き続ける。そう、キリスト教会の信者は、信じる民と生きた交流をしない限り、預言者や使徒の言葉を理解することはできないのを知っている。信者は、私たちより先に歩き、栄光のキリストを目にし、主の命令により奉仕の地、エジプトを離れ、シリアとヨルダンを越えて約束の地を目指した人々から、今日の信仰告白者たちまでの一連の人々の言葉を、心して聞かなければならない。

なぜこうしたことすべてを言うのか。これらは私たちにとっては死した定型文ではないのである。私たちの生きた信仰体験の表現なのである。私たちはただ、我が国の宗教改革の証人の遺産とキリスト教の豊かさを受けて生きていることを、国内外の読者に強く訴えたい。神学的思考においても、実際の決断においても（家庭という狭い世界の話でも、公共の（政治の）問題についてでも）、私たちは決して個人的な好みによってでなく、私たちが成長するうえで信拠としてきたもの、教会信者として生きる拠り所にしてきたものによって決定する、ということを言いたいのである。私たちは、これらの言葉が信用されないこともあるのを知っている。自分の弱さと堕落に引っ張られ、思っているよりも、自分の好みや傾向や考えに屈してしまうことが多いことも知っている。だから私たちは、反対意見や批判の声を逐一真剣に受け止める用意ができている。信仰共同体の崇高さは、批判する

ことによって互いに奉仕しあい、兄弟の反対意見を愛情による奉仕として受け止める、というところにあるのである。とはいえ強調したいのは、教会において、さらに教会の外においても、信仰に基づいて決断し、務め、義務を行おうとする私たちの意識のことである。それはまた、信仰において私たちよりも先に歩き、その言葉を今日も（まさに本日も）、注意、警告として、また刺激、援軍として響かせている方の強力な声の下で行おうという意識のことである。

この意味で、後ろを振り返る私たちの視線は、前も見つめている。私たちより過去に信仰に生きた者たち、そう、すでに去った者たちは、私たちの前を歩いている。私たちは彼らを真似るのではない。彼らの言動をただ繰り返すのではない。そうではなく彼らが眺め、耳をすまし、彼らが耳を傾けていた方向を眺めるのである。こうすることで、歴史が私たちの生きた現実になる。彼らの最も強力な言葉を現実の行為に鋳直すことができる者のみ、歴史を理解できる。キリスト教信仰は、主が私たちの先人に行ったことと結びついている。しかし生きた信仰は、歴史が人間を奴隷化し始める時には、歴史の結びつきを断つ。というのもイエス・キリスト信仰とは、ほかならぬ勝利し、墓から解放され、私たちをも死した過去の墓から解放するキリストへの信仰だからである。アリマタヤのヨセフの庭に埋葬されているイエスを探す女たちの身に降りかかったことが、私たちにも繰り返し起きている。

「イエスはよみがえって、ここにはおられない。ごらんなさい、ここがお納めした場所である」（マルコによる福音書16章６節後半）

ゆえに、磔にされたイエスが墓の中に横たわっていることなく、過去の結びつきと時間の壁を越

えるように、私たちの父たちの生きた遺産も、古い形式、秩序、教義、習慣の中に閉じ込められることなく、生きた力として、私たちの今日の決断を形成し、私たちをまさに今日果たさなければならない務めに導く。

私たちはこの意味で、宗教改革の先人とともに、旧約聖書、新約聖書の証言にアプローチしている。彼らと同様、私たちも証言に向かって急いでいる。私たちは、なぜ聖書こそが彼らの道の指標、混乱と迷い道の中の道標であり、生きた水および自由の源泉であったのかを理解している。これは文字の背後に隠れる道でも、安全な場所へ避難することでもなかった。ましてやある人間の権力者を別の人間の権力者に替えたのでもなかった。教皇制度に対抗して、死した書物の教皇を立てようというのでもなかった。聖書を追う道は、私たちの父たちにとって、常に生き、常に創り、常に解放し、常に解き放つ神の声を求める道であった。本に著された文字の背後から彼らに語りかけたのは、天と地の主であった。主は彼らに直に、彼らの個人的な問題と苦しみに語りかけた。主は迫るように、強烈な力でもって語りかけたので、彼らの目は開かれ、周囲のあらゆる現実は新しい光の下にさらされた。生きた神の言葉は、はるか昔に書かれた文字だが、常に新鮮に、現実に聞こえ、常に人の思考を、まさに今その瞬間に果たすべきことに向かわせる。もし今日、改革の目撃者たちによる聖書の釈義を読めば、神の言葉がいかに力強く、いかに具体的に、切実に、彼らに語られていることか、驚くだろう。彼らが聞いた言葉は、「あなたに、あるいは抜き、あるいは壊し、あるいは滅ぼし、あるいは倒し、あるいは建て、あるいは植えさせる」（エレミヤ書1章10節）のである。

私たち兄弟団の歴史全体に、この神の言葉への姿勢が生き続けている。確かにこの原因を、兄弟

団を取り巻いていた外的条件に見ることもできる。外的条件（政治条件、社会条件）は、私たちの宗教改革の多くの面を解釈するものとしてみなされるだろう。しかしこの外的条件のために、私たち兄弟の過去において、教会生活の樹木を蘇らせ続けた自身の核心に迫ることができなければ、間違いだろう。ヘルチッキーからジェホシュ、ルカーシュ、ブラホスラフ、そしてコメンスキーに至るまで、兄弟団の教師たちを注意深く読み込めば、聖書の証言の言葉が、いかにその情熱、インパクト、頑固さを維持しているかに再び驚かされることだろう。聖書が単なる思考の対象になってはならないこと、礼拝または教理、教義的体系に変貌してはならないことを、彼らは決して忘れなかった。兄弟団は、預言者および使徒の知らせを、文字通り、現臨する神の常に新たな一打として、信者に眠ること、立ち止まること、考えること、思考の際に迷うこと、聖堂の一角に逃げ込むことを許さない一打として、受け止めた。神が語る時、神は人間を押さえつけ、服従を促す。何をして、どこへ行くべきかを人間に示す。主の言葉はまさしく、木を揺すり、人間がその後ろに身を隠そうとした聖堂や神学の定型文を壊す大風である。しかし主の言葉はまた、生ける神が人の罪や困窮の中に現臨することの証である。慈悲と恵みに満ちた臨在である。イエス・キリストにおける主の両腕は、堕ちていく者、見放された者、破門された者、病人、困窮者を支えるために、広げられている。この事実に気付くことによって、兄弟団は律法主義、自治性、自己判断と闘ううえで助けられた。主の言葉を神学体系や教会制度に組み込もうとする努力や神学の屁理屈に対抗するうえでも助けられた。聖書に対する兄弟団の姿勢は、主の神聖さに対する恐れ（詩篇114章7節以下）と、キリストの十字架の下と空の墓における赦しと平安の喜ばしい安心感を、驚くべき方法で結びつけて

いる。

ヨーロッパの大半のプロテスタント教会が確固たる秩序とまとまった教義体系をもって制度化された時代でも、コメンスキーは教会および神学の外的な形ではなく、教会、教義、神学のいかなる環境においても主であり続ける生きた神の言葉へ導いた。聖書の神の言葉は、コメンスキーにとって常に絶対的に実践的な意義があった。コメンスキーは、聞こえてくる言葉を、服従、愛、奉仕に直に置き換えた時のみ聖書を理解できると教えた。近代の神学で、聖書が現在の時間に属している特性と呼ばれているもの、これこそが、教会が宗教改革の初期を忘れてしまった時代においても、私たち兄弟団に固有の特徴であった。今後もこの面を思い出すべきである。というのもまさに聖書に対するこのような姿勢が、恐怖、利己主義、自己集中、さらに、この世の外的な関心への極端な執着から解き放つからである。これは、真理を実際の効果だけで測ろうとする誤ったプラグマティズムとは違う。実践がうまくいかなかったり、誤ったりすることもある。兄弟団は、これが世俗よりも上の、人間より上の真理であり、永遠に続く真理の問題であることを、決して忘れなかった。彼らはただ、真理が私たちの存在すべて、私たちの理性、感覚、生全体を支配しなければ、この真理を知ることはできないことを思い出させた。真理の本質は、受け身の思考、またいくら深い思考によっても、認識できない。神の言葉により現れる真理が認識できるのは、私たちが今立っている場所で捉えられた時、あらゆる罪深さとともに私たちの人間性が明らかにされるとき、隣人が必要としていることに私たちの目が開かれる時、私たちが、責任を伴う、難しい、しかし喜ばしい課題が用意されているところに導かれる時だけである。このように神の言葉を認識すると、信者は感謝の

喜びで満たされる。最も困難な義務、苦しみ、そして危険においても、信者の心は、自由の喜びとありがたい歌で満たされ続ける。これこそ、預言者や使徒が私たちに証言する救済と償いのほんとうの意味である。キリストの中で肉になった言葉は、人間を罪と咎から解放するが、また空虚な利益や悩み、世俗との絡みからも解放する。この神の言葉という概念（愛およびこの世の実際の生に満ちた真理）は、私たちにとって常に、神学の務め、教会の構築、そして公共の課題の判断における、強力な刺激であり続ける。

そして神の言葉のこの概念は、かつては兄弟団、今日では私たちが正しい光の中でキリスト教会を眺めるのを助けてきた。神の言葉が常に新たに響き、造り続けているように、教会も預言の言葉や使徒の知らせによって、常に新たにつくり上げられている。神の言葉は、既製の神学の定型文や教義文に閉じ込めることはできない。既成の教会の秩序や法に閉じ込めることもできない。教会は、毎朝新たに神の言葉と、聖書に基づき臨在するイエス・キリストの周りに集い、新たに聖霊の富を与えられるものである。いいですか、これらの言葉を全体的に理解するように、そして実践する切迫性を理解するように努めなさい。これらの言葉はあまりに道徳的で高尚でありすぎるべきではない。これらは最も現実的な現実を示すものである。聖書を広げると、主の声、磔にされ、復活し、新たに到来するイエス・キリストについての知らせが聞こえてくる。また、神が片時も休むことなく、真理、愛、慈悲、平静の泉から賜物の充実を差し出している預言が聞こえてくる。このような方法で教会は構築され、構築し直される。教会は、常に新たに聞き、新たに受け取り、新たに主との契約を交わし、新たに近しい人を眺め、新たに事実を理解し、新たに人のため息、憧れ、息苦し

さを聞き、まだ自分たちは目標に達していず、自分たちの前には地獄と死の鍵を手にしたお方の究極の勝利が控えていることを、常に新たに自覚する人々の共同体なのである。

なんとこれは驚くべきイメージだろう！　私たちは感謝しつつ自分たちの父たちを振り返る。彼らは貧しく弱いにもかかわらず、この事実を理解し、自分の教会の務めにおいて、肉体として到来し、再び到来するイエス・キリストの神聖さと慈悲深さを自らに反映しようとしたのである。ここでも歴史家は、兄弟団がいかなる歴史的条件下で活動していたかを指摘できるだろう。彼らは決して平和と平穏を得られることはなかった。（一六〇九年から二〇年までの短い十一年間を除いては）真の言葉の意味で、認められることはなかった。彼らは常に俗世の権力に足元をすくわれる危険を抱えていた。彼らは常に、明日はどうなるか、明後日はどうなるかという不安を抱えて生きていた。彼らは決して周りの環境と融け合って、認められ尊敬される機関としての教会を構築することができなかった。このため兄弟団も、ドイツ、スイス、イングランド、スコットランド、オランダ、またはスカンディナヴィアの教会のように、発展して定着することはなかった。歴史家がこのように指摘するのはもっともであり、こうした解釈を無視するのは、間違いだろう。なんといっても、歴史的出来事の裏の、聖書と教会についての兄弟団の神学的思考の生きた核心を把握することは、私たちのイメージを確立するために重要なことである。歴史においてどんなことがあろうと、ひとつだけ確かなのは、私たちは、私たちの宗教改革の偉大な出来事の継承者であり、あり続けることである。私たちは過去に起きたことに影響を受けており、聖書の証言の必須かつ重要かつ創造的な内容を、我が国において自分なりの方法で表現しているすべてに忠実であり続けたいと思う。まさに今

日こそ、兄弟団による世俗に対する自由が評価できるのである。現実を見つめ、現実から逃げない信仰の自由が。人々への献身的奉仕において、絶えず教区の兄弟の交わりを再建し続ける愛の自由が。不安、不平、苛立ちなしにこの世で主の最終的な勝利を待ち続ける希望の自由が。これと結びついてきた意識が、教会もキリストの王国に奉仕しなければならないという意識である。イエス・キリストは支配する。教会も世界も支配し、すべての民のもとにやってきて、イエスの方に戻るように呼びかける。教会とは、個人的にこの呼びかけを受けとめ、応えた者たちの集団である。しかし教会の役目はそれだけではない。信者の集団としての教会は、この世におけるイエス・キリストの道具である。教区のひとりひとりは、主の番兵として教会の塀の上に立つために召命される。これは預言者的役目である。しかし教会のひとりひとりはまた、使節でもある。使徒の足跡を追って、柵の間、道、人の生の最も辺鄙な片隅に行き、言葉と愛によって福音を運ぶため、慈悲と赦しの雰囲気を広めるため、人々の間の不信、疑念、憎しみの壁を取り払うため、恐怖とナーバスさと闘い、すべての人々の視線をキリストの臨在に向けるための。これは使徒的役目である。そして預言者的役目と使徒的役目の双方のこの役目を、私たちは、私たちの間で死に、死から復活したお方が、自分の王国を最終的な勝利に導くために到来するという、喜ばしい希望の中で務めるのである。

キリストの最終的な勝利を期待することは、私たちの祖先の人生のあらゆる場面において大きな力になった。兄弟団のこの側面の二つのポイントを説明しよう。兄弟団は、イエス・キリストの救済の業を、稳やかな熱意と深い感謝の念で捉えていた。当初、彼らが精神面を満たすために足りなか

ったかもしれない点は、のちにルターや、ブツァー、カルヴァンの証言から取り入れた。しかし、兄弟団は、私たちの中におけるキリストの支配について特に強く指摘した。コメンスキーの作品には、キリストの支配が絶えず強調されている。キリストの支配はまた教会内に留まらない。キリストの主張は、目に見える教会というあらゆる境界を常に突破する。キリスト教信者は、死し、死から復活し、神の右手に座る王に仕える。信者は、人の生のあらゆる秩序と務めに、主の命令を持ち込む。私生活でも社会生活でも、政治、経済においても、国際関係においても、世界で起きていることはすべて、キリストの義、愛、慈悲、赦しの光を浴びるべきなのである。キリストの支配は普遍的である。時や場所に制約されず、また、人生のいくつかの領域にも限定されない。兄弟団は、勝利のキリストの権威を教会内だけに留めることはできない、という思いをますます強くした。兄弟団は、世俗の職業を勤める際も、政治的問題を決断する際も、イエス・キリストに従って行った。この世におけるイエスの復活は、イエスの主張の正しさと愛の力を証明するものであった。

そのうえ、キリストの到来を期待する視線は、兄弟たちを、信仰告白の硬直、教会の因習化、世俗体制との結びつきから解放した。兄弟たちにとって教会内でも、外の生においても、現状維持（ステータス・クオー）ということは、ありえなかった。教会は巡礼者の集まりであり、それは決して足を止めてはならない、過去に囚われてはならない、道の行く手で新たに遭遇することに決して目をつむってはならない、という信仰の中身を表している。信仰は、臨在する神を確信することだが、信仰が強ければ強いほど、希望も強まった。希望はまた、私たちの先を歩き、いつの日か彼の中において歴史が終わり、その到来によって、この世で未解決のものすべてが解決される、キリス

トへの喜ばしい視線である。

この遺産を背負うのは容易なことではない。確かにそれは喜ばしい務めではあるが、内面の自由と勇気を必要とする。上記のことを証言する者は、まず自分がその証言に心を捉えられていなければならない。なぜなら、それは、陳腐で空疎な古い時代の定型文では達することのできない、人間性の奥底に達するメッセージだからである。私たちは、使徒、宗教改革者、そして私たちの直前を歩いた父たちが生きるうえで拠り所にしたものを表す新しい、生きた表現を探さなければならない。ともあれ生きた言葉が大切なのである。私たちの言葉を聞く人たちが、その現在において、福音の力強く解放する力を体験できることが大切である。教会は絶えず途上にあり、その時代の瞬間に生きている人々に向けて送られる。教会は、教会に属する人にも、属していない人にも、耳を傾けなければならない。そして人々のことをよく理解できる時のみ、人々に生きた純粋な言葉で語りかけることができる。私たちは経験上、人生における決断すべき瞬間、また困難や息苦しさから解放されたいと思った瞬間に、助けになるのは、生きた、愛情深い、奉仕する人間による単純で直接的な言葉だけであるということを知っている。内容のない陳腐な言葉は、助けになるどころか、むしろ私たちを打ちのめし、迷惑なだけである。また教会が人間や社会を助けたいならば、新鮮な飲み物と生きたパンを与えなければならない。つまり、宗教改革の遺言は、私たちの頭に入るだけでは不十分なのである。また、死した、家で埃を被った品と化した遺産は役に立たない。イエス・キリストの中で神の言葉が肉体になった、と私たちが信仰告白するならば、私たちは、真実で満たされた言葉、絶えず信仰の行いに解釈できるような言葉で、語らなければならない。私たちが口にする言

葉が周囲に理解されず、空疎に響き、反響が得られないとしたら、それはたいてい、私たちに信仰の炎、喜び、希望、人々に対する自己犠牲的な愛が足りないせいである。そして私たちの教会も、大半は単なる死した制度と化している。真理に与する、とは、真理に従い、死ぬほど真剣に真理を捉え、服従の奉仕において、真理に捧げることである。私たちの言葉と私たちの生から、私たちにとっての福音の重要性（今日的な意味を帯びていること）が明らかになるときのみ、私たちの務めは意味を持つ。そしてその時のみ、理解され、答えを招くような表現を私たちは見つけられるのである。

2　旧世界と新世界の間で

(a) 進む人類の統合

上述したことをもう一度強調しよう。教会は常に途上にあり、教会の務めは、自分が歩むその時代と場所に照らして行われなければならない。福音の永遠の真理でさえ、具体的な時代と具体的な場所に当てはめてのみ、把握できる。私たちにとってこの意味するところはかなり単純である。つまり、私たちの義務は、改革の遺産の核心に向かって絶えず深く掘り進むことであり、私たちの義務は、今日の世界で何が起きているのかを見るために、絶えず周囲を見渡すことである。主が私たちをこの時代に配したのである。いつの時代を生きるか、どの場所で行動するのかを決めたのは、私たちの力ではない。生きるも死ぬも、主の采配である。私たちの過去もこれからの人生も、主が

境界を定めるのである。主が、その慈悲深さから、私たちの課題、使命、そして道を定める。私たちの理性では、神の決断の究極の根拠を把握することはできない。なぜまさに今日、つまり二十世紀の半ばに、この世を歩き、自分たちが配された場所で、務めを行わねばならないのか、私たちには何によっても説明することはできない。信仰の中でのみ、私たちは自分が生きる時代と場所の重要性を理解できる。そして信仰においてのみ、私たちは自分たちの現状の意義を理解できるのである。これを理解するために、私たちは周囲で起こっている出来事の多様な解釈、多様な歴史的・社会的・経済的・政治的解釈に対して、理解を示すべきである。これらさまざまな解釈から、逃げてはならない。これらから私たちは学ぶべきである。というのも、教会に属さない世間の人も、私たちが理解できない、私たちの生と私たちの状況の多くの面を明らかにしてくれることがあるからである。私たちは、今日の意義をありとあらゆる前提から解釈する試みに対してオープンでありたい。しかし私たちにとって重要なのは、自分たちの義務や務めの本質に迫ることであり、個人として、教会として、今日の出来事と実際的な責任を理解することである。ここで私たちは、分け隔てのない洞察力によって私たちに現状の厳しい現実とその約束を認識させるのは、預言者および使徒の生きた言葉である、ということを、改めて、改めて実感するのである。

さらにもうひとつ指摘しよう。今日では昔に比べ、自国および自国民と、諸外国や地球の最果てで起きていることとが密接に結びついていると私たちは感じている。なんと物凄い、震撼させるような事実だろう！　数年前に東アジア（朝鮮半島）で深刻な危機が勃発した時、連日、私たちはかの国の出来事を自分たちにも関係した出来事として受け取った。しかし五十年前の一九〇四年〜〇

五年の日露戦争の時は、我が国の民は戦況のあれこれに関心はあったものの、内面的に、いかに遠い出来事だったことだろう！　当時は物事を個人的には関心のないただの傍観者として眺めていた。当時、民族は別々に隣り合っていた。他の大陸や遠く離れた国々との関係について、人々はほんの間接的にしか意識することはなかった。今日ではしかし、何万キロも離れた国で起きた出来事であっても、私たちに直接影響し、私たちにとって重大事となる。まさにこの関係を思い出すことが大切である。そうでなければ私たちは、私たちの時代を理解できないし、辛いことも自分にとって必要なことも、自分の課題も希望も理解できない。なぜなら繰り返しになるが、今日、私たちの国内の問題は、最も遠く離れた地域で起きている変動、世界の変動とも密接につながっているからである。科学、技術、交通の発達は、人類史上かつてないほど、私たちをひとつに結びつけた。私たちはこの相互関係を具体的にしっかりと見つめなければ、混乱の中を、そう、時には絶望的なほど不平不満のうず巻く中を、彷徨うことになる。

しかしその一方で、自国の問題や課題を理解することも、世界の出来事を理解する助けになる。自国の人々を具体的に理解することは、遠く離れた国の人々を理解する助けになる。忘れてはいけない、人はどこに住んでいようが、どのような文明のレベルにあろうと、基本的に似たようなものを必要とし、欲しているのである。遠い国の民族のことも、自分たちの具体的な国内の条件に照らして見てみよう。このことを私が指摘するのは、今日、人々は柔軟性のない、図式的な考え方によって互いに離され、疎遠になっているからである。私たちが信じ、告白する信仰は、遠くにいる人々、最も遠くにいる人々の日常的な現状、彼らの困難、希望に私たちが目を向ける助けになる。

これは世界の観点から自分を見つめる時、そして自分たちの日常の生活から世界を眺める時に、非常に助けになるのである。

(b) 世界的危機

さらにもうひとつ、重要な事実を指摘しておこう。しばしば私たちが忘れ、損していることである。世界の状況の観点から自分を振り返ることが私たちの助けになるならば、すでに四十年以上続いている危険に照らし合わせて、不穏な今日を把握するのも、助けになるということである。いかに人々が昨日や一昨日のことをすぐに忘れ、現在の瞬間だけに生きているのかは、信じがたいほどである。理解はできる。私たちの信仰に基づいても理解はできる。私たちは常に、自分がいる場所と時代を理解すべきであると自分に言い聞かせてきたのだから。とはいえ、今日とは、昨日の継承であることを忘れないようにしよう。私たちの祖先が、彼らなりの考えに従って、より幸福な生活を送るために私たちに用意してくれた富、努力と犠牲の賜物を受け継いで私たちが生きているように、今の世代は、前の世代の罪と過ちの重荷を背負っている。私たちが未だ四十年前に勃発した世界的危機の中にあることを悟れば、私たちは多くの苛立ちや苦痛をなくすことができるだろう。第一次世界大戦は、一見、安全と平穏の中で暮らしていた諸民族の腫れものの傷口を開いた。一九一四年にヨーロッパ、そして少しして他の国々もこの爆発に震撼したが、大半の民族は備えができていなかった。当時、この危機が数ヵ月で収束せず少なくとも半世紀は続くと信じる者は、誰も（少なくともほんのわずかの人々しか）いなかった。洞察力に優れたわずかな思想者と観察者だけが、近

代的教養と社会政治構造における深い亀裂を指摘した。十九世紀は、歴史科学の世紀と呼ばれる。しかしながら、表面的な秩序の裏にまで目をやり、人々の目を人の歴史の深みそのものに向けるような歴史学者はほんの少数だった。当初、社会の深い危機のために組織された労働運動も、徐々に、一般社会および経済生活の表面下にあるものに目を向けなくなっていた。一部の個人だけが、社会生活の底にとどろく暗い音を捉え、激震の前触れの小さな揺れを感じていた。これは、第一次世界大戦の初期、社会主義によって組織された労働者の大部分が、危機の意味を理解せず、世界で起きている複雑な出来事の中で方向性を見出せなかったことを説明している。しかし当時でさえ私たちは変化の初期にいたのにすぎなかったのであり、その変化の大きさといったら、四十年後の今日でさえ、未だ最終的な形が見えてこないほどなのである。

キリスト教教会は、全体として、その民族的、政治的、文化的環境と密接に結びついていたので、それまで社会の隅に追いやられていた労働者階級を新しい秩序の構築へ参加させるよう支援する努力にさえ、理解を示さなかった。労働者の闘いに理解を示したのは、少数の神学者と聖職者の個人だけだった。しかし彼らも公式の教会と公式の神学の中にあって、わずかしか理解できなかった。であるから、どうして教会が労働者階級の革命的な猛攻を理解できただろう！　従って一九一七年十一月初旬のソ連の革命は、神学者と教会にとってまったく無縁なものであり続けた。革命と折り合いをつけることがあったとしても、否定的な評価や判断を下すだけであった。この革命によって、ある意味、近代社会と文明は新局面に入った。新局面は一般的な政治の枠を外し、歴史哲学の伝統的な概念を覆した。歴史の流れに影響を与え、あらゆる社会的、政治的秩序、そう、人類文明の財

産、キリスト教諸民族の間で、キリスト教徒の人生に欠かせない要素とみなされた財産に対する警告となった。ソ連の革命の意義と結果の真の重要さを理解するためには、自由で勇気ある信仰の視線が必要であった。ロシア正教会は、革命前の秩序に深く組み込まれていたために、困難な状況に陥った。正教会の運命は、他のキリスト教徒たちがこの歴史的変動を偏らずに眺めることを難しくした。今日でさえ、大部分のキリスト教徒にとって、ソヴィエトおよび共産主義の歴史への登場と、ひるまず自由に折り合うには、まだ大きな困難を伴う。

ここで言っているのは、新しい革命社会で起きていることをむやみに、批判することなく受け入れよ、ということではない。ましてや、自分たちの信仰や思想を、新しい社会主義構造を建てた土台のイデオロギーに合わせよと言っているのではない。そうではなく、大切なのは、キリスト教信者が古い思想および古い生活様式のしがらみから解き放たれることである。特に、私たちがキリスト教と呼んでいるものを、古い生活様式と同一視しないことである。預言者の言葉と使徒の預言から絶えず新たにわき出てくる、解放された信仰は、主が新しい建物の条件をつくり上げるために、破壊行為を行うことを知っている。そう、主は礼拝所や聖堂を破壊し、人々がそれまで満足し快適に感じてきた古い偶像と習慣を破壊する。解放された信仰心は、新しい歴史的事実を常に不安なしにまっすぐ見つめる準備ができている。もし社会の基盤そのものが揺らぎ、変化が起きた時に、キリスト教徒がただ否定したり、理解不足のために抵抗したりするならば、それは信仰の炎が消え、強力に燃え盛っていた主の言葉の響きが途絶えた証である。今日に至ってもまだ私たちは正気に戻っていない。一九一四年以降、とりわけ一九一七年以降の歴史は、私たちが思想または信仰によっ

て、歴史を理解し、福音の証人として足場を固める余裕がないほどのテンポで進んでいる。

私の言わんとすることを、読者が理解してくれることを願う。もう一度繰り返すが、歴史の変化は、私たちの預言や教会の本質を何ら変えるものではない。私たちが信じている神の言葉は、歴史より上の支配者である。しかし同時に私が強調したいのは、周囲の出来事に対して怠惰に無関心になり、歴史の変動を無視してあっさり見過ごしてしまえば、私たちは歴史の力に隷属し、手玉に取られてしまうということである。ここに、歴史的変動によって鳴り響いてくる審判に耳を傾けようとしない、今日の教会と神学者の弱さがある。世界の出来事との内面的な闘いを放棄した信仰心は、次第に衰え、前を見つめる洞察力も予見力も衰える。この過去数十年、キリスト教会は全般的に時代に取り残されていたため、生きた証言や賢明な助言によって、周りの人々を助ける備えができていなかった。労働者グループにも、彼らが決して大きな変動を引き起こすつもりはないと保証した時のみ、近づこうとした。そして、この数十年の変動に幕を下ろし、過去の残骸の上に新しい秩序を計画しようとするこれらの労働者グループや知識人に対し、ますます臆病に殻を閉ざすようになった。

ここで今日の状況の特徴を、私たちの観点からいくつかの点にまとめてみよう。まず読者の皆さんに確認しておきたいのは、私たちの視点は私たちの信仰に基づいているということである。しかし私たちは、信仰上のあらゆる判断が世俗と呼ぶものの動機に影響されていることも知っている。この世にある限りそれは避けられない。私たちは世の出来事に注意を払わねばならない。世界の人々を理解することは私たちの義務である。彼らの関心事、努力、そして務めの結果を注意深く勉

強することが重要である。いつ聞こえてくるかわからないラジオの音に逐一耳栓をしたり、新聞や本を見ないように目をつむったりすることはできない。そしてもちろん、彼らの普段の仕事と務めにおける姿を見つめなければならない。しかしながら大切なのは、こうして観察したことすべてを信仰によって吟味し、世界やその時代の出来事を、何よりも天の言葉に従順であろうとする人間の目で見つめることである。そうした人間は、磔にされ勝利したキリストが現臨する世界を歩き、聖霊の導きに従う。もう一度繰り返すが、歴史的、政治的、国際的、および文化的出来事に対して自分たちが下した審判を、純粋な信仰の審判とみなすのは、勘違いである。私たちの信仰は決して純粋になることはなく、常に外からの影響や妨害と闘わなければならない。しかしもし信仰が世界の内外における絶えざる闘いに巻き込まれているのであるならば、その審判を信仰の思想の成果として受け入れてもらう幾ばくかの可能性を、もちろん謙虚にだが、主張することはできよう。また、信仰の目で審判を受け入れる人は、外部の影響を受け、いくつかの点で世俗の運動の見解と一致するところがあっても、その審判の有効性がどこにあるのかを推測することができる。それではできるだけ慎重に、いくつかの点にまとめてみよう。

1．私たちが生きる時代は、いわゆるキリスト教諸民族が世界をリードする時代が終わり、さらに、キリスト教文明と呼ばれるものが基盤から揺らいでいる時代である。私たちの子の世代、孫の世代が、より明るいけれどもより激震する光の中で何を見ることになるのかは、おそらく今のところまだ定かではない。歴史の牽引的立場から後退したのは、大きな経済的、技術的進歩の結果であ

る。誰が主導的なキリスト教諸民族の過去四十年の努力を存分に評価できるだろう！　どれだけの機知、科学的洞察力、技術力が第一次・第二次世界大戦、さらに戦間期、戦後十年に注ぎ込まれてきたことか！　しかしこれらの努力はすべて、人類史上かつてない破壊や恐怖のために費やされた。凄まじい人的犠牲と破壊の恐怖をもたらした二つの世界大戦は、教養面、またある程度精神文化面においてもいわゆる有色人種、非キリスト教民族をはるかに凌駕しているいわゆるキリスト教諸民族によって基本的に引き起こされ、戦われた。この二つの戦争が、技術面、組織面、そして単に人的規模においても、かつてない高みに達したのは、疑いの余地がない。しかしまさにこれらの大きな苦闘の年月が、人類史における転換点になった。いわゆるキリスト教民族は、この苦闘によって世界における支配的立場を固めることができなかったばかりか、徐々にこの立場を失いつつある。まだ第二次大戦が勃発するまでは、彼らは国際政治と経済組織の手綱を握っていた。しかし今や、彼らの優勢が過去のものになったのは、明らかである。これによって人類の歴史全般、とりわけキリスト教民族の重要な時代が終わった。表面的な観察に留まらずに出来事の本質に迫ろうとする人なら、この新しい事実に衝撃を受けずにはいられないだろう。キリスト教諸民族は、大いなる審判の時代を歩んでいる。これらの民族のキリスト教会のまことに真剣で、間違いなくほんものである手足たちが、この意味するところを把握していないのは、理解に苦しむことである。（自分を含め）私たちはひとりひとり、この現実に向き合わなければならない。それは辛いことであるが、世界中に影響を与えている変化の本質に実際に入り込まなければ、預言者的および使徒的役目を責任を持って果たすための準備をしっかり行うことはできない。

2. 非キリスト教諸国が国際的な問題の決定権を等しく握りつつあることは止められない、と強調する1の内容を、補足しよう。数年あるいは十年も経てば、アジアおよびアフリカの民が、政治面でヨーロッパによる支配、経済面で西側、ヨーロッパ、アメリカ諸民族への経済的服従から完全に脱却することはおそらく間違いないだろう。インドの独立、一九四八年から四九年にかけて中国でのクーデター、朝鮮戦争、ベトナムの休戦以降に起きた出来事すべてが、この大きな歴史プロセスの証である。またここで言っているのは、政治的、国際的権力構造の変化だけではない。もっとはるかに多くのことに関してである。いわゆるキリスト教社会は、その道徳的権威の多くも失った。私たちは、ヨーロッパやアメリカの民族の支配的役割が、アジアやアフリカの有色人種に利益と恵みをもたらし、白人のキリスト教者がいわゆる植民地または半植民地に教養、進化と高い生活レベル全般をもたらしてきたと考えてきた。それなのにこれほど権威が失墜するとは！　どうして彼らは、白人支配は肯定的な面より否定的な面の方が何倍も大きいという印象を抱くようになったのだろう。多くの白人種の富、そして贅沢が、アフリカやアジアの大衆の労働、労苦、血、そして窮乏という代償の上に成り立っているのは間違いない。しかし今問題なのは、このことに審判を下すことではない。もし、審判を下すならば、私たち自身にも及ぶことになる。どのみち、私たちも長い間、白人の支配的立場から直接または間接的に恩恵を被ってきたグループの一員なのだから。私たちはこの責任を共有する意識を安易に排除してはならないが、私たちが言いたいのは、非キリスト教民族の台頭に対し、私たちは、真に謙虚に悔い改め、つい最近まで国際情勢の隅に追いやられて

いた人々に理解と共感を示さなければならない、ということである。いかなる軍事力も経済的な優位もこの歴史的変化を阻止することはできず、白人の道徳の権威および権力の地位を保護することはできない。私たちは新たにスタートしなければならない。私たちは非キリスト教民族のますます大きくなる政治的発言力のみならず、国際社会を築き上げる思想的、文化的、精神的な参加に対しても備えなければならない。

3．私たちが歩んでいる時代、そう、何年も私たちが置かれている時代は、社会構造の抜本的な再編の時代として特徴づけられている。「世界的な社会革命」と私たちが口にする言葉は、単なるフレーズではない。先に触れたことを思い出してみよう。第一次世界大戦の勃発、とりわけ十月革命をきっかけに、政治形態や国際的な秩序の変化だけでなく、社会生活と経済生活の構築の本格的な転換が始まった。この変化は、単なる社会形態の変化に留まらず、個人レベルの生活や社会の生活に、より目に見える形で作用した。これは私たち自身を例に理解できる。一九一八年という年号は、私たちにとって民族的にも政治的にも新しい時代の幕開けであった。ハプスブルク王朝の崩壊とチェコスロヴァキアの建国は、間違いなく重大な出来事であったが、一九四八年二月以降の私たちの社会構造の変化は、一九一八年の変化よりも、私たちの思想、感情、行動に深く影響を与えた。私たちが世界的な社会再編の流れに乗ったからである。まだ第二次世界大戦までは、ソヴィエトの社会的秩序は新しい時代の歴史における一時的な事象にすぎないのでは、という議論が続いていた。私たちが知っている通り、いわゆるボリシェヴィキの実験を阻止し、排斥しようとしたのはナチス

とファシストだけでない。戦間期の西側諸国には、政治的、経済的に影響力を持つ層にも、ファシストの反革命に共感し、反革命をボリシェヴィズムに勝利するための運動と捉えていた人々が多く存在したと言える。こうした層は、ヨーロッパ、アメリカのどの民族にも、そして我が国にも存在した。まだ第二次世界大戦の初期には、ソヴィエトの民の苦しみがソヴィエト社会主義の決定的な力を失わせ、ソヴィエト社会主義はゆっくりと崩壊に向かうだろうという希望が個人および社会全体に残っていた。西側の諸民族の生き方が次第にすべての大陸に広がるだろうと信じられていた。しかし一九四五年、戦争の結果、人類は新しい現実を突き付けられた。ソヴィエト社会主義は弱体化しなかったばかりか、世界的な権力になった。もう一度繰り返そう。ここで言っているのは、政治的な面や国際的な面のことではない。歴史的な物差しにおいて、全人類の社会的生活に及ぼす影響のことである。

またこれに関連して次のことも思い出そう。一九四五年以降でさえ、数年にわたって一部の政治家は、ソヴィエトの国がその「実験」とともに孤立するという希望を失っていなかった。こうして戦後すぐに、ソ連の力に対して堰を築こうとする粘り強くも激しい試みが現れた。合衆国大統領F・D・ルーズベルト（一九四五年四月十二日死去）の政治路線が早いテンポで退けられたのは、新たな社会的革命の可能性に対する一種の形而上的な恐怖によると説明できる。いわゆるロシア帝国主義に反対する意見と混同してはならない。あらゆる反ソヴィエト・キャンペーンの背後には、社会変革、そう、ソ連の勝利によってより強化された革命に対する不安が隠れている。これが多くの大衆にはほとんどなじみのない世界、何十年にもわたって暗い色に染められてきた世界の話であっ

たことは認めよう。また、多くの個人や集団にとって、頭にあったのは、「いわゆる西側の教養の最高の財産を守ること」であったことも認めよう。この不安はある程度理解できる。なぜなら私たちにとっても、人の自由、尊厳、公正、そして兄弟愛という最も純粋な財産が新しい社会に取り入れられることが関心事だからである。私たちはたいへん意欲的に、ヨーロッパの民族の文学的、思想的、精神的遺産を読み、味わい、実践に移す。私たちがこの遺産は新しい社会的、政治的形態においてのみ保たれると確信している一方で、西側の民族の大部分、おそらく圧倒的大部分は、この新しい社会形態が人の自由と尊厳の墓場を意味する、と信じてきた。繰り返しになるが、このことが、ソヴィエトの民を孤立、孤独に追い込み、彼らから戦勝の結果を奪い、徐々に無力感を増加させようとする努力や体系的な試みにつながったのである。

これらの希望は、中国の革命と中華人民共和国の成立によって根底から砕け散った。大げさでなく言えるのは、弱く、何か推測したところで常に誤りを伴う私たちが、何か予言できるとしたら、それは中国人民の革命が、人類の歴史の今後の発展方向を決定づけたということである。こうして国際的にソヴィエトの人民側に味方がついたことで、ソヴィエトの孤立が解け、ソヴィエトの社会綱領、つまり社会主義を経て共産主義へ至る道が新たに強調されることになった。広大なアジア大陸全体が、中国の出来事に衝撃を受けた。西欧の白人によるアジア支配に終止符が打たれ、アジア諸国の民族的な独立のための新しい社会的基盤の必要性が強調されたと言えよう。私たちはこの大きな歴史的時代の始まりにいる。私たちはこの歴史的変化を含むあらゆる変化に伴うあらゆる困難や犠牲、不安や損失を覆い隠そうとは思わない。しかし、何億もの人々の生のプロセスを、その人

間らしい創造的で肯定的な意味において見ることが大切である。特に私たちキリスト教信者には、これらすべてから、新しい現実をその正しい範囲において理解すること、そしてどのような課題が自分に課されるのかを信仰の自由の中で問うこと、という重大な義務が生じる。出来事自体はもちろん多義的である。まだ中国で起きた社会革命で、アジア大陸全体が自動的に同じ方向に転換するということではない。アジアでは、また個々のアジア諸国の間には社会的に大きな差があることも私たちは承知している。アジアでは、（封建性より悪い）古い専制主義の名残が見られる国から、社会主義が整っている国まであらゆる社会段階の国が隣り合わせに存在している。しかし次の二つの要素は明白だと思われる。

(a)　アジアの民族の団結。この団結はアフリカにも影響を与え、また中国人民が革命で得たものが失われることを許さない。

(b)　西欧人の社会的秩序は、アジアの大衆をより高いレベルに引き上げる助力となるには不十分だった。アジアの諸民族が発展するうえでいかなる形態を採用しようと、ソヴィエトと中国の社会秩序の方が、いわゆる西側の秩序より、アジアの人々に適した助力になるように思える。これ以上はあえて言うつもりはないが、ここで述べたことは、すべての国のキリスト教徒にとって、その未来を見つめる視線にとって、その思想および決断にとって、大きなプレッシャーとなる。

4．私たちは、平和と新たな戦争の可能性との熾烈な闘いのさなかにある。何と大きな審判が私たちにのしかかっていることか！　一九一八年、各国は約一千万人もの犠牲を出した戦争を終結さ

せ、その八ヵ月後（一九一九年六月末）には平和条約を締結したが、数年（もしくはおそらく数ヵ月？）経っても大地はまだ揺れており、この戦争は大きな問題を何ひとつ永続的な形で解決しなかったことが判明した。第二次世界大戦は、実際には現在まで終結していない。または形式的に終わっただけである。朝鮮戦争（一九五〇〜五三年）は、第二次世界大戦の延長、またはことによると第三次世界大戦の始まりになるのではとみなされることがある。正確な判断を下すのは難しい。現在まで、各国間の真の平和条約は締結に至っていない。締結された条約はすべて、限定的あるいは一時的な意義に留まっている。ヨーロッパの戦争終結直後に設立された国際連合は、各国間の交渉の場として役に立ったが、今日の世界的な尺度では、まだ各国間の真の取り決めを行う土台にはなっていない。朝鮮戦争は、国際連合が世界の二大勢力の片側のみの政治の道具と化したことを示した。また言うまでもなく、中国がこの中で完全に主権的な地位を得るまでは、国際連合は不完全であり、平和をめぐる実際の戦いは、連合の組織形態の外で行われるだろう。この現実は非常に不安をかき立てる。というのもこの国際連合の例は、いかに今日の世界が分裂しているかを示しているからである。どれだけの相反する力がその将来をめぐって争っていることか、いかに諸民族が平穏に暮らす基盤と形態を生み出すのが難しいことか！

そしてこの状況は一層厄介になりつつある。なぜなら、戦争の可能性あるいは脅威がまだ残っており、戦争は新兵器により、完全に破壊しうる性質を持つことになるだろうからである。一九四五年に原子爆弾が日本に落とされ、戦争の歴史は新時代を迎えた。原子の時代である。すでに研究者たちは、これまで未知であったこのエネルギーの新しい道を発見しているが、私たちは「原子の」

という言葉に留まろう。戦争は一九一四年まで、また一九三九年まで部分的に維持していた性質を、もはや完全に失った。誰ひとりとして、原子爆弾、水素爆弾、その他の似たような兵器が人間に与える破壊の大きさを完全に把握することはできない。生と死の間の線上を歩いている絵を思い浮かべるとよい。世界的な規模の戦争はいずれも、予測も想像もできないカタストロフィ的性質を持つだろう。これに無関心でいるわけにはいかない、なぜなら、戦う男たちと同様におそらく何億ものお年寄り、女性や子どもに苦しみの恐怖が襲いかかるからである。このような状況の中で、私たちは何をするべきか？　私は何をするべきか？　あなたは何をするべきか？　このように各自が自問しなければならない。市民として何をすべきなのか、また教会の手足として何をすべきなのか。私たちは冷戦下にあるが、冷戦は私たちの神経の均衡を乱し、道徳力、さらに政治の冷静な思考力も奪い取る。この数十年間、人類（我が国も含め）は、辛い試練を与えられた結果、内面的に脆弱化した。冷戦は、私たちが認識しているよりも、はるかに深刻な腐敗をもたらした。爆弾は落ちず、町は破壊されず、大砲の弾は飛び交うことはなく、死者を目にすることもないが、私たちはこの激しい緊張のために相変わらず危険な状況にある。各国がこの破壊的な兵器の削減に合意しない限り、そして最低限の許容程度にまで武力削減しない限り、私たちは変わらず破滅の境界線上、そして死の淵に立ったままである。これらすべてにも人間の罪と迷いの暗い結果が見える。教会は国民や政治家に政治綱領を提示することはできず、社会や財政の計画をつくり上げることもできない。しかし自分なりの方法で、人々が互いに近づきやすい空気、自分の問題をより正確に理解し、責任を持って物事の改善を考える空気をつくり上げる責任を負っているのである。私たちは無駄に怖がらせ

ようとしているのではない。身近な人々の目の前で衝撃的な絵を描こうというのではない。私たちを待ち受けていることの不吉な予測をして、人々を怒らせ興奮させようというのではない。そうではなく、自分たちの信仰のシンプルさと真剣さをもって、教会信者に、さらに国民に、公務員に、政治家に、国家権力者に、私たちの時代の特質と、私たちに平等に与えられる責任を、指摘しようというのである。

今述べたことをもう一度簡単におさらいしよう。いわゆるキリスト教民族は、世界をリードする地位を失いつつある。しかもこともあろうに、彼らの技術、そして表面的には権力もピークにある時代に、である。歴史の舞台には、これから民族の歴史の遺産を人類社会に持ち込み、文明の全人類的構造の基盤に影響を与えてゆくであろう民族（中国、インド、日本、インドネシア、そしてアラブ諸国）が、登場し始めた。社会秩序の変化は、何百万、何千万の人々に喜ばしい希望をもたらした一方で、それまでその社会生活を謳歌してきた人々には心苦しさ、不安、苛立ち、パニックをもたらしている。原子力の時代は私たちに破滅の可能性を突きつけるが、同時にこれまで人類の技術が到達したすべてを上回る技術的繁栄のための前提をもたらした。このことから、現在の歴史の一瞬は、数十年前とはまったく本質的に異なっていることがわかる。歴史の歩みは早い。もう一度、繰り返そう。このわずか数十年に起きた出来事を振り返ってみても、息を呑むほどである。そして今後、私たちを待ち受けていることを想像できるほど、私たちの想像力は豊かではない。私たちは、歴史の歩みについていき、混乱せずに出来事の意味を把握できるほど、十分に道徳の力が備わっているだろうか、という疑問が常につきまとう。そしてなかでもキリスト教会に属する私たちは、自

分たちの平静さと自己満足を揺さぶられている。世界より上に登って、世界を揺るがす権利は私たちにはない。この世で起きていることすべてを信仰心でしっかりと見れば、今日の困難と憂慮の責任を、他の誰にでもなく自分に課す気になるだろう。私たち自身も今日の歴史の一部なのである。キリスト教民族と私たちは、私たちが気に入らないと思うもの、時に反発を覚えるものにも責任の大きな割合を占めているのである。私たちにできる唯一のことは、私たちの罪がどこにあるのか、私たちの信仰が純粋であるのかどうか、神への服従が本物であるのかどうか、私たちの奉仕愛が十分に燃えているかどうか、私たちの希望が十分に喜ばしいものであるのかどうか、を絶えず真剣に自問することである。私たちはこの世の何をも美化するつもりはない。預言者は、不正や非人道的なこと、利己主義や強欲さとぶつかった時に声を上げるのは私たちの義務であると教えている。しかし繰り返しになるが、この奉仕も可能なのは、預言者の言葉が私たちの良心をかき乱し、同時にまさに私たちが義務づけられている真の手助けを、私たちが行う時だけである。イエス・キリストは「然り」であり、決して「否」ではない。聖霊における生命は喜びであり、決して嘆きではない。従って今日、混乱と深淵を目の当たりにしているからと言って、平穏の王、罪人の解放者、全世界の主であるイエス・キリストの支配下にある世界に生きているという私たちの喜ばしい確信が揺らいではならない。

(c) キリスト教文明の衰退

自分の務めを世界の出来事の枠組みで捉えようと思うなら、さらにもうひとつの現象に留意しな

ければならない。この問題は、部分的にしか私たちに直接関連しない。しかしながら、この現象に自由に開放的に向き合うならば、私たちに役立つことになるだろう。私たちはこれまでに何度か、いわゆる「キリスト教民族」について述べてきた。しかしキリスト教民族と言いきるのにはためらいがあった。真の言葉の意味でのキリスト教民族なるものは存在しない。この点でも、私たちは新しい歴史的状況への戸口に立っている。読者は、今の時代が歴史上アウグスティヌスの時代と呼ばれる時代から変わりつつあるということを、（私からも含めて）聞いてきたはずである。ここでこの時代の性質について論じている余裕はない。ただざっと説明すれば、教父アウグスティヌスは、古代ローマ帝国と古代文明の崩壊を目にし、意識的にせよ、無意識的にせよ、自著によってキリスト教社会の統一のための基盤を築き上げた。もちろん神の共同体と地上の共同体は大きく違う。思想的にも、神学的にも、両者をひとつの有機体にまとめることはできない。両者の間には常に緊張が存在する。これをアウグスティヌスはしっかりと見抜き、明確に形にした。しかしそれでも教会のあらゆる面（教義、神学、実際的な面、そして部分的に組織的な面）の基盤を考えることによって、教会を同時代の諸民族をまとめる力に仕立てた。そしてそのすばらしい自著によって、国家、科学、教育、哲学の地上の各分野すべてが教会の周りに集い、教会とともにひとつの全体をつくり上げる空気を醸成した。これが、後にコルプス・クリスティアヌムと呼ばれるものの始まりである。この書に記されている時代は、人類史上、特異な現象である。アウグスティヌスの播いた種が目に見える永続的な形になるまでには、何世紀も要した。次々に新たな教会教師たちがこのために尽力した。厳密には、キリスト教共同体は決して完璧に構築されたことはなかった。常に内外両面に多くの亀

裂を抱えていた。しかしそれでも、教会がそのメッセージと統一した構造によって精神的な権威、そして時には世界の権威となり、教会外の生活にも強い影響を与えるような社会が創出された。信仰の基本的な真理と、それらの真理から引き出された道徳的法則は、あらゆる生活の当然の基盤とみなされ、それらから遠ざかれば、教会だけでなく社会からも非難された。

ルネサンスと宗教改革の時代（十五および十六世紀）以降は、教会の統一が修復できないほど崩壊し、各生活分野（国家と法、科学と哲学、道徳と芸術、実際の生活様式）においても、教会の権威、そしてキリスト教信仰と道徳の規則が弱体化した。近代は全体的に、教会の権威とキリスト教共同体の伝統に対する、民衆の魂による抵抗が徐々に高まっていく特色が見られた。しかしキリスト教諸民族の社会においては、古い精神的な伝統を統一する力は、完全には廃れなかった。近代の人間の意識、また潜在意識にも、生の統一を願う気持ちが残っていた。また政治および社会の理想には、哲学、道徳の原則と同様に、世俗的な形であるが、キリスト教の過去の遺産が反映されていた。かつてコルプス・クリスティアヌムに属した諸民族は、何か当然のように、そのままキリスト教民族と名乗った。キリスト教徒の過去と教養の意識は、彼らに自信のようなものを芽生えさせ、他の民族を導く権利を要求させた。ヨーロッパのいくつかの国の十五世紀以降の強大な繁栄と、世界的な植民地の拡大は、文明の成熟や技術的な能力だけでなく、真理の担い手であるキリスト教民族は世界を導く権利を持つという意識によるものでもあった。「キリスト教民族」がアメリカ、アジア、アフリカ、そしてオーストラリアへ遠征した時の振るまいは、キリスト教史の汚点として残っている。しかしこれはまた別の問題である。ここで言いたいのはただ、教会がいくつかに分裂し、徐々に教

育からキリスト教色が薄れていった近代においても、アウグスティヌスが部分的に基礎を置いたキリスト教社会の構造が残っていたということである。読者はもちろん、歴史の現実は、キリスト教共同体と文明の統一が非現実的であることを常に証明してきたことを、意識しなければならない。特にまた、アウグスティヌスに彼の名を担うシステムへの責任を被せてはならない。私たちにとって大切なのは、歴史のひとつの時代の終わりと次の新しい時代との間に線を引いている、今日という瞬間の特徴をしっかり見つめることである。第一に、キリスト教民族、というものを語ることができないのは今日では明らかである。かつてキリスト教徒の国と呼ばれた国のいくつかは、どんどん布教対象の土地と化している。他の民族の非キリスト教性に対比させて、統一した諸民族のキリスト教性を語ろうというのは、幻想である。ましてや、キリスト教を信じているという民族と、非信者であると自覚する民族を対比させるのは、まったくもって自己欺瞞である。宗教が今日流行の品となっている国においても、その国とその民族のキリスト教性について語るのは、間違いである。第二に、いわゆるキリスト教諸民族は、先導的立場だけでなく、教養と道徳の規準としての地位も失いつつある。読者は先に述べたことを思い出すだろう。今日の人類の最高の願いと理想を担っているのは、キリスト教民族なのだろうか、と疑わねばならないのは、苛立たしい現実である。

これは私たちを震撼させる現実ではないだろうか。このようにして、私たちは内面の確信および許容される自信を自ら最後の一滴まで失ってはいないだろうか。このような疑問が湧き起こるのは当然である。しかし、ありのままの現実を見つめることの方が、幻や偽りの自信の中で生きることよりも重要である。生きた神の言葉を信じるということは、幻を免れることである。信仰は現実へ

の視線をさえぎるあらゆるものと常に闘い続ける。信仰が困難や罪を克服できるのは、開かれた視線と容赦なく己を認識することによって、闘う時のみである。

喜ばしいことに、世界中のキリスト教会には、このように現実の認識のために闘っている人、しっかり地面に足をつけている人が多数いることが観察できる。信者が心地よい推測や幻想で自身の周りに城壁を築く場合、その信仰心は取り返しがつかないほど弱まる。信仰は自ら強靭な筋肉を蓄えれば蓄えるほど、より意を決して周りの生を見つめることができ、外側から内面から行く手をふさごうとするものすべてとより勇敢に闘うようになる。待っていてはいけない。何か外からの介入によって状況がよくなるとか、太陽が出るまで今は隠れ家から辺りを見渡していればよい、などと当てにしてはいけないのである。今すぐに、神の言葉に衝撃を受けて、人の生活の活動領域に出ていくこと、現在の人間が働き、闘っているところへその預言を届けることが必要であり、嵐と闘いの中、困難と障害の中に、教会をつくることが必要である。今日という時代は、すでに描写したように、不貞な教会と不実なキリスト教徒に対して実に厳しい審判が下されている。それは間違いない。これを強く心に刻めば刻むほど、よいことである。しかしそれですべてではない。今日という時代は、慈悲の時代でもある。教会は、快適な時代には送り込まれなかった。教会は人に心地よい空気、隠れ家、平穏をもたらすために、設立されたのではない。教会の使命は人を称えたり、あるいはまた人を怒らせたり、人に世間について悪態をつかせることではない。主は教会をまさに最も困難で最も危険な場所に送り込む。主はさまざまな方法で教会を混乱した世界に導くが、しかし、キリスト教徒が最も期待していなかったような場所で勝利を待ち望むことを教え、光が消え、朝の

光はもはや訪れないと思えるような瞬間にこそ、教会に力を与える。

私たちがいる世界は、あらゆる宗教的修飾美や、あらゆる快適な隠れ家となる場所が排除されている。今日の世界は、ほんとうに宗教的要素が消え、いわゆる世俗化している。しかしこの世俗的状況こそまさに主の偉大な行為への前提条件なのではないだろうか。主は宗教的な飾り付けや異教的な偶像崇拝を行わずに言葉が聞こえるように、自分の民を礼拝堂や聖堂から砂漠へ導いたのではなかったか。生と死の真の主の前で私たちが頭を下げるように、祭壇を破壊したのではなかったか。ただひとり、生と死の鍵を握る方に頼るために、私たちから人工的、神聖な、宗教的な、そして権力の支えを排除したのではなかったか。

今日のキリスト教の状況には、今日の課題に光を当てるために挙げなければならない特徴が、もうひとつ残っている。それは、キリスト教の海外における布教の問題である。ただしこれについての言及は、ためらいを伴う。我が国の教会は、いわゆる非キリスト教国の国民の布教活動に関与していない。これまで、個人レベルで数名の布教者がいただけである。しかし、我が国の信者の大部分、とりわけ宗教的に成熟した信者は、布教活動により注目し、自身の思想や教会の実践活動に布教領域からの情報を取り入れてきた。信仰を満たすためには、教会領域の外で暮らす人々、特にこれまでキリスト教の預言（また文明と言ってもよい）が入り込んでいない国々に対する責任感も必要だからである。だから、私たち自身は決して単独で布教活動を行わなかったけれども、我が国の教会生活も、大きな布教運動の時代と多分に密接に結びついていたのである。従って私たちもキリスト教の布教活動が直面している大きな問題を避けては通れない。それらの問題の全世界的な状況の

深い重大さを確認するために、せめて三つのポイントを挙げよう。

1. 世界における、キリスト教諸民族の威光の低下についてはすでに述べた。この権力と経済の衰退の背景にはまた、キリストの預言もその影響を受けているという懸念すべき衰退がある。キリスト教会の近代史のこの残念な面を隠そうとするのは無意味なことである。これによって、過去二百年にわたる途方もない布教活動を過小評価しようというのではない。特に布教の情熱、個人の犠牲、無数の布教者の英雄的行為を軽視するつもりはない。また後進民族の健康と教養への布教的尽力の結果も過小評価するつもりはない。しかし、キリスト教の布教がその証言の重みについて新たに闘わねばならない時代に入ったこと、キリスト教の布教も、海の向こうの国々にあらゆる考えうる強欲さ、残酷さ、無慈悲さ、支配をもたらし、いわゆる植民地の苦難、涙と血を代償にして、自分たちの宗教生活と文明のレベルを高めることになった、いわゆるキリスト教民族の悲しい遺産の重荷を背負っていることも、目の当たりにせざるをえない。特にこの百五十年間のキリスト教の布教は、意識しようとしていまいと、また損得勘定のあるなしにかかわらず、自国の権力と自分たち民族の富に頼ってきた。過去何十年かの変動は、布教活動のプログラム、そしてそれまで当然と考えられてきた多くの方法に、容赦なく影響を及ぼした。これは、つい最近までキリスト教布教活動がしっかりと受け入れられ、根を下ろしているとみなされていたあらゆる国に見られる。先の戦争は、主だった地域を挙げるだけでも、日本やインド、インドネシア、中国における布教活動の本質に警告と疑問符を投げかけた。布教者の存在は、我が国の教会にとって重荷と化した。それは、布

教活動が今日に至るまで常に、欧米の白人種の権力的、経済的な支配の構成要素にすぎないのではないかという潜在意識あるいは自覚した不信と結びついている。これは布教社会、さらに私たち皆に対して、信仰の純粋さをチェックし、かつて私たちの精神生活にマイナスとなったあらゆる支えを排除せよという、重大な呼びかけである。

この五十年間の布教の努力の歴史を知っている者なら、今世紀初頭と今の空気の痛々しいほど歴然とした違いを感じ取ることができるだろう。五十年前の布教は圧倒的な熱意と冒険心のような気概を持って行われた。先日他界した、布教活動の最大の戦略家であり、若者のキリスト教徒の組織者であり、キリスト教徒の学生のリーダーであるJ・R・モットのスローガン「The evangelization of the world in this generation（この世代での世界を福音化する）」を思い出そう。この文言には活気のある楽観主義、大胆な企業家精神、しかしまた熱心な信仰者的熱意が描かれている。これはいわゆるキリスト教の西側世界にまだ残っていた精神的勇気の最後の煌めきのようなものだった。布教は、各教会が受けるべき成熟度の試験とみなされた。布教は精神的征服者の勇気の表現だったのである。布教はまたいわゆる異教の土地に、信仰の預言によって、医療援助、科学の進歩、教育メソッド、そして物質的な手段をもたらすものだった。何千人もの若い学生が、自分の信仰の決意と、奉仕への即応性を証明するために布教活動を始めた。繰り返しになるが、どうしてこのような努力の価値を軽んじることができるだろう。そしてなお今日、私たちには、どれだけこれらの活動が西側諸国の政治と経済の優勢と結びついているかが見えるのである。これらの活動は、キリスト教信者の精神的な熱意の徴だけでなく、欧米諸国の物質および文明の広がりの徴をも背負っていたので

ある。だからこそまた、キリスト教の布教は転換期を迎えているわけである。新しい形の布教がキリスト教会において創造的な力として留まれるかどうかは、大いに布教の戦略家の洞察力と知恵にかかっている。そしてまた、私たち民族の心に、より深く変わらずに影響を与えるかどうかは、かつての布教領域におけるいわゆる若い教会に大いにかかっている。

2．さらに、キリスト教の布教について話を続けよう。しかし現実には、布教活動は、福音の預言の直接的な力を真に永続的に認識するよう使命を与えられた者にとって重荷となった。布教活動は数十年間にわたって、カトリックとプロテスタントの教会により歴史的に発展してきた形に沿って行われてきた。これは、ヨーロッパとアメリカの教会により布教活動の分裂だけを考えているのではない。プロテスタントの布教活動は、改革派教会が十六世紀以降に分岐していった路線の領域に沿って行われていった。個々の布教活動の競合について話すのはやめよう。この二十年間にこの分裂を克服するため、そして大きな競合を排除するために、多くのことが行われてきたことを、思い出さねばならない。しかし、まさに布教における芳しくない経験によって、我が国の教会の少なくとも非常に敏感な信者たちが、何かがおかしい、布教活動の根本から変革しなければならない、という意識を持ったのは確かである。これこそが、教会と神学者たちが何度も聖書の預言の意義と内容について考え直すため、そしてひとつの使徒教会の実現について考えるための、最大の圧力だったと言える。この点で私たちが前進しているかどうかは、確信を持っては言えない。しかし布教の従事者が、自己欺瞞に陥ることなく、布教およびキリスト教会全般が、いわゆるキリスト教民族の政治力およ

び経済力によって大部分担われていることを意識するならば、それは本質的な前進だと言える。

3．アジアおよびアフリカの諸国が尊厳を獲得しつつあり、自分たちの事柄は自分たちで管理するようになってきていることについては上述した。これはこれらの国々の民族覚醒だけでなく、その歴史的、民族的遺産の新たな評価とも結びついている。私たちがキリスト教文明と呼んだものは、繰り返して言うが、もはや基準ではなくなった。これからの年月は、国際的な秩序においてだけでなく、文化的および精神的創造の領域においても、ヨーロッパ以外の民族の重みをもっとはるかに切迫して感じることになるだろう。しかしさらに重大なのは、この文化および精神面の努力は、西欧の民族を震え上がらせる、強力な社会的強調と結びつくだろうという事実である。西欧的な社会および政治生活形態は、非キリスト教民族にとってインスピレーションにならなかった。いくら西欧社会が自由の領域として宣言することに慣れていても、かつて植民地支配を受けてきた民族には効果がなかった。これらの国々における本物の本質的自由を求める闘いは、いわゆる西欧の政治経済秩序と異なる新しい形態を探し求めるものになるだろう。誤解を招かないために、私たちにはいわゆる西欧の思考方法、社会や政治形態の社会構造が人類史の最も創造的な表現のひとつであるという史実を強調する義務がある。布教者、そしてとりわけこれらの国々のキリスト教会は、別の難しい課題に直面している。すなわち、非キリスト教諸民族の人間の存在そのものに率直に、鈍らずに、力を失わずに訴える、聖書のメッセージの核心のための表現を見つけることである。鈍らずに、力を失わずに、というのは、福音が布教の処女地にもたらした形式や手段の多くが、元々あった鋭

さや燃え盛る熱意を失っているからである。いわゆる非キリスト教民族におけるキリスト教会の今日の課題は、これまでの布教活動の限界と力をはるかに超えているように思える。布教活動の現状のこの面について取り上げるということは、自分たちをも振り返り、自分の批判の切っ先を自分の教会および神学の活動に向けるということである。今日の福音は、疲弊していない方法と手段を必要としている。

今日の現状について今述べたことは、私たちの悔い改めと新たな始まりのために今まで同様に今後も役立つべきことである。悔い改めとは、単に敬虔な気分や敬虔なスローガンのことではない。ましてや単なる表面的な儀式のことではない。真の悔い改めとは、生きた神の言葉と聖霊の炎によって、逃れられないほど影響された時にのみ想像できるものである。悔い改めとは、袋小路や深淵に足を踏み入れ、引き返さねばならない、と感じた意識から生まれる。そしてまさにこれは、私たちがその意志もそのエネルギーも持たないものである。私たちはどうにかして自分の尊厳を守ろうとするからである。私たちは宗教のトリックや建前上の善行で、自分を欺こうとする。こうして自分の状況をさらに悪くする。私たちの尊厳や評判を気にする気持ちは、神に対する恐れより大きい。こうしてただ私たちの臆病さ、そして臆病さから盲目さが大きくなり、自分自身を清算して主が定めた方向へ、しかし自己愛や精神的な怠惰さから私たちが恐れる方向へ、自分自身を導くことを厭う気持ちが大きくなる。見なくてすむように目を覆い、自分たちが慣れていること、好きなこと、都合のよいことで強情に自分を励まそうとする。これは大きなことでも小さなことでもそうである。人類と教会の状況について上述したことを、私たちとともに繰り返すように、読者に頼もう。ここ

で言っているのは、思想や論理的な思考上のことではなく、ましてや何か知性についてのことでもない。これはありのままの事実についてのことなのである。私たちは何をすべきか。どこへ向かうべきなのか。

3 福音は自由と喜びに導く

(a) 福音は人間に対する神の然りである

国内および世界の現状について述べてきたことはすべて、悔い改めと新しい始まりに向けて役立つはずであると今しがた述べた。信じる人間の新しい始まりとは、ある意味、帰還である。「イスラエルよ、もし、あなたが帰るならば、わたしのもとに帰らなければならない」(エレミヤ書4章1節)

この呼びかけは聖書の中で絶えず繰り返される。この言わんとすることは、にっちもさっちもいかない袋小路の状況に陥った人は、そこから逃れようといろいろ考え、必死に試したところで、何の助けにもならないということである。人間は、自ら己のことを知らせてくれ、同時に、その人間がどういう状況にあるのかを知らせ、そしてその人間のもとに向かい、手を差し伸べてくれる方に目を向ける以外、何もできないのである。真に悔い改めると、自分の生は自分の手中にないこと、自分は自分の支配者ではないこと、私たちの生と死の問題であるのは、単純かつまたその単純さにおいて震撼させる問題(私たちが無条件に耳を傾けなければならず、救済と自由を内包する、私たちの支配

者であるのは誰なのか）であること、こうしたことすべてが明瞭に見えてくる。この問題を、言い訳や思惑なしに自覚することは、個人と教会にとって常に栄誉ある瞬間である。この瞬間が栄誉であるのは、まさにこの疑問が本質的に神の呼びかけ、神の生きた無条件に発せられる言葉に対する応えであることによる。もちろん、この切迫した無条件の言葉が神の慈悲の表現であることに気がつかなければ、悲惨な状況となる。シナイ山の稲妻、目のくらむような輝きの恐ろしい稲妻でさえ、私たちとともに歩き、私たちを救うために私たちを揺さぶる方の光であった。シナイ山の稲妻の背後にも、ホレブ山の燃える茂みの背後のように、紅海の中、そしてヨルダンから約束の地へ横断する際のように、キリスト自身がいた。肉体となって、ナザレのイエスの中で私たちの場所に降りてきて、また私たちとともに洗礼のためにヨルダン川へ行った同じキリストである。

しかし、悔い改めの行為はいずれも常に新たな始まりであった。教会において、罪に対する激しい後悔に震える瞬間は常に、主、天と地の支配者、そして父イエス・キリストが、私たちの新しい始まりのためのあらゆる前提をつくり上げたという証であった。読者諸君には、震えたり大げさに手を合わせたりせず、至極単純にこれを受け止めてほしい。ここでは私たちは、一般的に認められている敬虔さの表現の外にいる。私たちは、礼拝堂や教会の壁で守られたり、礼拝の務めで保障されたり、美しく、または宗教的に喜ばしい歌で飾られてはいない。私たちは、頼りにしたもの、依存したもの、慰めとしたものすべてを奪われている。ここでは私たちは裸の最も現実的な人間性の底にいる。しかしまた私たちは、現実そのもの、つまり「わたしは、有って有る者」（出エジプト記3章14節）と自己紹介した者、人の言葉によっても絵によっても捉えることのできない者、最も崇

高な聖堂にも儀式にも閉じ込めることのできない者、が降りた場所にいる。それは力強く生きた言葉によって私たちに自分を告げる者であり、にっちもさっちもいかない状況、最も現れそうもない場所に現れる者である。人が絶望的な状況に陥った時（紅海を前にしたイスラエル、前には海、背後にはエジプト人がいた）、人間の手段では助けられない時に、主が人生に介入するのである。

世界と教会の現状をここまで見てきたのは、自分たち自身や教会について、誤った想像を抱かないようにするためである。しかし私たちの分析の目的は、私たちの周りで起きたこと、今起きていることを認識することだけではない。私たちの批判的なコメントのすべては、最初に内省すべきことからなっているが、ようやく今そこに至ったわけである。読者が私たちの分析の想定自体を理解してくれていることを願う。私たちは最初から福音主義とその無尽蔵の富のことを心に留めてきた。私たちを自由にするために、把握することのできない恵みによって私たちの人生の一番の深みへ降りてきた方の現臨についての預言が私たちを捉えない限り、私たちは何ごとも（自分のことさえも世界のことさえも）正しく理解できない。私たちは何によっても自由になれず、唯一、神の慈悲が私たちの人生に介入した時のみ、自由になれる。私たちは、真の自由を保障して確かにするための、人間による社会および政治の秩序を理解している。また自分自身、人の自由と正義をより高く効果的に保障するための地上の試み、世界の試みに加わっている。しかしまた、人間という存在は、人が自分自身から、自分の関心から、驕りから、自己満足から解放された時にようやく実質的に解放されることも、私たちは知っている。そして福音主義は、私たちが真に解放されていることについて、神がイエス・キリストの中で、私たちが縛られているしがらみを引きちぎるためにあらゆるこ

とを行ったことについての預言なのである。ふがいないのは、この解放について私たちが知らず、知りたいとも思わないことである。私たちの信仰は力がなく、私たちの思考は曇っている。私たちは両手を縛られたまま、目をつむったまま、耳栓をしたまま、よろよろとこの世を歩き、イエス・キリストとして肉になった神の「然り」という強力な声を聞こうとしない。福音は、決して人間に起こるかもしれないことについて語っているのではない。天と地の間で、そして神と私たちの間で起きたこと、今も起きていること、そして私たちが胸に留めようとしないことについて、預言しているのである。私たちの信仰は空虚であり、私たちの目は疲れきっているために、私たちもその一員である人々に対するほんもので有効な生きた言葉を見つけることができない。今日、私たちの間で十字架に架けられ復活した方についての喜ばしい知らせによって自分が変わることほど、重要なことはない。ナザレのイエスは、栄光の中で、屈辱の中でこの世を歩き、聖堂や礼拝所にも赴くが、彼に気付くものはほとんどいない。イエスはこのいわゆるキリスト教徒の輪から去り、両手を広げてこの世を歩き回り、人の社会の端や隅にいる自分の羊を探す。教会のバッジや聖地や聖なる習慣を気に掛けることもなく、傷つき、不機嫌になってこの世から去ることもなく、堕落して迷っている人類を見捨てることもなく、審判者の椅子、しかめつらをした教師の教壇にも座らない。罪深い人間と彷徨う世界に対するイエスの強力な「然り」は、イエスの口から、ガリラヤ、サマリア、ユダヤを歩いていた時代に鳴り響いていたのと同じように強力に、生き生きと、鳴り響く。何と喜ばしく、心を揺さぶり、高揚させる預言であろう！　従順でない人間を追って地獄まで降り、完全に見捨てられ、墓場の闇を通り抜け、パリサイ人・司祭、傭兵、支配者たちの嘲笑の対象であったイ

エスは、利己心、憎しみ、死、そして悪魔に対する勝利者として世を渡る。人間のあらゆる弱さと過ち、あらゆる痛みと苦しみを引き受ける。イエスは何をも免れなかった。身をもって、見捨てられることの恐ろしさ、拒絶、地獄の闇の痛みを経験した。人類を代々襲ってきたあらゆる闇のもの、悪のもの、罪深いもの、痛みに襲われた。苦しみと非難の杯から救い出されるように、とイエスは痛々しい声で叫んだが、最も荒廃した屈辱の場に赴かなければならなかった。最も恐ろしい死の門を潜り抜けなければならなかった。イエスが潜り抜けなかった道で、罪人と侮辱された人間が潜り抜けるような道があるだろうか？　それでもイエスはこの世から逃げず、人間に背を向けなかった。彼は留まって、勝利した。勝利して、世界と人間の主人になった。この世界を奉仕愛によって、後に使徒がすべてに耐え、すべてを信じ、すべてに希望を持ち、すべてをじっと待つことと記した愛によって征服した。

読者がこれまでさまざまな形で幾度も耳にしてきたことを、なぜ、またここで私たちは繰り返しているのか。なぜなら、人の抵抗と驕り、罪と利己心に対する神の勝利、そして愛の福音についての預言は、人々が謙虚に、自由になるために、何度も何度も説くべきことだからである。これだけ堕落して揺らいでいるこの世界が、糾弾される場ではなく、勝利と解放の場所なのである、という喜ばしい知らせは、いくら声高に言っても十分すぎることはない。福音は、この世の何をも美化するわけではない。人の子の周辺では、人の抵抗と悪魔の反乱の暗い騒ぎが絶えず起こる。これは私たちも自分自身の身に観察できる。父のもとからやってきて奉仕者（奴隷）の形を引き受けたイエス・キリストは、絶えず私たちと闘わなければならない。そしてイエスに対する最も強硬な抵抗者

となりやすいのは、まさに地上の教会と、その牧師、説教者、教師、信仰告白者なのである。そして近年我が国で起きたことすべては、世界がほんとうに「悪の中に横たわっている」ことを示す震撼する証言である。しかし、十字架に架けられた羊の勝利についての福音は、世界の呪いが解けたこと、闇の悪魔の力は倒されたこと、足枷が外れたこと、そして私たちの究極の主人は地獄と死の鍵も手中にしているイエス以外の誰でもないことについての喜ばしい知らせである。この預言は強い声で宣言されるべきである。この預言は、礼拝所そして聖堂の窓と扉を開けるべきものである。この預言は、教会と教会の手足全員を、生の主の解放された喜ばしい使者にするものである。

(b) 福音は解放する

これは、世界について、人間について、その歴史について私たちが聞いたことのある何よりも声高のメッセージである。この解放が意味するところを以下に書き出してみよう。

1．世界中の非常に多くの人は、人生において周りで起きたことを目にして打ちのめされている。彼らは運命の重しのようなものにつぶされている。彼らはこの数十年のカタストロフィ、破壊、試練により引き起こされた脆弱さから立ち直れていない。私たちは、いわゆるキリスト教文明のいくつかの国の思想家や作家が、世界と歴史を意義も目的もない海とみなすということを聞く。彼らは、ひとりひとりの個人を、しばし波間でもがき、生きるために必死に努力することによって、人間という存在の高貴さを辛うじて示すことが唯一の目的である、荒れ狂う海に浮かぶ気の毒な者と見る

だけである。この数十年の喪失と苦しみから立ち直れないでいる何百万人もの人のことが私たちの耳に届く。過去は彼らを押しつぶす石のようである。人々のあらゆる願いと望みは、人生の悲しい体験によって追い払われる。彼らは多くの恐怖を目撃し、多くの人間という財産、物質的財産を失った。新しい道を踏み出そうとすると、いつもすぐにこの近い過去の記憶に打ちのめされた。しかし彼らは最悪の悪人ではないのである。彼ら、彼らの家族、彼らの街、あるいは彼らの民族に襲いかかったことと容易に、安易に、折り合いをつけることができないために、喜びも希望も持たずにこの世を彷徨っているだけなのである。

2．しかし、さらに先へ進もう。歴史は私たちにとって偉大な教師であるだけでなく、強い力で私たちを隷属させる。歴史的な視点が不足すると、いかに現在の瞬間に対する責任感としっかりした認識を失ってしまうかについては上述した。この言葉を強調したい。しかしまた真実なのは、歴史的な視点がないと、私たちは現在の日々の混乱の中にたやすく迷い込んでしまう。しかしまた真実なのは、歴史上の出来事は、民族と民族の間に大きな岩のように横たわり、通り抜けられない壁を築き、しばしば民族同士の交流を阻んでしまうことである。もしあなたが隣人たちと話し合い、歩み寄ることの必要性について説き始めたならば、すぐに過去にあなたと隣人の間で何が起きたかについて、延々と聞かされることになるだろう。こうした指摘から、長い歴史の年月に起きたことは、修正したり、変えたりできないという結論が引き出される。人は忘れようとしないし、忘れることもできないのもしばしばである。例として、ドイツ人と私たちの歴史の関係を挙げてみよう。両国の間には、苦い歴史

の経験が横たわっている。私たちは皆何らかの形で、私たちの昔の歴史または最近の歴史の出来事に囚われている。歴史のしがらみは、私たちが気持ちも新たに人々に近づくうえで妨げになる。不信感を育て、疑念を強くし、新しい章を書き出そうとする希望をくじく。歴史の経験や記憶、歴史的な伝統や偏見は、今日も石のように人々や民族の上にのしかかっている。考え方や生き方に影響を与え、さまざまな民族集団の間に、再び深い亀裂を入れてしまう。人間は、歴史的な生物である。人と人との関係、仕事や望みを分かち合うことも人生の基本である。特に、聖書のメッセージに基づいて生きる私たちは、歴史の中の人生に特別な理解を持っている。神が人間と対話すること、人間の出来事に介入すること、人間社会を形成すること、そして人類を自分の最終的な目的に導くことを、私たちは知っている。主がイスラエルと教会のために行ったことの預言がなければ、私たちの信仰は死ぬだろう。私たちは責任を持って未来に備えるために、過去の出来事を現在の基盤にする。こうしたことを私たちが指摘しているのは、誤解を避けるためである。けれどもやはり、繰り返し強調したいことは、すでに述べたこと、つまり歴史は人を養い、豊かにするが、また隷属させるということである。新しい一歩を踏み出すためには、自分たちの歴史の遺産を一度ではなく根本的に吟味することが必要である。絶えず過去を見直し、過去の足枷から自由になることが必要である。

3．人間と社会は、苦しみ、痛み、歴史、そして歴史の遺産に縛られ、隷属している。しかし人間と社会はまた、現在の人間の祝福や利益とみなされるものにも隷属したり、隷属する可能性があ

る。言わんとするのは、この数十年間で到達した技術的達成と進歩のことである。読者は理解してくれるだろうが、私たちが言っているのは、技術に対する審判でも、人類が技術的発明によって得たものに対する嫌悪でもない。私たちは科学からも技術からも逃げたりはしない。喜び、感謝しつつ科学や技術を享受している。人間の理性の洞察力、正確さ、明瞭さは、キリストとしての神による、つくられた人間への贈り物であることを私たちは信じる。技術は人間に、労働を楽にし、とてつもない重労働から解放し、空間的な距離や障害を乗り越えて人同士のつながりを簡単にするための手段が得られるようにする。私たち自身も、効果的な伝道、出版、福音宣教活動のために、技術の進化を利用している。しかし技術はしばしば破壊計画や隷属させるため、搾取するための道具にもなりがちである。技術の進歩は、独裁者や搾取者の手に、より原始的な以前の条件の下でよりも、より効果的に人間を隷属化する手段を与えた。そして民族同士の合意は、嘘とプロパガンダによって最も離れた僻地にも届き、ヒステリー、憎しみ、不信を生むこともありうる現在のコミュニケーション手段によって、より難しくなった。最後に簡単に、新しい大量破壊兵器がいかに衝撃的に人間関係に影響を与えたかについて指摘しておこう。いかなる苛立ち、いかなる不安、いかなる恐怖を人の思考と人間関係にもたらしたかを。科学と技術、現代の人類を解放するこの大きな力は、時に不自由さの道具となり、絶望の源となるのである。

4．しかし私たちの生の底にはまだ何かがある。それは罪と過ちの辛い意識である。自責の念で

ある。罪は人間を人間から遠ざけ、戸口の敷居に敵のように居座る。いかに罪と過ちの山が今日の人間の上にのしかかっていることだろう！　そこにまさに隷属させる暗い罪の力があるのである。というのも人間はあらゆる手段を使って自分の罪を釈明、弁解し、罪を指摘した人に重荷を押しつけるからである。これは今の時代にも見られる。罪と過ちは人々を悔い改めに導くように思われる。しかし過ちの山積は、むしろ多くの人々の心を頑なにしているように思える。これらの不正を与えた人々や民族に対する憎しみをより強くしているように思える。過去数十年の暗い行為と犯罪、罪と過ちは、個人や民族の内面的な自由や自分自身で決断する能力を奪う。私たちは誰々のことだと名指ししたりはしない。一見自由で満ち足りた市民に見えようとも、何百万、何千万の人々が、罪と過ちの結果による内面の不自由の中を行き来しているということを指摘したいだけである。自分のことも振り返って自問してみよう、私たちキリスト教徒の姿勢の中に、心にのしかかり、希望をくじく過ちのために、多くの隷属状態、苛立ち、不幸せがないだろうかと。

現代の人間の内面の不自由、つまり精神的な隷属についての証言は、まだまだ数え上げられるだろう。私たちは非常に現実的な出来事を取り上げてきたのであって、これらの陰鬱なイメージは空想ではない、と考える。私たちの説明の意図は、世界を判じたり、おとしめたりすることではない。私これまで述べてきたことは、自己認識および真の自由への道に向けて役立つはずのものである。私たちが述べてきたことはすべて、強く解放する言葉への喜び、また十字架の上で死に、埋葬され、地獄へ下り、死から立ち上がり、生と死の支配者になった方の業への喜びから出ている。彼はその存在によって、私たちを隷属させるものすべてから解放する。この喜ばしい知らせを伝えることはほ

ど、急を要することはない。もちろんこの知らせを伝えられるのは、自分自身が聖霊の喜びに満たされ、解放されている時だけである。聖霊はその存在によって私たちの思考を自分自身のことから逸らし、自身への集中から解放し、人々が味わった苦しみや痛みを軽減することはしないが、自分、自分の打撃、喪失、辛さを忘れずに、奉仕と助けを必要としている身近な人々へ私たちの思考を向ける。真の愛の奉仕においてほど、人の魂の自由が表れることはない。ナザレのイエスは、自己を忘れ、自己を犠牲にする無制限の愛によって奇跡を行った。そこにイエスの神聖さがある。他人の苦しみ、傷、過ちを自らに受け止め、彼らを自己と同一視し、自分の生の重心を完全に彼らの中に移す。これによって彼は痛みと苦しみの重荷を克服し、痛みと死は世界の最後の言葉ではないこと、運命ではないこと、苦しみの中、また苦しんでいる人々の中にあっても人間は至高の神の栄誉の讃美歌とともに、自由に生きられることを示した。福音は、歴史の重荷と足枷からも自由にする。過去は、福音の光の中で、隷属させる力を失う。民族は、歴史の中で生きている。自らの過去によって形づくられている。各民族は、互いに歴史の出来事や先入観によって隔てられているが、福音の言葉が聞こえると、その声が聞こえる者は、罪人として、十字架に架けられ復活したキリストのもとに参集する。各民族は、歴史に分割されたものから解放され、ほんとうに新たな章を書き出すことができる。イエス・キリストの教会が自分の信者と周囲の世界に向けて力強い言葉を見つけることができれば、歴史の伝統の誘惑するような力を克服し、自分の信者たちを、彼らが欲しながらも、自力では得られない、内面の自由に向けて助けることができる。教会の生活を世界の基準で見れば、まさに彼らの生には福音が強力に介入することが必要であることが常に認識できる。教会は、歴史

につながれている。そう、教会が考えているよりも、はるかに自由を奪われている。信仰告白の習慣性と形式の重荷は、教会の視線の勇敢さと、教会の信仰の開花を常に押しつぶしている。かつて喜びと確信の源であったものは、生きた水源にのしかかる石のごとく、徐々に重荷となっている。

(c) 福音が教会を揺るがす

私たちは、神の恵みの助言により、自己吟味と自己解放という痛みを伴う困難な課題に直面してきた。この自己吟味、自己解放とは、真理と自由の霊である聖霊の力による自己吟味、自己解放のことである。すでに言及したことだが、私たちは自分の父たちの遺産を感謝して受け止め、彼らが教会、礼拝、教育、信仰告白の形態でつくり出した多くのものを喜んで利用している。私たちは、廃止するためでなく満たすために来たというイエスの言葉を完全に理解したいと思っている。教会の構造、教義の表現、礼拝の形式におけるあらゆる変化は、福音の深く力強い理解から発するものでなければならない。教会の変化は、決して外からではなく内側から生じなければならない。これこそ、私たちの言わんとすることである。つまり、人の内面や教会の礼拝堂は、使徒がその者の喜ばしい知らせをもたらした、その方の臨在によって、清められては満たされ、満たされては清められる。

「もし子があなたがたに自由を得させるならば、あなたがたは、ほんとうに自由な者となるのである」（ヨハネによる福音書８章36節）

けれどもキリストにおける真の自由とは、安心と平静という快い気持ちをもたらすものではない

ことを忘れてはならない。真の自由はむしろ転覆させるような革命的な力であり、私たちが慣れ、私たちの人生の一部になっている足枷を壊すものである。イエス・キリストにおける真の自由は、多くの教会の秩序や習慣が一時的、過渡的、相対的な有効性しか持たないことを示す。今日最も重要な私たちの問題はおそらく、信仰の「この」自由の問題と事実である。私たちはただ受け入れるだけで、自分では獲得できない自由、十字架に架けられ死から蘇ったキリストにおいて何度も何度も与えられ、法や政治や経済といった外的な形式とは関係のない自由である。世界を歩き回って世界の教会の生活を見て回れば、今日世界で起きている出来事は、主の慈悲深い導きの手中にある道具によること、常に私たちの上、私たちの思考や実践の方法の上にある指によることが確信できるだろう。

今述べたことを、短くまとめてみたい。今日の人間は五十年前とはまったく異なる空気の中で生き、まったく異なる人生の気分を味わっている。宗教改革の時代や古代キリスト教の時代と異なるのは言うまでもない。今日の人間にとっては、私たちが説教、証言、宗教教育、または信者間で交流する時にしばしば使う言葉の本来の生きた意味は、部分的にまったく失われてしまった。神、神聖さ、恵み、過ち、赦し、贖罪、救済、永遠の命、キリストの到来といった数々の言葉はすべて、今日の人間にとってはある意味、空疎に響くだけである。それ以外には教会生活をしている人々についても、幻想を抱かないようにしよう。彼らの思想と願いの重心は、もはやこの言葉が何を意味するのかということにはない。彼らの心、願い、希望の核心はまったく別のところにある。信仰の真の説教者または目撃者にとって、個々の信者、子どもたち、若者たち、そして大人の人間性の底

まで届くように、これらの言葉の本質的な内容を教会の生活に吹き込むのは、なんと大変な負担だろう。事実について、その言葉が証言することについて、慣れきってすらすらと口を突くような、多くの場合もはや陳腐で空っぽである言葉を使わずに、真の自由の中で語るのは、なんと大変な負担だろう！　もう一度繰り返す。慣れきった言葉や表現の裏にある核心そのものにたどりつくためには、いかに内面の自由が必要なことか。この核心が実際に燃え盛り、そう、私たちの人間性に達し、私たちが持つ死したものを焼き払うところにまで至るには！　新しい話し方、あるいはいわば新しい表現方法の必要性について言えば、新しい言葉を見つけられるのは、自分たち自身が解放され、私たちの心に火がつけられた時だけであることは、私たちは重々知っている。新しい言葉は人工的にはつくり出せない。辞書を片手に、あるいは知識で無理やり見つけられるものではない。どれだけの新しい言葉が無益である、そう、古い言葉よりも無益であることが露呈してきたことか（マタイによる福音書10章19‐20節「語る者は、あなたがたではなく、あなたがたの中にあって語る父の霊である」）。まさに大切なのは、古い言葉の燃える内容に引き込まれ、そして自由の中で、今日の教会を見つめる視線の中で、信徒団の真に目覚めている成員、そして眠たげな成員にも影響を与えるような言葉を探すことなのである。

しかし、これは古い教義の言葉と聖書の表現によって教育された人々にとってだけの話ではない。これは人生で一度もこうした言葉を聞いたことのない人、あるいは遠くで何か響いているのを聞いたことがあるだけの人にも関わる問題である。こうした人々に、世界に知らせるべく私たちに託されたメッセージをどうやって伝えることができるだろう。人の子の臨在によって私たちに与えられ

た自由とは、信徒団や教会の生活から遠く離れた人への、開かれ、人の話をよく聞く、感覚を研ぎすましたアプローチを意味する。こうした人々から私たちは歴史の事実によって、しかしまた自分たちのせいによっても離されている。私たちは彼らを理解しない、そう、彼らの生活や思考の方法、彼らの間違いや望みに反感を持つ。しかし預言者や使徒から受け取った福音の言葉は、それまで他人であった人に対して私たちの目を開かせ、私たちに彼らへの奉仕の責任感を呼び覚ます。福音の真理における真の自由は、痛みと辛さを伴う。教会の壁、教区の囲いの後ろで門戸を閉じてしまった方が、はるかに楽で快適である。しかし真の自由はそのようなことは許さない。真の自由は、迷い、そして美しさ、痛み、そして喜び、無力さ、そして希望において、今日の人間を明らかにする。私たちは人間が過去の残骸の上、古い秩序の残骸の上に新しいものを建てようとするのを目にする。その人間が神のことを気にかけようとも無視しようとも、その人宛てである生きた神からのメッセージを、どうやってその人物に伝えるべきか。その人が神について知っていようといまいと、神を求めていようといまいと、至高であり神聖で慈悲深い神の臨在についての知らせ、勝利して十字架に架けられたキリストについての知らせを、どのようにして今日の人間、私たちの兄弟にわかりやすく効果的な言葉に言い換えられるだろうか。繰り返す。自分自身から、さらに私たちを周りの人たちから遠ざけるあらゆる偏見、あらゆる疎外からのどのような内面的解放が必要なのであろうか！　今日の大きな課題、構築、改革の重荷を背負っている人々を自分たちから不毛にも遠ざけている、頑なさ、快適さ、さらに習慣から私たちが抜け出せないならば、私たちは塩気のなくなった塩であり続け、役立たずの無意味な奉仕者であり続けるだろう！　新しく燃える言葉を見つけない

限り、私たちの教区は、単なる古い記憶や大道具の倉庫になりさがり、流れ続ける人生や厳しい労働から置き去りにされるだろう。それだけではない。この世の間違いやミス、過ちや混乱が私たちを非難するだろう。私たちの弱った目と冷たい心は、不安、混乱、私たちの周辺の神経質な疲弊の中で差し伸べられる手と開かれた心に気付きもしないだろう。

(d) 福音が過去から解放する

しかしさらに先へ進もう。今日の歴史変動がもたらした問題と難しさの深さと複雑さは、過去何十年、何百年に人類が経験してきたすべてをしのぐものである。第3章のブロシュの説明では、歴史的見地から今日という時代の特徴を詳しく見てきた。しかし簡単に、さらに指摘したいのは、まさに私たちの世代こそ、父や祖父たちが少しずつ、そしてはるかに簡単な形で体験してきた課題の、何倍もの度合いの課題と接しているということである。国際秩序の転換、世界的な社会革命、無限の破壊力の兵器で頂点に達した科学技術の進化、あらゆる技術手段によって増大した民族間の不信、精神および道徳の消耗、新しい社会階層と民族の歴史の表舞台への台頭、これらすべてが、生々しく直接的な力で私たちにのしかかる。しかし、生まれ変わるために変わらず努力しているこの時代において、キリスト教会は繁栄よりも危機の中に生きているように見える。個々のキリスト教信者、教区、そう、教会全体が、人類の現状のために殺到する問題と課題を前にして、頑なに、反抗的に、あるいは理解せずに、浅はかに、殻を閉じてしまっている。彼らは自己の限定的で部分的な悩みばかりに気を取られ、人生を充実させる中身をほんの一部しか見ない。そしてまさにこのために彼ら

の信仰は死し、自由は消えてしまう。というのも信仰も自由（聖霊の中の自由）も、生と死の支配者により立たされた時と場所における、勇敢で開かれた闘争においてのみ、育つからである。歴史の瞬間は極めて複雑で頑固なので、私たちが生き抜いて勝利するためには、上述したように、大きく、強力な自由が必要である。絶対的で自由な信仰を持つ生きた教会、深く広範な神学だけが、歴史の状況に抗える。もちろん、歴史は最終的な言葉ではない。私たちの信仰の内容や私たちの望みの目的を決定することではない。しかしもし私たちが臆病風に吹かれて歴史の現実、歴史の要請、歴史の圧力から逃げだせば、私たちは歴史から自由になることはない。もう一度、何度も述べてきたことを繰り返すが、私たちは自分で今の歴史の時代を選んだのではなく、また自分でどの時代に生きるのかを決めたのではないが、私たちが二十世紀の中葉に立たされたのは偶然ではなく、暗く、理解しがたい運命によるものでもないことを、信仰において知っている。私たちが生きている年月、数十年の私たちの人生は、神の恵みの賜物であり、ゆえにまたとない機会であり、おろそかにすれば自分の魂にダメージを与えるものである。私たちはピラト総督の時代に十字架に架けられて死んだ方、しかし墓と死に対する勝利によって歴史の主、つまり今日という瞬間の主にもなった方に付き添われ、昨日を歩いたように、明日を歩くように、今日を歩く。その方のそばにおいて、その言葉、死と復活によって解放され、私たちは今日の人生の充実の中に置かれ、喜ばしいことの預言者として、また愛と献身を手伝う者として、送り込まれている。ナザレのイエスは、今日の世界的な出来事の殺到、変動を無視すること、また反抗的、身勝手に目をつむることを禁じている。そう、イエスの自由の中にある私たちにとって、出来事をより適切に、肯定的に、深く理解すること、十

字路に、嵐の真ん中に、新しい秩序の構築現場に、そして今日の人間がとても必要としている自由と奉仕愛のために人々を助けてきた場所に立つことが義務であり、私たちはそのために備えられている。聖霊における自由とは、人の混乱および人のあがきの中での喜び、善性、平静である。こうして私たちは過去のもの、古い秩序や習慣、利益生活様式から解放される。地獄と死の鍵を手にしている主は、教会および私たち手足ひとりひとりを、衰退しつつある秩序から独立させる。主は、教会の存在の一部分、不可欠な要素と私たちの考えるものの多くが、生きた樹木から枯れた枝が落ちるように落ちていくことを示す。そう、木が充実した生のため、人の益のために覚醒するには、多くの枯れた、枯れきった枝を切り落とさなければならないことを私たちに説得する。過去からの解放とは、今日、そして近年私たちを屈服させ、今日もまだ私たちの人生の樹液を吸い取っているものからの解放も意味する。過去四十年、特にこの二十年の戦争の恐ろしさは、人々に大きく作用し、死の恐怖と苦しみを与えてきた。恐怖と苦しみによって言い表せないような損害が引き起こされた。それは精神的な損害、さらに物質的な損害でもあった。恐怖と不安によって、民族や国家の間に、疑心の壁が築かれた。恐怖は人の魂と心の不吉な抑圧者である。信仰が弱ければ弱いほど、恐怖は増大する。愛が少なければ少ないほど、恐怖はより有害になる。信仰と愛は、人の心から恐怖と恐れを取り除く（ヨハネの手紙一４章18節）。一見、ここには真の信仰に不思議な矛盾があるように見える。信仰は人間を充実した真の生に導き、歴史を無視することを禁じ、この世の嵐や混乱から逃げることを妨げるが、まさにこのおかげで人間を歴史から解放するのである。信仰は、自由、喜び、奉仕をもって、今日の生活の嵐と混乱を行く人間に付き添う。

(e) 福音と技術

技術および科学の進歩の明るい面、暗い面について、もう一言だけ付け足そう。ここでも私たちは、逃げることも目を覆うこともできない事実に直面する。私たちの生と死の主はまた進化の主でもあり、主の中で自由に喜びつつ生きる者は、人の理性、機知、勤勉さ、天才、発明、創造性、勇気が、社会を潤わせ、生活を楽にするためにもたらしたすべてのものを利用している。布教活動は、もはや帆船に乗ってではなく、飛行機を利用して行われる。私たちは福音の布教に、昔の世代が知らなかった数々の手段を利用できる。私たちは、次々に新しい機械がつくられ、かつては幾千もの人々が疲弊し命を落とすこともあった重労働に役立っているのを嬉しく思う。かつては治らなかった病気に効く薬類も感謝して使っている。かつてのペストなどの伝染病の恐怖を取り除いてくれた医者や科学者を褒めたたえる。よりよくより高度な医療のための闘いに私たちは喜んで協力している。距離を克服する発明、また労働を楽にするための発明品は、主の栄光にも役立つことになる。天と地の主は、生のいかなる形式にも依存せず、自身の慈悲と真理において、人間の技術や能力がつくり出したいかなるものより上に君臨する、かけがえのない至上の主である。神学の務めにおいても、私たちは解放され、感謝しながら、あらゆる科学の方法および手段を利用できる。これを指摘するのは、現代の人間の技術的進歩がもたらした難しさや危険に、私たちがため息をついたり、不平を言ったりしないようにするためである。私たちは今後も新しい発明や新しい危険に備えなければならない。まさにそのこと、今も「すべての思いをとりこにしてキリストに服従」(コリントの

信徒への手紙二10章５節）し、至上なる神とイエス・キリストの中の兄弟の解放された息子として立つことが大切なのである。私たちは今もキリスト教会の最も難しい問題のひとつに直面している。確かなのは、いかに発達した技術の下で生きようと、人間は本質的に同じ弱さに屈したままであり、同じ尊厳に召命されるということである。福音は技術によって変わるものではない。エジプトのピラミッドで働かされていた奴隷も、その昔何千もの人が何週間もかけて行っていた作業を一時間でこなすトラクターやコンバイン、掘削機その他の大型機械を駆使して働く現代人と同じように罪の赦しを必要としていた。愛する人を亡くした悲しみや不幸を悼む心は、技術の発明によって変わるものではない。しかしだからと言って、信仰心を持った人間は科学と技術に無関心であるという意味ではない。課題は新たな発明と結びついて、まさに信仰心の観点からはより難しいものになった。一分のうちに地球上の広範な人命を奪う力を持ち、今日目に見えないながらもすでに世界中の空気を毒している兵器を無害にし、科学の知識をほんとうに人に役立てるために、私たちは何をすべきなのか。多様な病気を容易に治癒できるようになったことが、人の悪行、浅はかな考え、モラルの低下につながらないようにするには、何をすべきなのか。映画やラジオやテレビを人間性に役立て、刺激したり苛々させたり先入観や憎しみを起こさせないようにするには、どうすればよいのか。人類の科学および技術の進歩とともに、新しい危険は増大し、それとともに私たちの責任感も重大になり、大いなる精神的賢明さと真剣さが必要になる。技術はまた人間を奴隷化することもある。それゆえ、信仰と愛における真の自由を求める私たちの闘いは、差し迫ったものなのである。

(f) 福音は罪悪から解放する

福音はまた罪と罪悪の足枷を外すが、これは真の自由の頂点となるものである。もちろん、正しく理解された自由の頂点である。上述したが、あまりに多くの人々、そして教区のいわゆるキリスト教徒の多くも、処々の出来事や現状に対してなす術を知らず、現在世界で起きていることの祖先や父や己の罪悪を理解しない、または認めようとしない。私たちは現在に先行する時代の我が国や世界の状況の誤った分析をして、誰かを怒らせたり刺激したりしたいのではない。社会が大変動にある時代に生じ、未だ続いている無駄で自分勝手な不正について、ことさら謝りたいのではない。村や工場で起きた不正に対するもっともな抗議を抑えつけたいのではない。しかしキリスト教会の信仰において解放されている手足である敏感な信者ならば、私たちの社会のあまりに多すぎる不正、不公正、不当な秩序を正さなければならないと思うだろう。現在、大小の不正に憤りを感じている多くの人々は、他人の贅沢や底なしの貧困を見ても、良心の呵責を感じなかったのである。私たちの父たち、また私たち自身も、若い頃は社会の本質的な不正にあまりに慣れすぎ、当たり前のこととみなしていたほどだった。それは国内でも世界的な尺度でも同じだった。さまざまな国の何百万、何千万の人々がみじめに、無知、貧困の中で暮らしていても、特に私たちの心をかき乱すことはなかった。社会の不正や抑圧に対してどこかで反乱が起きても、報復が起きても、何千人もの人が射殺されたり殴り殺されたりしたというニュースを聞いても、抗議も非難もせずに受け止めた。しかし、私が言おうとしているのはこうした粗暴で冷酷な事実のことだけではない。思い出そう、私たちの村や町である社会階級の子どもが少しでも上の階層に上ることはまれであるということが、い

かに当然と捉えられているかを。また、村の一定の人々の贅沢、利己主義、高慢が、直接的にせよ、間接的にせよ、いかに貧しく謙虚な人々を傷つけているかを。人間のうぬぼれや利己心の果実は、ほとんどわからないほどのゆっくりしたペースで日々積み重なっていく。近年そして現在の残酷で身勝手な現象の多くは、近年または遠い過去に犯された不正、過ち、罪によって説明することができる。主は父の罪を子に報いて、三、四代に及ぼす者である、という言葉の真実を、繰り返し思い出そう。主の慈悲と公正の預言、他方で人間のエゴイズムとプライドと悪業の預言によって洗われた目は、自身の心の中を覗き、自分の人生の行いの中で私たちがしばしば何を嘆き、何に不平を言っているのか、その原因を明らかにする。しかし、自身の罪と罪悪に囚われているために、私たちは自由に己や周囲を見渡すことができない。罪は私たちの戸口、そう、私たちの礼拝所や教会の入り口にも立っている。というのも罪はまず、自分のことを思い巡らすこと、自分のことに集中すること、自分の利益を基準に自分の行動や周囲の出来事を評価することに表れるからである。罪は、厄介至極な奴隷主なのである。罪は人間を不幸にする、なぜなら利己心はあらゆる不幸の元だからである。罪は自分の関心と自分の利益ばかりを追わせ、他人を愛の奉仕の自由の中で見ることを許さない。罪は私たちの行く手に横たわり、私たちが出来事の本質の意味を捉え、自分の困難や嘆きの脱出口を見つける邪魔をする。人が自分の困難の原因を他人の悪意や腹黒さのせいにする限り、周りのせいにする限り、困難の根本にある自分の罪と罪悪、または自分の父たちの罪と罪悪を明らかにしない限り、喜びも真の自由も得られずにこの世を彷徨うことになるだろう。

ここで再び福音に戻ろう。福音、それはイエス・キリストである。福音、それは愛に包まれて、

私たちが罪と悲しみ、利己心と絶望に悩む場所に降りてきた方のことである。歴史、距離、技術、進歩の主であると私たちが上述した方は、まず何よりも、私たちの魂と心の主人なのである。しかし私たちはそれを認めたがらない。この方のことを真剣に受け止めない。つまり、この方について話し、称える歌を歌うけれども、この方が私たちの輪（サークル）を乱し、私たちの心の偶像を壊し、私たちを自慢や自己愛から解放し、光を私たちの最も隠れた部分のひだに当て、私たち自身を真の形で示し、私たちが嘆くものに対する私たちの罪悪と責任を明らかにすることを許さない。だから私たちは自分のことだけを可哀そうに思い、自分の傷を探しては他人に示し、一緒になって気の毒がり、嘆いてもらいたがる。

「今の時代を何に比べようか。それは子供たちが広場にすわって、ほかの子供たちに呼びかけ、『わたしたちが笛を吹いたのに、あなたたちは踊ってくれなかった。弔いの歌を歌ったのに、胸を打ってくれなかった』と言うのに似ている」（マタイによる福音書11章16‐17節）

私たちの宗教の不毛さがここにある。私たちの集会、礼拝所、そして説教の誤った方向性がここにある。私たちは出口のない行き止まりの道に入りつつある。私たちは、人の子が私たちを自由の方へ振り向かせ、導き、連れ出そうとするのに抗う。人の子の中でしか助からず、人の子のそばでこそ「盲人は見え、足なえは歩き、らい病人はきよまり、耳しいは聞え、死人は生きかえり、貧しい人々は福音を聞かされている」（マタイによる福音書11章5節）のに。これはふしぎな、驚くべき助けなのである。福音の光は私たちに個人の存在の十全たる重大さを示す。自分の困難の原因を自分ではなく外部に求めようとする気持ちを変えさせる。神聖かつ慈悲深い神が私たちの中に臨在する

という預言は、安っぽい自己憐憫や自己愛といったもの一切を私たちから取り除く。私たちの魂の根底の真の姿を私たちに示す。私たちを逃げ道のない壁に押しつける。私たちの手から、自己防衛と自己正当化のあらゆる手段を取り上げる。これはありていに言えば、絶望的な状況である。生きた神の攻撃には抵抗できない。ただそれは、私たちの罪のために十字架に架けられ、断罪され非難され、私たちを引き上げるために私たちを打ちのめす方の攻撃なのである。この方は私たちが彼に降参することによって勝利者になることを、愛を通して説得する。このように囚われることは、解放されることである。エゴイズムの足枷が壊れ、人は世界や人間を自分の得を基に判断することをやめる。これは、悔い改めをする自由である。自分の罪、罪悪、責任に気付き、認めた時に初めて人は、ほんとうに自由になる。悔い改めとは、人の魂の解放であり、新しい始まりへの勇気である。悔い改めは信仰や救済の前提ではなく、それは己から、誤った自己愛や名声からの解放である。悔い改めは本質的に、罪深い人、否定された人、屈辱を受けた人との喜ばしい連帯である。悔い改めとは、人々は私に何も借りはなく、私が周りの人すべてに借りがあり、自分は何も要求する権利はなく、自分は貧しいけれども、同時に十字架に架けられた者の貧しさと無力の中で豊かである、と意識することである（コリントの信徒への手紙二8章9節）。この悔い改める貧しさの中で世界を行く道は、キリストの威光の道である。この貧しさの中でのみ、他人を豊かにできるのである。

「貧しいようであるが、多くの人を富ませ、何も持たないようであるが、すべてのものを持っている」（コリントの信徒への手紙二6章10節）

(g) 福音——自由の充足

この指摘によって私たちが言いたいことは何か。読者には、自由の源としての福音について私たちが語ってきた路線を引き継ぐよう、お願いしたい。思うに、信仰、愛、希望の内面的な自由のために闘うことほど、教会の現状で差し迫っていることはない。もう一度指摘するが、イエス・キリストの名における教会は、現在の生活で行われることすべてを真剣かつ責任感を持って捉えなければならない。教会は、手足である信者が自分個人の困難や課題を歴史や世界の枠組みで眺めることを、助けなければならない。またその逆に、世界の問題を個人や国内の問題に照らし合わせてみるようにも助けなければならない。教会は、喜んで皆のために尽くし、キリストの最終的な勝利に向けて希望を持って先を急ぐ、解放された罪人の共同体となる。これは、歴史的現実が満ちている中で、私たちがほんとうに歴史の運命性から解放されているか、科学や技術の進歩の中で、最終的に自己破滅に行きつくタイタン的な驕りから守られているか、赦しと和解の確信に満ちた世界の不足と堕落における自分たちの罪と責任を自覚しているかどうか、という究極の問いである。このような人間の真の自由と尊厳の約束に満たされた共同体よりほかに、今日の世界が必要としているものがあるだろうか。福音の信仰告白者は、古い社会秩序に囚われたり、迷信や神話、理性の光に対する恐怖や知識のすばらしさに飲み込まれても、損なわれてもいない。福音の信仰告白者は、何も恐れず、運命を信じず、死を生との境の最後の言葉とは捉えない。自分のメリットや特権、快適さや輝きをあきらめなければならない時でも、世界の出来事に対する理解をもって、世界を生きる。罪と悪の力を奥深くまで見ているが、罪も悪も信者にとっては最終的な効力を持たない。信者は、先

の世代がキリストの名において闘い、苦しみ、苦しみ抜いてきたことを、尊敬することができる。ことあるごとに、過去代々の信仰告白者と証人の共同体に立ち戻る。教会がエイレナイオス、アタナシウス、アウグスティヌスから、トマス・アクィナス、そしてフス、ルター、カルヴァン、コメニウス、そして直近の時代の素晴らしい表現者を通してつくり出し、民族の生活において実現してきたことを受け入れる。

私たちは耳が聞こえないわけではなく、(正確ではないが) キリスト教文明と呼ばれるものに感謝していないわけでもない。私たちは生きたキリスト教会による、社会の公正な秩序へ、人の尊厳へ、道徳的責任感へ、そして人の教養への努力がもたらすものを高く評価している。しかし私たちは、こうしたすべての財産が誤った力、民族、政治へ奉仕する目的に使用されることもあるのを知っている。今日も、人間のためのキリスト教の闘いの成果が損なわれ、まったく粗野な計画や主張のための外観 (ファサード) や飾りとして使用される恐れがあるのもわかっている。このためキリストの生きた教会は、キリスト教文化のスローガンによっても、結びつけられたり、混乱したりしてはならない。生きたキリスト教会は逆に、歴史の一歩一歩に注意深く耳をすます。地下でとどろく音を理解するために、地面に耳を押し当てもする。私たちには把握できない、しかし何もかも見通している神の慈悲により、キリスト教徒の人間のための闘いの成果は、外見上は預言者や使徒の基本的な預言の批判であり否定であるイデオロギーの枠組みの中で、次世代に渡される。何より、生きたキリスト教会は自身が目的になるつもりはなく、自分の認められた特権を守るつもりもない。むしろ奉仕者の姿を受け入れ、この世界を何も要求せず、利己心もなしに歩くために、天の栄光の衣

を脱ぎ、両手いっぱいの賜物を国内の人々に、そして無尽蔵の富から非キリスト教の民族の人々にも分け与えようとする方の足跡をたどっていこうとする。報酬は一切求めない。自分のためには何も期待しない。貧しい者、見捨てられた者、遅れている者、堕落した者、不幸な者、みじめな者に分け与えるために自分のことなど忘れているところで、勝利する。教会にとっては、いわゆるキリスト教民族と非キリスト教民族を区別する線は一瞬たりとも存在しない。また人のための祈りや愛の奉仕も、イエス・キリストにおける自由についての明快な証言も、一瞬たりともやめはしない。どこにおいても人々を助ける。新しい秩序を求める人々の闘いを支え、人々の新しい秩序の構築に加勢するが、同時に、新しい秩序における自己同一性（アイデンティティ）を守るために、明日も明後日も主に呼ばれることを知っている。過去における教会の不幸は、この世がもたらした富、栄光、援助、特権に隷属したことであった。そして明日の教会の役目は、純粋に、清らかに福音を担い、福音を明日の人間に、明快に、切迫感をもって説明することである。この課題とさらに結びつくのが、教会の使命であり、それは、人の子に提供された真の自由を守り、明日の社会の秩序がさらに公正で、人間的で、より自由になるための大きな努力のパン種になることである。

教会およびその手足である信者の弱点は、教会の終わりが始まっているのではないかという疑念、恐れ、推測にある。あらゆる国で見られる社会の世俗化も、教会にとって魅力的な誘惑となってはならない。

「あなたに、あるいは抜き、あるいはこわし、あるいは滅ぼし、あるいは倒し、あるいは建て、あるいは植えさせる」（エレミヤ書1章10節）

教会は何度も何度も砂漠へ導かれ、前へ進む道をまっすぐにならさなければならない。これは延々と続き、決して終わることのない教会の役目である。

「門を通って行け、通って行け。民の道を備えよ。土を盛り、土を盛って大路を設けよ。石を取りのけ。もろもろの民の上に旗をあげよ」（イザヤ書62章10節）

これはキリスト教会の栄誉ある使命であり、もちろん、不安なく導かれ、主が「見よ、あなたの救いは来る。見よ、その報いは主とともにあり、その働きの報いは、その前にある」（イザヤ書62章11節）とシオンの娘に言うようにと命令した言葉を言う準備ができた時に使命となるものである。

4　生きた信徒団のための闘い

(a) 生きた信徒団とは何か

ここまで記してきたことすべてに留意して、教区の普段の日常生活を眺めてみよう。私たちの教区は何を拠り所にして生きているのだろうか。キリスト教会の手足としての私は何を拠り所にして生きているのだろうか。神の言葉の周りに集う礼拝時、私たちはどのような雰囲気に足を踏み入れているのだろうか。私たちは何に基づいて他人を眺めているのだろうか。教会はほかでもなく信徒団の中で生きているということを忘れないようにしよう。まず初めに問わなければならない実際的な質問は、私たちがほんとうに「信徒団」を築いているかということである。教会に集まり、礼拝所に集まり、そしてまた何の変わりもなく家に帰るということをただ習慣で続けているのなら、そ

れは信徒団とは言えない。当然、生きたキリスト教会とも言えない。使徒の時代以降、そして宗教改革の時代以降は特に、教会は人ではなく、主の生きた言葉と聖霊の力によって成り立っていることを私たちは知っている。これはそのまま信徒団にも当てはまる。率直かつ真剣に自問してみよう、自分たちの信徒団が、聖歌を歌い、祈り、説教を聞くために集う信徒団が、友好あるいはさらに真摯な兄弟のような絆を結ぶ信徒団が、子どもたちが教育を受けて導かれる信徒団の生活の実態がそのようであるかどうか。私たちの説教壇から聞こえてくるのは何か。神の言葉であろうか、それとも人の言葉だろうか。説教壇から流れてくるうわべだけの聖書の言葉にだまされないようにしよう。文字は人を殺し、霊のみが人を生かす、というのはここにも当てはまる。集会で聖書からの一節、もしくは聖書の言葉の説教やお祈りを聞く時、必ずしもいつも、主の真の力強い言葉が人の心と人生に響いているわけではない。山々を揺るがし海の波を起こす主の言葉が、人間の玉座と秩序を転覆させる言葉が、聖なる愛の言葉の炎によって人の心の奥底まで焼き尽くす言葉が。教会やその未来について自問する時、私たちはここから始めなければならない。

ここで話に上るのが説教師である。おそらく教会の悲惨さ、弱さ、はかなさの大部分は、私たち説教師の言葉が空疎で、私たちが語る聖書の言葉に強い威力、力がないことに起因している。おそらくいかに釈義や神学的作業を行っても、私たち説教師は真の証人になりえていないことが多々あるのである。私たち説教師に大きなことは何も起こらず、私たちは聖霊の炎を潜り抜けず、自分の内面の人間の声を黙らせることもなかった。私たち人間の声と関心、自分への集中、そしてしばしば私たちの怠惰さや無関心さは、まるで雑草やムギセンノウのように、信仰と希望の生きた種子の

成長を妨げた。このため私たちの言葉は、聴衆を悔い改めによる自己認識へも喜びへも導いていないのである。集会に預言者または使徒の真の力強い言葉が響き渡れば、信徒団はそれまでと同じではいられないはずである。目に見えない、表現できない変化であるにせよ、彼らは深い変化なしに帰途につくことはないだろう。神の言葉は密かにではあるが、何よりも強力に、現実的に作用する。神の言葉は絶えず新しい現実をつくり、絶えず人々の耳目を開き、人と人との距離を狭め、高慢さやエゴイズム、慈愛のなさや妬みをへし折り、情熱や怒りを抑え、こうして誰もがはめられている足枷を外す。この神の言葉が説教壇から力強く純粋に響けば、神の言葉は人々を追って家庭にも入り込み、家で埃を被っている聖書を開かせ、耳にしたことを熱心に読み返させる。そう、人々に七つの鍵で封印されていたものをさらに探させ、理解させる。書物としての聖書も、言葉であり肉体になって私たちの間にいる方が、聖霊を通して私たちのために開かなければ、死した、価値のない印刷された紙のままである。イエス・キリストによって私たちは、説教者から私たちの信徒団の肢に近づいたことになる。私たちは自分たちをより大きな責任に向けて説教者と呼ぶからといって、またこの任務を担うからといって、それによって集まった人々、教会として組織された人全員の責任をないがしろにしたいわけではない。おそらく、称えられるべき説教師が教会にいることはほんとうなのだろう。おそらく、多くの説教師が実際に精神的に枯渇し、不毛になったのは、人々が説教師に何も期待せず、彼らの証言に興味を示さず、関知しなかったためなのだろう。神の真の民の共同体は、この世にもたらされた最大の預言を繰り返し繰り返し聞きたいという情熱と憧れに満ちている。生きた信徒団は、その問いかけと視線によって、説教師がより力強く、より内容豊かに預

言するように、預言者と使徒の富から新しい宝を取り出すように求める。キリスト教会が本物の信徒団の神の言葉を求める飢えと渇きは、決して収まることはない。しかし収まらないからこそ、主の慈悲から受け取った解放に対する喜びに満ちているのである。

従って何よりもここで大切なのは、こうした真剣さ、解放、そして喜びの雰囲気である。このような雰囲気でのみ、時に私たちを怒らせ、深く引き裂く問題についても、人間的に話し合うことができる。さらに、先に述べたことをもう一度指摘しておこう。つまり、世界は私たち教区の生活に深く関わっているということである。教会や礼拝堂に足を踏み入れる時、誰もが世俗の匂いあるいは臭いを身に付けたまま、入り込んでいるのである。集会にも、私たちは自分の家族の悩み、物質的な悩み、社会の悩みごとを持ち込んでいる。私たちは人間性を二つに分けることはできない。つまり、世俗の人間性を聖堂や教会の壁の外に置いて、精神的な人間性だけを持ち込むといったことはできない。私たちは肉体の中に生きている、それは、地上の生のあらゆる堕落、弱さ、悩み、そして希望を共有しているということである。こうしたことすべては、私たちとともに、私たちの共同体にも生きている。そう、それは説教師の言葉の裏でも響いている。説教師でさえ、堕落した、あるいは洗練された人間性を外に置いて、精神的に準備することは叶わないのである。私が言いたいのは、私たちは教会にも、気質、政治的意見、教養、世俗の成功や不成功、これらにおける違いを持ち込んでいるということである。それは仕方のないことである。私たちが生きている「世界の」物とのいかなる関係をも排除して、純粋に「精神的な」信徒団を築き上げようと望むならば、それは教会の誤った想像に屈することになる。教会が世界の中で生きているように、世界は私たち

と一緒に教会に足を踏み入れる。また、私たちの地上の関心も重要なことなのである。私たちの間の政治的あるいは社会的意見の違いや、教育や文化の意見の違いは、真剣に受け止めなければならない。私たちのキリスト教が存在するうえで二つの本質的な面を指摘しておきたい。

1．世間における違いを抱えたまま、現実の信徒団の土壌に足を踏み入れることが大切なのである。恵みと赦し、キリストの十字架と勝利についての言葉の雰囲気に包まれ、私たちが世界から持ち込んだものすべての優先権が失われるようにするために。本質的な問題は、罪と解放における兄弟として立て受け取ったものを私たちは拠り所にしているか、また私たちは、過去からの賜物として立ち並んでいるか、ということである。この言葉をシンプルに、まじめに、その意図するままに受け止めよう。私たちの信徒団の空気が福音に浄化される時のみ、私たちは互いに役立つように、効果的に対話できる。その時のみ、私たちの足元に、信頼と互いに耳を傾けることの基盤が築かれる。自分の罪を悔い改める意識を持ち、最も大切なことが聞こえる時のみ、兄弟姉妹を正しい光の中で見ることができる。彼らを理解できるようになるか、少なくとも彼らを理解したいと望む。この悔い改めつつ他人を信頼する雰囲気なくして、互いに理解し合うことはできない。互いに討論もできなければ、もちろん、より近づくこともできない。この、人々が信頼の中で付き合うことができ、他者の言葉に熱心に耳を傾け、自分の意見を修正することができる基盤と雰囲気をつくり上げることこそ、真の信徒団のかけがえのない大きな役目である。もう一度繰り返して言うが、もし信徒団が、ほかの誰も担うことができないこの使命を満たさなければ、意義を失い、塩の効きめはなくな

る。誰しも辛いことや未解決の問題を抱え、誰しも自分の十字架を背負い、誰もが出来事や周りの環境について一定の意見を持っている。これらの差異は大きく重要なことだが、真の生きた教会とは、人々が愛と信頼の中でともに闘い、対話し、互いに説得し、説得され、皆がキリストの十字架の下に自分の矛盾と違いを降ろす場所である。言わんとすることを理解してほしい。私は矛盾や差異の重要性を少しも軽視するつもりはないが、しかし互いに信頼せずに耳を傾けなければ、人は互いに疎遠になるばかりか、自分自身も退化する。すでに述べたように、キリストにおける救済とは、自身の罪と利己心、自分自身からの解放のことである。信徒団とは、重心を自身の中にではなく、イエス・キリストの中に、そしてイエスを通して隣人の中に持つ者の共同体である。つまり教会とは、信者が自分自身、自分の関心や特権、自分の繁栄や目的ばかりを考えるところではなく、人の子が道に配した人々のことを考える場なのである。私たちはほんとうに、この言葉の意味における教会であるだろうか。私たちは悔い改める信頼感と奉仕する愛を持って、互いのことを進んで考えようとしているだろうか。もしその答えがイエスならば、私たちは安心して希望を持って信徒団なり教会なりの行く末を見つめることができる。

2. 使徒の意義を信じるということは、十字架を負わされ、復活した者が常に存在する中で生きるということである。それはまた、教会および教区の生活におけるこの者によるあらゆる審判に従うということである。それは、自分の意見、計画、望み、財産をこの者自身に照らし合わせることである。この者が私たちの生と死の主人であり、生きるにせよ、死ぬにせよ、この者の中で生き、

死にゆくことを、私たちはしばしば信仰告白する。現実にはしかし、私たちは自ら自分の主人になろうとし、この者の言葉を単なるラベルとして使う。キリストへの信仰告白は、私たちにとって単なる見かけになりがちで、その見かけの背後で私たちはまったく平凡な生活を送り、自分たちにとって都合のいいもの、気に入ったもの、利益をもたらすもの、得するものをすべて守ろうとする。頑固に、時には何としてでも、時には賢く、時にはあまり賢いやり方でなく、時には首尾よく、時には不首尾に、キリストという会社の下で、自分が慣れているもの、それなしに生きるのが難しいものすべてを含む、古い人間的な「私」を守ろうとする。福音を真剣に受け止めるということは、内面に大きな衝撃が走ることである。これこそ本来の、まさしく本来の革命である。痛みを伴うけれども人を解放する、祝福された革命である。つまり、福音によって克服された人間は、持っているものも持っていないものもすべて、新しい光に照らして眺めている。地上のいかなる財産にももはや惹かれない。どうしてもなければならないというものはなく、すべてを自分の主人となった者への奉仕に捧げる。ここで述べていることを、私が1で述べたことと合わせてみよ。信徒団の土壌において、全幅の信頼と互いに耳を傾ける雰囲気を味わえるはずである。イエス・キリストを真剣に捉えるならば、地上の価値や財産、趣味や憧れは非常に限られた価値と有効性しか持たない、という意識を持って他人と接するはずである。真の兄弟性のための前提条件とは何と驚くべきものであることか！　何という光景！　老いも若きも、健康人も病人も、教養のある者もない者も、能力のある者もない者も、皆が清められた雰囲気の中で、互いに奉仕し合う機会を探しつつ、唯一の主人に、唯一の目的に視線を向け、一堂に会するのである。

(b) 人間への道

福音は、私たちが理解する通り、また説明を試みてきた通り、神が人間を追いかける道について の預言を扱っている。モーセの書の創世記からヨハネの黙示録まで、聖書全体には以下のひとつの基本的なテーマが通底している。真理と慈悲の神である主は、その永遠かつ近寄ることのできない栄光の中に留まっておらず、人間を追いかけて人の喜びや悲しみのもとへ、特に人間の貧困、堕落、絶望の元へ赴く。私たちの生活のあらゆる具体的な場へ、つまり、あなたのところへ、私のところへ、家族のところへ、私たちの生活のあらゆる領域へ赴く。神の言葉が伝えられている場所だけでなく、言葉について誰も知る者がいないところ、誰も知りたいと思っていない場所へも赴く。神は信仰告白者を、神の言葉を信じた者を、神の言葉に仕え、その道を理解する者を信頼する。いかに神にとって人間が大切か、いかに神が人間を求めているか、いかに神が慈悲を人間に与えるか、いかに神が人間を自由な、喜ばしい、愛情深い、忠実な息子や娘にしたいと思っているか、これらの証言を、信仰告白者が語り伝え、自分の人生によって伝えてくれることを信頼する。人間を、人間性に満ちた真の人間にしたい、人間の能力を発展させたい、人間の目と耳を開かせたい、眠りと倦怠感から揺り起こしたいのである。人間に真の尊厳を取り戻させ、愛を増やし、創造主との間の障害を取り除きたいのである。

福音は、神、そして神の語り尽くすことのできない慈悲深さと正義についての力強い預言である。しかしまた、人間について、何のために神が人間をつくったのか、本来の罪を負う人間が現実には

何であるのかについての預言、つまり、堕落した人間性について、しかしまた栄光の定めについての預言でもある。イエス・キリストを信じることは、人間を、隣人を、どこにでもいて、その人の元に無限の愛に包まれた神自身が訪れる人を、常にしっかりと見つめることだということを忘れた人は、福音を理解できない。福音が新鮮に響くならば、いつでも霧は晴れ、大地には人間のすべてが、すべての貧困も栄光も具体的に露わになる。福音信者は、人々から逃げず、自分自身の孤独の中に隠れようとはしない。むしろ、内面的にも人々に近づくこと、彼らと真の共同体の中に生き、イエス・キリストが自身を人々への奉仕に捧げたように、人々への奉仕に捧げることを望む。福音は私たちの視線を、神だけでなく人間にも向けること、天だけでなく地にも向けることを同じように強調する。なぜなら、（すでに上述したように）神が人間を追って人の生き方の底辺にまで降りてくるならば、天への逃避は神そのものからの逃避になるからである。福音は、自身の利己的な関心のため、人間のいわゆる宗教の必要性を満たすために、あるいは自分の夢想による神々や小神、に帰依する人間の宗教を打ち壊す。福音は、真の神が人間になり、人間性の本質、堕落、さらにまた栄光を示すところへ連れていくために、人間を宗教から解放する。

これによって、人間の普段の関係における、人間の美しさと醜さにおける、信仰と不実における、言い換えれば、人間の宗教的性質と非宗教的な性質における、真の人間、肉と骨からなる人間への近づき方が新たに開かれる。真の神による地上の生への降臨は、真の人間を示す。福音のこの面を忘れないようにしよう。福音の信仰告白者が他の信仰告白者との交流を望むのは、ごく自然なこと、そう、避けられないことである。イエス・キリストは同じように信じ、同じように愛し、同じよう

な希望を持つ者の統一体としての教会をつくり上げる。しかしこの共同体はそれ自身が目的ではない。イエス・キリストの真の教会は、内に閉じこもらない。真の言葉の意味での教会とは、すべての民を助けるための、神の手中の道具なのである。ありのままの人間が、神の聖なる愛と解放する業の対象なのである。ありのままの人間が、信者たちの関心、愛、奉仕の対象なのである。ナザレのイエス、イエスの地上での放浪、イエスのゲッセマネとゴルゴタへの道、最終的な勝利、これらに視線を向ければ、人間のあらゆる人間性が目にできる。このため、福音の信仰告白者は、あらゆる地上の課題、秩序、文化的成果、技術的達成、社会および政治体制を、いかに人間を助けるか、いかに人間の尊厳を保障するか、いかに人間を解放するか、いかに人間の力を高めるか、いかに人間を喜ばしく想像的な務めへ解放するか、という視点から考える。というのも私たちは、人間がひとりでは生きていけないこと、孤独な環境では、精神的にも肉体的にも死してしまうかもしれないことを知っている。人々が共同の務め、互いの奉仕、そして一定の目的に向けて集まらなければならないことを知っている。私たちは、共同の体制、国家、科学、芸術、あるいはまた他のあらゆる集団的行動の発生基盤について述べようというのではない。ただ人の共同体は、人間性の必然的、本質的な結果であり、いかに個人レベルでさまざまな社会形態や文化的財産が生まれようとも、人間性が真に発展するのは、人と人が協力する時だけであることを言いたいだけである。福音は、人間性の基本に必要なすべてのこと、つまり、共同体、奉仕、互いに助け合って生きることの究極の理由を明らかにする。教会はそれ自身が目的ではないように、いかなる人間の機関、いかなる社会的および国家機関、いかなる科学および学校もそれ自身が目的ではない。これらの価値と内面的な

耐性は、今まさに述べた通り、人間の力、尊厳、平等、そして自由、これらの発展のためにいかに貢献するかにかかっている。このため福音は、世間、政治、経済、科学、そして教育の活動における人々の人間的感覚を鈍らせるようなことはしない。逆に人々の目を開かせ、これらの務めのために重要である感覚を磨かせる。また、すべての地上の出来事を、いかに人間、人間の心と体に役立つかという観点で絶えず測り続ける。

ここでまた本稿を貫いている事柄に戻る。つまり福音は、他人に対する人間の責任を呼び覚まし、人間同士の障害を取り除き、彼らをその時代の社会での仕事場に導くということである。福音信仰告白者の信仰心は、強固で明確である。見解がぶれたり、不安、疑念、絶望の間を彷徨ったりすることはない。天と地、過去、現在、未来、そして人間の生のあらゆる領域を見つめる信仰告白者の見方は、イエス・キリストの明快な言葉と解放する業によって定められている。福音信仰告白者は、他の信仰告白者と親交を求める。求めるだけではない。現実には、その信仰は、他の信仰告白者との親交において生まれ、育まれ、成熟する。また彼らの関心は、教会内に留まらない。彼らが他の人々の見解に混乱させられることはない。人間を手助けするところにならどこにでも進んで赴き、働き、闘い、構築する。愛を持って、共産主義および共産主義者の活動にも近づく。なぜならつまるところ共産主義者の理論も実践も自身のためではなく、本質的に人間のため、正義と平等の拡大のため、さらに人間の尊厳と自由の深化と向上のためであることを知っているからである。福音は、いかなる条件下、いかなる環境下でも、内面的に自由に生きられること、キリスト教徒の自由は、社会や国家や政治の秩序や法に基づく自由とは別であることを、私たち皆に思い出させる。自由は

私たちを解放し、不安を取り除き、聖霊の富で満たすために、聖なる愛に満ちて私たちを追いかけてくる者の恵みから、信仰告白者に贈られる。福音信仰告白者はこの自由において至上であるために、コンプレックスも、苦々しさもなく、不機嫌になることもなく、とりわけ何が起きようと不安も抱かずに、世界を歩む。けれどもこの高い領域から地上の生活にやってくる内面の自由は、人の尊厳と自由を保障するための人間の秩序と法を、無価値で無意味なものと言い放ったりはしない。政治的、社会的秩序によって保障された地上の自由には、相応の相対的な正当性がある、つまり自由は相対的で過渡的であるが、内面の自由に劣らず重要なのである。この世のすべては相対的で比較的で過渡的である。この世に絶対で究極で永遠に有効なものはなく、また福音がこれらの地上の相対性を無価値で無益と宣言すると彼らが主張するとしたら、誤った信仰であり飛躍である。地上の相対的な財産や秩序が危険になりうるのは、人間が人生の重心をすべてそこに移してしまう時、人生をそこに結びつける時、権力、栄光、または財産を求める気持ちから、人に奉仕してこそ価値を持つあらゆる手段を、自分のため、自分の利益のために手に入れることを人生の目的とする時のみである。

「たとい人が全世界を得ても、自分の命を損したら、なんの得になろうか。また、人はどんな代価を払って、その命を買いもどすことができようか」(マタイによる福音書16章26節)

繰り返しになるが、これはキリスト教信者が、世界で人間のために行われている尽力の責任を投げ出すこと、世界の人間の務めと努力を無視すること、それらを軽視すること、それらを自分自身に閉じこもるための言い訳と捉えることを、決して正当化するものではない。このような福音の捉

え方は、本質をゆがめることを意味する。最高のものでも、ゆがめれば、最低のものに転じることを私たちは知っているはずである。ここでも、勤勉で疲弊しきっている人々がキリスト教徒と教会に対して抱く不信を理解するために、現代人の脈に耳をすますことが、私たちの義務なのである。

私たちは、新しい方法によって、また社会に対する新しい反宗教的な見解に基づいて、新しい社会をつくろうとするいわゆる無神論も理解しなければならない。私たちは自分の信仰について誰にも謝るつもりはない。常に謙虚に、そして喜ばしい確信を持って、私たちは福音を信仰告白していくだろう。しかしまた、預言者と使徒の生きた神の言葉が年月を経て、死した定型、実のない教義文に変わり果て、キリスト教社会の伝統は一度となく、人間の真の人間性、人間の定めを抑圧してきたことを悔い改めながら認めるだろう。上流社会が誇らしげに聖堂や教会に通っていた一方で、ぼろをまとった大勢の民が飢えに苦しみ、死んでいったことを忘れてはならない。キリスト教諸民族は何世紀にもわたってアジアやアフリカの有色人種の血と汗の上に生きてきたことも指摘しよう。人の魂と人間社会において常に革命的な酵素となるべきだったものは、人間の自己正当化とエゴイズムの道具に変わり果て、よくてせいぜい宗教の利己的な快適さと自己満足の源になってしまった。従って、アブラハム、イザク、ヤコブの神、イエス・キリストの父が変貌したものであるキリスト教徒の神に対する闘いが、人間を解放する闘いであったとしても不思議に思うのはやめよう。マルクス主義者たちが自分たちの教義をよく理解しているなら、その無神論の意義がまず拒絶、否定にあるのではなく、人間の魂の手枷、足枷を外し、人間を解放して完全な人間性をもたらすための試みにあるということを否定しないだろう。彼らのいう神への反感は、私たちがイエス・キリストに

おいて信仰告白し、神の光の中で人間を認識し、神の恵みから喜びと平安を奨め、神の慈悲から人間への奉仕のための力を日々新たに得るための真の神に影響を与えるものではない。衰退しつつある社会の秩序や制度は、歴史上のある時代には大きな創造的役割を持っていたことを私たちは知っている。それらは、それらが生じたその時代に、果たされるべき活動を果たした。しかしおそらくその創造的力を失って力尽き、隠れた（カムフラージュ的な）強欲さの人の道具になり、弱体化し、歴史上の危機のいざという時に立ち直り、恐ろしい世界的なカタストロフィから守るために人の心に火を点けることができなくなったのである。私たちは審判を下すつもりはない。私たち自身、近い過去の責任を負っているからである。神は父親が罪を犯せばその三世代、四世代後の子孫にまで問うということをここでも思い出さねばならない。神の審判は予測できるものではないが、常に浄化し、解放するものである。従って私たちは、たとえ私たちの信仰と相容れない哲学（イデオロギー）の助力によるものであっても、適切で妥当な形態、よりよい社会組織によって人の地上の生活における正義と自由を確保する新しい適切な試みに対して、理解を示すべきである。

しかしここでも問題なのは、社会の再編の新しい試みを促す力がほんとうに人間のためであるのか、より満たされ、より公正で、より自由な人間の生活を求める思いであるのか、ということである。その思想および作業メソッドをひっくるめた共産主義体制でさえ、それ自体が目的ではない。そして社会主義社会を生み出す革命でさえ、単に権力を求める闘いではない。私たちの周りで生まれ、つくられ、構築されるあらゆるもの、産業および農村における財政的生活の再編、政治的共存の新しい形、教育・医療・文化における新たな措置、これらはひとつの重大かつ本質的な使命を担

っている。それは、人間の地上の義、自由、尊厳に役立つ、物質的および政治的生活の前提条件をつくることである。社会の発展、私生活や公共生活への暴力的な、権力による介入のような印象を与える多くの措置は、ある歴史環境の下、民族間の大きな緊張において、新たなカタストロフィによって大切な新しい萌芽が摘み取られないように、古いものを早く除去しなければならない時のみ、正当化される。ここで言われる弁証法的な形態の物質主義は、人の自由、正義、尊厳は、人間が人間を隷属させることがないという人間間の社会および経済関係を再構築しない限り確保されない、という確信において育つ。キリスト教信仰は、人間の物質的要求に対し、また苦しむ弱い人間のためのパンに対し、また経済的権利がなく、貧困と無力感という物質的な抑圧の下に暮らす人の尊厳と権利の確立に対し、理解を示す。

(c) 人との連帯

しかし、福音信仰告白者は、誰にも代わって果たしてもらうことのできない役割を忘れることはない。人は飢餓や貧困、強者と弱者、裕福者と貧乏人の間の深い亀裂、社会階級の不当さに苦しむが、また心の貧しさや道徳的な弱さにも苦しむ。とりわけ他者に、真に開放的に純粋に近づくことの難しさに苦しむ。人はまた罪と罪悪の意識に苦しみ、責任を果たしていないという意識に苦しむ。こうしたことすべてのために、他人への思いやりがなくなり、責任を他人に転嫁し、慢性的な病、疾病、過ち、社会生活の拙さを他人のせいにして非難しがちである。とりわけ、自分のことばかりに気を取られている人は、不満や怒り、さらにまた他人に対する疑念や批判、厳しさや憎しみを募

らせる危険がある。不正を純粋に感じる気持ち、正そうとする純粋な気持ちは、人間のさまざまな気分によってかき消される、そう、踏みにじられる。私生活でも、公けの場でも、人はしばしば怒り、苛立ち、不満でいっぱいになる。しばしばまさに無力、絶望をもたらすこうした気分のために、不幸であると感じる。人が不幸に感じるのは、悔い改めによって解放されて生きることなく、自分以外のあらゆるところに罪と敵を探そうとするからである。私たちはそういう人たちを責めてはならない。そして彼らの不幸に対しても、目を向けるべきである。彼らの不幸の原因がその人にあろうとなかろうと、それは私たちの不幸でもある。大切なのは、真にその人を助けることであり、その人の不幸の傷口を広げるようなことをしないことであり、不満や不機嫌な気持ちを増長させないことであり、よく知られている事実へ、私たち皆の中にいて、私たちをその言葉によって、十字架によって、勝利によって助ける者へ目を開かせるべき時に、一緒になって不平を言わないことである。私たち自身が福音に影響を受けて、変わるならば、私たちはすべての人（その人のことを気に入ろうと気に入るまいと、私たちに対して親切であれ不親切であれ、私たちがその人に対して賛成であれ反対であれ）へつながる道を見つけるだろう。しかしその道が見つかるのは、私たちが彼らの立場に立ち、彼らの罪および苦痛を引き受け、彼らに手を差し伸べ、自由な喜びの道へ彼らを導く時だけである。イエス・キリストは、すべての罪と世界の呪いを自身に引き受けるだけでなく、それらを受け止めて十字架の上で死ぬことで、世界に審判を下した。イエスの愛が私たちを審判するのは、それがほんもので、純粋で、無限で、何にも制限されることのない、無条件で、説明することのできない愛だからである。しかし、その審判が下されるのは、私たちから障壁、他人への不信、あらゆる憎し

みを取り除き、私たちに赦しの言葉を身に付けさせるためである。真の悔い改めと赦しの雰囲気をつくり上げること、これこそキリスト教会の本質を構築する課題である。私たち自身はすべてのものに対して責任を負っている。他人に審判を下す前に、私たちは自身を審判にかけなければならない。この悔い改めの雰囲気と結びついているのが、赦しの強力な生きた音質（トーン）である。ナザレのイエスにおいてもたらされた神の赦しのことである。しかしまた人間の赦しのことでもある。神とともに、赦しを意識して生きるならば、どの人間とも赦しの関係の中で生きることができる。すべてに対して私は責任がある。赦しなくして生きることはできない。罪の赦しを信じる私は、赦しなしに人々に近づくことはできない。私たちが、私たちに罪をなす者を赦すように。そして悔い改めと赦しの雰囲気はまた、すでに述べた自由と喜びの雰囲気でもある。キリスト教会がこの活動を行わなかったら、誰にできるだろうか。福音の信仰告白者がやらずして、誰に人の内面的および公的な生の前提がつくり上げられるだろう。これは目に見えない、表現することのできない前提条件であり、しかしそれゆえに、あらゆるもの以上に真実であり、人の生の充実のために欠かせない前提条件なのである。どの社会にもこの前提条件は必要であり、私たちは、周囲の人、つまり工場や畑、学校や役所でともに働いている人々、教会の共同体の一員であろうがなかろうが関係なく、これらの人々にこのように奉仕しなければならない。もう一度言おう。悔い改めと赦し、自由と喜びにおける生活、これこそが私たちが胸に抱いて、教会および教会に属さない人々のもとへ行くための使命である。真の教会はどこにでも存在する。いかに可能性のなさそうなところでも、素朴でほんもので純粋な福音信仰告白者が悔い改める責任感を持って生き、周囲にその責任感を広めるな

らば。また赦しを受け入れ、周囲の人々と赦しの関係をもって生きるならば。また自己から解放され、内面的な自由において外面的な自由のための前提条件をつくるならば。また喜ばしい感謝の念に満たされて家族、地域、自分が所属するあらゆる共同体を喜びと喜ばしい希望で満たすならば。この作業によって教会は、正しいものと正しくないもの、よいものと悪いもの、赦されるものと赦されないもの、ほんものと偽物の間に見えない線を引く。この作業によって教会はいつでもどこでも人間に奉仕する。この作業によって、生まれつつある社会にも、それなしでは人間社会が貧しく弱いままであるものをもたらす。

しかしこのような教会が今日の世界に存在しているのだろうか、という基本的な大きな疑問は残されたままである。もっと具体的に言おう。私たちが属している教会共同体は、真の教会であるだろうか。教会の本質とは何なのかを知っているか、私たちが教会によって支えられているかをまず先に自問しなければ、教会と世界の問題を真に深く理解することはできない。教会が聖書の預言の生きた源から成立しているところ、イエス・キリストの存在によって裏付けられているところでは、教会と世界の問題は、正しい形を築く。教会は、世界全体、また疎遠に思える人々に対しても、聖なる慈悲深き神が私たちの間にいること、すべてを与えてくれること、両手を広げて私たちの前に立っていること、神のそばでは何も恐れることはないことについての喜ばしい、解放する知らせを伝える義務を負っている。教会は、人の子が人間の呪いを身の上に引き受けるため、人間の呪いは解かれること、私たちの罪によって私たちの間に築き上げられたすべてを神が取り除くこと、人間がこの世のために価値のある定めを持っていることを罪深い人間に伝える使命を持つ。教会が私た

ちの世界に置かれたのは、気質や歴史によって彼らの間に築かれた、あらゆる境界を撤廃する共同体を人々の間に実現するためである。また繰り返しになるが、教会が担っているのは世界を裁く権利ではなく、すでに話したような雰囲気を世界のためにつくり上げる役目である。つまり、悔い改める愛、赦し、自己に打ち勝って奉仕する雰囲気である。自分に与えられたことを果たさずに、どうして他人のことを判断できるだろうか。真の光の知識を持たずに、どうして世界が何であるかを認識できるだろうか。世界に対する審判が意味を持つのは、自分自身に審判を引き受ける時のみ、つまり周囲の人々の悪、罪の責任を連帯感を持って引き受ける時のみである。私たちの奉仕が効果的になるのは、自分のメッセージを、信者、非信者、いかなる思想の持ち主であれ、すべての見解の人々に示す時である。キリスト教会の信者は、いかなる潮流、いわゆるイデオロギーにも完全に組み込まれることはない。信者が信じる神は、上から信者に語りかけ、隣人および遠方の人にさらに渡すように、と信者に賜物を授ける。世界に対する自分の関係について語る時に、唯一の本質的な問題は、私たちが使命を従順に喜んで果たしているかどうか、ということである。それ以外のことはすべて二の次である。私たちの批判が正しいだけでなく効果を持つようになるのは、最も重要な使命を私たちが果たした時のみである。

(d) イエス・キリストの主権

フスからコメンスキーまでの宗教改革の遺産には、イエス・キリストの主権的支配を大きく強調する音が絶えず響きわたる。このことについてはすでに冒頭で述べた。イエスについては、本書の

さまざまな論文でさまざまな形で指摘されている。私たちの父たち、祖先は、福音が罪と悪からの解放と赦しについてだけでなく、地上の生全体におけるキリストの変容させる力についての預言であることを伝えようとした。イエス・キリストは私たちの上に君臨し、私たちに従順と責任を呼びかけ、私たちにとって内面的、外的生活における究極かつ最高の権威である。私たちはイエスから恵みを与えられるが、さらにイエスの後を追いかける。私たちがイエスの足跡を見つめ、イエスに忠実であるならば、私たちもイエスの王の威厳の反射光を受ける。コメンスキーは私たちに、キリストの王の杖を忘れるな、キリストに従順さ、名誉と称賛の奉仕とを捧げるように、と忠告する。イエスは、私たちの理性と私たちの体、また私たちの内面と心を要求する権利を持つ。イエスは、私たちがいかなる場所、いかなる職場に立とうとも、私たちが聖堂に集まろうとも、機械の脇に立とうとも、列車で移動しようとも、友達と輪になっておしゃべりに興じようとも、私たちを要求する権利を持つ。イエスは私たちの公的生活における決定に対しても要求する権利を持つ。すでに述べた言葉を思い出そう。私たちの決断において大切なのは、何が私たちの個人的な、地位や階級の関心であるのか、何が私たちに都合がよく都合が悪いのか、何が私たちの気に入るのか気に入らないのか、ではなく、私たちはこの世界の住民として、十字架の上に私たちの呪いを背負い、しかし私たちの義認のために死から身を起こした者に従順であるかどうか、である。これこそ私たちの宗教改革の輝かしい遺産である。輝かしいのはまた、これが今日まで生きた効果を持ち、今日の問題や環境に改めて適用させることを、その内面的な力で強いるからである。ひとりひとりが各作業の際、各決断の際に、キリストの権威が私たちにとって何であるのか、その時点で私たちに何を要求

するのかを自問するならば、非常に私たちの助けになる。これは難しい問題だが、信仰心の強さと純粋さは、最もありふれた、一見最も物質的で最も実際的な問題の中で証明される。私たちは、現実の観察、現在の環境の研究、公的問題の自分の知識（社会、政治、あるいはまた文化でも）を、（繰り返しになるが）生と死の支配者であるイエス・キリストに従順になることによって、常に変革し、鋭くしていかなければならない。

しかし先へ進もう。イエス・キリストの支配権力と権威に従順になることとは、地上の秩序の硬直さ、不動状態から私たちを解放する。王であるキリストは、言葉以上、教義やスローガン以上のものである。十字架に架けられた羊としての王であるキリストは、傷ついた葦を折らず、くすぶる灯心を消さない。人間のいかなる理性をも超える平安を与える。その存在は血の流れる傷につける薬であり軟膏である。罪によって折れ、罪悪のために重荷を背負った心を慰める。

「しかし、霊があなたがたに服従することを喜ぶな。むしろ、あなたがたの名が天にしるされていることを喜びなさい」（ルカによる福音書10章20節）

そしてその同じキリストが、へびやさそりを踏みつけ、敵のあらゆる力に打ち勝つ権威を授けた（ルカによる福音書10章19節）。これは言葉通りに受け止めよう。ナザレのイエスはこの世を疾風の如く行く。古く腐ったものを吹き払い、教会のものであれ、世俗のものであれ、いかなる秩序にも固執させない。今日でも私たちはイエス・キリストの力を精神の領域だけにとどめようとする神学者たちと出会う。彼らはイエスの王国を、この世界の王国と区別する。神の意志によりつくられた秩序で、キリストの王国の力が届かない秩序があると主張する。彼らは、福音の力をこの世界に持ち

込んで、地上の秩序を揺るがそうとするいかなる試みをも否定する。精神の領域ではキリスト教徒を解放するが、神の創造的な意志により決定される強固な秩序に従わせる。世界とその秩序の上をいくキリストの力を信じる信仰、またイエス・キリストの力は地上の機関、政治・社会構造を揺るがすことができるという信仰は、彼らにとっては許されない「熱狂」である。ドイツの神学者たちはこれを「Schwärmerei」と呼んでいる。福音がこの世の活動の法律やプログラムに変えられることを恐れるこれらの神学者たちの不安は理解できる。福音は法律以上のものであり、社会および政治の秩序で直接表現することはできない。しかしこれは、十字架に架けられ、呪い、死、罪に勝利した者が、死から立ち上がった、私たちの人生、社会、歴史より上の至高の主ではないということではない。誰にキリストの権威と支配を制限することが許されるだろうか。誰にキリストの力が及ぶ範囲を規定できるだろうか。いかなる権利によって私たちはキリストの手から笏(しゃく)を奪えるだろう。福音は、キリストの恵みについての預言であるが、またキリストの至高の力についてのメッセージであり、またあるいは言われるところの、世界に対するキリストの王権についてのメッセージである。これは私たちにとって死した教義ではない。これは、悔い改めて従順になり、慈悲深い愛情を持って、人間を良心においても普段の仕事においても解放せよという、私たちへの呼びかけであり命令である。福音は革命的なプログラムを練っているのではない、というのはほんとうである。信仰するキリスト教徒は、世界で起きているあらゆることに対して常に自由な関係を維持しているというのはほんとうである。しかし真の信仰は、世界を揺るがす出来事の中に、暗い、隠れた神の手しか見出さないのではない。人間は、預言者の預言と使徒の証言によって、混乱やカタストロフ

ィの裏、さらにまた仕事や再構築への新たな決意の裏に、死から蘇った者の存在を見る勇気を与えられる。この光の中で、この讃美歌作者の言葉「地よ、主のみ前におののけ、ヤコブの神のみ前におののけ。主は岩を池に変わらせ、石を泉に変わらせられた」（詩篇１１４章７‐８節）を理解しなければならない。ヤコブの神の臨在は、イエス・キリストの神の臨在である。そう、イエス・キリスト本人の臨在なのである。この確信によって、キリスト教会は、嵐のさなかにあってもイエス・キリストの手の中、導きの中にあるという意識を持つことができる。それだけでなくさらに、教会信者は、古い秩序の残骸の上でも、新たな道、新たな構造物の計画中でも、主の王国の外の異郷に追い出されることはないと確信できる。過去から解放され、キリストが臨在する確信によって、不安なく務めに励むことができる。最も難しい場所、一見イエス・キリストから最も遠ざかり、教会の中心から最も離れているように見える場所でも、福音の従順な信仰告白者であろうとする。そしてここでは、実際に死から蘇り、絶えず新しい心、さらに新しい秩序をもつくり出す権威、導き、および権力の下で、新しいことが起きているのである。この意識は、信仰告白者および教会全体に、社会的な震撼と折り合いをつけるだけでなく、新しい秩序に福音の富、責任感の純粋さ、人々への自己犠牲的な愛をもたらす手段を見つける力と勇気を与える。これは狂信（Schwärmerei）などではなく、イエス・キリストにおける自由と喜びであり、服従と力強い希望なのである。

(e) あなたや私にとってこれは何を意味するか

私のこれまでの意見をいくつかの点にまとめてみよう。私たちは今日を理解し、明日への道を目

にするために、昨日を振り返ってきた。すべては読者を助けるための試みであった。どの兄弟もどの姉妹も、自分の責任感の問題について、よく考えることが義務である。自分の問題、公的な問題とどう折り合いをつけるか、ということについては、誰にも処方箋を与えることはできない。私たちはひとりひとり、隣人や兄弟の場所とは別の、自分の場所を持っている。私たちはひとりひとり真剣に聖書の預言を聞き、預言と折り合いをつけなければならない。しかし同時に、私たちは互いに助け合うことができるし、そうすべきである。道中、生ける神の言葉に足を止められたとき、私たちは個人的に自分に何が起きたのか、証言することができる。私たちは互いに開放的で真摯でなければならない。私たちが述べたことを、私たちに続いて繰り返すことが誰にもできなくても、彼らに助言をして自分が導かれた道を示してやることはできる。主が教会を築くのは、私たちがお互いの荷を背負い、自分が経験した危険や衝突を兄弟、隣人、最も身近な者たちに降りかからないように、注意してあげるためである。繰り返しになるが、大切なのは、私たちの対話と交流の空気を浄化し、疑念と不信のあらゆる蒸気を取り除き、互いに相手のことを真剣に思いやることである。ある意味、私のすべての説明の意義は、これまでの年月における私たちの決断、言葉、行為の裏にあるものを、内外の兄弟に示すことである。今日では、教会を汚し、個人的な交流を妨げ、互いに対して抱いている邪推、想像、疑念の茂みの中をかきわけ進むのは非常に難しい。それでも互いに近づくために、あらゆることをしなければならない。誰もが不信と無理解の空気の責任を感じなければならない。他人に善意がないと嘆いて、自分の被った傷ばかりを見せるのは、卑怯と言えよう。私たちの間にかかる霧を晴らし、私たちの環境に生えている雑草を刈り取るために、自分の側から

あらゆることをするよう肝に銘じるべきである。

私個人のことについて述べるならば、この七、八年の間に私の決意と私の作業の方向性を定めることになったのは、次の三点（の動機）である。

1．私は、一九四八年を境に、言わば後戻りのできない時代に突入したと確信してきた。またそう確信している。言い換えれば、一九四八年が始まってまもない月に起きた出来事によって私たちの暮らしに刻まれた深い切り口を、私たちは真剣に捉えて理解し、後ろを振り返らずに前進しなければならない。もちろん歴史において永続するものは何もない。私たちの周りは常に変化している。時には脇道に逸れたり回り道をしなければならない。私たちが進む現在の道もまっすぐではなく、多くのカーブや回り道がある。立ち止まったり、脇道に逸れたりして足踏みすることがあっても、肝心なのは道がどこへ向かうのか、どの方向へ行くのかということである。一九四八年の冬から早春にかけての大詰めの数週間、私は政治と社会の古い構造の時代が終わり、新しい時代が始まったことをはっきり感じた。この確信はどこからきたのだろう。信仰心から、それとも国内外の全体的な状況からの推測だろうか。これは判断する時に自問しなければならなかった問題であり、また、今日でも答えなければならない問題である。私の当時の判断はもちろん、熟考と推測の結果であった。それ以外にはありえなかった。キリスト教会の手足である信者も日常の世界の出来事の中で生きているのであり、物質的にも精神的にもその一部なのである。彼らは信者も非信者もいる周囲の環境や場所、職業に課される務めに、まじめに取り組まなければならない。農民の信者も、教養を

高め、経験を積み、周囲と協力しなければならない。そして個人や一般の経験をかんがみて、賢明に、よく観察して、農業を経営しなければならない。同じことが誰にでも当てはまる。国内関係、国際関係を問わず国家行政に携わる政治家もである。そして信仰は、ありのままの現実を観察し、推測し、評価し、調査する義務を免除しないだけではない。逆に、聖書の預言から理解できる信仰は、現実に導き、出来事に対して耳目を開くよう促す。キリスト教信者は、地上の面倒事や問題や義務が免除された領域で生きているのではない。読者は上述したことを思い出してほしい。また、私たちの周辺の国内の生活と、世界の大変動との関連性を理解しようとした記述を思い出してほしい。歴史は私たちの個人的な好き嫌いや好みに沿って進むのではない。だから現状と現在の出来事の意義を念入りに、勇気を持って探らなければならないし、念入りに、冷静に、これらの根をたどらなければならない。この意味では一九四八年の激動の日々についても、私は国内外の状況全体をかんがみて判断したと言うことができる。長年、私はさまざまな出来事について、人間であるゆえの可謬性や限界を背負いながらも、見解、論評を記してきた。言わせてもらえば、第二次世界大戦の結果、私たちが立たされた状況に対する私の推測、いかに激動の時代を迎えるかという私の推測は、本質的に間違っていなかった。私は、この広範囲に影響を及ぼす出来事に対する人々（教会信者を含む）の気まぐれかつ近視眼的で、無責任でふまじめな折り合い方に驚いた。出来事の真の意義を突き止めるためには、もっと努力が必要であり、個々および全体的な出来事の本質を眺めるような、より責任のある、自己の利に囚われない視点が必要である。だからこそ、一見神学の務めとあまり接点がないような、ヨーロッパそしてアジアの出来事をこれほど取り上げてきたのである。

そして現状全体を把握するために、非常に世俗的なことについて、時として非常にかけ離れたことについても書かなければならなかったのである。

しかしまた言わせてもらえば、私の決断はやはり信仰に基づく決断だったのである。人間を利害関係や趣味から解放し、出来事や現実を生きた神の至高性と慈悲の光に照らして見る信仰である。信仰は不安を取り除き、息苦しさを克服し、闇や、足を踏み入れられず暗い茂みしか見えない場所にも光を投じる。信仰においては、人が教会や聖堂の壁の内側に自己満足して閉じこもる場合は、常に神の「否」が響く。しかし教会が無気力な状態から目を覚ますことができないまま、世界の上に審判を下し、人間社会の新しい階級の台頭を阻もうとするところでは、神の「然り」が響く。神学者、牧師、説教師は、「預言」の奉仕を聖書の伝統的な解釈や自分の基準に基づいて行う。彼らはしばしば自分の道徳的な憤りを、預言のなせる業だとみなす。私たちは皆、自分のいわゆる宗教的な感情や道徳的な昂奮を、預言の言葉の真の反映と勘違いしないように気をつけなければならない。主が「否」をもたらす時だけでなく、主が罪人に、堕落した世界に、宗教および教会の習慣に反発する出来事にその言葉によって「然り」をもたらす時にも聞くために、私たちは常に慈悲を請わなければならない。キリスト教徒は、単なる外的な「預言」やその他の推測による判断と、信仰による判断の間に太い線を引くことはできない。両者は手に手を取って歩むものであり、互いに関連するものである。キリスト教信者は観察し、推測するが、信仰、愛、希望の奉仕の中でそれらの観察や推測を役立てるのである。

2．一九四八年の決定的な瞬間には、適切で純粋な神学、生きた力強い信仰だけが状況に対処しうるということを、より明確に、より強く確信するようになった。教会と信仰は、マルクス主義的に組織され、導かれている労働者階級の力強い台頭と大変動によって本質的に脅かされているという、時に弱く、時に強く憤慨して上がる声に私はショックを覚えた。いかに私たちの信仰と神学が弱いか、いかに私たちの信仰が臆病で意気地がないものであるかということが観察できた。さらにその臆病で意気地のない信仰が、信仰の性質を失っていき、無力な運命論的気分に譲歩していくのが観察できた。この運命論的気分は、教会がメッセージと奉仕を伴って送り込まれた場所から身を引かせ、その立場を明け渡させる。運命論的気分は力をくじき、力のない悲観主義によって感覚を麻痺させる。悲観主義は、物事への暗い視線であり、未来への絶望的な視線であり、神学の辞書に属さないものであるように、キリスト教徒の生にも属さないものである。強い信仰と真の神学は、常に、新たな奇跡、神の新たな勝利の到来の希望と結びついている。当時の主たる課題は、真の神学を求める努力、真の勇敢な信仰を求める努力に集中することであった。信者が絶望的な気分に支配され、教会が嵐や不穏、労力や責任から隅や避難所に逃げ出せば、教会は崩壊する。そしてもし神学者が、最近までは効果があって機能していたものの、激動する状況の中で意義を失ったスローガンや定義、定型文、呼びかけを繰り返すならば、創造力を失い、大きな役目を果たさなくなる。我が国、そして外国においても、まさに優れた神学者および教会の優秀な闘士たちが、ドイツ（ある意味ではノルウェー、デンマーク、オランダ、フランス）告白教会の闘争の時代に、常套句や教義定型に慣れきってしまい、この慣れのために、ヨーロッパの社会構造や教会の状況を根本から覆した新

しい出来事や変動に対処する道をまともに探り当てることができなかったのである。神学も信仰も、新しい課題、新しい挑戦、新しい疑問、新しい審判を把握せず、その時点の課題を、優れたものであれ、過去の廃れた処方箋に基づいて対処しようとすれば、衰退する。私を含め、多くの他の説教者や教会の信仰告白者が問わなければならない問題は、私たちの神学が、新しい状況に対処できるほど、また教会の難しく責任を伴う課題に役立つほど、十分生き生きとし、新鮮であり、創造的であり、深いだろうか、ということである。教会と神学にとっての危険は、決して非信者の世界にあるのではなく、彼ら自身の中にある。私たちの信仰が固く、私たちの神学が主の力強い言葉の深部と不安なく結びついていれば、いかなる出来事にも私たちはダメージを受けず、いかなるこの世の手段にも屈することはない。

3．エルベ川から太平洋にかけての何億もの人々が住むこの地域において、イエス・キリスト教会の最も責任の重い闘争のひとつが今後も続くであろうことは、私には新しい時代の当初から明らかだった。この闘いはもちろん、全世界に向け、教会に向け、また教会に属さない人に向けてイエス・キリストの福音書から響く栄光の「然り」と「アーメン」と信仰を完全に肯定した中で行わなければならない。何度かすでに述べたように、この闘いは、歴史的状況をよく理解して行わなければならない。一見気に入らないものに反発したり、苦々しく反抗心を抱いたりせずに、行わなければならず、新しい出来事に目を開いて、行わなければならない。従ってこの闘いは簡単ではないだろう。身震いするほど深い自己批判が必要になるだろう。私たちの信仰心は、思考を曇らせる迷信

にほんとうに捉われていないだろうか。ホレブで燃える炎、キリストの死とその勝利によって、偽善的な信仰心、宗教的なエゴイズム、法的な自己正義化といったあらゆる澱(おり)が取り除かれているだろうか。主がモーセをエジプトの兄弟のもとに送るために語りかけた場所の燃える柴は、教会および信者の習慣、硬直化、自己満足という砂で消されようとしたが、変わらずに燃えている。エレミヤの心の中で燃えていたように燃え(エレミヤ書20章9節)、キリストの勝利の五旬節にエルサレムに集まった弟子たちの中で燃えていた(使徒言行録2章3節)ように、燃えている。また何より重要なのは、私たち、私たちの信徒団、説教師、長老、若者たちの中でも燃えることである。私たちのあらゆる祈りおよび務めは、おののいて臆病であった弟子たちを、恐れることのない証人および信仰告白者に変えたこの聖霊によって火を点けられ、満たされなければならない。しかし今日ではゴルゴタの十字架も、私たちにかかる呪い、堕落、絶望を背負う人の子とともに、私たちの間に立っている。私たちは人の子について歌を歌い、人の子を描き、人の子を教会の中に立てることもあるが、人の子のことを真剣に捉えようとせずに、彼のもとから逃げ出している。十字架に架けられた者のように、人の子および堕落した世界と手を携え、教会の内外の隣人、彼らの貧困、課題に対する責任を自ら背負おうとする気概を持たない。福音は私たちにとって、人の日常の関心、エゴイズム、また時には悪意、頑固さの上に貼りつける飾りシールになってしまった。このため、私たちは一歩踏み出すごとに、宗教なぞは世界や人間についての古い想像や迷信の名残であり、与えられた場所と時代の人間の真の貧困や、真に必要なものや真の課題から目を逸らすために私たちや隣人を酔わせるアヘンや強い酒であるという主張を裏付ける形になってしまっている。人間の宗教は、昔

も今も私たち人間の個人的または階級的な関心の産物であり、そこに反映されているのは決して永遠の真理ではなく、限定された粗野な真理である、という主張を裏付ける形になっている。私たちの「宗教」生活や実践は、昔も今も、宗教や教会を人間社会の一時的な産物だとみなす意見を多分に裏付ける形になっている。こうした解釈や意見に腹を立てたところで何の助けにもならない。口論や議論をしても何の助けにもならない。すでに何度か述べてきたことであるが、今日の激動によって、多くの祭壇や聖堂、習慣や見解が、嘆かわしくも堕落するだろうことをここでもまた思い出すべきである。

今日、世界の神学界では、真の聖書信仰と、「いわゆる宗教」との違いについての議論が盛んである。昔から聖堂、儀礼、宗教機関が永遠に燃えてきた主の存在の炎を絶やそうとしてきたこと、人々が生きた神と神の言葉を繰り返し偶像、祭壇、神々で置き換えてきたこと、自分の聖堂で、自分の想像図に基づいてつくり出した神々に、ろうそくを灯していること、こうした事実が多く示されてきた。私たちは、旧約聖書、新約聖書の全体を通して、いかにイスラエルの生きた神があらゆる偶像やバール神に追い払われてきたかについて語られていることを知っている。最悪の事態は、異教的な偶像崇拝が主の名前（もっとも、表面的な名前でだが）で飾られたことだった。新約聖書はまた全体にわたって、いかに高慢で敬虔で自己満足した心が、屈辱的な呪われた十字架の上に現れた、人の無力感と堕落の場にまで降りてきた神に楯突いてきたかを証言している。神の恩寵によって（Dei Gratia）、私たちが駆けずり回ってきた道、つまり安っぽい迷信、心地よい偽善的な信心、とりわけ率直でない宗教的なパリサイ主義から離れ、神が話す場所で生きた神と出会うこと、十字

架に架けられ復活したキリストが待ち受け、聖霊の炎が人心の最も奥深くを燃やす場所で、生きたキリストと出会うことが私たちにできるだろうか。人の子が誘惑を克服し、悪魔を払いのけ、人間の高慢さの足枷を壊し、眠気を払い、罪を赦し、喜びで満たし、罪深い堕落した人間によって真の教会を築き上げる場所に集うために、私たちは自分たちの聖なる宗教的な関心を捨てる覚悟があるのだろうか。真の信仰が生まれ、人間の宗教と偶像崇拝が死に絶え、生きた神自身が業を行う場所で務めを始めているだろうか。どこで教会はあらゆる人間の神話や迷信、あらゆる宗教的利己主義から解き放たれ、どこで人間の社会的な関心の産物、崩壊する世界の支え、不機嫌で不満な人たちの逃げ場となることをやめるのだろう。その時のみ、私たちの務めと証言は新しい社会を形成し、人間性の崇高さと尊厳、真実への尊敬、公正を求める気持ち、自由の喜び、自己犠牲愛の無限さが社会にもたらされる。そのような信仰とそのような教会が、迷信的で人の利益を擁護する宗教の科学的批判に真実を見出す人々、信仰心を持たない人にとっても、助け、道標、感嘆符になるのである。ゴルゴタの十字架の呪いの中に存在する神、死と無力の場で新しい生を創造する生きた神への信仰心、このような神への信心は、最も急進的な科学的調査によるいかなる批判も恐れない。人間社会と人間の歴史におけるいかなる大変動も恐れない。

「たといその水は鳴りとどろき、あわだつとも、そのさわぎによって山は震え動くとも、われらは恐れない。ひとつの川がある。その流れは神の都を喜ばせ、いと高き者の聖なるすまいを喜ばせる。静まって、わたしこそ神であることを知れ。わたしはもろもろの国民のうちにあがめられ、全地にあがめられる。万軍の主はわれらとともにおられる、ヤコブの神はわれらの避け所である」

（詩篇46章３－４、10－11節）。

そしてもうひとつ。

「恐れるな。わたしは初めであり、終わりであり、また、生きている者である。わたしは死んだことはあるが、見よ、世々限りなく生きている者である。そして、死と黄泉とのかぎを持っている」（ヨハネの黙示録１章17－18節）

この生と死の主への信仰は、真理の中の真理を扱うものであり、決して人間の思考、迷信、神話、関心を扱うものではない。そしてこの真理の中の真理は人間の批判、人間の概念や想像の及ぶところではない。この真理の中の真理こそ、福音の実質的内容である。この意味で、私たちの務めの第一の前提条件は、福音による、内面的な確信、心の燃える熱意、悔い改める喜びだと言うことができる。私たちの神学のあらゆる言葉、私たちが神学部や信徒団で行うすべての神学的務めは、神の恵みによって立たされた場所、自分が最も責任を負っている場所において、信仰の真の闘いの判を押されていなければならない！　神学と説教師たちがただ、神について、救済について、教会について語っているのみであるかぎり、彼らは本来の戦場の外に留まったままである。神自らが、（彼らを喜びと愛の魂で満たすために）神学者たち、彼らの教義、体系を征服する時、神自らが説教者を揺さぶり、彼らを免れられない命令によって説教壇に導く時、十字架を負わされた者が周囲に臆病な、弱い、罪深い心を集める時にようやく、真の精神的な闘いが始まる。私たちはこのような闘いに呼びかけられているということが、理解できているのだろうか。私たちは非常に責任を伴う緊急の課題を負っているのだということが？

5　教会は常に前進し、前を向く

キリスト教会は、主の過去の行いについての預言によって生きている。これらの行いと結びついている場所と名前を常に思い起こす。教会の信仰とその証言の基盤は、決して理念や思想ではなく、この世で生きている神が行った出来事である。私たちがイエス・キリストの福音から知る神は、決して天にとどまったままではいなかった。人間を追いかけるために、世を巡礼する人間を解放するために、絶えず地上に降りてきた。イスラエルの民はアブラハムの父の思い出に生き、エジプトの隷属からの解放について、シナイの契約の賜物について、約束の地への砂漠の道についての預言によって信仰を強化した。旧約のすべての預言はこのメッセージに集中している。イエス・キリストの父はアブラハム、イザク、ヤコブの神である。そして福音を通して、預言者によって約束されたことが実現した。ゆえにキリスト教会も、使徒教会の時代から常に過去を振り返ってきて、旧約の目撃者たちが信仰を通して得た勝利によって育まれている。ヘブライ人への手紙の11章で、筆者は、旧約の時代の信仰のすべての勝利を力強い手法で描写している。この目的は、キリスト教会を目覚めさせ、信者の忍耐力を高め、不安から解放し、彼らの視線を「彼は、自分の前におかれている喜びのゆえに、恥をもいとわないで十字架を忍び、神の御座の右に座するに至った」（ヘブライ人への手紙12章2節）、信仰の導き手であり、またその完成者であるイエスに向けさせることである。使徒教会とともに、私たちはまたイスラエル教会をも振り返る。私たちの信仰生活は、アブラハムから

洗礼者ヨハネまでの主の証人の勝利によって豊かにされ、私たちは彼らの光の中でキリストの生、死、勝利を見つめる。そして、預言者および使徒の言葉をもたらしてきた、あるいは解釈してきた、使徒の時代から今日までのあらゆる証人、思想者、説教者、聖人、そして改革者のことを感謝の念を込めて思い出す。私たちが信じている神は、現在とともに過去をも司る支配者である。過去における主の行い、預言者および証人を観察すれば、現在における主の至高性と慈悲深さをより完全に理解できる。従って私たちが理解するところの教会は、旧・新約の証人が汲み出していた生きた水源から変わらず汲み出しているが、主の過去の出来事についての各言葉は、同時に主の現在の行為についての言葉なのである。

「神は死んだ者の神ではなく、生きている者の神である」（マタイによる福音書22章32節）

キリストの勝利は死、時、空間に対する勝利である。キリストの十字架は現在の事実であり、その勝利はキリストの力を保証するだけのものではなく、人の生への絶えざる勝利の介入であり、死、運命、暗い悪の力、罪、悪意の絶えざる克服なのである。

しかしこれによって私たちはさらに先のことも見つめる。アブラハム、イザク、ヤコブの神は、私たちの視線を未来にも向ける。この神はエジプトに勝利し、バールの祭壇を吹き飛ばし、塗油したダビデの罪を罰し、聖堂の建設を許可し、しかしまたその聖堂の破壊とイスラエルの民をバビロンに連れていくことを許可し、捕囚から戻った時にまた聖堂を建てさせた。イエス・キリストにおいて、あらゆる聖地と祭壇を終わりにするためである。この同じ神が、イエス・キリストにおいて法を満たすために、そして民を法の隷属と独善的な高慢さから解放するために、慈悲により法を与

えたのである。イエスの中で、私たちは現在の課題を担うために解放され、イエスの中で、未来への私たちの視線も解放されてきたのである。キリスト教会の肢として、私たちは立ち止まることなく常に前進を続ける。大切なのはただ、主、そして私たちの生の解放者が示す方向に進むことである。私たちは未知に向かって進んでいるのではなく、その果てに十字架に架けられた者自身がいる道を進んでいる。私たちは運命論や、心をくじくような気のめいる悲観主義といった気持ちから解放されており、未知に対する不安や恐怖もない。もちろんこれは、責任を伴う課題に満ちた道である。教会は巡礼者として前に歩いてゆくが、しかし一歩ごとに、一瞬、状況ごとに、新しい課題と出会う。私たちの神が行為、奇跡、創造の生きている神であることを私たちが信仰告白するならば、私たちはその奉仕の準備が常にできていることも信仰告白しているのである。何が起きるかを推論したり、明日や明後日のことについて無駄で無益な推測をするのは、私たちの関知したことではない。そうではなく、私たちは従順に自分が置かれた場所に立ち、自分の信仰の光の中で出来事を理解し、来る日ごとに定められた務めを行うよう、呼びかけられている。この開放性と従順な備えの覚悟が、真の自由と表裏一体のものなのである。これらがないところには自由もない。

従ってまた前向きの視線によって、神がより栄光に満ちた方法で現れ、また神の行為は書や教会や過去に構築された教会秩序の中に制限されるものではない、という期待が生まれる。神については、預言者と使徒の証言、イエス・キリストの福音からしか知ることはできない。しかしこのようにして知ることのできる神はまさに、常に新しいものを創り出し、常に聖霊の新しい賜物を与え、豊かにし続ける神なのである。信仰とは、主の新しい行為と奇跡を新たに期待し、準備することで

ある。また、神がその証人と信仰告白者を通して、人の魂と体に奇跡を行うという信仰である。

「よくよくあなたがたに言っておく。わたしを信じる者は、またわたしのしているわざをするであろう。そればかりか、もっと大きいわざをするであろう。わたしが父のみもとに行くからである」（ヨハネによる福音書14章12節）

明らかに、私たちは自分のためにも、隣人のためにも新しいことを何も期待しないために、これほど弱く、無力なのである。人間に対して希望を持っていないゆえに、人々に対する私たちの関係は、しばしば頑なで、気難しく、思いやりに欠けるのである。ゆえに私たちの務めは実を結ばず、その成果は教会内および教会外の生においても感じられず、私たちは神（それとも単に私たちの考える神？）を自分の習慣や想像の中、礼拝の形の中、せいぜい（それももちろん開くことのない）本の中に閉じ込めているのである。ゆえに周りの人が必要としていることを理解できず、彼らのため息や呼びかけが聞こえず、彼らの伸ばしている手が見えないのである。だから今日の国内および世界の出来事の書にも七つの鍵がかかっているのである。神の奇跡と慈悲を期待することは、人の心を豊かにし、筋肉を鍛え、助けたい、奉仕したいという気持ちを芽生えさせる。これはまた、時にキリスト教信仰の終末論的視点と呼ばれるものの意義である。ここで取り上げているのは、完全に生の、実際的な、最新の、有効なもののことである。生きている教会は、常に前に進み、常に周囲の新しいものが見え、常に前を見つめ、ある瞬間にある場所で何をすべきか知りたいと常に望む。イエス・キリストは昨日も同じであるし、今日も同じであるし、永遠に同じなのである。人々には、常に赦しと譲歩の同じ言葉が聞こえているはずだが、それでも昨日の瞬間と同じ瞬間は決してない。

どの瞬間もどの時代もそれ自身の必要性を抱えている。そして私たちは、予測できない、計画できない、計算できない状況に対して常に用意ができていなければならない。明日に対するこの開放性はまた、キリスト教徒の自由の徴である。

同時にしかし、明日とは私たちにとって恵みの賜物であるが、裁きの賜物であることも決して忘れてはいけない。神の慈悲の現れはいずれも、人間にとって新しい機会であるが、裁きでもある。神を嘲笑うことはできない。神と遊ぶことはできない。未来のイエス・キリストの最後の審判に対する視線は喜びを与えるが、また私たちの一瞬一瞬の限りない重大さも示す。今日播いている種は、私たちの子どもや孫の世代に影響を与える。「三、四代に及ぼす」というのは、未来にも当てはまる。私たちの罪は重荷として子や孫の世代全般にのしかかる。今日の教会が犯している間違いや過ち、不注意や不真面目さは、私たちの子孫だけでなくすべての民、何千もの人々に対して将来のカタストロフィを意味するかもしれない。主のそばにあるのは赦しと救済だが、機会を無駄にすれば、渋く苦い果実をつける。これは私たちへの警告である。自覚を持って前進し、歴史の終点としてイエス・キリストを見つめる教会は、現在の瞬間のために、責任を持って注意して奉仕する。明日への視線によって、今日とは、同じ形と性質の機会は二度とやってこない機会であるという意識を得る。以上のことから述べたいことはただ、今日の私たちの状況は、重大な呼びかけなのであり、この呼びかけは、私たちが信じ、私たちが奉仕する者から私たち全員に、私たちひとりひとりに示されているものなのだということである。明日への道は、神の慈悲によって定められる。

「その死人を葬ることは、死人に任せておくがよい。あなたは、出て行って神の国を告げひろめ

なさい。手をすきにかけてから、うしろを見る者は、神の国にふさわしくない者である」（ルカによる福音書9章60、62節）

解題

本書は、ボヘミア宗教改革とその後のチェコ・プロテスタンティズムの歴史という日本ではあまり馴染みのないテーマを扱っているが、各論攷の論旨は明快で、ていねいに読めば理解に支障を来すことはない。この解説では、本書の読解に役立つ情報をまず提供することにしたい。

ヤン・フスの宗教改革とその後のフス戦争について、歴史神学者の藤代泰三氏はこうまとめている。

〈ボヘミアのフス（一三六九ころ―一四一五）は、ウィクリフの影響を受けその著述の一部をチェコ語に翻訳した。彼は教職者の道徳低下を激しく批判し、また教会の土地所有と世俗化をも非難した。一四一五年コンスタンツの会議は彼を異端と宣告したので、彼は同年この町で火刑に処せられ、彼の追随者プラハのヒエロニムス（一三六五ころ―一四一六）も翌年同じく処刑された。フスの死によってその追随者フス派はボヘミアで立ちあがり、ボヘミア王ヴェンツェルはこれを鎮圧することができなかった。ヴェンツェルの死後、神聖ローマ帝国皇帝ジギスムント（在位一四一一―一四三七）がこの王位を兼ね、カトリック教会と協力して十字軍の名のもとにフス派を弾圧したので、フス戦

争が一四一九年から一四三六年まで続いた。フス派のなかに二派があり、一つは両種陪餐論派（ミサにおけるぶどう酒の信徒への分与を主張した）で、他は急進派（タボル派—民主主義的立場に立ち、儀式、聖者崇敬、聖画像、遺物、断食、死者ミサ《死んだキリスト教徒、ある場合にはキリスト教徒でなかった者のために、その死者が最後の審判の日に天国に入れるようにとの祈禱をもってささげられるミサ》を否定した）であったが、前者は一四三三年のカトリック教会との「プラハ条約」に提示された和平条件（信徒へのぶどう酒の分与）に同意した。急進派は満足しないで両種陪餐論派と戦ったが、一四三四年リパニで破られ、一四三六年にボヘミアに平和が到来した〉（藤代泰三『キリスト教史』講談社学術文庫、二〇一七年）

なぜ、フス派の根絶にカトリック教会はこれほど腐心したのであろうか。その背後には腐敗した教皇庁が分裂し、教皇が鼎立するような異常事態が生じていたことがある。フスに異端のレッテルを貼って、カトリック教会の危機を作り出すことによって教皇庁の統一を達成しようとしたのだ。この経緯についても藤代氏の説明がわかりやすい。少し長くなるが、本書を理解するために有益なので関連箇所を引用しておく。

〈中世末期に教会改革を意図して開かれた教会会議は、一四〇九年ピサで、一四一四年から一四一八年までコンスタンツで、一四三一年から一四四九年までバーゼルで開かれた。まずピサの教会会議で、教皇庁の分裂をいやし、教会の統一をもたらす課題が教会改革より優先した。ローマとアヴィニョンの教皇は廃位させられ、アレキサンデル五世（在位一四〇九—一四一〇）が選出された。しかしローマの教皇もアヴィニョンの教皇も廃位を承認せず、アレキサンデル五世の死去ののちヨ

ハネス二三世（在位一四一〇—一四一五）が選出されたので、三人の相互に対抗する教皇が存在するようになった。コンスタンツの教会会議では、教会改革を希望する者と保守派とが対立した。前者は教会会議の権威は教皇のそれより優先するものであり、教会会議は教会改革を実行すべきであると主張し、後者は単に教皇庁の分裂の終結を望んだ。この会議は教会改革はできなかったが、一四一五年五月にヨハネス二三世を廃位し、マルティヌス五世（在位一四一七—一四三一）を教皇に選出して教皇庁の分裂を終結させた。またこの会議は、フスとウィクリフを異端者とし、また両種陪餐を否定したが、共同生活兄弟団を承認した。共同生活兄弟団とは、ネーデルランドのグルート（一三四〇—一三八四）によって創設された宗教団体である。彼は回心ののち敬虔な単純な生活にはいり、当時の教会の悪弊を非難した。デヴェンターで修道院に似た生活を送る数名の者が彼の周囲に集まり、共同生活兄弟団が形成された。これは伝道と牧会に携わり、学校を経営し、ネーデルランド全土にひろがった。彼らによる敬虔な生活の復興は「近代的敬虔」とよばれた。この兄弟団の創設より数年前に彼は女子の共同生活団をも創設した。『キリストの模倣』の著者はだれかは分っていないが、この兄弟団に属したトマス・ア・ケンピスはその著者といわれる。

バーゼルの教会会議は、教会改革を実施し、ギリシア教会との分裂を終結させ、バイエルンにおけるフスの群を処置する目的のもとに開かれた。しかしこの会議においてフスの群に関する問題だけが解決された。すなわちバイエルンとモラヴィアにおいて両種陪餐が許可され、教会が世襲財産を所有できること、この財産に対する信徒の干渉は妥当でないことが決定された。

教会会議運動を総括しよう。㈠　教会会議は教皇より優位に立つというマルシリウスの理念が広

い領域にわたって存在した。ルターの宗教改革も当時普及していたこの理念が存在していなかったら一層困難な状況のもとに置かれたであろう。㈡　諸国家はバーゼルの教会会議の決議を部分的に執行した。㈢　教会改革の意図は挫折し、教皇制度は教会会議の理念に反対する運動へと移行した。

教会改革の意図の挫折によってフランスから自由になった教皇制度は、次第にローマ教皇領とイタリアとの政治に深くかかわりをもつようになり、この政治へのかかわりの度合に応じてそれ自体の普遍的妥当性を喪失した。また教皇制度は依然として政治的にフランスとスペインに対立していた〉（前掲書）

フス派を封じ込めることにより、教皇庁は統一を達成したが、その結果、ローマに権力が集中するようになり、カトリック教会はイタリアとの政治闘争に巻き込まれていくのである。また、フス派は、チェコ（特に北モラヴィア）の山中に隠れ、生き残る。そして十六世紀にルター、ツヴィングリ、カルヴァンらの宗教改革が始まると、隠れフス派はルター派、もしくは改革派の衣を着て甦るのである。しかし、フス派の信者は決してルター派や改革派に同化しなかった。それが、十九世紀後半から二〇世紀初頭のフス・ルネサンスにつながり、フス派の伝統を基盤に据えたチェコスロヴァキア国家の創設（一九一八）に到るのである。その後もナチスによるチェコ占領に対する抵抗闘争、戦後、共産党体制の下に置かれたチェコにおける異論派（ディシデント）運動の底流にはフスの精神がある。

さて、神学は、常に聖書的な根拠を持つ。フスの宗教改革の根拠は、「毒麦のたとえ」にあると、私は見ている。

〈イエスは、別のたとえを持ち出して言われた。「天の国は次のようにたとえられる。ある人が良い種を畑に蒔いた。人々が眠っている間に、敵が来て、麦の中に毒麦を蒔いて行った。芽が出て、実ってみると、毒麦も現れた。僕(しもべ)たちが主人のところに来て言った。『だんなさま、畑には良い種をお蒔きになったではありませんか。どこから毒麦が入ったのでしょう。』主人は、『敵の仕業だ』と言った。そこで、僕たちが、『では、行って抜き集めておきましょうか』と言うと、主人は言った。『いや、毒麦を集めるとき、麦まで一緒に抜くかもしれない。刈り入れまで、両方とも育つままにしておきなさい。刈り入れの時、「まず毒麦を集め、焼くために束にし、麦の方は集めて倉に入れなさい」と、刈り取る者に言いつけよう。』」〉（マタイによる福音書13章24－30節）

イエスは重要な事柄については、すべてたとえ話で語った。ほとんどの場合、種明かしはしないのであるが、「毒麦のたとえ」については、弟子たちの質問に答え、イエスはこんな説明をしている。

〈それから、イエスは群衆を後に残して家にお入りになった。すると、弟子たちがそばに寄って来て、「畑の毒麦のたとえを説明してください」と言った。イエスはお答えになった。「良い種を蒔く者は人の子、畑は世界、良い種は御国の子ら、毒麦は悪い者の子らである。毒麦を蒔いた敵は悪魔、刈り入れは世の終わりのことで、刈り入れる者は天使たちである。だから、毒麦が集められて火で焼かれるように、世の終わりにもそうなるのだ。人の子は天使たちを遣わし、つまずきとなるものすべてと不法を行う者どもを自分の国から集めさせ、燃え盛る炉の中に投げ込ませるのである。彼らは、そこで泣きわめいて歯ぎしりするだろう。そのとき、正しい人々はその父の国で太陽のよ

うに輝く。耳のある者は聞きなさい。」〉（マタイによる福音書13章36－43節）

フスにとって、ローマ教皇も枢機卿も毒麦のように見えたのだ。現実に存在する教会には、よい麦と毒麦が混在している。しかし、イエス・キリストが再臨して、最後の審判が行われるまで、毒麦は教会から除去されることがないのである。フスは、毒麦の手によって火刑にされたが、「真理は勝利する」と確信していた。チェコのプロテスタント神学者は、フスによる希望の原理を共有している。

歴史神学者のアメデオ・モルナールはこう指摘する。

〈キリスト教の希望は、人の想像力がつくり出した偽宗教的で反キリスト的な「安心感」を否定し、同時に不安からも解き放つ。教会の生き方は、カタストロフィの光景によってではなく、イエス・キリストの勝利が最終的に目に見えるという約束によって定められるからである。希望の喜びは、神の契約は有効である、実現する、という信頼から湧く。「みこころが天に行われる通り、地にも行われますように」という願いは、兄弟ルカーシュによれば、神の意志に対する終末論的で積極的な献身の表れである。彷徨う教会が賜った御霊は、教会を、主の右の座に高められてそこで審判するだけでなく、復活によって救済の業を完了させるためにやってくるキリストとの希望ある関係へと導く〉（本書九五～九六頁）

キリスト教徒にとっての希望は、終わりのとき（それは同時に歴史の目的であり完成でもある）に最後の審判で救われる側に選ばれ、「神の国」に入り、「永遠の命」を得ることだ。この終末論的観点からヨゼフ・ルクル・フロマートカは、キリスト教と国家、文化が結びついた欧米のキリスト教を

根源から批判する。

〈真の言葉の意味でのキリスト教民族なるものは存在しない。この点でも、私たちは新しい歴史的状況への戸口に立っている。読者は、今の時代が歴史上アウグスティヌスの時代と呼ばれる時代から変わりつつあるということを、（私からも含めて）聞いてきたはずである。ここでこの時代の性質について論じている余裕はない。ただざっと説明すれば、教父アウグスティヌスは、古代ローマ帝国と古代文明の崩壊を目にし、意識的にせよ、無意識的にせよ、自著によってキリスト教社会の統一のための基盤を築き上げた。もちろん神の共同体と地上の共同体は大きく違う。思想的にも、神学的にも、両者の間には常に緊張が存在する。これをアウグスティヌスはしっかりと見抜き、明確に形にした。しかしそれでも教会のあらゆる面（教義、神学、実際的な面、そして部分的に組織的な面）の基盤を考えることによって、教会を同時代の諸民族をまとめる力に仕立てた。そしてそのすばらしい自著によって、国家、科学、教育、哲学の地上の各分野すべてが教会の周りに集い、教会とともにひとつの全体をつくり上げる空気を醸成した。これが、後にコルプス・クリスティアヌムと呼ばれるものの始まりである〉（本書三二二頁）

コルプス・クリスティアヌム、すなわちキリスト教共同体というキリスト教とヨーロッパ文明（そこから派生したアメリカ文明も含まれる）の構造とキリスト教信仰を同一視する傾向が生まれてしまった。フロマートカは、〈アウグスティヌスの播いた種が目に見える永続的な形になるまでには、何世紀も要した。次々に新たな教会教師たちがこのために尽力した。厳密には、キリスト教共同体は決して完璧に構築されたことはなかった。常に内外両面に多くの亀裂を抱えていた。しかしそれ

でも、教会がそのメッセージと統一した構造によって精神的な権威、そして時には世界の権威となり、教会外の生活にも強い影響を与えるような社会が創出された。信仰の基本的な真理と、それらの真理から引き出された道徳的法則は、あらゆる生活の当然の基盤とみなされ、それらから遠ざかれば、教会だけでなく社会からも非難された〉（本書三二一〜二三頁）と指摘する。アウグスティヌス的キリスト教共同体を政治面から見ると三一三年、コンスタンティヌス皇帝によるミラノ勅令によって公認されたことに端を発する教会と国家の一致だ。これが近代になっては、いわゆるキリスト教民族という言説に変容する。

フロマートカはこう指摘する。

〈ルネサンスと宗教改革の時代（十五および十六世紀）以降は、教会の統一が修復できないほど崩壊し、各生活分野（国家と法、科学と哲学、道徳と芸術、実際の生活様式）においても、教会の権威、そしてキリスト教信仰と道徳の規則が弱体化した。近代は全体的に、教会の権威とキリスト教共同体の伝統に対する、民衆の魂による抵抗が徐々に高まっていく特色が見られた。しかしキリスト教諸民族の社会においては、古い精神的な伝統を統一する力は、完全には廃れなかった。近代の人間の意識、また潜在意識にも、生の統一を願う気持ちが残っていた。また政治および社会の理想には、哲学、道徳の原則と同様に、世俗的な形であるが、キリスト教の過去の遺産が反映されていた。かつてコルプス・クリスティアヌムに属した諸民族は、何か当然のように、そのままキリスト教民族と名乗った。キリスト教徒の過去と教養の意識は、彼らに自信のようなものを芽生えさせ、他の民族を導く権利を要求させた。ヨーロッパのいくつかの国の十五世紀以降の強大な繁栄と、世界的な

植民地の拡大は、文明の成熟や技術的な能力だけでなく、真理の担い手であるキリスト教民族は世界を導く権利を持つという意識によるものでもあった。「キリスト教民族」がアメリカ、アジア、アフリカ、そしてオーストラリアへ遠征した時の振るまいは、キリスト教史の汚点として残っている。しかしこれはまた別の問題である。ここで言いたいのはただ、教会がいくつかに分裂し、徐々に教育からキリスト教色が薄れていった近代においても、アウグスティヌスが部分的に基礎を置いたキリスト教社会の構造が残っていたということである。読者はもちろん、歴史の現実は、キリスト教共同体と文明の統一が非現実的であることを常に証明してきたことを、意識しなければならない。特にまた、アウグスティヌスに彼の名を担うシステムへの責任を被せてはならない。私たちにとって大切なのは、歴史のひとつの時代の終わりと次の新しい時代との間に線を引いている、今日という瞬間の特徴をしっかり見つめることである〉（本書三二三〜二四頁）

特にプロテスタンティズムは、西欧と北米の帝国主義と結びつくことによって、植民地支配を正当化するためのイデオロギーとして用いられた。また、国内的には中産階級と同化し、社会的に弱い状態に置かれた労働者が視界に入らなくなってしまった。一九一七年十一月のロシア社会主義革命、第二次世界大戦後の中東欧の社会主義化をキリスト教徒は自己批判的に受け止めるべきであるとフロマートカは考えた。弱き者、虐げられた者と共にあるというイエスの生き方からキリスト教徒が離れてしまった故に科学的無神論を掲げる共産主義運動が生まれたとフロマートカは考えた。それ故フロマートカは、帝国主義と結びついたキリスト教を脱構築しなくてはならないと考えた。それ故にキリスト教民族という発想をキリスト教徒は捨てなくてはならないと主張する。

〈第一に、キリスト教民族、というものを語ることができないのは今日では明らかである。かつてキリスト教徒の国と呼ばれた国のいくつかは、どんどん布教対象の土地と化している。他の民族の非キリスト教性に対比させて、統一した諸民族のキリスト教性を語ろうというのは、幻想である。ましてや、キリスト教を信じているという民族と、非信者であると自覚する民族を対比させるのは、まったくもって自己欺瞞である。宗教が今日流行の品となっている国においても、その国とその民族のキリスト教性について語るのは、間違いである。第二に、いわゆるキリスト教諸民族は、先導的立場だけでなく、教養と道徳の規準としての地位も失いつつある。読者は先に述べたことを思い出すだろう。今日の人類の最高の願いと理想を担っているのは、キリスト教民族なのだろうか、と疑わねばならないのは、苛立たしい現実である〉（本書三二四頁）

その上で、宣教（ミッション）の活動を根本から見直すべきであると主張する。宣教師の主観的意図ではなく、宣教団の果たしている機能にフロマートカは注目する。

〈この五十年間の布教の努力の歴史を知っている者なら、今世紀初頭と今の空気の痛々しいほど歴然とした違いを感じ取ることができるだろう。五十年前の布教は圧倒的な熱意と冒険心のような気概を持って行われた。先日他界した、布教活動の最大の戦略家であり、若者のキリスト教徒の組織者であり、キリスト教徒の学生のリーダーであるJ・R・モットのスローガン「The evangelization of the world in this generation（この世代での世界を福音化する）」を思い出そう。この文言には活気のある楽観主義、大胆な企業家精神、しかしまた熱心な信仰者的熱意が描かれている。これはいわゆるキリスト教の西側世界にまだ残っていた精神的勇気の最後の煌めきのようなものだっ

た。布教は、各教会が受けるべき成熟度の試験とみなされた。布教は精神的征服者の勇気の表現だったのである。布教はまたいわゆる異教の土地に、信仰の預言によって、医療援助、科学の進歩、教育メソッド、そして物質的な手段をもたらすものだった。何千人もの若い学生が、自分の信仰の決意と、奉仕への即応性を証明するために布教活動を始めた。繰り返しになるが、どうしてこのような努力の価値を軽んじることができるだろう。そしてなお今日、私たちには、どれだけこれらの活動が西側諸国の政治と経済の優勢と結びついているかが見えるのである。これらの活動は、キリスト教信者の精神的な熱意の徴だけでなく、欧米諸国の物質および文明の広がりの徴をも背負っていたのである。だからこそまた、キリスト教の布教は転換期を迎えているわけである。新しい形の布教がキリスト教会において創造的な力として留まれるかどうかは、大いに布教の戦略家の洞察力と知恵にかかっている。そしてまた、私たち民族の心に、より深く変わらずに影響を与えるかどうかは、かつての布教領域におけるいわゆる若い教会に大いにかかっている〉（本書三二八〜二九頁）

ここでフロマートカが考えているのは、キリスト教の土着化だ。チェコ人はスラヴ民族の一員だ。ルター派、改革派の宗教改革を受け入れても、チェコ人はドイツ人に同化することはなかった。それは、フスを指導者とするチェコ宗教改革で、チェコ人はキリスト教を土着化することに成功したからだ。

日本へのキリスト教の土着化を追求する上でも、チェコ宗教改革の経験が役立つと私は信じている。

本書を上梓するに当たっては、チェコ語の達人である平野清美氏にたいへんにお世話になりました。平野氏の尽力なくして本書が陽の目を見ることはありませんでした。編集にあたっては平凡社の吉田真美氏にほんとうにお世話になりました。この場を借りて、お二人に深甚なる感謝を表明します。

二〇一七年十一月九日、曙橋（東京都新宿区）にて

佐藤優

聖書箇所索引

旧約聖書

旧約聖書続編

新約聖書

編著者

ヨゼフ・ルクル・フロマートカ（Josef Lukl Hromádka）

1889年生まれ。1920～39年、47～69年、フス神学大学（現コメンスキー神学大学）教授。ナチス政権下にアメリカに亡命、プリンストン大学で客員教授（1939～47）を務め、47年チェコスロヴァキアに帰国。エキュメニズム（教会一致）運動への参加、マルクス主義との対話を進める。1968年の民主化運動「プラハの春」に参加し、ソ連軍に抵抗。1969年没。『カトリシズムとキリスト教をめぐる闘い』『マサリク』『人間への途上にある福音』『なぜ私は生きているか』などの著作がある。

訳者

平野清美（ひらの　きよみ）

1967年、神奈川県生まれ。早稲田大学第一文学部卒業。読売新聞社を退社後、チェコ政府奨励奨学生として国立カレル大学に留学。チェコ語学修士。主な訳書に『神学入門』『人間への途上にある福音』、共訳書に『プラハ日記』など。

監訳者

佐藤優（さとう　まさる）

1960年、東京生まれ。同志社大学大学院神学研究科修了後、外務省に入省。対ロシア外交の最前線で活躍。2002年背任と偽計業務妨害容疑で逮捕され、09年最高裁で有罪が確定し失職。14年執行猶予期間を満了し、刑の言い渡しが効力を失う。05年発表の『国家の罠』で第59回毎日出版文化賞特別賞受賞。著書に『自壊する帝国』『私のマルクス』『同志社大学神学部』『人に強くなる極意』『神学の思考』『悪の正体』、訳書に『なぜ私は生きているか』、監訳書に『人間への途上にある福音』などがある。

宗教改革から明日へ
近代・民族の誕生とプロテスタンティズム

2017年12月22日　初版第1刷発行

編著者　ヨゼフ・ルクル・フロマートカ
訳者　平野清美
監訳者　佐藤優
発行者　下中美都
発行所　株式会社平凡社
〒101-0051 東京都千代田区神田神保町3-29
電話 03-3230-6581（編集）
03-3230-6573（営業）
振替 00180-0-29639
平凡社ホームページ http://www.heibonsha.co.jp/

装幀　菊地信義

DTP　株式会社言語社＋平凡社制作
印刷　明和印刷株式会社
製本　大口製本印刷株式会社

ISBN 978-4-582-71718-1
NDC 分類番号192.3　四六判（19.4cm）　総ページ416